四川师范大学学科建设专项资助

边疆学及跨学科西藏研究

孙勇　孙昭亮　王春焕　编著

中国藏学出版社

目　录

下编 西藏历史与社会法治研究

序　言

马大正

本书是地处我国西南的一个朝气蓬勃的研究群体在近几年推出的论文系列汇编，反映出作者对边疆理论、西藏历史发展、社会法治等相关研究的思考与成果，这些思考是有内在联系的，具有一定的学术价值。

恩格斯指出，历史从哪里开始，思想进程也应当从哪里开始。我个人认为，在中国历史的每一个时代之中，哲学社会科学的研究，必定反映出那个时代人们关注的命题，反映出研究者对时代所关注的命题的研究状态和状况。毫无疑问，社会大变革的时代，一定是哲学社会科学大发展的时代。

近十多年来，中央大力推进哲学社会科学系统工程建设，作为国家提高国际竞争力的重要方面，陆续召开了全国性的会议，推出一系列方针政策和措施，极大地调动了哲学社会科学工作者的积极性，使得相关研究不断迈上新台阶。习近平主席在2016年全国哲学社会科学工作座谈会上指出：哲学社会科学的特色、风格、气派，是发展到一定阶段的产物，是成熟的标志，是实力的象征，也是自信的体现。我国是哲学社会科学大国，研究队伍、论文数量、政府投入等在世界上都是排在前面的，但目前在学术命题、学术思想、学术观点、学术标准、学术话语上的能力和水平同我国综合国力和国际地位还不太相称。要按照立足中国、借鉴国外，挖掘历史、把握当代，关怀人类、面向未来的思路，着力构建中国特色哲学社会科学，在指导思想、学科体系、学术体系、话语体系等方面充分体现中国特色、中国风格、中国气派。我们学界必然要面对研究中一系列大大小小的问题。如何在认识这些问题和解决这些问题上，发挥出社会科学研究者的智力支撑作用，是我们的责任，也是我们的使命。

边疆研究，包括边疆问题和边疆理论等方面，是中国历史上延续千年的学者倡导经世致用的治学内容之一，特别是在近现代中国三次边疆研究高潮之中，边疆研究继续朝着以学为国的方向前进。近几年围绕着习近平治国治边、治边稳藏重要思想、建设命运安全共同体命题、服务于“一带一路”倡议等重大现实问题而兴起的边疆研究如火如荼，为边疆理论研究、西藏地方经济发展、社会法治等研究营造了良好的氛围。我们也要看到，边疆研究尤其是边疆理论研究中的构筑中国边疆学研究，尽管经过几代人的努力，还处于学科建设的探讨阶段。本书的编撰出版，比较集中地反映出作者近些年的探讨，有一定的理论高度，反映了研究正在深化的一个侧面。

在边疆研究之中，在更宽广的视野下，对各个具体材料、各个具体事件的叙述，经过综合与提炼之后，要提出一些带“论理或理论”的东西，从本质上认识到建立在历史之上的边疆理论，如何延续和体现中国治学的优秀传统，这是建构中国边疆学的一个重要方面。我们在边疆研究中，要精当地表述中国边疆时段中各个不同的概念与其之间的联系，需要根据这些概念所反映的事物演化的程度，使它们互相有机地联系起来，以史为鉴，正确地认识和处理边疆问题；同时，在边疆研究中，更要与时俱进，尽量做到打破窠臼，不断推进知识创新、理论创新、方法创新，不仅仅对边疆史地研究之中的历史经验做好诠释，还要对现实生活中的边疆现象进行阐释。

我个人在20世纪90年代即倡议要在构筑中国边疆学之中进行跨学科研究①，前些年又发文指出，“实现从中国边疆史地研究向中国边疆学研

① 马大正、刘逖：《二十世纪的中国边疆研究——一门发展中的边缘学科的演进历程》，黑龙江教育出版社，1997年，第285页。

究的学术转型，加强边疆理论研究和推动边疆教育是眼下两大要务。”①边疆研究与经世致用思想往往是结合在一起的，“治学”和“治世”在不同程度上合而为一。承载着千年积累、百年探索和四十年实践的中国边疆研究，今日面临着新的跨越——构筑中国边疆学，这是学科发展的必然趋势，也是建设中国特色社会主义的需要。中国边疆极具中国特色，研究极具中国特色中国边疆的中国边疆学，也必然是极具中国特色，这是构筑中国边疆学的出发点和归宿点。我个人向来主张在研究边疆问题上，国家利益高于一切。在进入新时代的边疆研究上，每一个边疆研究工作者应认清自己的历史责任，抓住机遇，迎接挑战，向我们的国家交出自己认真勤勉、尽职尽责的答卷来。

由孙勇、孙昭亮、王春焕编著的《边疆学及跨学科西藏研究》一书，具有责任感和使命感，该书作者秉承了中国边疆研究三次高潮中所体现的以学为国的传统，对国家的需要做了前瞻性、储备性的研究，为边疆学的跨学科研究做了富有成效的基础性的探讨，同时在对西藏具体问题研究上予以了学术的支撑。书中所收录的论文，皆已发表或送有关部门被采纳，说明作者的研究成果具有实际的可用性。书中的各篇宏文，包括构筑边疆学探讨的论文，体现了在哲学和方法论上对边疆学的新探讨，将构筑边疆学的跨学科研究从形而上予以解读，别开生面，深入科学哲学的范畴讨论边疆学，不再继续就事论事“炒冷饭”，而是“重启山林”开创新的思考的视角；同时，在具体研究西南边疆的典型——西藏社会稳定的命题时，将每一个有关的问题做了深刻地剖析，要言不烦，入木三分，没有刻意回避那些棘手的难题，看得出作者长期生活在边疆的生活积淀与工作研究的素养，在解析边疆实际问题上有“抓铁留痕”的功力。这种理论来自实践，实践又催动研究，不断深化、不断提升的循环往复的过程，使得书中的那些论文完全没有“隔靴搔痒”的感觉，每一篇都凝聚着作者边疆研究的心血，细细读来，透过字面和纸面感到了作者以学为国的那份责任感和使命感。正是因为有了这一份责任感与使命感，我们所看到这本书，站

① 马大正：《略论中国边疆学的构筑》，《新疆师范大学学报（哲学社会科学版）》2013年第5期。

到了一个新的高度，具有宽广的视野，体现出在新时代进行新研究的价值。

仅从责任感和使命感上评价该书，是难以概全的。但是，如果没有责任感和使命感，任何事情也难以做好，更难以将边疆研究的事情做好。我以为，这正是本书的可贵之处。

是为序。

2018 年 11 月 26 日
于北京自乐斋

上编

边疆理论与边疆学学理研究

中国边疆研究学术共同体巡检述略*

孙勇　孙昭亮**

当西方国家科学研究进展到一定程度的时候，科学哲学家们对现代世界知识体系的形成，做了元科学理论发生过程的探究，指出了科学共同体（scientific community）的作用。有学者特地指出："无形学院在科学文献中有它的对应物，这就是科学论文作者互相引证网络中有紧密联系的结节的集簇。虽然这些集簇很少有明显的区分并且常常以复杂的方式交叠，然而它们是非常真实的集合，这些集合关系通常反映着他们的成员之间的社会互动。"① 由此引申的学术共同体（academic community）也符合这种镜像似的学术描述形态，亦即阐明学术的行动可以通过某个共同体放大到社会领域并成为公共知识；其中，借助于研究者们的"社会互动"而形成学派（门派）是理所当然的。而更进一步的研究者认为，这些学术研究的共同体无论由什么原因产生，都在研究科学的发展模式上成为一门学科

* 本文刊发在《新疆师范大学学报（哲学社会科学版）》2018 年第 3 期。

** 孙勇，男，祖籍河北，（1956—），现任四川师范大学教授，四川大学中国藏学研究所涉藏问题研究中心主任，西藏民族大学硕士生导师，国家社会科学基金重大招标项目首席专家，国家社科基金民族学项目评审专家。主要从事西藏社会经济、边疆理论研究。

孙昭亮，女，北京市人，（1985—），法学硕士，四川大学中国藏学研究所学术刊物编辑，研究方向边疆法制与法治、西藏法制史。

① ［英］约翰·齐曼著、刘珺珺译：《元科学导论》，湖南人民出版社，1988 年，第 111 页。

的逻辑起点。从这个意义上讲，一种研究范式与这个学术共同体的出现有着逻辑上的等价关系，也由此出现传承关系。① 换言之，正因为学术共同体的产生，导致某个学科研究通过研究者们的共同努力使其产生范式且逐渐成形，并产生了对学科建构的影响力以及代际的学术思想传递。

其实，科学共同体或学术共同体现象，在中国也是存在的。林坚教授曾经对此发表过意见，并对“学术共同体”的内涵和形态进行了探究。②仅就中国边疆研究而言，百十来年所出现的三次研究高潮，③ 都有“学术共同体”在其中起着推波助澜的作用，对中国边疆现象研究和边疆理论研究产生了深远的影响。笔者不揣简陋，对中国三次边疆研究高潮中所出现的学术共同体现象做一巡检。限于眼界及篇幅，挂一漏万的述略难以展说周全，不妥之处望方家指正。

一、近代中国边疆研究出现的学术共同体雏形

近代中国丧权辱国的历史大逆转，是中国边疆问题研究的起点，中国边疆问题研究在边疆的诸多问题的实际演变中展开。鸦片战争前后，一批爱国学者和官员，致力于边疆史地研究，形成中国近代第一次研究边疆问题的高潮。清代官学都有地理研究的偏好，早在康熙年间，陈元龙奉敕编纂《历代赋汇》专辟“地理类”，收录了自汉迄明的“地理”赋 369 篇。④ 延自晚清，地理研究者不少人加入边疆研究之中，可粗分为世界（中国）史地和中国西北边疆史地两派，其代表人物是近代最初关注和研

---

① 1962 年，美国科学哲学家托马斯·库恩（T. Kuhn）在《科学革命的结构》中对这一概念做了专门论述，指出：“科学共同体是由一些学有专长的实际工作者所组成的。他们由所受教育和训练中的共同因素结合在一起，他们自认为也被人认为专门探索一些共同的目标，也包括培养自己的接班人。”

② 林坚：《学术共同体与学术规范》，全国高校学术规范与学风建设论坛，2009 年 1 月。

③ 参阅厉声：《改革开放 30 年来中国边疆史地研究学科的繁荣与发展——兼述中国边疆史地研究的第三次研究高潮》，《中国边疆史地研究》2008 年第 4 期。

④ 李军：《清代边疆舆地赋的征实性——以〈西藏等三边赋〉为例》，《辽东学院学报（社会科学版）》2013 年第 1 期。

究海疆陆疆问题的林则徐、龚自珍、魏源等人，他们的边疆研究在当时眼界开阔，宏论通达于国内外。此三人可视为这个方面研究的核心人物。林则徐的代表作有《四洲志》《华事夷言》《滑达尔各国律例》① 等，林则徐根据他对西方国家的了解和中国状况，主张学习西方先进技术，发展民族工商业，整备军事以抵御外侵。林则徐向国内介绍西方国家的情况，包括地理、历史和政治（含国际法）状况。龚自珍有《上国史馆总裁提调总纂书》《西域置行省议》等书刊出，透露了其经学中的边疆结构与边疆战略的视野，在“万马齐喑”② 的年代，提出了西北边疆与东南海疆在国家空间中的互动观点，不啻为 19 世纪上半叶至中叶中国地缘政治最为深刻的洞见者。龚自珍的“中国边疆观中的西北包括北塞和西塞，即东三省、蒙古地区、新疆和西藏，东南则为沿海疆域，深知西北边疆与东南海疆的互动结构。”③ 因而龚自珍对边疆的研究，被有的学者认为是“天地东南西北”舆地学。④ 这个影响悠远，直至今天。魏源的代表作为《圣武记》《海国图志》等，其中《海国图志》50 卷，后经修订、增补，到 1852 年（咸丰二年）成为百卷本，囊括了世界地理、历史、政制、经济、宗教、历法、文化、物产等，对强国御侮、匡正时弊、振兴国脉之路进行了积极的探索，提出“以夷攻夷”“以夷款夷”和“师夷之长技以制夷”的观点。

与魏源的《海国图志》一同为中国较早介绍世界地理情况的还有《瀛寰志略》，此书 19 世纪中叶由徐继畬编纂。同期前后还有萧令裕的《记英吉利》、叶钟进的《英吉利国夷情记略》、梁廷楠的《海国四说》等。那个时代还有张穆所著《蒙古游牧记》《俄罗斯补辑》《魏延昌地形志》等书。何秋涛著《北徼汇编》6 卷，后复详订图说，汇集蒙古、新疆、东北及早期中俄关系史料，记述自汉、晋至道光时期的史况，增为

---

① 陆玉芹：《林则徐与〈滑尔达各国律例〉》，《盐城师范大学学报（人文社会科学版）》2006 年第 3 期。

② 语出龚自珍的古诗作品《己亥杂诗》，原诗为“九州生气恃风雷，万马齐喑究可哀。我劝天公重抖擞，不拘一格降人才”。

③ 王鹏辉：《龚自珍和魏源的舆地学研究》，《历史研究》2014 年第 3 期。

④ 王鹏辉：《龚自珍和魏源的舆地学研究》，《历史研究》2014 年第 3 期。

80卷，清咸丰帝阅后赐名《朔方备乘》，学术价值很高。当时的曹廷杰、邹代钧等人也以研究边疆地理见长。曹廷杰著有《东北边防辑要》《西伯利亚东偏纪要》和《东三省舆地图说》，为中国东北史地研究做出了很大贡献。邹代钧被称为中国清末地图学家，中国近代地图学的倡导者和奠基人之一，他为国家处理边疆问题设谋，后人多有称道。① 晚清时期，仅在舆地学（新地学）方面，就集结了包括各个民族成员的有名学者近80人，另外见诸文字记录的外国传教士也有23人。② 有的官员与文人介入相关研究很深很广，例如黄遵宪身为外交官员搜集200多种资料，耗时多年撰写了《日本国志》详论该国变革经过及其得失，借以提出作者的主张，是政界人士做研究的事例。黄韬游历东西洋，在国家现代性与文化传播上颇有见地，也密切关注中外关系与边疆问题，政议中屡见边疆评论。③

严复是中国近代思想史与学术史上划时代的人物，大量的译作对国人的思想启蒙影响巨大，也是较早接触与传播马汉海权论者，并形成自己的海权思想供最高决策者参考。④ 另一个著名思想家康有为，在“戊戌变法”时期认识到了海军的重要性，提出了一系列海防建设的措施。⑤ 梁启超同康有为等人力主维新变法，梁氏在哲学、文学、史学、经学、法学、伦理学、宗教学等领域均有大建树，以史学研究成绩最显著。当时受其影响的人遍及全国，学界附和者甚多，乃至孙中山等政要也从其主张中择善而用之。梁氏首提“中华民族”概念，在边疆研究中把边疆、民族与近代国家的构建联系在一起研究。其在近代国家建构思考下研究中国的边疆

① 周艳红：《邹代钧与中国地理学的发展》，《华南农业大学学报（社会科学版）》2002年第1期。

② 罗见今、王淼：《晚清舆地学者与新地学的兴起》，《哈尔滨工业大学学报（社会科学版）》2008年第2期。该文专门列表统计了晚清舆地学学者，在表前有文字说明，“晚清舆地学者”，指在晚清至少生活、工作十年左右且有成果的学者。文中所收集到的外国人均有名字和生卒年份。

③ 马艺：《论王韬新闻言论的思想内容及特征》，《天津大学学报（社会科学版）》2003年第1期。

④ 参阅王荣国：《严复海权思想初探》，《厦门大学学报（哲学社会科学版）》2004年第3期。

⑤ 参阅陈旭楠：《康有为海防建设思想研究——以戊戌政变前为中心》，《苏州教育学院学报》2014年第1期。

问题，清楚地认识到不能使少数民族地区自外于中国。梁启超依据地理科学知识，洞察东南诸省与西北腹地的国家疆域空间结构，提出挽救中国危亡的民族国家建国方略。① 梁氏学说对边疆研究的高度在那个时代就达于国家建构的理论之中，这是中国学界很多从事边疆以及民族研究的学者一直达不到的境界，或者说梁启超提出了国内很多研究者和决策者一直未能思考到位的重要命题，对今人在此方面的深度研究也有着很大的启迪。②

由上以观，在近代中国边疆研究之中，确实产生或出现过“学术共同体”现象，如林则徐、魏源、龚自珍、曹廷杰、邹代钧等，包括梁启超、康有为、严复、黄遵宪、黄韬，他们以不同于那个时代庸碌学者的治学范式，将眼光置于国家命运的视域，全然不同于当时那些官宦利益共同体和学腐命运共同体的短视。当时的边疆学术研究把不同职业的研究者联系在一起，凸显了这些研究者所具有的共同信念、共同价值，乃至于遵守共同的学术规范，明显地区别于那个时代的一般社会学术群体。清末民初中国的边疆问题，由沿海影响到内陆，又由内陆影响到陆地边疆，整个国家陷于巨大危机之中。在这种情况下，中国的仁人志士或者说清醒的官员及文人都认识到这是国家衰败落后所致，由此从改变国家政治、经济、军事等方面入手，以拯救整个民族。但可惜的是囿于自身被困都不能从实质上改变国家的命运，边疆问题也无法得以完全解决，而且危机越来越深重。本文所述略的那个时代各个阶段有识之士拯救国家的主张，应属于广义的边疆研究。前些年有学者运用统计方法选其交集，遴选出影响较大的清代著名地理学家 12 人，即：顾炎武、顾祖禹、图理琛、齐召南、戴震、李兆洛、徐松、魏源、何秋涛、杨守敬、曹廷杰、邹代钧。③ 即使是在今天，有 12 名学者的群体与著述，也足以支撑起一个主流学派的学术大厦。需要指出的是，在中国近代第一次边疆研究高潮中所产生的“学术共同

① 梁启超强调无论何种国体，必须考虑“今者建设伊始，当刻刻以蒙、回、藏、疆为念，务使不自屏于中国之外，而不然者，则对内成功奏凯之时，即对外一败涂地之时也。”参见梁启超《新中国建设》，《饮冰室合集》文集之二七，第 34 页。

② 参阅王鹏辉：《边疆、民族与梁启超“新中国”的建构》，《人文杂志》2014 年第 11 期。

③ 罗见今、王淼：《晚清舆地学者与新地学的兴起》，《哈尔滨工业大学学报（社会科学版）》2008 年第 2 期。

体”还是初级状态的，在共同性和学术范式的交集上不太紧密，也缺乏专门的刊物登载同类文章，有“君子同而不党”之风，可谓之学术共同体雏形。但这些人的学术观点很快成为公共知识，影响到了本国的各个阶层尤其是知识分子阶层，进而也影响到邻国的学界、军界、政界，例如魏源的《海国图志》对日本的影响远大于中国。① 对这些人的学说影响作进一步考察，很明显地可以看出思想的代际传递现象，即至20世纪到21世纪的中国边疆研究者都受到了他们的影响。有的学者认为，中国今天的边疆研究之源皆可溯于他们的著述，② 沿用史地、舆地考证以及追踪外国成果等方式的后续研究者，至今遍布于中国学界。

二、在救亡图存背景下的中国边疆研究学术共同体

20世纪三四十年代，中国边疆危机达到了空前严峻的程度。在“救亡图存”的历史背景下，中国学界再次兴起了边疆问题研究热潮，在民国年间，出现了许多面向全国的边疆机构和刊物。③ 据不完全统计，民国时期全国涉及边疆研究的刊物多达几十种，④ 从事边疆研究的人员多不胜数，产生的学者如满天星斗。其间，中国各大党派成员介入到边疆研究之中的也不在少数。可见时局巨变的因素和国家兴衰的命题，是当时中国学界、政界乃至军界进行边疆研究的动力。

民国时期，学界对“边疆”的含义加深了领会和理解。20世纪三四十年代中国出现的边疆研究热，受“西学”的影响很大。20世纪20年代

① 参阅李存朴：《魏源的〈海国图志〉与日本的〈海图国志〉时代》，《安徽史学》2002年第2期。

② 四川大学社会发展与西部开发研究院2016年春季边疆学术研讨会前，王鹏辉等人特地指明了这一点。

③ 据林恩显的著述介绍，当时国民政府在内地办有：中国边政学会（设有边政公论社）、中国边疆学会、中国边疆问题研究会、边事研究社、中国边疆文化促进会、中国边疆学术讨论研究会、中国边疆建设协会等，这些机构受政府补助。——林恩显：《边政通论》，台北，1989年，第17—18页、第252页。

④ 参见房建昌：《简述民国年间有关中国边疆的机构与刊物》，《中国边疆史地研究》1997年第2期。

以后，人类学/民族学、宗教学、社会学、地理学、植物学、地质学、气象学等“西学”在中国发展起来，为现代意义的边疆研究提供了学理和方法层面的支撑。受“西学”影响，学界重视运用新知识研究边疆地区的政治、经济、自然、文化、民族、宗教以及社会结构等。同时，学界接受了西方“民族国家”的理论，主张构建多民族的统一的“民族国家”。但中国学界受当时外国学者（尤其是在华传教士学者）的影响，[①] 确定以少数民族地区为边疆的观点以至于滥觞，即把少数民族居住地等同于边疆，无论是处于腹心地区还是边缘地带，都谓之以“边”。但大陆濒临的海疆不算边疆，鲜有学者将边疆研究的视域置于海疆。从国家发展形态看，其时学界基本确定了建立包括少数民族在内的民族国家是中国国家的发展前景，却还理不清各个民族居住地与边疆地区的关系。[②] 从这种情况看，当时学界在对中国的民族和国家的认识上还存在局限性。

20 世纪三四十年代中国边疆研究，已不是单纯对边疆问题的研究，而是与民族、国家的前途命运结合在一起的探讨。尽管那个年代学界多数人对边疆的认识大多是从民族、宗教、文化角度进行的，但也有学者对此提出了质疑，并从政治意义上提出了“边疆”的定义，以对侧重于社会文化角度的研究予以纠偏，对于边疆研究有着现实意义。吴文藻、柯象峰、徐益棠、李安宅、胡耐安、顾颉刚、陈寅恪等人都发文主张边疆研究

---

① 例如澳大利亚人叶长青（J. H. Edgar）是中国内地会的外籍传教士，他在20世纪初来到华西地区活动，曾多次前往康定、理塘、巴塘等地考察，将这些地方视作中国的边疆。1922 年 3 月，一群来自英、美、加国的基督教传教士，在中国成都华西协合大学成立了华西边疆研究学会（West China Border Research Society），史称“华西边疆学派”，对后来的国内学者影响很大，1930 年初学会开始吸纳中国学者加入，开启学会本土化进程。20 世纪 40 年代中国学者成为学会学术研究及组织机构中的主力，展示了学会本土化发展趋势。著名学者李安宅、任乃强、谢国安、刘立千、于式玉、玉文华等人是“华西边疆学派”后期的代表人物。——参见周蜀蓉：《基督教与华西边疆研究中的本土化进程——以华西边疆研究学会为例》，《四川大学学报》2012 年第 3 期。

② 受朝贡体系传统观点的影响，当时的学者比较通行地将一些地方称之为“苗疆”“回疆”，“藏边”“川边”“滇边”，其视域被“主体民族文化之外的地区皆为边疆”的理论所限，难以与现代边疆理论接轨。时至今日，仍然有学者受此影响，在论文中使用这些词汇和观念。

的目的是经世致用。[①] 例如，陈寅恪指出："……西北史地以较为朴学之故，似不及今文经学流被之深广。惟默察当今大势，吾国将来必循汉唐之轨辙，倾其全力经营西北，则可以无疑。"[②] 吴文藻认为："建设一个民族国家，是我们现阶段的理想，而如何促成民族国家的组织，此种伟大事业，一部分就有赖于边政学的贡献。"[③] 概略地看，这个时期的中国边疆研究，大体上也有学术共同体或产生了学术共同体现象。

李安宅身居华西高校致力于边疆研究，以其社会学的功底奠基，广泛涉猎和钻研人类学/民族学、文化学、宗教学、语言学等学科，尤以人类学的研究见长。由于他的声望和组织带动，"冯汉骥、蒋旨昂、任乃强、谢国安、刘立千、于式玉、玉文华等都投入了对康藏地区的实地田野考察"[④]。人类学是他们作研究的底蕴，并杂之以其他学科知识和方法。这种由学术研究把不同专业的研究人员联系在一起，具有共同信念、共同价值，遵守共同规范的形式，形成了"华西边疆学派"学术共同体，该学派有学术刊物《华西边疆研究学会杂志》，经常召开学术会议，是那个时代西学影响下边疆研究本土化的典型事例。[⑤] 这个学术共同体的后期重要成员任乃强、谢国安、刘立千等人在新中国解放西藏的过程中，撰写进军参考图文，出谋划策，成绩卓著。[⑥]

顾颉刚多方游历讲学，治学贯通各科，作为历史学家其所做的边疆史地研究颇负盛名。顾颉刚与谭其骧发起成立的禹贡学会，聚集了钱穆、冯家升、唐兰、王庸、徐炳昶等知名学者并大量会员，"当时学会的主要工

---

① 例如，柯象峰认为："我国边疆之研究，已较英法俄日等国人士落后数十年，故吾人对于我国本身之边疆状况，其认识程度且不逮远甚"，故希望"急起直追"，并须在"时间上以及人力物力上着想，通力合作"。——柯象峰：《中国边疆研究计划于方法之商榷》，《边政公论》1941 年第1 期。

② 陈寅恪：《朱延丰突厥通考序》，《读书通讯》1943 年第 58 期。

③ 吴文藻：《边政学发凡》，《边政公论》1942 年第 1 期。转引自：汪洪亮：《中国边疆研究的近代转型：20 世纪 30—40 年代边政学的兴起》，《四川师范大学学报(社会科学版)》2010 年第 5 期。

④ 汪洪亮：《建设科学理论与寻求"活的人生"——李安宅的人生轨迹与学术历程》，《民族学刊》，2010 年第 1 期。

⑤ 参见周蜀蓉：《传教士与华西边疆研究——以华西边疆研究学会为例》，《宗教学研究》2011 年第 1 期。

⑥ 参见祝启源：《和平解放西藏是西藏历史发展的必然归宿》，《民族研究》1991 年第 3 期。

作任务有撰写中国地理沿革史，绘制科学的中国历史地图集，编纂内容精详的历史地名词典，详备地整理历代地理志，辑录各种有关经济、移民等历史活动地理特性的资料，进行专题研究等等”①。禹贡学会是那个年代在历史地理领域中贡献巨大的学术团体，其成员们也呈现出“共同信念、共同价值，遵守共同规范”的形式，创办的学术刊物《禹贡》在学术界影响深远。学界人将这个学术共同体称之为“禹贡学派”，并认为这个学派的出现，是“中国传统舆地之学向现代历史地理学转变的重要标志之一”②。在近代，还有一个以张其昀为核心的历史地理学的“史地学派”，在理论创建与学术研究方面也有建树。其学会、刊物和大学的系科强调“史地合一”“自然与人文并重”等。中国近现代的史地研究因他们当中的谭其骧、史念海、侯仁之等人，在中华人民共和国建立后共同努力，建立起现代学科意义上的中国历史地理学。

方国瑜专意扎根故乡做边疆研究，是民国时期西南边疆研究的翘楚人物，西南边疆史地研究的奠基人。③ 其早年从事音韵学、文字学、汉语学、语言学研究，因痛感清季外交丧权辱国，愤而在报刊发表文章疾呼救国。后以滇缅南段未定界务中国委员随员身份，参加过界务交涉。从此转向西南史地研究，与向达、凌纯声、楚图南等人发起主办了《西南边疆》杂志，对西南地区的历史与现状进行研究。在方国瑜的引导下，同道者对中国西南历史文献的研究与整理、西南历史地理研究以及民族史研究乃至涉外等方面的研究，异军突起，贡献巨多。④ 由此也可见西南边疆研究当时是一个“相同或相近的价值取向、文化生活、内在精神和具有特殊专业技能的人，为了共同的价值理念或兴趣目标，并且遵循一定的行为规范而构成的群体。”⑤

---

① 参阅陈其泰：《新历史考证学的学术路向及其宝贵启示》，《天津社会科学》2014 年第 5 期。

② 李久昌：《中国历史地理学由传统向近代转化的若干特点》，《陕西师范大学学报（哲学社会科学版）》2005 年第 4 期。

③ 百科学术——知网空间：方国瑜。http://wiki.cnki.com.cn/HotWord/1620754.htm.

④ 参见林超民、秦树才：《方国瑜与中国西南对外关系史研究》，《中国边疆史地研究》2008 年第 4 期。

⑤ 360 百科，“学术共同体”。http://baike.so.com/doc/5243068-5476105.html.

吴文藻、杨成志远距神交堪为佳话，他们所倡导的边政学研究，打破了自清代后期以来出现的边疆研究的“传统学术”格局，即仅局限于边疆史地（舆地）的研究范围，转向研究边疆地区的实际状况，包括政治、经济、文化、民族、宗教、历史、社会、军事等很多方面。边政学综合了人类学和政治学为主体的多学科理论和方法。吴文藻对边政学作了界定：“边政学就是研究边疆政治的专门学问。”① 无独有偶，杨成志发表的《边政研究导论——十个应先认识的基本名词与意义》一文，对边政研究的内容及方法作了精到阐述。边政学理论提出后，受到国人和南京政府的普遍重视，关于边政工作人员的培训应注意的相关原理与事项，也成为当时研究边疆问题学者们关注的内容之一。梁钊韬认为在边政训练中，应将民族学与政治学结合起来作为边政人员的指示疆界，边政人员的业务演习是一种“应用民族学”的田野实习。② 此外，还有一些学者研究了边疆社会建设、边疆文化建设区站制度等内容，如吴泽霖、卫惠林等，他们拟定了边疆文化建设区站制度大纲与文化建设区站工作纲领。③ 边政学的研究主体和载体后来也越发宽泛，包括职业化的学者群体、大学的学科和专业、专门研究机构、新式学会、图书馆、学术期刊、报纸等。例如，顾颉刚等学者和禹贡学会成员，以及《禹贡》学刊也与边政学的研究产生过交集。而民国政府对边政学的重视程度很高，在一些学校开设边政学，培养了一批批的学生。④ 如果没有边政学的学术共同体，这是不可想象的。民国时期的边政学研究成为边疆研究的一个主流学派，所涉者皆为忧国忧民人士，无论是学者还是政府官员⑤都以边疆政务的建立为要，是以共同的目

① 吴文藻：《边政学发凡》，《边政公论》1942 年第 1 期。转引自汪洪亮：《中国边疆研究的近代转型：20 世纪 30—40 年代边政学的兴起》，《四川师范大学学报（社会科学版）》2010 年第 5 期。

② 参阅梁钊韬：《边政业务演习的理论与实践》，《边政公论》第三卷第 12 期，1945 年。

③ 参阅卫惠林：《边疆文化建设区站制度拟议》，《边政公论》第二卷第 1、2 合期，1943 年。

④ 参阅段金生：《民国政府的边政内容与边政特点——以南京国民政府为中心》，《思想战线》2011 年第 1 期。

⑤ 民国时期的两任蒙藏委员会委员长黄慕松、吴忠信皆对边政学有研究，并支持在高校开办边政学。——参阅段金生：《30 年来南京国民政府边政研究综述》，《中国边疆史地研究》2010 年第 3 期；汪洪亮：《过渡时代的边疆学术：民国时期边政学研究引论》，《四川师范大学学报（社会科学版）》2012 年第 2 期。

的为核心而形成的“学派”，其成员具有大致相同的目标、信念、观点和方法。这个学术共同体所开创的边疆政治研究的学风以及范式，影响至今。

不可忽略的是，当时中共领导下的地区也有边疆问题研究，有过系统的边疆民族问题调查，以利于开展陕、甘、宁、青、绥包括新疆、内蒙古各地的民族工作。开展边疆民族调研工作的倡议和推动者有李维汉、牙含章等。“1941 年延安建立民族学院，培养民族干部并进行边疆民族研究。先后出版《回回民族问题提纲》《回回民族问题》《蒙古民族问题提纲》等。进入新疆的中共干部掌握了《新疆日报》《反帝战线》等刊物，调查报道边疆时事，宣传抗日救国。”① 从宽泛的意义上讲，这也是“学术共同体”，所遵守的研究范式是中共当时的民族理论和政策。李维汉在延安时期对边疆民族的研究以及之后进一步的思考，奠定了中共民族区域自治理论和实践的思想基础，其意义巨大和深远，对中华人民共和国成立前后的民族区域自治实践产生了决定性的影响。②

三、第三次边疆研究高潮中的中国学术共同体大观

随着始于 20 世纪 80 年代的改革开放不断地推进，中国大陆学界③的边疆研究重新起步并不断扩大和深入，源流衍生，蔚为壮观。边疆史地研究、边疆民族研究、边疆社会研究、边疆文化研究、边疆战略研究、边疆安全研究、边疆经济研究、边疆发展研究、边疆地缘政治研究、边疆政策及制度供给研究乃至中外边疆学术对比研究等方面的学术著述迭出，刊物

---

① 韦清风：《近代中国边疆研究的第二次高潮与国防战略》，《中国边疆史地研究》1996 年第 3 期。

② 参阅陈凤林：《李维汉民族思想与解决民族问题的中国特色道路》，《中共银川市委党校学报》2013 年第 1 期。

③ 本文中的“中国大陆学界”限定词，意在不包括新中国成立之后的台湾学界也不涉及香港特区学界，在国家统一的意义上台湾和香港都是中国的一部分，大陆与台湾的政治地理关系不在本文命题阐述之内。特此注明。

数量和发表的相关论文与日俱增。众多学者加之政界、军界研究人员的探讨，将中国大陆的边疆研究不断推向新阶段和新高度。

进入21世纪之后，边疆研究在中国大陆学界逐渐产生出建构边疆学学科的趋势。无论是内地或边疆的院校和研究机构，均有学者倡议构建边疆学。事实上，无论是否将“中国”冠名以论边疆学或提出何种范式才能称为“边疆学”，似乎无关紧要，边疆学作为一个对边疆现象研究的总称，已经被中国大陆学界普遍采用。笔者认为，边疆词汇和语境的产生以及逐步丰富起来的边疆研究，是到了出现国家实体的时段才形成的理性和由理性衍生出来的概念、理念以及学说。在目前，中国大陆学界的“中国边疆学”如何建构的讨论还在进行之中，以至于“边疆学”成为一种将所有考察报告、史地研究、边疆学说分析、边疆社会文化调查、地理边疆治理、周边国家关系、边疆学建构探讨等论文和著述包罗起来的“隐学”。其中，近些年边疆研究学术共同体现象早已凸显，对于如何构建“中国边疆学”或“一般边疆学”的探讨，其实都与这些学术共同体的主张关联在一起。我们试析述略如下：

一是以边疆史地研究为载体构建“中国边疆学”的主张。边疆史地研究是在中国影响很广的一种学术方法，亦是一种广泛覆盖于大陆各个学校和研究机构的学术流派。如前已述，其可溯源到中国第一次和第二次边疆研究高潮，因源头远、领域广，且大师辈出，边疆史地研究的展翼之下云集了各个相关学科，又经大师们的多年孵化，似有可以进行交叉研究或跨学科研究的广阔空间，几位主流学者又较早倡议构筑“中国边疆学”，①并提出要进行跨学科研究②，在建构边疆学的学术呼声之中几占优势地位。近十多年的代表人物有马大正、厉声、方铁、邢广程等人，他们的主张影响相当广泛，而从南到北各省市的学者浸淫于史地研究的为数众多，马大正、厉声、方铁等学者的研究范式已经为研究者们熟悉并多有运用，

① 参阅马大正：《边疆研究者的历史责任：构筑中国边疆学》，《云南师范大学学报（哲学社会科学版）》，2008年第5期。

② 参阅方铁：《试论中国边疆学的研究方法》，《云南师范大学学报（哲学社会科学版）》2008年第5期。

国内多种学刊尤其是《中国边疆史地研究》所发相关论文甚多，近年来尤其强调“中国边疆学”的构筑支撑在于史地研究，[①] 可以说“边疆史地研究”的学术共同体事实上是存在的。中国社科院边疆研究所陆续出版的《中国边疆学》（邢广程主编）在国内颇有影响，虽仍然是边疆研究的资料汇集，与边疆学学科形式的专著不同，可视为中国边疆研究的学术状态之总称。由于边疆史地研究源远流长，依托与历史和地理等学科的研究成果易于受到承认，马大正、方铁等学者的主张，拥趸者很多。但到目前，这个学术共同体的核心成员尚未出版一部冠名为边疆学的学科性质的专著。需要提及的是，边疆考古研究虽属于史地研究范围且成果丰硕，但这方面的专家学者一直对构筑边疆学不置可否，也未见倡议建构边疆考古学的，原因尚待探查。[②]

二是以民族学/人类学研究为载体的建构“中国边疆学”的实践。如前已述，在中国边疆研究的第二次高潮之中，由于西学渐进包括受来华外国学者的影响，很多中国学者接受了西方传入中国的文科知识体系，将能够阐释考察之中发现问题的学科活学活用，尤以民族学/人类学、文化学、社会学等亲缘学科为工具，取得了丰硕成果，“路径依赖”[③] 已经产生；更由于新中国建国之后，中国大陆学界的民族研究的实践和民族学讲授的影响，合于执政党的民族理论和政策口径，多数知名学者的民族学功底甚厚，轻车熟路地推出一系列成果。早期的《民族学研究》《民族学通论》作者林耀华，是民国时期和新中国的知名学者，该类书多以边疆为视界，其影响广泛；后周伟洲、徐黎丽、张植荣等学者同为这一领域的建树者，

---

① 马大正：《关于中国边疆学构筑的几个问题》，《东北史地》2011年第6期；又见《关于中国边疆学构筑的几个问题》，《新华观察》2013年第2期。

② 中国的考古研究其实是有学术共同体的，有较多的专门研究机构，也有专门的学术刊物，定期召开学术会议，近年来的考古成果对于阐释中国国家认同、中华民族认同做出了不可忽视的贡献。

③ 路径依赖（Path Dependence），又译为路径依赖性，它的特定含义是指人类社会中的技术演进或制度变迁均有类似于物理学中的惯性，即一旦进入某一路径（无论是“好”还是“坏”）就可能对这种路径产生依赖。第一个使“路径依赖”理论声名远播的是道格拉斯·诺思（Douglass North），由于用“路径依赖”理论成功地阐释了经济制度的演进，道格拉斯·诺思于1993年获得诺贝尔经济学奖。

周伟洲的《中国中世西北民族关系研究》《西北民族史研究》奠定了将民族学为边疆学载体的主张。徐黎丽的《中国西北少数民族通史（当代卷）》，是将民族问题视为边疆问题的诠释之作。[①] 张植荣的《中国边疆与民族问题》其主题将民族问题置于边疆研究的大头，同时又关注海疆问题。[②] 周伟洲也主张“中国边疆学”要作跨学科研究，[③] 但其底蕴仍然为民族学的。中国西北省区学者受早期舆地派研究的影响，将民族研究置于边疆研究之首位，这也是思维逻辑之使然。事实上，这也是一个具有学术共同体现象的群体，只是由于旗手不多而比较松散，在一定的范围内（例如陕西师范大学）存在着学术共同体的集簇。不可否认的是，国内大部分高校在讲授民族学时，几乎没有不与边疆问题相联系的，众多学者也将民族问题视作边疆问题的关键。由于这个原因，以民族学建构边疆学的建议在大陆学界有较多的附和者，这种情形在近些年国内的各种边疆论坛中十分常见，有着学术共同体的现象。[④]

三是边政学或边疆政治为载体构建学科体系的实际成果。如前已述，在中国第二次边疆研究高潮之中，边政学是边疆政治学的代称，边政学的首倡者为当时的著名学者，所议所说正合当时的国家之急需，响应者众多，有的学校开设边政学课程后为其后留下了学术火种。到第三次边疆研究高潮时，自然有学者或多或少受到启发，将其基本方法和范式贯入“中国边疆学”之中。近年来，从政治学角度研究边疆现象（边疆问题）的论文逐渐增多，由于这个角度有亲缘学科的公共管理学、政治经济学、地缘政治学（政治地理学）以及政策学乃至国防学、边防学等做支撑，目前，学界在这个方面的探讨似较为成熟，《中国边政学新论》（罗崇敏著）是2006年出版的专著，其内容对边政学的框架多有替换，但仍然推崇边政学的理念；而2012年出版的《中国边疆学概论》（郑汕著）可视

---

① 近些年徐黎丽的研究视域也扩展到了边疆安全研究上，主编了《中国边疆安全研究》。

② 张植荣是近年来国内著书时把内陆边疆民族问题与海疆同时叙述的学者之一。

③ 周伟洲：《世纪之交中国边疆史地研究的回顾与展望》，《中国边疆史地研究》2001年第1期。

④ 笔者近年来所参加国内边疆学论坛，多见专家学者探讨边疆民族的诸多问题，将民族问题视作边疆问题的关键，有的学者认为边疆问题的实质就是民族问题。

为新时期边疆政治学即新边政学的集大成者，名曰“中国边疆学概论”，实为边政学新解，从主线与框架都可以看出边政学的学术基因；而2005年和2015年出版的两部《中国边疆政治学》，[①] 更显示出以边政学即边疆政治学为载体的建议有着合理性与可行性的佐证。毋庸讳言，这个方面的学术共同体事实上也是存在的，只不过较为松散，其代表人物有吴楚克、周平、郑汕等。[②] 他们的影响面在边疆研究之中比较广泛，且以专著形式对这一研究的范式进行了诠释，立著为证，将建构边疆学的实践付诸现实行动。公允地说，这都还不是边疆学或“中国边疆学”层面的展示，只能视为边疆学分支子学科的研究成果，因为疏通了学科建构的管道，步入其中的研究者也不少。[③]

四是以边疆经济为视野的边疆学学科建构的实践与探讨。其实，在第一、二次的中国边疆研究高潮之中，对经济各个方面的研究络绎不绝，不过皆从属于当时研究者的偏好未能独立出来。在第三次边疆研究高潮中，边疆经济研究领域群贤往至，倡议构建边疆经济学的学者陆续发文，以推进这个方面的研究。[④] 1986年徐晓光发表了《边疆经济学初探》，分量比较重。与之同时，王慎之撰文提出建立边疆经济学，认为边疆经济学是限定含义的区域经济学，也是研究边疆区域生产方式运动规律的科学。1994年牛德林发表了《边疆经济学的基本理论与实践意义》，是一篇比较重头的论文；此前，其编撰出版的《中国边疆经济发展概略》内容丰富，但仍是一部经济史学或类志书似的著作，主要以介绍和综述为主，距相对完整的学科著作还有较大差距。郑长德著有《中国少数民族地区的经济发展：实证分析与对策研究》一书，对边疆经济学的研究有自己独到的看法。中国西部省区有些学校在为学生讲授经济学时，也编写过不少的边疆经济研究的教材，广泛地将国内外涉及边疆经济运行、边疆经济发展的具

① 吴楚克教授在2005年出版了《中国边疆政治学》，时隔10年，周平教授在2015年出版了《中国边疆政治学》。

② 需要指出的是，这三人分布于北京和云南，郑汕是中国大陆军界人士。

③ 例如周平教授的《中国边疆政治学》一书各章节的撰写者数人，分布于不同的研究机构。

④ 参阅孙勇：《亟待建立的边疆经济学》，《中国图书评论》2015年第12期。

体问题，以及边疆经济史的若干档案，还有边疆地区政府的经济政策等都纳入其中，教材题目一般也冠上“边疆经济学”字样。2009年，梁双陆出版了国内的第一部边疆经济学专著《边疆经济学：国际区域经济一体化与中国边疆经济发展》，有可能是中国大陆学界第一次将边疆经济学作为一门学科著书立说。四川大学于2016年开设边疆学，公布了（边疆政治学、边疆经济学、边疆社会学、边疆史地）边疆安全与发展考研大纲。该校学者杨明洪是建构边疆经济学的实践者和推动者，有数篇论文已经成型，近期可见诸刊物。目前的“边疆经济学”可以说是一门新创的学科探讨，从已有的基础看还很薄弱，尚未有现成的成熟著作尤其是教科书的参考。公允地说，边疆经济学也还不是边疆学或“中国边疆学”层面的展示，只能视为边疆学分支子学科的研究成果。因而，这个角度所出现的学术共同体更为松散，有学术共同体的现象而尚未产生真正意义上的学术共同体。

五是以边疆战略研究为蕴含的边疆研究的学术实践和展示。从战略的角度开展边疆研究，是第三次边疆研究高潮中中国大陆学界、政界和军界研究人员的一个新视域。可分为一般性的边疆发展战略和安全战略两大方面理论，以及对策性的基本理论和实践研究等。从互联网检索所见，从事边疆战略的研究人员可谓众多，皆与“问题导向、国家急需、前瞻重大”的主客观需求有关，综观近几十年来边疆战略的研究成果，多数研究者横跨学界、政界乃至军界，个中底蕴可想而知。有学者认为，“战略边疆指的是一国影响力所能实际控制的战略空间”①。此与地理边疆的一般性定语极为相近。从这个角度衍生的边疆战略研究，多与政治学、国际关系政治学、地缘政治学（政治地理学）有着亲缘的学术基因，同时又包含了经济、社会、民族、宗教、地理、历史、文化、安全、军事、外交、法学以及地缘政治学的交叉与综合，切入边疆研究有着许多相关学科作支撑，最重要的是，此类研究都具有战略的眼界以及战略学的依据。② 在边疆战

① 陈迎春：《战略边疆与中国和平发展》，《太平洋学报》2011年第5期。

② “战略”一词在三十来年的中国已经泛滥到各个领域和层级，以至于每个县乡或企业都在制定战略，然而真正的战略研究人员对战略的概念、内涵和延伸的实践，都有严格的把握。

略或地缘政治战略研究上，近些年的领军或产生重大影响的人物有：张文木、王仲春、乔良、徐光裕、时殷弘、王缉思、温铁军、何新、张瑞、石家铸、于逢春、肖自强、王鼎杰、张世平、李国强、刘从德、丁力、杨恕、朱听昌、李星、胡波、余潇枫等，从他们研究的领域看，几乎覆盖了以上所述的各个方面。多年来，有关边疆发展战略、边疆军事战略、边疆安全战略乃至于边疆人财物政策等方面的战略研究著述层出不穷，尤其是近年来对中国领导人“一带一路”倡议构想的诠释、解读、深度研究等方面的探讨，更是百花齐放，绚丽多彩。因“一带一路”倡议构想范围宏远，影响巨大，所涉边疆战略的研究也在不断深入。张文木在边疆战略研究上可谓首屈一指，其涉及的方面，包括国家战略中的边疆地缘战略、战略地理分析、战略哲学思考、边疆军事布局、边疆历史的延伸等；王仲春作为军界学者翘楚，对战略全局的内涵以及边疆战略的实践有着很深的研究，对边疆战略研究极有启迪；乔良、徐光裕等军界研究者将边疆含义进行了拓展，视野不局限于地理边疆、文化边疆等传统“边疆”理念上，将金融、网络、外太空等形式的“边疆”做了揭示；张瑞、石家铸、张世平、李国强、胡波等对海疆的研究，成为近些年边疆战略研究的亮点；时殷弘、朱听昌、丁力、王缉思、刘从德等在地缘政治和战略的角度上对中国周边形势做了深度分析；肖自强、王鼎杰等从全球化以及国家边疆划分的视野做了边疆战略的解读；于逢春、杨恕等作为高校专职学者，在边疆战略的研究上影响较大（不能忽略的是学者于沛、孙宏年等人从国外边疆理论研究中提炼的边疆战略观点，提供了边疆研究的参照）；李星的边防学研究可谓独树一帜；余潇枫等人的边疆安全学研究别开生面；温铁军、何新等人是横跨诸多学科的研究者，也对战略问题提出了己见……包括笔者也认为大边疆战略是研究国家战略问题的一个出发点。[①] 限于篇幅，本文只能蜻蜓点水似的做一介绍。从这个方面我们看到了一个新的学术共同体现象，即在战略视域中边疆研究的人数大幅增加，集簇现象也较

---

① 孙勇主编《国家战略下的大边疆战略研究》一书，已于2017年11月由四川大学出版社出版。

多，即使是同一个领域也存在以学校或行业为圈子的学术共同体，以及可以划分出类型的研究群体，其各家的学术研究家国情怀甚浓，有着共同的目标追求，也具有以战略学为底蕴的研究范式，视域和问题域都指向边疆研究或与边疆有关的战略研究。

六是新型综合研究在边疆学建构上的探索。近些年来，中国大陆学界所有的边疆研究流派，越是往前走越是能够感受到学科建构的问题。从近年来的一些边疆学论坛的内容看，关于如何建构边疆学（无论是“中国边疆学”或是一般边疆学）的命题，都有学者发表意见和建议。对此问题最为敏感的学者集中在中央民族大学、四川大学、云南大学及延至西藏社科院，有的学者对已有的“定论”提出了质疑。杨明洪、王春焕、袁剑、朱金春以及孙勇，首先对“中国边疆学”提出质疑的是有无国别边疆学？其次是缺乏边疆学的一般性研究能否将边疆研究引向深入？再次是对边疆学学科体系的依托提出异议，认为史地研究、民族研究都很难成为边疆学的载体。[①] 这些认识其实源于四川大学 2014 年出版的《华西边疆评论》第一辑的有关论文，其中，笔者在对自己 2008 年中标的国家社科基金重大课题[②]之中已经产生的观点作进一步的研究，同时也正在将一些同行引向对这个问题的深度思考。同时，张世明、袁剑等对边疆研究的一些著述，暗含了我们所提出的一些问题。[③] 从已有的研究来看，“边疆”由陆地边疆延伸到多维的“边疆”，已从平面的陆地边疆概念发展到立体的陆海空疆和外太空边疆，今天和未来则进一步从地理的边界边疆发展到各种具有边疆现象的领域，产生了学界广泛关注的“利益边疆”“文化边疆”“信息边疆”以及“战略边疆”等概念，这些“边疆”值得综合地进行研究。有关的认识和研究我们将在今后陆续推出，在此不作赘述。我们认为：学术共同体之所以能够产生，最重要的是几个研究者发现问题的

① 孙勇、王春焕、朱金春：《边疆学学科构建的困境及其指向》，《云南师范大学学报（哲学社会科学版）》2016 年第 2 期。

② 孙勇：《维护西藏地区社会稳定对策研究》，西藏人民出版社，2015 年。

③ 参阅张世明：《中国边疆研究文库——空间、法律与学术话语：西方边疆理论经典文献》，黑龙江教育出版社，2014 年。

专业基质，以及在发现问题之后将问题引向深入研究的能力。在某个学术共同体之中，仅有共同兴趣还不够，还要有在共同的目标追求之中能够为同行提供学科逻辑化的形式，以此作为一种内部的约定，为共同体在研究中提供学术逻辑的起点。从这个意义上讲，新型综合研究的学术共同体已经产生。尽管目前人数还很少，但有理由期待它的成长和壮大。

四、余论

摩里斯·N·李克特（Maurice N. Richter，Jr.）指出，学术共同体活动中存在两种交换系统：第一种是内部的交换系统，即共同体成员的内部交流；第二种是共同体与外界之间的交换系统，只有学术共同体成员同时遵循这两类交流系统的规则，共同体内运行规范与其外在社会规范才能较好地统一。① 从中国三次边疆研究的高潮看，学术共同体都具有李克特指出的这种系统，实际中要产生学术权威与导师，也会产生不同学派以及学派中的门派，这必然要形成研究的集簇状态，也要依托于一个期刊为阵地发表成果——由此，学术共同体成员的行动才能对社会产生一定影响。与此同时，每个学术共同体所在的历史阶段、国度与社会乃至于所处的地域或研究单位（学校、机构），所有的政治、经济、社会、文化等因素都会对学术研究人员产生各种影响，有的影响有时会对某个学术共同体的兴衰产生决定性的作用。为此，边疆研究和边疆研究学术共同体皆是因时应运而生的。我们认为，当中国执政党提出“哲学社会科学要推进学科体系、学术观点、科研方法创新，着力推出代表国家水准、具有世界影响、经得起实践和历史检验的优秀成果”等期望之后，② 经过国家级的协同创新工

① 参见［美］小摩里斯·N·李克特著，顾昕、张小天译：《科学是一种文化过程》，三联书店，1989 年，第 142—144 页。

② 新华网：中国共产党第十七届中央委员会第六次全体会议公报。http：//news. xinhuanet. com/politics/2011 - 10/18/c_ 111105580. htm.

程、① “双一流”学校建设总体方案②等，边疆学的建构问题愈显重要，如果没有一两个乃至若干个学术共同体的作为，将是一个不可能靠几个专家学者独自努力就能够完成的任务。

托马斯·库恩（Thomas Samuel Kuhn）在《科学革命的结构》中提出了学术共同体的“范式”（paradigm）理念，对科技学界和人文科学界都有着很大的影响，其“范式”的提出和影响，使得研究人员开始注意构建成体系的理论，以解决单个论点虽然有道理但在论战中比较脆弱的问题，同时希望建立各种类型的“科学共同体”，遵守相约的“范式”或一同创新转换旧的“范式”。③ 在各个研究领域许多学者对范式的运用大加引申，以至于从自然科学到人文科学都在使用“范式”概念，大到每一个科学发展阶段内在结构的模式研讨，小到每一个学科的基本规则的制定，都被纳入范式的范畴。④ 中国大陆学界今天谈范式，有着多达近二十种的解释，在此不一一述评。我们赞同“范式的一个基本特征是整体性。离开整体性，范式便无法理解，也不能存在”的观点，⑤ 为此，我们的倾向性意见是：任何科学的研究都始于“问题意识”和“解决问题意识”，人类正是在发现问题、解决问题的过程中实现知识的增长，也将知识性的问题在深度研究之后生长为学识的。能够坚持这一原则的边疆研究，通过哲学思维的指导，确立系统分析的方法，将明晰的逻辑主线做出规定，不超越问题研究的边界，同时又能开放性地阐释边疆现象，又要遵循学术一般性的规范，遵守文本写作的基本方式，即是我们主张的边疆学研究范式。

---

① 协同创新工程即高等学校创新能力提升计划，也称“2011 计划”，是继“985 工程”“211 工程”之后，中华人民共和国国务院在高等教育系统启动的第三项国家工程。

② 参见中华人民共和国国务院：《推进世界一流大学和一流学科建设总体方案》。国发〔2015〕64 号。http://www.gov.cn/zhengce/content/2015-11/05/content_10269.htm.

③ 郭丽莎、谈新敏：《作为范式的库恩的“范式理论”》，《安徽文学（下半月）》2011 年第 2 期。

④ 郑杭生、李霞：《关于库恩的“范式”——一种科学哲学和社会学交叉的视角》，《广东社会科学》2004 年第 2 期。

⑤ 黄家裕、陈巍：《论范式不可通约性的根源》，《河南师范大学学报（哲学社会科学版）》2011 年第 3 期。

五、结语

在国内，无论现有的哪一种边疆研究学术共同体，在更大的视域上看，都可称之为中国大陆学界边疆研究学术共同体。通观学术共同体的功能，主要有：能形成持续的研究能力，对科研成果进行同行评议，为研究者提供更多的学术交流的机会，推进和实现学科的创新等。学术共同体的社会作用，是通过作出重大贡献的代表人物，以及研究工作的实际社会效果体现出来的。这对于中国的哲学社会科学的系统创新，产生一流的学科等具有十分重要的现实意义。如何培植边疆研究学术共同体，以促进建构边疆学，已成为中国大陆学界乃至决策层各方面都应关注和重视的一个命题。

中国边疆研究中的"边疆性"问题探讨

——以李安宅的边疆性概念解析为例*

孙勇　王春焕**

一、边疆性是边疆研究中一个值得探究的概念

在近现代中国发生的三次边疆研究高潮,① 都是与国运紧密联系的。在第二次世界大战烽烟的笼罩之下，日本帝国主义发动惨绝人寰的侵华战争，中国再次面临着国家与民族存亡的巨大危机，"救亡图存"的任务又一次摆在国人面前。学界继清末兴起抵御列强的边疆研究之络，在更大范围内显示出超常的学术热情，边疆研究的广度与深度也进一步拓展，各地陆续建立了有关研究机构和创办学术刊物，有的机构与刊物还得到了政府的资助。② 后有学者对这一时期的边疆研究作检索，认为那个时期全国涉

---

* 此篇论文刊发于《中央民族大学学报（哲学社会科学版）》2019 年第 1 期。

** 王春焕（1961—），女，籍贯山西寿阳，法学硕士，西藏社科院副院长、研究员，主要从事马克思主义理论、西藏社会、边疆问题和理论研究。

① 厉声：《改革开放 30 年来中国边疆史地研究学科的繁荣与发展——兼述中国边疆史地研究的第三次研究高潮》，《中国边疆史地研究》2008 年第 4 期。

② 林恩显：《边政通论》（台北，1989 年），第 17—18 页、第 252 页。

及边疆研究的机构众多，刊物也达百种之多。[①] 可以认为，民国时期的边疆研究人员以学为国，形成若干边疆研究学术共同体，提出了诸多建设性的意见。[②] 当时的一些大学社团和学者受“西学”影响，将社会学、宗教学、人类学/民族学、政治学、史学、语言学、民俗学、地理学乃至地质学、植物学等现代学科运用在研究之中，收获颇丰。对照清末中国边疆研究第一次高潮时，研究者多在史地研究方面浸润且研究方法不多的局面，在第二次边疆研究高潮时的研究者，借助“西学东渐”之功，将大量现代学科引入研究，更具有研究方法的多样性。

在此期间，有的学者能够从历史与现实结合的角度提出研究的目的，创新了一些边疆研究的概念。例如，吴文藻、杨成志的边政概念，其新的内涵外延当时得到学界与政界的公认，还有李安宅在其专著中提出的“边疆性”也是一个新概念，具有新的内涵与外延。需要说明的是，几十年之后袁剑在2010年所提出的“边疆性”概念，[③] 与李安宅在1944年所说的“边疆性”表面上并没有顺承关系。袁剑的“边疆性”明确的是在清代中国的国家战略问题下的概念，即“指在清代中叶以后才出现的一种对中国自身边疆问题的多角度的、具有反思性的整体性操作战略”。袁剑的观点起于对“新清史”的研究，但从某种意义上讲，与20世纪三四十年代吴文藻、李安宅等人的边疆研究新概念，即“边疆性”多少还是有关系的。限于本文论述范围，对袁剑的论题将另行文讨论，凡与李安宅学术无顺承关系的其他学者提出的“边疆性”概念也略过不论。

著名学者李安宅，生于河北省迁西县洒河桥镇一书香世家，自幼便有优于一般家庭的教育条件，比较顺利地完成了从中文开蒙到接受“新学”的学业。1926年毕业于燕京大学社会学系，曾多次出国学习交流，在社会学、人类学/民族学、宗教学、语言学等方面都有造诣，广泛参加过中

① 房建昌：《简述民国年间有关中国边疆的机构与刊物》，《中国边疆史地研究》1997年第2期。

② 孙勇、孙昭亮：《中国边疆研究学术共同体巡检述略》，《新疆师范大学学报（哲学社会科学版）》2018年第3期。

③ 袁剑：《“新清史”与清代中国的“边疆性”问题》，《中国社会科学报》2010年10月19日第13版。

国边疆实地调研。1941 年任教于华西协和大学边疆研究所并负责该所工作，1950 年参加中国人民解放军进藏部队政策研究室工作，进藏后在昌都、拉萨等多地任教，后返回内地参加西南民族学院教学活动，1963 年任教于四川师范学院（今四川师范大学），教授英语并整理其旧作。其在学术生涯中所做的贡献巨大，所提出的观点至今依然对边疆学术研究有着很大的影响。李安宅是民国时期“华西边疆学派”① 的中坚，也是这个学派后期的领军学者和代表人物，② 中国大陆学界中也有将其归到燕京人类学或华西派人类学学者之列的。

从《李安宅、于式玉先生编年事辑》③、《李安宅与华西派人类学》④等文献资料中，可以大约看到李安宅与当时从事边疆研究的学者们多有交集，与陶孟和、顾颉刚、吴文藻、罗忠恕、张逢吉、任乃强、谢国安、刘立千等人多有来往，也与林耀华、柯象峰、徐益棠等人有学术交流的过往。李安宅对吴文藻等人倡导的边政学（边疆政治学）持支持的态度，也与顾颉刚等学者有着“裨补民族复兴之工作，俾尽书生报国之志”的相同追求。

抗日战争时期，随着民国政府及其部门的西迁，有一批大学随之迁到西南后方建校，落地之后便陆续开展了各项教学与研究，其中迁建的华西、齐鲁、金陵、金陵女子大学等校，在成都继续进行边疆研究并组建有关研究机构。1941 年，这几所大学发起成立的中国边疆研究学会，成为当时迁建学校中在边疆研究上有代表性的机构之一。⑤ 20 世纪 40 年代初，以边政作标志的中国边政学会，编辑并定期发行综合性刊物《边政公论》，对中国边疆研究与普及等方面的工作大有促进。李安宅本人为《边政公论》创刊号撰稿，以及之后多次在《边政公论》上发文，均以少数民族地区居住的边地研究为内容，具体介绍了他本人的研究成果和学术见解。

---

① 周蜀蓉：《华西边疆研究学会之再诠释》，《中华文化论坛》2010 年第 3 期。

② 汪洪亮：《李安宅的学术成长与政治纠结——两个版本自传比较阅读札记》，《民族学刊》2016 年第 1 期。

③ 汪洪亮：《李安宅、于式玉先生编年事辑》，《民族学刊》2013 年第 6 期。

④ 参阅陈波：《李安宅与华西学派人类学》，四川出版集团巴蜀书社，2010 年。

⑤ 马大正：《二十世纪的中国边疆史地研究》，《历史研究》1996 年第 4 期。

由于李安宅在学术上的影响力，华西协合大学于1941年聘任李安宅为教授兼社会学系主任，次年该校组建华西边疆研究所，由校长张凌高兼任华西边疆研究所所长，李安宅任该所副所长，但实际主持该所的研究工作。在华西协和大学任教期间，李安宅多次深入到中国西部藏地调研，发表有关调研报告和论文；经多年积累，其撰写集结成的《边疆社会工作》专著于1944年由中华书局出版，河北教育出版社2012年重版。从那时起到现在，仅在这个命题上看，李安宅系国内第一个提出"边疆社会工作"的学者，也是第一个将"边疆性"与"消除边疆性"命题同时作论证的学者。李安宅在该书中明确提出："边疆社会工作之成功，即在边疆性之逐渐消失而归于乌有。"①

李安宅认为边疆的"边疆性"之所以能够逐渐消失，在于"由着我们的协助，促动边民的自助，而使边疆工作者成为一般的专业工作者。""到了那个时候，便不是边疆工作，而是各种的专业工作，如医药、工程师、畜牧师、工业化学家之类的工作，这些工作，只有其各行的技术问题，再不必需兼为边疆而有的适应技术。"② 简而言之，在如此这般的过程之后，"边疆性逐渐消失而归于乌有"了。以今天的学术研究视野和方法回望，李安宅所说的"边疆性"不宜简单地归于"社会工作"的范围，似应有着较深的含义。从笔者的角度看，其"边疆性"究竟是对边疆的一种地域性社会状态的描述，还是对边疆工作（具体到社会工作）内容与性质的一种框定，或者是对依附于边疆问题上诸多对策的归总，甚至是在哲思之后对边疆工作含义所做的意味深长的揭示？这需要我们通过一系列的分析后才能得出结论。如果这些询问都能够找到答案，对李安宅学术思想的研究来讲，无疑是深掘出活泉一眼，探究出他以及同时代相关学者从事边疆学术活动的目的性。即使是在这个问题上学界难以达成共识，至少我们能够就"边疆性"这个概念进行厘定，有利于边疆学原理研究的进行，有利于现今中国新边疆观研究得其学理构成的启发。应该看到，由

① 李安宅：《边疆社会工作》，河北教育出版社，2012年，第79—80页。

② 李安宅：《边疆社会工作》，河北教育出版社，2012年，第79—80页。

于这个概念涉及当时国人对边疆属性的认识，也涉及后人边疆研究的视角，包括今天我们是否需要打破边疆研究的某些窠臼，推进边疆研究理性的新认识，因而“边疆性”这个命题具有一定的理论价值。

二、第二次边疆研究高潮中的边疆属性认识

边疆性概念，是人们对边疆现象的属性认识，有一个由此及彼、由表及里、由浅到深的认识过程。综观民国时期的中国学界，受当时外国学者（尤其是在华传教士学者）的影响，[①] 确定以少数民族地区为“边疆”的观点以至于滥觞，即多数学者乃至文人把少数民族居住地等同于“边疆”，无论是处于腹心地区还是边缘地带，只要杂居或聚居有少数民族，都谓之以“边”。例如著名文学家（也是历史文物研究家）沈从文的作品《边城》，就取材于中国腹地川湘交界的土家族、苗族与汉族杂居的地区，即是明证。抗战胜利之后，有边疆研究学者提出过这样的研判：“边疆所以不与内地相同的缘故，就其自然条件而论，不在方位，而在地形；就人为条件而论，不在部族，而在文化。”[②] 李安宅在其他人奢谈中国陆疆之“边”时曾明确指出，“国人之谈边疆者，多系指文化上之边疆，非国界上之边疆。如东南各省以海为界，本即国界，而吾人均不视为边疆，川甘青康地在腹心，反称之为边疆，诚以农耕畜牧之不同，乃正统文化与附从文化之所以分也”[③]。李安宅敏锐地发现和指出了这个问题，但并不意味

① 例如澳大利亚人叶长青（J. H. Edgar）是中国内地会的外籍传教士，他在20世纪初来到华西地区活动，曾多次前往康定、理塘、巴塘等地考察，将这些地方视作中国的边疆。1922年3月，一群来自英、美、加国的基督教传教士，在中国成都华西协合大学成立了华西边疆研究学会（West China Border Research Society），史称“华西边疆学派”，对后来的国内学者影响很大，1930年初学会开始吸纳中国学者加入，开启学会本土化进程。20世纪40年代中国学者成为学会学术研究及组织机构中的主力，展示了学会本土化发展趋势。著名学者李安宅、任乃强、谢国安、刘立千、于式玉、玉文华等人是“华西边疆学派”后期的代表人物。——参见周蜀蓉：《基督教与华西边疆研究中的本土化进程——以华西边疆研究学会为例》，《四川大学学报》2012年第3期。

② 孙家俭：《两年来从服务工作中所得到的新认识》，《边疆通讯》1946年第7期。

③ 李安宅：《实地研究与边疆》，《边疆通讯》第1卷。

着学界能够纠正这种谬识，包括李安宅本人亦不能突破这个窠臼，在相当长的时间里，其所做的研究基本上就在“川、甘、青、康地腹心”，依然被人们称之为“边疆研究”，他自己也是在这些地方的研究中提出了消除“边疆性”的命题。这样似为悖论的现象为何能够产生，并且延续至今，例如当今学人中依然有专注于省界边地研究的，这个现象值得考量。

尽管民国时期没有进行官方正式的民族识别活动，但在民间对族群的“我识”与“他识”是广泛存在的，其中又多有歧视性的称谓，学界、政界多次提出要纠正族群之间的识别用语，取消对少数民族的歧视性称谓，并且在政府行为中首先在学校教育和书籍出版中得到施行。① 在这一时期的学界，对是否实行民族识别众说纷纭，多数人倾向于不搞或不宜搞民族识别，杨成志直截了当地提出“同生长于本国领土内之人民，均是中华民国国民，在理论上，实不必有民族之区分，况值此大中华民族正处危急存亡当中，更不宜有汉、满、蒙、回、藏、苗、夷界限之划分”。② 然而，由于历史的积淀，对不同于中原地理风物的地方视之并称之为“边”的做法并未有多少改变，可能有“因为当时的民族问题很敏感”的因素，各界都尽可能不以“民族”为题去探讨相关的学术问题。③ 但研究还是要做的，于是民国时期以“边地研究”代“民族研究”逐渐成风，从事对“川边”“藏边”“滇边”等民族调研的学者数不胜数，眼界以及研究工作几乎集中在中国西部的少数民族地区。

囿于当时的视域，中国海疆问题少有人研究，尽管早在1903年，梁启超胞弟梁启勋的《论太平洋海权及中国前途》论文提出了中国海疆与中国命运的关系，“海权”问题引起了部分学者与社会贤达的关注和附声，但在陆疆问题研究上的著述依然较多。1928年，林子贞的《海上权力论》引起了政界、军界与学界的关注，随之做海军军事对策研究的人

---

① 娄贵品：《国民政府改废少数民族称谓的历史考察》，《贵州民族研究》2013年第3期。

② 杨成志：《西南边疆文化建设之三个建议》，《青年中国季刊创刊号》1939年9月30日。

③ 王利平：《20世纪上半叶的中国边疆和边政研究》，《西南民族大学学报（人文社科版）》2009年第12期。

增多,[1] 但当时无论是海疆研究还是陆疆研究，在边疆的属性问题上，研究者并没有也不可能有对边疆现象的学理分析——皆因研究的广度与深度不够。在中国这样陆海地理复合体的国家，自古以来政学两界更为重视的是陆疆的缩盈，亦即十分重视国家政权对陆地疆域的控制,[2] 对陆疆边缘地区问题的研究始终是第一位的。近代中国第一次边疆研究高潮中，研究者们多数集中于陆疆尤其是对西部边疆的研究,[3] 至民国时期，中国近代以来第二次边疆研究高潮时依然如此。而到了20世纪三四十年代，学界集中于对中国陆疆边缘地区西部的研究，与抗日战争时期对学术相关研究的需求相符合，是情理之中的事情。李安宅在当时的环境下，基于陆疆所提出的“边疆性”的命题，似是顺理成章的。

从国家发展形态的辨析上看，绝大多数国家以陆疆建国是人类社会的一个规律，中国自古以来也是如此。中华民国大体继承了清朝的疆域，其时政界和学界也基本达成了建立统一的民族国家是中国国家发展前景的共识。如孙中山在《中华民国临时大总统宣言书》中就宣布：“枢机成于中央，斯经纬周于四至，是曰领土之统一。”1912年3月11日，南京临时政府颁布的《中华民国临时约法》与孙中山宣言书的精神相一致，提法与条款上写得更为完善，其中对当时的国家领土和议会形式均有明确的规定。[4] 民国政府的临时约法宣言，表明国家建构的大体原则与方向已经确立，而进一步的实践是需要时间的，以致学界的研究需要逐步理清各个民

① 史滇生：《中国近代海军战略战术思想的演进》，《军事历史研究》2000年第1期。

② 清代“塞防”与“海防”的争论，最终以“塞防”观点占了上风，成为国家战略的一种抉择，即是这种理念的反映。参阅史绍良、吴红松：《以地缘战略为视角解析清末海防与塞防之争》，《文教资料》2010年第20卷。

③ 王鹏辉：《龚自珍和魏源的舆地学研究》，《历史研究》2014年第3期。

④ 《中华民国临时约法》宣布：“中华民国领土，为二十二行省，内外蒙古、西藏、青海”，“参议员、每行省、内蒙古、外蒙古、西藏，各选派五人，青海选派一人，其选派方法，由各地自行定之。参议院会议时，每参议员有一表决权。”

族居住地与边疆地区关系的性质。① 以此为观，政界与学界那时在对中国的民族和国家的认识上既有很大突破又存在一定的局限。突破，在于接受了外来的新思想，推倒了数千年的封建传统国家体制，以共和的形式建国；局限，在于“居中守边”的陆疆条件未变，对如何处理共和体制下的陆疆边缘地区的事务，无论是理论准备还是实践总结都只能如此。延伸到对国家边疆问题的研究上，这种局限性在理论研究上明显受到西方人文学科的影响，依照这些学科的方法，必然要将不同于中原地区的诸多因素纳入边疆研究之中，尤其是要对民族以及文化进行差异化的区分；有中国传统文化底子的学者，又间接地揉入了中国传统的“中心—边缘”地理文化的认识，既有“华夷之辨”的理念，又有“五服”距离感的遗存，而残存的朝贡体系意识仍在起着作用。

随着列强的扩张，英印、沙俄、德国与日本等国侵入中华，尤其是第一次世界大战之后，面对日本军国主义崛起和扩大对中国的侵略，使得国人在国土沦丧的危局中，痛感边政之重要，陆疆保底之紧迫。抗战时民国中枢机关与经济主体不断西迁，究竟最后可以坐实在何处？政、学、军各界不进行边疆研究是不行的。由此，民国时期的边疆研究无论是政界或学界，都将主要视域集中于中国陆疆的西域部分，这是由国家形势变化所决定的。

其时，迁建到四川的大学中，以边疆研究为对象的机构大多数都与李安宅的研究工作有交集。而李安宅从社会工作的角度出发，提出了“边疆性”和“边疆性最终趋于乌有”的命题。以后来学人细分学科法的观察，看似李安宅在用人类学/民族学的方法做田野调查，看似他的论文多有藏地宗教文化可以归到藏学的因素，看似他在社会学范畴谈边疆社会工作的范围与内容可归于社会学范畴等等，对各种说法作仔细分辨后，所谓“边疆性”的命题，绝不是仅用社会学或人类学抑或是宗教学等单一学科

---

① 受朝贡体系传统观点的影响，当时的学者比较通行地将一些地方称之为“苗疆”“回疆”“藏边”“川边”“滇边”，其视域被“主体民族文化之外的地区皆为边疆”的理论所限，难以与现代边疆理论接轨。时至今日，仍有学者受此影响，在论文中使用这些词汇和观念，也时有相关论坛召开学术会议。

知识就能提出来的。当对李氏的学术生涯研究越加深入之后，对其提出的“边疆性”问题就越感到内容丰富。

当时学界之中学贯中西的学者众多，对边疆现象的属性认识众说纷纭，其中影响力最大的，要数吴文藻提出的边疆政治属性的观点。由吴文藻、杨成志所倡导的边政学研究，针对国家解决现实问题之需，从中国陆疆的边疆地区实际状况出发，以政治作为抓手，统领历史、社会、民族、经济、文化、宗教，包括军事等很多方面进行综合研究。因而吴文藻特地说明“边政学就是研究边疆政治的专门学问”①。杨成志具有互补性地提出了《边政研究导论——十个应先认识的基本名词与意义》，更为具体地将边政学内容及方法进行阐释，受到学界与政界的普遍重视，边政学包括教学与培训以及实地调研的诸多实践性活动随之展开。② 曾经参加过吴文藻社会调查活动，又与吴氏关系密切的李安宅不可能不受到影响，从李安宅本人组织华西边疆学派的社会学、人类学/民族学、文化学（民俗学）、宗教学、地理学等方面的实地调研的情况看，均与当时受到边政学以及边政学实践方法影响有一定的关系。李安宅以及华西边疆学派的成员，在川、康、甘、青四省对藏族地区的政治、经济、文化、社会情况、宗教信仰、风俗习惯，包括政教乃至英印军事活动问题等进行调研，似乎难以用民族志来概括，也超出了社会学研究和所谓社会工作的范围，几乎就是边政学所主张的一系列实践方法的翻版。在这之中，最明显的就是李安宅直接参与了“边疆服务运动”，③ 运用所学的知识和实践结合得到的经验，直接向当时的政府部门建言献策，这与吴文藻当时参与到政府部门的治边工作如出一辙。随着第二次国共内战即中国人民解放战争的逐渐扩展，民国时期由官方推动的边疆研究也逐渐式微。④ 但这并不意味着中国不需要边疆研究了，国家和时代对边疆研究提出了新的要求。伴随着中华人民共

---

① 吴文藻：《边政学发凡》，《边政公论》1942 年第 1 期。

② 参阅吴楚克：《试论中国边疆政治学与边政学、民族学的关系》，《云南师范大学学报（哲学社会科学版）》2008 年第 4 期。

③ 邓杰：《李安宅与边疆服务运动》，《四川文理学院学报》2009 年第 6 期。

④ 参阅李勇军：《时局与边疆：民国时期边政学的发展历程》，《中国边疆史地研究》2013 年第 3 期。

和国的成立，一批从事边疆研究的专家学者投入到新的实践之中。

以李安宅为核心的华西边疆学学派的骨干成员任乃强、谢国安、刘立千、于式玉等，在中华人民共和国成立之后，得到贺龙的垂询与赏识，推荐参加了张国华领导下的以王其梅牵头的十八军政策研究室的工作，并在之后随军进藏。① 有资料显示，成立于1950年2月28日的十八军政策研究室，很快就达到40多人，相继聚拢了很多熟悉康藏地理、人文、经济、宗教、政治包括军事等情况的人才。② 从当时撰写的《进军康藏应注意的事项》《西藏各阶层对我军进军态度之分析》《英美帝国主义干涉西藏问题之趋向和我之对策》《藏人的风俗和禁忌》《清廷对西藏用兵的研究》《进军守则》《对各种政策具体实施的初步意见》《西藏财经问题研究提纲》等资料来看，其用处在于提供给十八军和中共西南局参考，其中不少内容由中共西南局转报中共中央，最终反映在决策中。③ 例如，从20世纪50年代初做好西藏工作的“十大政策”到达成《十七条协议》等历史过程中，④ 学人很容易感受到其中研究者与决策者之间相联系的纹络。

可以说，李安宅等华西边疆学派的核心骨干参加到和平解放西藏的队列之中，是很有历史意义的。他们所提供的材料和观点，在辅证西藏战略地位、西藏遭帝国主义染指等方面相当的重要，在进军西藏路线抉择、历史经验和教训总结、民族宗教政策研究、建立统一战线策略、军地财政组织建议等方面所发挥的作用上看，难能可贵，功不可没。⑤ 华西边疆学派在进军西藏时所做的工作，既体现出边政学学派核心人物早期的主张，也直接体现出华西边疆学派多年研究的宗旨，即学为国用的目的显现在解放西藏、经营西藏的国家战略上。从这一点看，李安宅的学术活动，包括其学术共同体所做的研究，较之于边政学学派学术共同体成员在新中国成立

① 参阅霞飞：《贺龙与西藏和平解放》，《党史博采（纪实）》2008年第7期。

② 参阅赵慎应：《张国华将军在西藏》，中国藏学出版社，1988年。

③ 中央统战部研究室：《统一战线的100个由来》，华文出版社，2010年。1951年5月23日中央政府代表和西藏地方政府代表在北京签订《中央人民政府和西藏地方政府关于和平解放西藏办法的协议》，简称《十七条协议》。

④ 参阅陈波：《李安宅与华西学派人类学》第六章，四川出版集团巴蜀书社，2010年。

⑤ 黄可：《和平解放西藏重大事件实录》，学苑出版社，2013年，第37页。

之初所形成的影响及效果更为出色——李安宅、任乃强、谢国安、刘立千、于式玉等人服务于中国人民解放军进藏部队——在参与完成新中国统一大陆的历史使命之中，也实现了华西边疆学派后期核心成员从事边疆研究的初衷。而这一历史之中的一个活动片段，一个李安宅人生学术活动达于高峰之际的作为，① 似乎隐喻着李安宅自己所提出的“边疆社会工作之成功，即边疆性逐渐消失于乌有”的蕴涵。

三、近现代中国边疆性与现代性问题的解构

在李安宅那本著名的边疆社会工作的著作中，其给出了人们理解边疆性的观察点，即社会工作是边疆最主要的工作，而边疆性的问题就体现在社会工作之中，若使“边疆性逐渐消失而归于乌有”，是由于“如医药、工程师、畜牧师、工业化学家之类的工作，这些工作，只有其各行的技术问题，再不必需兼为边疆而有的适应技术”②。到这里，研究者才能够比较清楚地看到，李氏其实是将现代性（modernity）问题引入到了边疆性问题之中。其所谓使得“边疆性逐渐消失”的工作，要依赖现代性的介入才能实现。在这里，我们看到了一对镜像问题的互照，即边疆性是在没有或缺少现代性条件下的产物，若没有现代性的介入也就不会有边疆性的消失。事实上，从 20 世纪中叶到今天，中国处理边疆问题的一个底蕴却是由世界现代性的介入而铺垫的。

一般地说，现代性所蕴含的内容，主要是西方启蒙运动之后，一种新的生产方式及其观念所导致持续进步的社会体验，而这种社会体验打破了国家和民族的藩篱，在全世界拓展开来成为新的世界体系，成为各国不可逆转的一种时代观念与行动。先进生产力内在地追求文明昌盛与外在地用科技改造世界两相结合，便成了人们合目的的追求与行动。从启蒙运动以

① 李安宅在 1950 年初发表了《新时代中的边疆》一文，综合其之前的研究，提出了体现其学术集大成的一些观点。参阅陈波《李安宅与华西派人类学》第六章。

② 李安宅：《边疆社会工作》，河北教育出版社，2012 年，第 80 页。

来，现代性不仅改变了人们的生产方式和思想观念，也建立了高效率的社会组织机制，由此推进了15世纪之后民族国家的实践。在威斯特伐利亚条约体系（westphalian system）① 形成之后相继建立的民族国家中，民主平等的核心价值理念、国家统一的政治观念、自由和法治的社会观念，形成了驱动社会组织机制运行的主观动力。当然，这些现代性也推动了早期强盛国家的海外扩张，包括用战争的形式将资本主义和市场经济带到了全世界。② 可以说，现代性因素尤其是现代性所蕴含的富强、科学、民主、平等、法治、文明进步等新风漫卷全球，对大多数国家来说就是一股世界潮流，中国近代革命家孙中山先生告诫国人强调说，“顺之者昌，逆之者亡”。由于现代性所具有的持续发展的特质，各个民族国家在不同阶段，凡是追求文明昌盛与以科技改造世界的实践活动，甚至以政治、经济、文化、军事等方式推动社会进程的活动，都是在世界体系上现代性的体现，至今也是如此。人们所谓的现代化（modernization），体现的是现代性在一个区域社会中的扩展和普及；换言之，从本质上看，现代性越是在一个区域得到全面推进，实现现代化的广度和深度越能得以体现。

如果从发生学的角度看李安宅的边疆性问题，那么就有一个从现代性到现代化的推进问题。20世纪初到中叶的中国“边疆”，学界一般所指的是国家疆域陆疆西部边缘的地方，也包括与内地生产方式、经济活动形态差异较大的省级边缘地带，两者在研究与实践上的活动，也是绞缠在一起难以分开的。从这个问题的相关性视角看，从那个时代起，中国西部少数民族地区的边疆性与现代性两者是并存的，少数民族聚居的地方被谓之以“边”的寓意，虽然不完全等同于国家边疆，但由于多数地方具有同质同

① 威斯特伐利亚体系（westphalian system）建立之后，各个民族国家的内容与形式在主权意识下更加牢固，为解决各国之间的矛盾和争端，一个相对合理的世界秩序逐渐形成。虽然威斯特伐利亚体系建立的均势并不巩固，但确定了以平等、主权为基础的国际关系准则，并在威斯特伐利亚和约签订后长达几百年的时间里依然是解决各国间矛盾、冲突的基本方法。在这个体系之后的西方，现代性（modernity）开始产生并以加速度发展并推及全球。

② 参阅周宪：《审美现代性批判》，商务印书馆，2005年，第5—7页。周宪在此书中汇集了关于现代性的范畴、结构，现代性与后现代性关系，审美现代性及日常生活批判等一系列论文。本文对现代性的理解，很接近周宪阐述的现代性认识。

构的形态，例如西藏与相邻四省的藏地，在社会经济、文化、民俗、生产方式等方面就是同质同构的，在不做行政区划辨析以及不进行地理细分的情况下，当时的学者理所当然的都视之为“边疆”，这是在学术研究之中亲缘性问题可以互换对象的一种现象，以至于学者们熟视无睹，遂成常例。

从理论与实践上看，没有或者是缺乏现代性的边疆，一定不会有现代化，没有现代化的边疆即成为落后乃至贫穷地区的代名词，亦是边地的代名词。由此而论，李安宅所说的“边疆性的消失”，其中就有着对中国进入现代性时代的认可和赞成。在《边疆社会工作》这本书中，李氏十分明确地点出的“医药、工程、畜牧、工业化学”这些职业者到边疆工作，方能够使得边疆性逐渐消失，直言由于不同于以往的现代科技介入到“边疆”之后，将逐渐改变那里的生产方式，进而使得中国这个较晚才实现了从封建王朝转型到民族国家的东方大国，在边疆地区通过先进生产力的引进，树立起民主平等的核心价值理念、国家统一的政治观念、自由和法治的社会观念，包括中华民族的国族意识，并自觉地形成驱动当地社会组织机制运行的动力；最终，使得中国少数民族聚居的地区不再被谓之为“边”，亦即不再是远离繁华中心的荒凉边缘部分。而这一切，都是现代性之于边疆性所能起到作用的集中体现。只不过，李安宅先生未直接说明这是现代性的问题，也未预见到在少数民族地区构建现代生产方式与体系的困难和长期性。多年之后，其参加进藏部队到西藏之后所做的工作范围有限，以及再往后回到内地，在诸多因素的影响下导致学术研究中断乃至结束，人们再未见到李安宅后续的研究成果。

20世纪中叶中国西部的边疆地区，较之于沿海和中部省份几乎没有什么现代性，零星的现代小学、公路、厂矿……大多数与各地统治者的喜好有关，少量的是民国政府有意为之，试图以现代文明的器物教化民众，整备军需，打通关隘以通边陲等，而并非当地社会普遍的文明进步所致。即使是有少量的开明人士，兴办了现代文化、经济事业之后，引来攻讦不计其数而举步维艰，致使当事人身心俱疲到后来废毁所兴办的事业。长期在川、甘、青藏地做社会学（人类学）工作的李安宅，对这种状况是非常清楚的。其所说的“边疆性”，就直接越过了一般地理上的框定，没有仅仅划定在国家疆域的边界（边境线）之内的地方，而是指向了那些与内地有差异的经济文化区域的属性上——李氏所从事的边疆社会工作（还有人类学/民族学），其底蕴其实在于现代性在边疆地区的推进，从而在生产方式的改造之后使得边疆性消失。如其所点明的那样，那些现代化事业只有落地到中国西部边疆并得到大力发展，边疆性才会逐步归于乌有。

到此，隐喻在李安宅命题之中的两个因素，对世界潮流体验上的现代性与对涉藏地区现实感受的边疆性，有了一个可做分析的架构，即现代性在其书中是隐性的一个前提，而边疆性则成为社会学的显性问题，这两者被分析解构出来之后，我们得到了一个在时代背景下考量后的答案，亦即所谓边疆性需要放到现代性命题之下，才能彰显出来。然而，问题到此并没有结束。现代性所蕴含的因素之中，富强、科技、民主、法治、平等、文明进步等，如何使边疆性消弭，既是一个有待深入的理论问题，[①] 更是一个长久的实践问题。

随着形势的发展，进入 21 世纪学界所研究的边疆，早已不同于 20 世纪人们视域之中的边疆了。越来越多的学者认为，国家疆域的地理边疆仅仅只是边疆形态的一部分，在全球化背景下的国家边疆拓展到底土、空疆、外空疆、网络、金融等方面，实体的与虚拟的边疆在国家博弈之中遍及各个领域，边疆的特征已经难以被框定在单要素的认定之中，所谓边疆特征是与时俱进的，需要将人类社会不同阶段的边疆现象做研究之后，才有可能接近理性认可的特质表征，其中必然要有对边疆属性问题的认识。尽管学界至今对边疆的属性问题一直没有厘清，但早期的边疆性问题还在随着现代性延伸，全球化不过是现代性越过洲际和国境而产生的世界性的实践和体验，边疆性依然有着面对现代性的现实意义。当然，这种意义必须在突破传统的地理边疆观的窠臼之后，才能显现出来，20 世纪如此，21 世纪依然如此。

---

① 黄万庭：《李安宅的边疆社会工作思想》，《中国社会工作》2012 年第 16 期。

四、余论

李安宅进藏之后，基本上与曾经从事的边疆社会研究脱离了，虽然担任昌都、拉萨小学筹建主要负责工作，开办军地干部藏语文学习班等，在某种意义上还是在做服务边疆的教育工作，可是已经不能说是学术研究了。后来，李氏还认为自己在西藏举办军地干部藏语文学习班期间，各个部门派出调查组所做的西藏宗教之调查，与他自己早先所做的调查“相一致”（此为李安宅原话），① 可见其作为当事者，不可避免的有“迷”的时候，看不到其后去的调查组将西藏宗教的调查置于社会整体制度的背景下，把西藏宗教的高级僧人集团列入三大领主的行列，并以马克思主义的阶级理论分析其政治和经济行为——这样一种较之于西来的人类学、社会学有着明显区别的调查方法以及成果，与李安宅自己早期所做的研究其实有着很大的不同，无论如何也不能认为“相一致”，但这个问题似乎一直是李氏的认识盲区。

李安宅在十八军政策研究室，与同仁们通过对早期藏地的系统研究提供的资料以及对策性的建议，确实对进军西藏、经营西藏有很大作用。然而，在新中国第一部宪法颁布之后，一个蕴含在共和国进程之中的问题便浮现出来——以马克思主义国家学说为指导所建立的国家，需要在社会属性的研究上揭示出社会的制度性问题，而对这一点李安宅多年之后也似乎没有真搞明白——新中国需要符合马克思主义学说的研究成果，业已成为人文学术研究的前提，在对边疆进行社会学、民族学的研究领域中也是如此。

早在1951年5月，张国华在参加中央人民政府与西藏地方政府谈判期间就见到郭沫若，提到了需要对西藏做系统深入调研的事情。“中央研

① 李安宅：《藏族宗教史之实地研究》，《中国藏学》1988年第1期。此文系李安宅对自己在20世纪40年代撰写的论著汉文稿丢失仅存英文稿之后，再将英文稿翻译为汉文书稿的节录，仅发了书稿的“出版前言”等三个部分。

究批准后，将这个任务交给了政务院文化教育委员会，由该委员会主任兼中国科学院院长郭沫若负责统筹规划，科学院和国家人事部门负责这件事的具体安排。”① 当年成立的进藏科学考察队中以自然科考为主，也设有社会历史组（后改为社会科学组），组长由林耀华担任。林氏在后来所著的《民族学通论》一书中，有一部分对西藏当时的社会制度、人们的阶级成分、经济基础与上层建筑等都有论述。这显然与李安宅早期以从美国带回的理论与方法来做的藏族社会研究，是大相径庭的。

至1956年，全国人大民族委员会组织的“西藏少数民族社会历史调查组”赴藏；其后，在国务院民族事务委员会和中国科学院哲学社会科学部的领导下，中国科学院民族研究所、中央民族学院及其他单位又增派人员充实了调查组力量，从1958年至1962年深入到西藏很多地区的基层做调研；在中共西藏工委的领导下，调查组人员结合编写《藏族简史》《藏族简志》等，与西藏地方研究人员一起全面展开社会历史调查工作，陆续刊印出《藏族社会历史调查》系列的油印本与铅印资料，后又多次结集出版。② 在前后十来年多次的调查之中，多个小组搜集到了大量过去从未有过的以藏族为主的社会历史资料，其中有很多的资料来自庄园和牧场以及寺庙的实地调查，结集成册后具有一定的系统性，这些材料的汇集，在更高更广的学术层面上支撑了执政党和国家的有关理论以及方针政策。可以说，这样大规模的以新的理论为指导的实地调研，对于研判西藏乃至青、甘、川、滇藏地的历史沿革、社会制度等，与新中国所确立的民族理论、民族政策以及宗教政策相吻合，而与李氏早期的研究已不可同日而语。

然而，李安宅早期的边疆社会工作留给后人的财富是相当丰厚的，即使是对其在某一个方面或某一点见解上的挖掘，我们也能发现历经时光刻蚀而依然发光的东西，其中关于边疆性问题的探讨，就是一个历久弥新的

① 多杰才旦：《我与西藏的不解之缘》，《中国藏学》2005年第3期。

② 参阅西藏社会历史调查资料丛刊编辑组：《藏族社会历史调查》，民族出版社，2009年。笔者在1990年曾收集到西藏1959年民主改革前后社会调查的一些油印与铅印本，可以看出当时调查的深入程度。

命题。李安宅所提出的边疆性概念，随着时代的发展，随着建构中国特色边疆学的兴起，应该进入到边疆学原理研究的范围之中，这本是个不言而喻的命题，但在目前的边疆理论的研究之中，尚未引起必要的注意和给予应有的位置。

五、结语

包括边疆社会工作在内的所有边疆工作，都不可能一蹴而就，须久久为功。如李安宅指出的那样，是“一点一滴，经常创新的；一步一步，不求近效的；避名求实，善与人同的……”① 由此，李安宅提出调研与具体工作都应该有长远的计划，且不应政出多门、朝令夕改。其提出了“可有两条道路，一条即自中央单元化起来，一条乃由工作所在地单元化起来”② 的意见，较早就给出做好边疆社会工作，逐步消除边疆性的操作路径。有学者特地指出：“李安宅的边疆社会工作不是书本上的说教，而是可以付诸实施的具体方式方法，这也是他对社会工作之本质的理解的最好注脚。”③ 其实，通观李安宅的边疆研究，远远超出了社会学的范畴，所做的学术贡献也不止于一般文献介绍的社会学、人类学/民族学、宗教学乃至美学的范围。从学科建设的角度看，李安宅应该是中国边疆学跨学科研究早期的奠基者之一，其早在半个多世纪之前，就做了跨学科的边疆研究，尽管还不是很自觉的或者说是从实用角度所进行的，但毕竟展示了多学科研究的益处，且取得了不菲的收获。

李安宅的边疆学术研究，包括边疆性问题的阐述，是具有开创性的，而这种开创性又以其学术活动向着学术界扩展，交响出了学术研究的主旋律以及和声，与当时吴文藻的边政学派、顾颉刚的边疆史地学派、陈寅恪的边疆学术实用研究、方国瑜的西南边疆研究等相呼应，共同为国家解决

① 李安宅：《边疆社会工作》，河北教育出版社，2012 年，第 18 页。

② 李安宅：《边疆社会工作》，河北教育出版社，2012 年，第 58 页。

③ 朱慧敏、彭秀良：《李安宅与边疆社会工作研究》，《中国社会导刊》2016 年第 19 期。

边疆问题而设谋。尤其是在新中国统一大陆的历史关键时刻，李安宅投入到时代的大潮之中，参加到进军西藏、解放西藏、经营西藏的队伍之中，以专家学者的身份为国家做出了应有的贡献。这种立于松涧而放眼峻岭的见识，潺涓溪流汇于大江波涛的志向，值得后来的学人纪念和学习。研究李安宅的边疆理念和学术思想，总结其学术生涯之得失，对于边疆理论的深度探索大有裨益，至少可以用于培植今天边疆学研究中多学科跨通的学养，并在学界蓄养出做研究工作要有大格局的视域以及襟怀。

边疆学学科构建的困境及其指向*

孙勇　王春焕　朱金春**

21世纪以来，中国边疆研究范围愈加广泛，学科构建问题凸显。马大正的《关于构筑中国边疆学的断想》《关于中国边疆学构筑的几个问题》和《略论中国边疆学的构筑》、方铁的《论中国边疆学科建设的若干问题》和《论中国边疆学的研究方法》、李国强的《中国边疆学学科构筑的透视》、周伟洲的《关于构筑中国边疆学的几点思考》等，都在呼吁构筑中国边疆学。马大正在《二十世纪的中国边疆研究——一门发展中的边缘学科的演进历程》中呼吁："创立一门以探求中国边疆历史和现实发展规律为目的的新兴的边缘学科——中国边疆学，这就是肩负继承和开拓重任的中国边疆研究工作者的历史使命。"① 他们认为，"中国边疆学"呼之欲出，其意义在于，首先，它将大大扩张中国边疆研究的学术内涵和外延，有益于进一步整合各种学术资源，从而使中国边疆的理性研究步入更加良性的发展轨道；其次，通过对中国疆域形成、发展过程中在不同历史

---

* 此文原载中央民族大学边疆研究中心《第一届边疆论坛论文集》，后刊发在《云南师范大学学报（哲学社会科学版）》2016年第2期。刊发时编辑做了较大修改，这里收录的是原文稿件。

** 朱金春（1984— ），山东聊城人，四川大学社会发展与西部开发研究院研究人员，民族学博士。

① 马大正、刘逖：《二十世纪的中国边疆研究——一门发展中的边缘学科的演进历程》，黑龙江教育出版社，1998年，第305页。

阶段的不同表现形态的研究，深刻揭示出我国统一多民族国家形成、发展的历史规律；第三，通过对中国边疆稳定与发展若干层面的研究，将为构筑当代中国边疆的发展战略提供坚实的理论基础。①

在国内不断出现的构筑中国边疆学的呼声下，郑汕教授获得国家社科基金项目支持研究“中国边疆学”，其著作《中国边疆学概论》2012 年由云南人民出版社出版。陈明富认为这是“首部探索构建中国边疆学学科体系的专著”，以边疆与国家中心区域、边疆与周边国家的关系为主线，以“底定边疆”“经略边疆”为主题，从历史演变和现代观念的构建两方面，对“中国边疆学”的理论与研究方法、研究对象与问题领域做了比较系统的阐述，提出了建构中国边疆学学科体系的必要性。他认为，《中国边疆学概论》从三个方面对“中国边疆学”学科作了定位，即中国边疆学是底定中国边疆理论的学科，中国边疆学是总结底定边疆历史经验的实践学科，中国边疆学是新兴的社会综合学科。他认为，这个边疆学的内容体系包括筹边观念、疆域、边界、周边关系、边政、边民、边务、边防与边疆形态等知识要素，以“底定边疆”“经略边疆”为纽带，在理论创新的基础上，确立了《中国边疆学概论》的架构体系；分析强边固防出现的新情况、新问题、新变化，把握边疆理念、边疆规模、边疆政策、周边关系、边政实践、边防斗争等理论和实践问题，论述了中国古代、近代、现代边疆形态的变化及其特征，从发展战略、外事战略、国防战略三方面构建了边疆学的学科体系，厘定了中国边疆学的研究对象是由组成这门学科的知识元素的相互联系所构成的。在边疆形态的研究上，著作者既总结历史经验，又为现实服务，强调以科学发展观为指导建立全球化条件下的大边疆观念。②

近几年，全国各有关研究机构和院校，为总结提高本单位的边疆研究水平，组织编写内部使用的教材或参考资料。如中国社科院的邢广程研究

---

① 方铁：《中国边疆学构筑的透视》，《云南师范大学学报（哲学社会科学版）》2008 年第 5 期。

② 陈明富：《首部探索构建中国边疆学学科体系的专著——评郑汕教授〈中国边疆学概论〉》，《中国边疆史地研究》2013 年第 3 期。

员，从俄罗斯研究转向边疆问题与边疆学科研究，已编著了三辑《中国边疆学》，汇点了中国边疆学研究的众多成果，为我们进一步研究中国边疆学提供了丰富的资料。中国近现代边疆问题研究经历了一百多年的时间，曲曲折折，延续至今，倾注了众多学人的心血，研究的历程记述着中国学人的国家精神。中国边疆研究乃至中国边疆学学科的研究就是在不断的艰苦的探索中开始、发展的。

一、中外边疆研究视域与广深度之比较

在世界范围内，近代以来直至现代，都存在不同的边疆问题，因而都出现和产生了对边疆问题的研究，有的是边疆历史的研究，有的是边疆史地的研究，有的是边疆理论的研究，有的是边政研究，还有的是边疆战略的研究。我们把在一国范围内就边疆而研究边疆的情形作为狭义边疆研究，把放置于全球而研究边疆的情形作为广义边疆研究。

世界范围边疆问题的共性与个性问题，是一国研究边疆问题的现实基础。纵观中国和外国的边疆研究过程，各国都是围绕一国的边疆问题而产生的边疆研究。西方国家、日本、苏联等国的边疆问题基本是资本主义发展时期在世界范围拓展殖民地的问题，即拓疆，他们在国家扩张中，相互间的利益发生严重的冲突甚至引发战争，进而各国的学者、政要都纷纷关注和研究其边疆战略问题，或者说是扩张战略，进而形成边疆研究的理论甚至是边疆战略、全球战略。迄今为止，凡是崛起于世界的大国都有比较完整的边疆理论和边疆战略，不够完整的则可能导致大国位置倾覆，如苏联与美国比较，其边疆理论与边疆战略相差甚远，苏联国家的不复存在有其边疆战略滞后于美国的原因。与西欧相比，中国是东方的一个大国，在封建时代自诩“天朝大国”，建立了独具一格的朝贡体系，对周边国家的影响是平和与平衡的，多数时期基本上无边患之忧，当近代的资本主义国家自远方入侵封建王朝时，最高统治阶层茫然不知所措，不知道外面的世界是什么，为什么会发生这么多令人不解的事情。而后，由一些接触过

"洋人"的官员、文人才开始了解世界、认识世界，世界范围内早已出现了国际法调解国际领土之争，但清王朝尚不知此法，完全被动地挨打，割地、赔款，丢疆失土，国家边疆危机四伏，决策层和学界才意识到应了解西方，"师夷长技以制夷"。中国后来出现的边疆研究如西北舆地学派、边政学派等都是针对自身边疆现状而展开的研究，有着当时的急迫需求，解决了军政决策亟待解决的依据问题。但从一定程度上讲，是就边疆之事而论边疆，缺乏长远的国家层面的设想与思考，属于对突发或恶化情势的应急研究，即使是有精彩的对策举措也缺乏战略远见和长远布局。目前，也不能说这些年的研究完全改变了这种状况，从已有的乃至评价不低的成果看，前瞻性、长远性、全局性、战略性的研究仍然不够，就边疆情势研究而研究边疆情势的现象依然突出，翻旧本念老经解新题的情况比较多。面对未来的世界与中国，国家战略下的边疆研究需要与时俱进，以新的大格局视野构建边疆研究的大厦，如果重翻过气已久的边政学、边地文化学等，以图适应中国走向未来的目标任务，恐怕是不行的。我们应当清醒地认识这个问题。

世界各大国对于自己的边疆或者说拓疆活动一以贯之，其关于边疆的研究始终服务于国家的边疆战略和全球战略，中国边疆研究尚存在一定差距。美国是世界大国中边疆理论、边疆战略和国家战略、全球战略最齐全而又一致的大国，从特纳的"边疆假说"（"活动边疆""陆地边疆"）到马汉的"海洋边疆"（海权论）再到格雷厄姆的"高边疆"（空疆论）等，形成了比较成熟的现代边疆理论和边疆战略思想，在美国国内几乎没有论证"那块土地是我的、为什么是我的"之类的研究，美国学界的眼界一直朝向世界。从广义边疆研究看，现代美国又出现了诸多的大师级、国策级学者，关注美国在世界的地位及其未来，像基辛格的《世界秩序》、布热津斯基的《大棋局》等一批著述都在关注美国的国家未来，即关注美国在全球的利益边疆、战略边疆以及全球边疆问题。而我国的边疆研究近年来可谓出现了近现代以来的第三次边疆研究热潮，但研究还停留在对国内具体边疆问题的研究上。虽然从广义边疆研究看，对周边国家的研究也是边疆研究的范围，但是对中国在世界地位上的研究还很滞后，也没有出现国策级大师们的系列研究。我国台湾地区的学者继承了民国时期边疆研究的良好传统，成果颇丰，还培养了较多的边疆研究人才，但其边政学研究在学科意义上很重，而在服务国家战略上的作用却十分有限。与美国边疆战略研究相比，中国现代国家边疆战略研究处在起步阶段，急需加强全球视域下国家边疆战略的研究，也是今后中国边疆研究的一个重要方向。

在西方的边疆战略研究中，还有一个特点就是虚实结合和学用结合非常突出。虚实结合即近现代欧美国家所产生和出现的大战略思想家，基本上都有学习哲学的学术背景，或者都旁听过哲学大家的讲座，在自己的研究中充满了哲思，即懂得怎样拓展研究课题的思路，往往能够跨通研究，从历史、地理，甚至地质研究中拓展到政治、国际政治等方面，提出创新性的战略见解。而中国学界拘泥于某个专业背景，不敢也不能突破的人太多，把哲学当做虚的胡思乱想的研究人员不少，很难见到横跨十多个学科做一个课题的研究人员，即使是有跨通研究的人也被同行视作另类。如此狭隘的眼界和思路，人云亦云都跟不上，想完成执政党多年前就提出的哲学社会科学的体系创新可能是十分困难的。再看学用结合，英国人麦金德的“世界岛”理论或“陆地腹心说”推动英国走上了全球扩张的道路，成为世界“日不落帝国”。美国特纳的“陆地边疆”、马汉的海权论、格雷厄姆的高边疆理论，推动了美国走上世界霸主的地位，即超级大国的地位。他们“学以致用”到极点，其中除了学界的研究外，更重要的是国家政要直接推行其理论。如，美国总统罗斯福推广马汉的海权论，里根政府推行了格雷厄姆的高边疆理论。在英、美、法、德乃至印度等国，学界的理论研究成果很快得到了决策层的采用，达到了国家“上下同欲”的效应。而在中国，一方面理论研究滞后，为国家决策采用较慢；另一方面，国家在战略问题上采用自己部门的研究成果多，而采用学术研究机构的成果有限。这也是习近平重视中国特色新型智库建设的原因之一，希望能发挥各类智库直接服务于国家的功能作用。在这方面，我国应借鉴英美等西方国家的经验，这就需要中国智库能为国家在边疆战略、国家战略和全球战略方面提供重大成果。这也是加强今后边疆学研究的一个重要方向。

二、边疆学构建方向及其底蕴

随着中国国内边疆研究的进展与积累，一段时间以来，许多学者开始呼吁构建中国边疆学的学科体系，马大正、邢玉林、方铁、周伟洲等学者纷纷撰写文章，对中国边疆学的研究对象、内容体系、研究方法、学科特点等展开论述。马大正先生指出“中国边疆学的定位与功能，即是中国边疆学是一门研究中国边疆形成和发展规律的多学科交叉的边缘学科”，其研究领域包含基础研究与应用研究①；邢玉林教授认为“中国边疆学是运用马克思主义的世界观和方法论揭示中国边疆及其硬系统和软系统及其形成、演变和发展规律以及中国边疆及其各系统相互关系的科学……中国边疆学是一门综合的、交叉的、边缘的学科”②。方铁教授指出，“中国边疆学以中国边疆地区的历史与现状为研究对象”，具有“基础研究与应用研究并重、边疆理论与治边实践并重、边疆历史与边疆现实并重、人文社会科学与自然科学结合、研究成果既有学术意义也有应用价值等特点”，并指出学科相互交叉、相互渗透、相互交融是边疆研究的突出特点；③ 此外周伟洲、李国强等也对中国边疆学学科构建提出了自己的意见。在他们看来，构建中国边疆学，不仅仅是学科发展的需要，更是中国边疆现实发展的需要。

总体来看，当前学者们关于中国边疆学构建的讨论有三个突出特点：其一，认识到传统的边疆史地研究的内容与方法难以适应近代以来中国边疆发生的现实巨变，特别是难以适应当代边疆现实的需要，构建中国边疆学是理论发展与现实需求的必要之举；其次，认为中国边疆学是一个交叉学科，多学科与跨学科的研究视角与研究方法是中国边疆学学科构建不可

---

① 马大正：《关于中国边疆学构筑的几个问题》，《东北史地》2011 年第 6 期。

② 邢玉林：《中国边疆学及其研究的若干问题》，《中国边疆史地研究》1992 年第 1 期。

③ 方铁：《试论中国边疆学的研究方法》，《云南师范大学学报（哲学社会科学版）》2008 年第 5 期。

或缺的部分；其三，强调中国边疆学构建既要进行理论研究同时也要面向现实问题，而且现实问题更具有紧迫性。上述三个特点表明了相关学者对于构建中国边疆学的基本认识，也是当前倡导构建中国边疆学的学者所形成的基本共识，可以说是从一个侧面表明了近些年在边疆研究以及学科构建认识上的总体进展。

但是，国内学界虽然对构建边疆学形成了较高程度的认识，近年来学科建设的进展却不大，很难说“中国边疆学的这一学科已经构建完成，学科体系已经基本成型”①。从当前中国边疆研究现状来看，并没有一本真正意义上的能够展现边疆学学科体系的著作或者教材出版，② 也没有一个来自中国的学者能够与欧美边疆研究大师比肩的边疆理论。我们认为，中国边疆研究百十年来取得了长足的发展，从当前中国边疆的现实发展以及边疆研究的进展来看，迫切需要理论范式以及在学科构建上有所突破；而在国内，边疆学这一学科难以建立的诸多问题交缠在一起，或如人们经常归纳的中国当代问题的要素“一是体制机制问题，二是人才使用问题，三是业务资金问题”等，毋庸讳言，这些因素都是存在的。但从建立一个学科的视角看，最关键的问题是研究人员对边疆学学科构建的把握问题。

众所周知，构成一门独立学科的基本要素主要有三：一是研究的对象或研究的领域，即独特的、不可替代的研究对象；二是理论体系，即特有的概念、原理、命题、规律等所构成的严密的逻辑化的知识系统；三是方法论，即学科知识的生产方式。以此为标尺，边疆学似不应成为以一个国度命名的“学科”即“中国边疆学”；如果将边疆学限定于“中国”，所

---

① 虽然周伟洲将中国边疆学的发展历程划分为三个时期，并将今后的中国边疆学建设称为“重新构建的现代中国边疆学”，但是事实上，作为一个基本成熟的中国边疆学的学科体系依然没有完成。参见其《关于构建中国边疆学的几点思考》。

② 郑汕编著的《中国边疆学概论》，虽然是国内第一本以概论形式出版的中国边疆学著述，但是实际上依然是在传统边政学的研究框架下对中国边疆的诸多方面的梳理，其中着重论述的是底定边疆与经略边疆，具有传统边疆研究的实用倾向。在中国边疆学学科构建上，该书可以看做是一个有益的尝试，但是在作为核心概念的“边疆”的界定与属性、理论演绎、体系构建与方法论等方面还有待深入讨论。参见郑汕：《中国边疆学概论》，云南人民出版社，2012 年。

产生的问题首先是范畴框定的问题，如果“中国边疆学”能够成立，那么有没有“美国边疆学”“俄罗斯边疆学”？一个真正的理论并不只专属于一个特定的国度，而是可以为多个研究与被研究的对象所用。中国边疆学的范畴只针对“中国边疆问题”还是包括除了中国之外的非中国的国家边疆？亦即中国边疆学的内涵仅仅是个特例？如果不是特例，那么与其他国家具有共性又为何要叫做“中国边疆学”？其次是边疆理论本质上具有“普遍性的猜想”和“确定性的寻求”，其学科的底蕴上应当是“唯理论的知识见解”，学科是科学知识体系的分类，不同的学科就是不同的科学知识体系，边疆学能成为一门学科，必然要有这个学科的体系，如何构建“中国边疆学”的体系，是一个十分繁复的架构。按照有的学者的建议，边疆学学科架构下应该有“边疆政治学”“边疆经济学”“边疆社会学”“边疆文化学”……如此等等下一级学科，这个建议是可以成立的。但以此类推，“中国边疆学”学科架构下应该有“中国边疆政治学”“中国边疆经济学”……真的这样设置，必然会出现一系列问题，就是此架构的这些下一级学科难以成立，若人为地强求成立，就会遇到严重的跨学科悖论。① 跨学科悖论主要包括以下两种情况：一是指在某一背景知识条件下同一学科的不同研究领域或不同学科之间出现的悖论；二是指跨学科理论或跨学科方法本身所提出的悖论。目前，业内学者提出的构筑“中国边疆学”已经面临这样的困境。

一个学科体系的被承认，对于该学科研究的发展是极为关键的，因为这不仅仅是在学科体系上搭建了框架并且确定了该学科的主要内容与研究方法，而且在人才的培养、获得国家资助与社会支持上都具有十分重要的意义。但是学者们的认识与呼吁并不能直构建形成一个中国边疆学学科，而且，中国边疆学的学科建构之所以进展缓慢，应该是有着更深层次的原因。其中除了中国边疆研究的传统路径的影响，诸如传统的中国边疆研究以史地研究为主，偏重历史而忽视现实，侧重事实呈现而忽视理论建构

① 沈跃春：《跨学科悖论与悖论的跨学科研究》，《江淮论坛》2003 年第 1 期。

等，对于学科发展与建构规律的认识不足应该是一个重要原因。① 从学科发展史可以得知，学科的发展其实是一个不断分化然后又相互交叉的过程，社会科学的所有领域一开始都是在哲学的笼罩之下，然后出现分化，文学、政治学、历史学等渐次出现，直到资本主义兴起之后，经济学、社会学等社会科学学科才出现。但是，后来就逐渐出现了学科交叉的情形，研究中不同学科理论与方法的迁移与应用非常普遍，多学科、跨学科对某一对象进行研究已经成为一种必要的趋势，这些交叉性学科与原来从哲学分化出来的学科有较大差异，学科之间的界限变得十分模糊。这种状况，一方面为交叉学科的创建提供了非常便利的条件，另一方面也带来了新的困难，其中最重要的就是如何建构与其他学科的边界，如何与其他学科的研究对象与研究方法区别开来并凸显该学科的独特性。否则就可能出现学科的名称不同但是对象、研究方法却相同的状况，而且往往会形成学科“殖民”，往往会形成学科悖论现象。

正如诸多学者们指出的那样，边疆研究的一个重要特点就是多学科、跨学科的理论与方法被应用到这一领域，这有助于深化对边疆的多元认识，但是也有可能成为其他学科在边疆研究这一领域的延伸，并造成事实上的学科“殖民”，这可能是构建中国边疆学、形成自身独特的研究方法所面临的一个难题。事实上，跨学科研究是建立在学科界线划分清晰的基础上，交叉学科建构的前提也是学科边界清晰。目前可以说所要构建的中国边疆学的研究对象是十分确定的，但是其学科边界并未划清。

有鉴于此，我们认为，中国的边疆学学科构建在起步阶段就应该设定把该学科构建提炼成概念集的开发，这是学科构建之中跨学科研究的需要，② 一个学科体系的构建没有或缺乏跨学科的集成研究（集成研究从管理学的角度看，是一种创造性的融合过程，即对各要素的组合过程中注入

---

① 朱金春：《学科“殖民”与构建中国边疆学的困境》，《华西边疆评论》2016 年第 3 辑。

② 跨学科研究是一种研究方式，也是一种运用多学科的理论、方法和成果从整体上对某一课题进行综合研究的方法，也称“交叉研究法”。人类科学发展运动的规律表明，科学在高度分化中又高度综合，形成一个统一的整体。有关统计资料表明，现在世界上有2000 多种学科，而学科分化的趋势还在加剧，但同时各学科间的联系越来越紧密，在语言、方法和某些概念方面，有日益统一化的趋势。

创造性思维，主动对各要素选择、优化和搭配，以最合理的结构形式结合在一起，形成一个由适宜要素组成的耦合、互补、匹配的有机体，这样一种过程及成果称之为集成研究）是不可能有高度、广度和深度的。所谓概念集开发，就是研究工作采用前馈方式，把边疆研究的诸多问题，看做是一个个复杂的反求系统工程，在每个反求系统中的每一个子概念都要汇集到总体层面上，形成边疆学的概念集。概念集允许超脱思考，对各个要素作出多种筛选，把大系统的目标返还与子系统现状，再选择从现状达于目标的途径和战略措施。超脱思考绝不是凭空乱想，一定要对客观事物的前提有扎实的、充分的认识。在这个基础上，边疆概念集的开发，需要符合学科建设穷追的思维方式，即对涉及边疆学科相关问题的思考趋于最深，把思考的关联性问题考量趋于极致。这样的推演，极有可能导致“中国边疆学”不能成为一个架构完整的体系，但经过集成研究，“中国的边疆学”（具有中国气派的边疆理论体系）则有比较完整的架构，形成我们自己的体系，亦即“边疆政治学”“边疆经济学”“边疆社会学”等都可以成立。

在研究之中，边疆学是一个概念集，在此概念集之中，自然包含了国家安全、边疆安全所涉及政治、历史、经济、地理、文化、军事、民族、宗教、社会心理等方面的概念，而最主要的是，即使是对同一概念，所进行的诠释是围绕边疆研究展开的，亦即对边疆学的概念集进行开发，而后达于集成研究。从系统的观点看，集成研究可以理解为对多个要素（子系统）集合成为一个有机系统的研究，这种集合不是各要素（子系统）之间的简单相加，而是各要素（子系统）之间的有机结合，即按照某种集成规则进行的组合和构造，其目的在于提高对研究领域系统的整体的认知功能。

学以致用，知行合一，构建中国的边疆学的指向应该与国家需要紧密结合。随着国际形势的发展和各大国边疆理论的推进，21 世纪中国的边疆观应当得到更新，一个新边疆理论即新边疆观形成的时候已经到来，这是中国崛起的客观需要。新的边疆理论亦即新的边疆观认为，国家整体的发展、稳定和安全，不再仅仅局限于地理边疆的边界线或区域不受外来攻击和侵犯，它还包括在特定区域里经济安全、文化安全、社会安全和心理安全等都能得到保障。在这个新边疆观的语境中，需要拓展我们国家边疆的概念，推动形成中国自己的边疆理论体系，推动“大边疆战略”的认识和实践，以充实中国发展、稳定和安全的基础理论——面对错综复杂的世界情势，这不仅仅是学术发展的需要，更是中国国家安全实践与未来发展的需要。国家安全事务的认识和谋划，应当在新的国家战略和边疆理论体系即边疆学的指导下进行，而新的国家战略和边疆战略必须置于一种新的理论视野下，使得战略视域的维度在多方向上得以扩展，从而促进国家战略能力的提高。

建构边疆学中跨学科研究的有关问题探讨

——如何跨通边疆研究学术逻辑与事实逻辑的一致性*

孙　勇

近十多年的中国边疆研究硕果累累，在前人研究的基础上，学界业内对构建边疆学形成了较高程度的认识，但近年来学科建设的进展却并不大，在边疆史地、民族宗教、边政探讨等方面的成果居多，还有很多的边疆调研材料、论文，都被冠名以"边疆学"，而如何建构边疆学学科体系的工作难以深入，学科本身尚付阙如。从当前中国边疆的现实发展以及边疆研究的进展来看，迫切需要理论范式以及在学科建构上有所突破。跨学科研究是一种研究方式，也是一种运用多学科的方法论从整体上对某项课题进行综合研究的方法，亦称"交叉研究法"，如何将这一方法有机地贯通于边疆研究之中，要有科学哲学的指导，若缺乏哲学思辨，进行跨通研究将是很困难的。运用科学哲学的方法论建构边疆学，解决跨通研究的难题，对于搞好边疆学的建设大有裨益。

一、建构边疆学方法论问题的提出

近年来，关于边疆的研究势头正在不断上扬，中国大陆学界的很多研

* 此文刊发于《中央民族大学学报（哲学社会科学版）》2016 年第 3 期。

究人员都认为建立中国边疆学势在必行，倡议对边疆现象做多学科的综合与交叉研究，建构中国边疆学。例如邢玉林先生较早发文认为“中国边疆学是一门综合的、交叉的、边缘的学科。”① 周伟洲先生也认为：边疆学“既是一门单独的、专门的学科，又是一门综合、交叉的学科。这门学科的理论构建，将更有利于学科的发展，也是21世纪时代的需要。”② 方铁教授指出，中国边疆学具有“基础研究与应用研究并重、边疆理论与治边实践并重、边疆历史与边疆现实并重、人文社会科学与自然科学结合、研究成果既有学术意义也有应用价值等特点”，并指出学科相互交叉、相互渗透、相互交融是边疆研究的突出特点；③ 马大正先生提出“中国边疆学的定位与功能，即是中国边疆学是一门研究中国边疆形成和发展规律的多学科交叉的边缘学科，其研究领域包含基础研究与应用研究”④。似这样的说法很多，不胜枚举。在一段时间之内，从事边疆研究的众多专家学者都提出了边疆学（前述的专家学者们提到的都是“中国边疆学”）的建构要通过“交叉”“综合”等方法，可谓看法大致相同。但是在很长的时间内，从事边疆研究的专家学者关于如何“交叉”“综合”建构边疆学的专门著述极少，反倒是朝着分科的方向更多，研究人员纷纷朝着建立下一级的政治、经济、文化、社会、民族等“边疆学”去了。在边疆研究中绝大多数的机构和研究人员对边疆学与下一级学科是什么关系，下一级学科与边疆学又是什么关系等问题，不仅觉得难以理出头绪，而且多半埋头于自己的课题不去厘清关系，任凭边疆学的混沌状态影响到各个相关课题深度的研究。以至于四川大学社会发展与西部开发研究院的杨明洪教授在探讨有关边疆经济问题时顿生疑惑，提出究竟“是边疆经济学还是经济边疆学”这样的问题。类似的情形已经出现过，几年前来自不同学者的边政学新说与中国边疆政治学的成果，所使用的主题词和语汇不同，

---

① 邢玉林：《中国边疆学及其研究的若干问题》，《中国边疆史地研究》1992年第1期。

② 周伟洲：《世纪之交中国边疆史地研究的回顾与展望》，《中国边疆史地研究》2001年第1期。

③ 方铁：《试论中国边疆学的研究方法》，《云南师范大学学报（哲学社会科学版）》2008年第5期。

④ 马大正：《关于中国边疆学构筑的几个问题》，《东北史地》2011年第6期。

但渊源相同，论述的范畴大体相同。

这种情形很像20世纪30年代边政学被演绎之后，辗转沿袭，将边政内容扩展到边疆经济、文化、民族风俗、人才培养、行政治理、边防设置等层面“分头”进行。其时，已有学者认为“边政之中，包括政治、经济、宗教、教育等问题”。在民国时期对治边问题颇有研究的黄慕松①说：何谓边政？“边疆之特质，既因其地域气候民族语文政俗诸端，与内地小有不同，则国家对于边疆所行之政令，无论其为保卫，为治理，为开发，亦当因地制宜，而有特别注意规划之必要。例如主管边事之机关，治理边疆之法则，开辟边地，启发边民之急务，以及其他一切有关边疆之设施，皆属讨论边政问题之范围。”此处所言之边政，涵盖了边疆政治、经济、教育诸层面。边政概念已大大超越了边疆政治所涵盖的内容。已有学者做了如下评论：“‘边政’并不等同于‘边疆政治’”，“从20世纪30年代以后‘边政’理论的发展脉络看，它反而越来越偏离边疆政治，朝边疆民族、边疆历史、边疆地理、民族语言、边疆文化‘分头’发展。”② 段金生教授所述的这种民国时期边政研究与几十年后今天的边疆研究情形几乎一样！

笔者感到，单就如何建构边疆学这一命题本身，目前学界业内研究人员处在不同的方位，所见所做的课题大致在自己专业学科背景的笼罩下，难以跳出其窠臼。在边疆研究各个学科“分头”发展的情势之中，更有一些原先就归属还不大明朗的学科，如中国的藏学，也被提到与边疆学建

---

① 黄慕松（1883—1937），梅县松源镇宝坑村人，属今广东梅州市梅县区，日本陆军大学31期毕业，中国军事测量之父，参谋次长，陆大校长，广东省政府主席。一生致力于保卫边疆，曾宣抚新疆和出使西藏，但终因实力不足而无法施展，后被国民政府追赠上将。1934年1月12日国民政府特派黄慕松代表中央入藏致祭十三世达赖喇嘛圆寂，在藏期间组建了国民党蒙藏委员会驻藏办事处，设立了电台，建立了国立拉萨小学以及诊疗所和一所气象台，为西藏的稳定做出了贡献。黄慕松生前通晓日、英、法、俄四国语言，翻译有外文军事资料，著述有《环球游记》《新疆西藏》等发行于世。——引者注

② 段金生：《试论中国边政学的研究内容及其学科建设》，《楚雄师范学院学报》2009年第5期。

设的关系问题之中。① 例如，张云研究员在《藏学研究与中国边疆学建设》一文中提出了“藏学是中国边疆学的重要组成部分，而涉藏边疆学却并不是藏学的全部内容。边疆学的构建要以作为边疆地区和民族研究之学的藏学等为基础，但它又着眼于中国整个边疆地区。”“……边疆学研究的这些规律来自作为交叉学科的藏学等，西藏疆域形成发展史，西藏边疆政策的形成与演变史，中国西藏与周边国家地区关系的发展史，影响西藏边疆稳定和发展的因素分析等规律的总结直接可以为边疆学的研究提供依据和参考。”客观地说，张云的这些观点不无道理，却依然说的是“分头”发展的结果，与其他方面的研究如边疆民族研究、边疆史地研究等被自然而然认为就是边疆学的“交叉研究”如出一辙。其本意虽都是为国家的治边政策、治藏方略、边疆战略等服务，也对建构边疆学起到了一定的作用，但由于指向性并没有在建构边疆学上，因而还不能视作如何建构边疆学的方法论与方法的探讨，也没有说清或者限于论题不能说清“跨学科研究”的机理。

学人倡议用“跨学科研究”的方法建构边疆学，多年时间已过却一直将史地研究、民族研究、边政研究等替代或部分替代边疆学的建构，如此研究的局面，不排除有的研究人员在自身学术背景下长期以来形成的思维惯性，不能或不愿意进行学术创新；也不排除有的研究人员固守一隅，不能冲出原有观念的窠臼，还有一些学者囿于门户之见，听不进新的意见和建议，对创新性的观点予以抵触……甚至可能习惯于以行政方式借人员组合形式进行“攻关”，人云亦云的重复研究。但总的看来，形成不了“跨学科”创新这样局面的最大问题，是“边疆学”这个尚未有学科归属的研究领域，依然沿着过去的路径行进，“路径依赖”太强，导致建构边疆学的倡议一直未有质的突破。

由此，产生出一个值得探究的问题，即怎样对这些问题进行触及本质的学术探讨？又怎么将探讨的意见用于学科建设的探索？

---

① 张云：《藏学研究与中国边疆学建设》，《云南师范大学学报（哲学社会科学版）》2008 年第 5 期。

二、跨学科研究的科学哲学路径

“跨学科”（Interdisciplinary）一词，最初含义大致是“合作研究”“多学科分工合作”，最早出现在20世纪20年代的美国学界，后在西方学界扩展。但跨学科研究方法本身出现的时间更早，在先进的国家产生了很多跨学科研究的成果。而中国大陆学界在1985年召开“交叉科学大会”之后，“交叉科学（或学科）”一词始为传播，成为学界使用越来越广泛的一个词语；20世纪90年代以后，有学者开始用“跨学科”一词代替“交叉科学”，于是这两者的交替使用成为常例。

学术概念与方法由西入中而蔓延，已有上百年的历史，这种背景对边疆学建构的影响也一直存在，从前面谈到的几位专家发表文章的时间顺序看，使用的词汇与背景时间相当，亦即用的是学界当时的流行词汇。① 但时至今日，所谓的“跨学科研究”还未能突破跨通，因为这一研究方法首先遇到的是人为设置的已有学科界限，为了取得研究的进展，须突破学科划分形成的限制，但是众多学科的设置本身就是学术“路径依赖”的结果，从设置学科的部门到长期浸润在某学科之中的学者，除了极个别之外，绝大多数人自觉或不自觉地维护着本学科的出发点，将其设置为平台，对交叉研究或跨学科整合在自己所长的学科范畴。例如，长期从事边疆史地研究的学者认为历史研究是构建边疆学的平台，而长期从事民族问题研究的学者认为民族研究才是建构边疆学的基础，一些受到边政学影响的学者则把边疆政治学作为边疆学的核心……可以说，尽管这种研究方式也可能产生一些交叉而提出某个学科，例如边疆政治学、边疆民族学、边疆历史学，但最终仍然不是具有学理分析的一般边疆学，甚至不可能就是学者们倡议了十多年的中国边疆学；其次是在研究中将“交叉”或“跨

① 在20世纪90年代曾经流行“边缘学科”“交叉研究”“综合研究”“跨学科研究”等，时至今日“边缘学科”“综合研究”的说法逐渐淡出，用“交叉研究”一词的也逐渐减少，而“跨学科研究”一词的使用频率一直较高。

学科”作行政性的配置而非学术研究的安排，人为地设置“交叉”或“跨学科”的条块，其实所注重的是现实行动本身以及分拆开来的次一级学科的表面联结。毋庸讳言，这样做导致了人为地撇开这些学科之间的内在联系，或致使这些学科的研究者远离边疆学的建构，更有一些研究人员寻找捷径，将这些学科用“边疆”一词组合之后，“搭积木”似的摆放在一起便谓之以“边疆学”。众所周知，学术“搭积木”不可能是有机构成的，“积木”相互之间缺乏有机联系，研究者甚至在使用同一个名词时，其概念的内涵与外延差异是比较大的，不符合“逻辑一致性原则”。①

如前已述，不同的学者仅在“边疆”一词的使用上都会出现“历史方位”的差异，着眼于传统研究的多数人将地理边疆视为边疆的全部，而着眼于未来发展的研究多数人则只将地理边疆视为边疆的一部。在研究中边疆概念“既是A又是非A”的情况十分常见，由此差异而使用“边疆”一词，论述问题极有可能大相径庭。差异极大地“边疆”内涵使用者的成果被“搭积木”似的混搭，不可能真正建构出边疆学学科和学科体系。因为这是被学科学术逻辑一致性的要求所排斥的，而真正边疆学的诞生还面临着事实逻辑的检验，亦即世界大国尤其是强国早已在构筑超越国界的实体与虚拟边疆了，而恪执一隅用功的研究者却视而不见，仍然将地理边疆发生的经验作为唯一的边疆现象研究的对象，这显然不具有事实逻辑的一致性，或者说这不是与时俱进的研究方法。

科学哲学（philosophy of science）是从哲学角度考察科学的一门学科。它以科学活动和科学理论为研究对象，主要探讨科学的本质、科学知识的获得和检验、科学的逻辑结构等有关科学认识论和科学方法论方面的基本问题。一般说来，科学哲学研究的是科学的本质、科学的合理性、科学的研究活动、科学方法论、科学认识论、科学的逻辑结构、科学发展的规律等等，因而它与哲学的许多学科例如形而上学、认识论和逻辑学有着密切的关系。以科学哲学为指导，解决研究之中学术逻辑一致性和事实逻

① 逻辑一致性原则的要求，是指同一思维过程中不能出现逻辑矛盾（A∧A既是A又是非A），一致性即无矛盾性、协调性。——金顺今：《浅谈“逻辑一致性原则”》，《天池学刊》1994年第4期。

辑一致性的问题,① 对于建构边疆学才能有新的明确的路径。

哥德尔（Kurt Gödel）是20世纪著名的数学家、逻辑学家和哲学家，其最杰出的贡献是哥德尔不完备定理。这个定理提出了“系统内总会存在一个不可判定的真命题、一个系统的正确性不能由这个系统的公理得到证明”的判析。哥德尔定理实际上也指出了从20世纪三四十年代到今天的边疆学建构的症结所在。在史学或民族学框架内的真命题，却很难将边疆的政治、经济、社会、文化、法治、军事等现实问题以及未来的指向性问题说清楚。换言之，从哥德尔不完备定理看来，史学、民族学本系统的正确性不能由本系统的公理来证明，更难以将一科的“公理”用于建构边疆学。中国的边疆研究，不打破“史学囹圄”,② 仅以为史地研究、民族研究就可以建构边疆学，是不可能取得实质性进展的。

波普尔（Karl R. Popper)③ 作为科学哲学大师，认为观察的结果与预测之间，存在两种可能，一是相合，二是相悖。相合时，这一社会理论就可以继续指导着社会行为；相悖时，就应该抛弃旧有理论提出新的理论，进入下一轮的假说检验。所以“猜想与反驳”通过证伪不断推进科学包括各个学科建设的发展。“按照波普尔的证伪主义思想，反常就是证伪，反常一经出现，原有理论内容即被证伪。”④

另一位科学哲学大师库恩（Thomas Samuel Kuhn)⑤ 不完全同意波普尔为科学知识增长划定的千篇一律的方法论以及“猜想与反驳”的图式。

---

① “学术逻辑一致性和事实逻辑一致性”的含义与“逻辑与历史的一致性”是可以互换的。吴定求等在《中国人民大学学报》1995年第2期“论逻辑与历史的一致性与非一致性”的论文中指出：在这里不仅是指客观现实的历史发展过程，亦指反映客观现实的人类认识的历史过程；所谓逻辑不仅是指人的思维对上述历史发展过程的概括、反映，即历史在理论思维中的再现，亦指这种反映和再现的方式。所谓逻辑与历史的一致，主要是指思维的逻辑与客观现实的历史以及思维的历史相一致。

② 乐嘉辉：《特纳边疆学说中的扩张理论对美国外交政策的影响》,《中央社会主义学院学报》2004年10月。

③ 卡尔·波普尔（Karl R. Popper，1902—1994）是当代西方最著名的科学哲学家和社会哲学家之一，代表作为《猜想与反驳》。

④ 张铁山：《波普尔证伪主义思想的评析》,《漯河职业技术学院学报》2002年第1期。

⑤ 托马斯·库恩（Thomas Samuel Kuhn，1922—1996），美国科学史家、科学哲学家，代表作为《哥白尼革命》和《科学革命的结构》。

库恩认为：第一，根本没有超越历史的适合于一切时代的方法论准则；第二，以往科学史上的每一次重大发现都碰到许多反例，但并没有因被“证伪”而夭折；第三，科学发展模式是“阶段革命”论，即科学的增长总是通过常规科学时期的量的积累而进入科学革命时期非连续性的质的飞跃。此外，库恩还认为科学发展不是始于问题（problem）而是始于难题（puzzle）。①

这与我们所要研究的边疆学的建构何其相似！一是近十多年的新边疆现象是传统边疆理论解释不了的，或至少是解释起来有着很大局限的，这即是“反常”或“相悖”，换言之已经被证伪；二是进入新世纪的中国边疆研究，已经不是一般的问题研究，而是大量难题的研究。目前边疆研究最大的难题，在于“边疆”随着各国博弈的进展，早就不再局限于陆疆的接壤地带，海疆、空疆的已知和未知问题交替出现，在这之中又产生了外空疆问题，同时随着科技的快速发展，虚拟的疆域如互联网、跨国金融、意识形态领域等相继也产生边疆现象，传统安全与非传统安全的问题此起彼伏，而所有这些疆域和边疆问题，都作用于各个大国在地理边疆的介入与反介入、认定与反认定、整固与反整固等问题上，传统的边疆观与边疆理论试图用史地研究、民族学研究来建构一种理论体系，是根本不足以解释这些问题的；而包罗万象地把研究边疆现象笼统称之为“边疆学”的做法，也面临着不能适应形势发展的窘境。因此，我们亟待建立一个一般边疆学，不仅从学术逻辑上达于一致性，而且要从事实逻辑上达于一致性，将古今中外和未来的边疆现象在学理上说清楚。

需要注意的是，库恩对科学发展持历史阶段论，对波普尔的“证伪”理论具有修补的作用，他认为每一个科学发展阶段都有特殊的内在结构，而体现这种结构的模型即“范式”。范式通过一个具体的科学理论为范例，表示一个科学发展阶段的模式，如亚里士多德的物理学之于古代科学，托勒密的天文学之于中世纪科学，伽利略的动力学之于近代科学的初

① 郑杭生、李霞：《关于库恩的“范式”——一种科学哲学和社会学交叉的视角》，《广东社会科学》2004年第2期。

级阶段，微粒光学之于近代科学的发达时期，爱因斯坦的相对论之于当代科学。在不同的时代或阶段，科学研究或理论新旧范式的转换是整体性的转换，推动或完成这种转化即意味着科学的进步。库恩非常明确地指出范式在一般情况下的转换不具有“通约性”，竞争的范式之间要么是彻底地改变，要么根本不变。这主要由看问题的角度和立场决定，也包括知识的积淀和心理作用。

拉卡托斯（Lakatos）① 对科学哲学的贡献十分巨大，他在科学研究纲领（The methodology of scientific research programmes）的论述中，认识学科建构的方式有三个基本点：一是进步的新研究纲领（理论）能够预见新的经验事实的出现，对旧研究纲领的理论体系来说具有超越性的意义，新研究纲领（理论）更具有成长性；二是进步的新研究纲领（理论）能够从某个侧面证明新理论体系在旧的范围内也是科学的，即使是在旧的研究纲领中所指称的命题上，新的理论体系也是无可反驳的；三是进步的新研究纲领的理论体系超越旧研究纲领的部分，首先应该被学术共同体的成员所认可，其次对旧纲领理论体系的学术共同体要产生一定的说服力，然后进入整体的研究领域之中，成为一种自成体系的观点和理论。符合这三点，新的理论体系才得以产生和立足，才有可能推进理论的创新。笔者认为，建构一般边疆学要做的就是要努力符合这三点，争取形成边疆研究理论之中的“新的科学研究纲领”。

拉卡托斯提出，受检验的理论是一个整体结构，它是由一系列理论组成的科学研究纲领。这一整体结构是由硬核、辅助保护带以及方法论机制等组成，因此就具有相当的韧性，有能力抵御经验事实的挑战。② 拉卡托斯的“科学研究纲领”是一组具有严密的内在结构的科学理论系统，一个有机联系的整体，这个所谓的“纲领”构成了一个连续性的理论体系。其“科学研究纲领”也就是理论体系是由两部分组成的，中心是“硬核”，周围是“保护带”，支撑它的是方法论机制。所谓硬核，就是这个

---

① 拉卡托什·伊姆雷（匈牙利语 Lakatos Imre，1922—1974），数学家、哲学家、科学哲学家。

② 拉卡托斯著，兰征译：《科学研究纲领方法论》，上海译文出版社，1999 年，第 133 页。

科学研究纲领（理论）的核心部分或本质特征，决定着研究纲领（理论）发展的方向。各个科学研究纲领（理论）之间的不同，就在于硬核的不同。硬核是坚韧的、不容反驳的和不许改变的。拉卡托斯强调，当硬核不能对经验事实作出新的预测，面对出现的反常只能作事后的说明或解释，也无法促进进步问题的转换时，就必须无条件地破坏硬核，亦即抛弃这个理论的核心。拉卡托斯认为，硬核破碎的标准在于它不再能带来进步问题的转换，硬核所阐述的原理不再能预测新颖的事实。如果具体到本文所述的边疆史地研究、民族研究等，对国内外已经发生或正在发生的边疆现象不能做出令人信服的解释，这就意味着这些理论的硬核处在被破碎的境地。拉卡托斯认为，面对众多的反常，只要硬核还能继续预测新颖的经验事实，并能促进进步问题的转换，科学家就可以对"反常"置之不理，而后积极地通过调整或增加辅助性假设，同化或消灭反常，使其变成对理论假说的证实。

拉卡托斯与库恩大为不同的一个观点是，新旧理论在某种情况下具有"可通约性"。库恩认为不同的或竞争的范式之间是不可通约的或不可比较的，而拉卡托斯则认为竞争的研究纲领之间则是可以彼此贡献一定成分的，具有一定的"通约性"。[①] 有鉴于此，我们的研究已经发现过去的边疆观与边疆理论"硬核不再能预测新颖的事实"（即旧的边疆理论虽然可以将过去的边疆研究成果保持学术逻辑的一致性，但已经不能与现在的边疆现象保持事实逻辑的一致性），例如边政学或是冠以"边疆学"的一些著述，为自己的论述设置了概念和定义并且划定了框架，可以在学术上自成一体，在某视域中也论述得通，但很难解释21世纪以来世界上所出现的新的边疆现象包括国外出现的新的边疆理论，这必然形不成学术研究与现实经验的一致性。这就是新旧边疆观和新旧边疆理论"不可通约"的部分。而无处不在的辩证法这个时候就显示出来——事物所具有的两面性是相反相成的。一般边疆学即使出现了与其他边疆学范式"不可通约性"

---

① 对拉卡托斯和库恩部分观点的阐释，来自2010年一次学术研讨会一位学者的手写残页，没有注明出处，这里引用如果有侵权的嫌疑，请原作者与笔者联系，以便于正式成书时补上引注。

的情况是极有可能的，但建立在前人研究基础上的一般边疆学在知识积累的角度看，例如在地理边疆的范畴中“可通约”的部分在客观上是存在的。

由上，一般边疆学的建构，首先要依托于科学哲学的基本原理展开，从证伪和假说的视域梳理过去边疆研究的所有成果，打开思维窠臼，探索建立新的研究范式；其次要根据科学哲学指明的学科研究的一般方法进行，将一个理论的核心与边缘部分组合为有机的框架，成为“科学研究纲领”即理论体系；再次要在交叉研究即跨学科研究之中通过学术共同体的努力，打通所有与边疆研究有关学科的连接，使一般边疆学的建构确立起来。因此，我们不但要呼唤建构边疆学，还要呼唤建构边疆学的方法论。

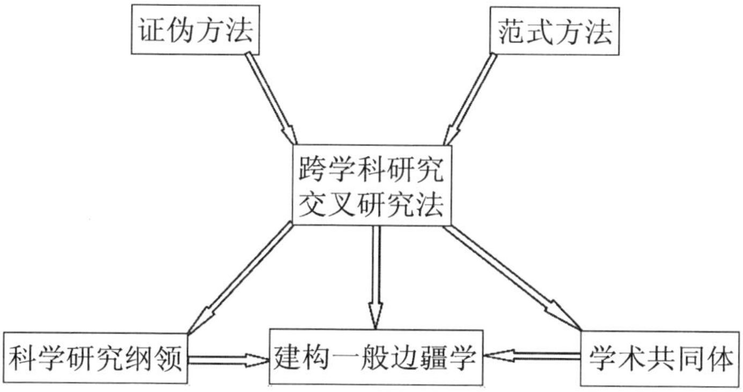

图1　边疆学建构和基本研究方法

以上所叙述的基本研究方法相当于一般边疆学的方法论，是一个新学科建构最基础的方法，还有很多的一般方法，在此不予赘述。

三、多学科交叉关键在于跨通

对哥德尔、波普尔、库恩等理论尤其是拉卡托斯科学哲学的梳理和相对解构，对我们提高思考能力很有启发。拉卡托斯的科学研究纲领的体系论述，为我们的研究提供了一种哲思下的方法和方法论。跨学科并不是多个学科的简单拼凑，交叉研究并不是多个学科简单的穿插，肤浅的和不融通的“跨学科”研究，好比在焊接几个管道的同时将原本可以联通的管道焊死，或者是把原先可以连通的管道焊得到处漏水。跨学科研究要的是跨通，只有跨通研究才能搭建人类知识大厦框架，跨通就是学术逻辑一致性和事实逻辑一致性的相合，两者达于通融而提出假说，是一种知识体系产生基本隐喻、概念原型、范式或模式的条件。如人们熟知的马克思主义政治经济学，就是自身的学术逻辑一致性与历史（事实）逻辑一致性相合的产物。再如解析几何学，就是笛卡儿将代数与几何学交叉跨通而发明的。代数与几何一旦跨通，不仅一改两千年来这两门学科彼此分离的局面，而且为微积分的发明创造了条件。[①] 又如“熵”是“统计力学的一个古典概念”，但当维纳把信息同“熵”联系在一起，认为“信息本质上可能解释为负熵”时，“熵”和“信息”同时获得了新的生命。[②] 笔者认为，这些经典事例中蕴含的跨通方法值得我们解构体会。这里有必要指出的是，近现代科学无论是硬科学还是软科学通过跨通研究的创新成果，绝大多数不是由中国人完成的，其中原因也值得探究。这种窘况又出现在这些年中国边疆学研究的业界，值得学人反思！

对科学成长模式的理解上，拉卡托斯认为没有证伪引路，科学也是可以成长的。不能等到理论受到证伪，或陷入库恩所说的“范式危机”之后，才提出新理论，因为在新理论提出之前不会有证伪，他强调“以更好的假说来取代任何假说的迫切性”，[③] 而不是波普尔强调的“以更好的假说来取代被证伪的假说的迫切性”。[④] 简而言之，中国大陆学界的边疆学建构，已经面临着这样的迫切性，我们在这个边疆范畴中所有的研究都需要推出具有成长性的理论，那些已经不再具有成长性的理论已经被证伪，不仅不能继续为新时代的国家大边疆战略提供智力支撑，并且对于深

① 360百科词条，跨学科研究，http：//baike. so. com/doc/7073268 - 7296178. html.

② 吴定求、陈政：《论逻辑与历史的一致性与非一致性》，《中国人民大学学报》1995年第2期。

③ 拉卡托斯著，兰征译：《科学研究纲领方法论》，上海译文出版社，1999年，第52页。

④ 拉卡托斯著，兰征译：《科学研究纲领方法论》，上海译文出版社，1999年，第52页。

度的学术研究也是弊大于利的。以欧美国家的边疆研究和成果为参照，中国的边疆研究还处于比较浅的层次和比较窄的领域之中，这种局面亟待改变。而改变这种局面最为关键的，是方法论的养成和科学创新的追求，有了这种养成和追求，才能促进边疆研究理论的成长。

国内学界在边疆研究范畴中几十年来的历程表明，自如地进入跨学科研究并非易事。在现实之中，除了要具备传统学科研究所要求的较高专业科学素质外，还要培育跨学科的意识、视野和情怀，特别是必要的学术规范，这都不是容易的事，需要业内人士相互之间的切磋和砥砺，而一段时间以来，这种切磋和砥砺是很不够的。有道是："习业久，或精于此道，或为其所累。精者不局，道相通；累者不拔，惰相同。"如何在精通术业之后不局限于单科认识的限制，避免视野偏狭拖累而不能有所突破的窘境，确实值得学界业内研究者思考。自 20 世纪以来，跨学科研究在自然科学和人文科学等领域已经形成一种方式方法，中国边疆学其实正朝着这个方向发展，只是发展的自发状态较多而自觉程度还比较低，这需要研究人员有对跨学科研究的恰当理解和正确态度，同时需要尽快进入跨学科研究的方法论研究之中，以期加快实现边疆学研究的跨通。

笔者认为，国内确实存在着传统边疆研究理论和旧的边疆观，即传统的边疆研究体系与"新的边疆研究理论和新的边疆观"，即新的边疆研究体系。这两者也有着共性，即对人类获取生存资源体现在地理因素上的现象都予以关注，同时对如何划分地理疆域与边疆的历史因素作出分析，而且都试图回答边疆形成的规律性问题，两者都有意无意地形成"科学共同体"。而两者的个性在于传统边疆研究理论和旧的边疆观"，即传统的边疆研究体系排斥或缺乏哲学的思辨，不能自觉地将科学哲学的基本原理用于研究，没有真正形成跨学科研究，恪守着单个学科自身的逻辑演绎，基于长期以来以人文地理内涵的历史、政治、经济、文化、边政等视域，将众多分散的单项研究依照原样归置起来，反反复复地在原地深掘，尽管有人也提出了交叉研究（跨学科研究）的提议，但缺乏相应的方法论，一直未能解决如何交叉研究（跨学科研究）的问题，很难推动也难以形成学科体系，但却形成了"学术共同体"，就一段时间的情况来看，中国已经形成了“史地研究边疆学学术共同体”“边疆民族研究范式学术共同体”等；“新的边疆研究理论和新的边疆观”即新的边疆研究体系主动或追求哲学的思辨，自觉地将科学哲学的基本原理用于研究，推动形成真正的跨学科研究，不再恪守某几个单科研究的逻辑和框架，以人文地理内涵的历史、政治、经济、文化、边政等为出发点，推动新的综合，提高边疆研究的理论层次，努力在相应的层面上建构学科体系，但需要加强交流，推动形成“学术共同体”。

传统的边疆理论亦即旧的边疆观有其时代的合理性，持有传统理念的研究者在边疆研究之中，通过对眼前各种现象与问题的探讨，认为地理边疆的发展、稳定和安全就是一国在边地所需的发展、稳定和安全。如果深究传统边疆理论其自身逻辑背后的视野，基本上是以农耕时代和前工业时代各个国家分割林立，信息的有限性对各强国扩张边缘会在一个地理边界上被终止，同时资源开发引起争夺也是以冷兵器时代或火器时代初级阶段的最远威力范围为依据的；也包括各国最早的贸易多数是要通过陆疆边界交货甚至穿越国界运输为依据的。这是国家战略能力在农耕时代和火器初级阶段的一种反映，与各个国家的生产科技水平以及军事技术水平有关。在受制于科技不发达因素的国家疆域时代，地缘政治学（政治地理学）最核心的问题是地理相交或者有衍射现象①的国度关系，认识并阐释这种关系的传统边疆理论，必然要将地理边疆的整固、发展、稳定和安全作为边疆观的着眼点，并着重在地理边疆（政治地理学）的视野之内提出理论阐释对策。但是，随着资本（主义）在世界的大开拓造成了国家与民族藩篱的破碎化，各国的博弈更加依赖科技进步，随着科技大发展带来了火器时代朝着中、高级阶段演进，先进国家的战略能力不断提高，传统的边疆观在国家博弈的实践中被西方先后崛起的列强自己所突破，最明显的事例即西方殖民主义者通过远距离征战，建立了很多带有自己文化色彩的

---

① 衍射（Diffraction）本是物理光学概念，又称为绕射，指的是波遇到障碍物或小孔后通过散射继续传播的现象。衍射现象是波的特有现象，一切波都会发生衍射现象。在对地缘政治进行研究时，可以看到在一个或几个政治板块交互的地带，强势国家也有扩展势头遇到障碍后通过散射继续传播的现象。

海外殖民地，这些殖民地实际上是这些国家疆域边界的延伸，同时，各西方殖民国家之间在地缘政治的破题之中，也还保留着传统边疆理论的某些基本观点，但随着时代的进步越来越趋于淡化。

随着科学技术的急速发展，把握了趋势潮流的各个大国在20世纪中后期尤其是在21世纪初促进了政治、经济、文化全球一体化时代的到来，近年来，信息大数据（大数据是信息技术高度发展到一定程度的阶段性状态，一般指其大小超出了典型数据库软件的采集、存储、管理和分析等能力的数据集；通过高速捕捉、发现和/或分析，从大容量数据中获取价值的一种新的技术架构）① 更是支撑各强国对扩张边缘的延伸。在陆疆、海疆直至空疆、天疆还有互联网、国际金融的无形疆域都被各大国纳入争夺的范围之后，国与国之间单纯的陆疆与海疆的地理疆界要素被不断分拆，针对他国的经济、文化、宗教等因素都被用于战略利益的博弈，即使是最基本的地理疆域保全问题，也不能完全靠军事手段来解决了。由此，传统的边疆理论亦即旧的边疆观所赖以支撑的客观基础逐渐在发生变化。抽象的理解边疆，其中所包含的意义在于人类对各自划分疆域的认定与保有以及同时可以交互作用的边缘空间；换言之，“边疆”来自人类群体活动疆域的（无论是陆疆海疆的还是天空太空的，无论是实在的还是虚拟的）分割和再分割，即“疆域边缘”的划分与划定，在划分之中产生了“边疆”博弈的介入与反介入、认定与反认定等活动，在划定之后又产生了扩张与收缩、整固与分离等活动。这些活动即为政治、经济、外交、军事、法治、社会治理等国家主体（乃至国际体系组织）的一系列行为。所谓边疆、边疆战略、边疆理论包括边疆学等概念，都来自人类的这种实践活动。

在不同的边疆理论或边疆观之中，研究视域和思考的维度是个分水岭。旧的边疆理论或边疆观，因循人类早期对地理疆域与边疆的“路径”

① 参考维克托·迈尔-舍恩伯格、肯尼迪·库克耶著，盛杨燕、周涛译：《大数据时代——生活、工作与思维的大变革》，浙江人民出版社，2013年。

进行观察和研究，在既定的视野之中得到的是比较固定的问题域①的高度和宽度，研究者的视域被局限在地理边疆的高度和宽度上，对所见问题域之中的靶域②拉网似地探微，即不断探讨“边疆”本身的含义、边疆史地资料的解读、地理边疆问题的由来、边疆区位经济社会的具体建设、国家地理边疆的保全等。这些探微研究是有必要的，而且所产生的学术成果、对策方案、决策解释等对于学科建设也具有夯基的意义。但是，正因为“路径依赖”的便利性，造成了朝着更高层次观察的惰性，对世界所发生巨大变化的现实情况缺乏敏锐性，看不到“边疆”的内涵随着人类活动的扩展在扩展，原有的问题域正在迅速扩大，旧的边疆观的张力已经难以适应更多的靶域问题研究。而新的边疆观既能够将原有问题域及其靶域囊括进来，更能够与时俱进地脱离“路径依赖”，站在更高的层面上，进行哲学思辨，以科学哲学为指导，建构边疆学体系，既能看到原来的问题域，找到过去边疆研究的靶域继续做深度研究，又能扩大边疆研究的问题域，对原有靶域问题研究进行创新，形成新边疆理论的张力。

在新的边疆观和边疆理论的问题域和靶域之中，边疆学研究的对象可以分为三个层次：一是人们对疆域边疆时空统一性的感知，包括从语词、概念、哲学思辨等方面的研究；二是人们对疆域边疆具体形态的认识，包括陆疆、海疆、空疆、外空疆等可见疆域以及互联网等虚拟疆域的研究和分析；三是人们在人文地理的基础上对疆域边疆政治、经济、文化、社会、法治、军事等控制活动的考察和学理判定，包括既有有形的地理疆域边疆、又有无形的文化扩张、国际法规制，以及互联网等疆域边疆问题的研究。这三个层次在近几十年通常是隐形的和交叉的，并没有十分清晰的界限，只是由于到了一般边疆学学科建构阶段需求而作的划分。总之，在经过了哲学思辨之后，以系统论、耗散结构论、信息论、控制论、协同论、突变论等方法打通跨学科研究的“管道”，实现跨通研究，边疆学的

---

① “问题域”，在哲学和理工学科研究中，指提问的范围、问题之间的内在关系和逻辑可能性空间。

② “靶域”，即问题域之中每一个需要单个解决的问题，犹如对每个问题涉及的标靶；标靶也存在问题本身的空间，高质量的研究和研究成果体现为击中问题标靶的中心区域。

问题域和靶域将是很丰富的，能够对地球国家古往今来和未来的边疆现象以及趋势予以阐释。

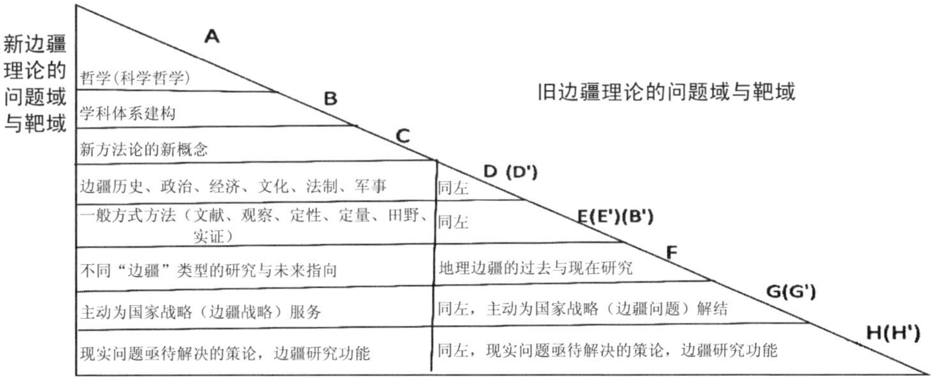

图 2　新旧边疆理论的问题域和靶域

（注：图中所示的新边疆理论问题域与靶域覆盖了大小两个三角形，而旧边疆理论的问题域与靶域覆盖是右边的小三角形。即使是能够与新边疆理论在同一层次上构成问题域与靶域，也是因为其先行研究的缘故，但其高度和深度是不够的。这符合库恩的观点，即科学发展模式是“阶段革命”论，科学的增长总是通过常规科学时期的量的积累而进入科学革命时期非连续性的质的飞跃。）

在中国建立边疆学学科体系，是为了更为理性地认识和研究边疆现象，丰富学科的要素，扩展学科的框架，达到对边疆研究的学科化，为国家战略服务。而学科化的实现，最终需要在边疆研究中推动解决学术逻辑一致性和事实逻辑一致性的问题。简言之，这两个一致性的问题解决得越好，跨通研究的程度就越高，建构边疆学学科体系大厦的可靠性也就越大。

建构边疆学的底蕴以及相关问题续探

——再论建构边疆学的跨学科研究*

孙　勇

人类社会对疆域和边缘部分的认识与实践，产生了疆域与边疆的固守与争夺现象，由陆疆向海疆扩张，为了争夺疆域又产生空疆、外空疆的认识，以及在科学技术飞速发展的时代将虚拟化社会领域如互联网也视作一种疆域而产生出新的边疆理念。这些理念经过历史的聚合，提出了如何建构边疆学的命题。边疆学研究对象范畴的规定性，决定了人类社会古往今来和可预见未来时段里，所有大国的知识体系必然将疆域边缘现象置于边疆学研究的视域之中。

一、从文献目录学角度看建构边疆学的问题

如何认识当今建构边疆学的命题？文献学和目录学的原理与方法可以帮助人们梳理这个问题。从目录检索，可观察到某一个问题或学科的内容研究者们做了哪些研究和进展的程度，检索的结果又可提供查找文献的必

* 本文是笔者《建构边疆学中跨学科研究的有关问题探讨——如何跨通边疆研究学术逻辑与事实逻辑的一致性》一文的后续篇，前文刊于《中央民族大学学报（哲学社会科学版）》2016 年第 3 期。两篇论文为《边疆学导论》绪论的阶段性成果之一。

要线索与方法。边疆学的治学，无疑也应检索文献。从目录检索做起，可对研究者的研究范围和进展窥一斑以见全豹。

请看国际边疆学会 ABS2014 年会最新学刊的部分目录：

第一部分：（Re） defining borders

1. （Re） defining borders ［（重新）定义边疆］

– Decolonial border thinking in the borderland narratives of Cormac McCarthy（戈马克·麦卡锡边疆叙事中的边疆去殖民思想）

– Conceptualizing public goods，space，and democracy in the US-Mexican borderlands（美国—墨西哥边境中公共产品、空间和民主的概念化）

– Redefining Belgium's regional borders：reinforcement of identity separation or creation of a new state border.（重新定义比利时的边境地区：加强身份区隔或者创立新的边界）

2. Teaching borders

– The padagogical permanence of border spaces and racism（边境空间的持久性教育与种族主义）

– US-Mexican borderlands studies programs：the level of academic resources de Ambos Lados（美国—墨西哥边境研究项目：Ambos Lados 的学术资源水平）

– FACT-Mexico Americans are less likely to graduate from college：teaching chicana/or studies through borderlands pedagogy.（事实—墨西哥籍美国人大学难以毕业：通过对边境教育的研究）

3. Modeling the border（边界建构）

– The construction of an index of transborder development：theoretical and practical challenges in the context of US-Mexican border.（跨境发展指数的建构：美国—墨西哥边境理论与实践所面临的挑战）

– Modeling cross-border integration：the role of borders as a resource（形塑跨界一体化：作为资源的边界）

– New research methodologies in violent borders ：the use of social media to study the ‘forgotten’ （Texas-Tamaulipas） border（暴力边界的新研究方

法：利用社交媒体研究“被遗忘的边界”）

4. Producing borders（生产边界）

–The double binds of borderwork：migrant women in Southern Mexico（边境劳动的双重结合：墨西哥南部的女性移民）

–The border as productive tension（作为具有生产张力的边界）

第二部分：— + at the borders（在边境）

1. Migration at the borders（边境移民）

–Post -911 trans-border dynamics：challenges and opportunities for daily cross- border community（后“9·11”时期的跨界动态：日常跨境群体的机遇与挑战）

2. Business at the borders（边境商业）

–The spillover effects of conflicts on economic growth along the US-Mexico border（美国—墨西哥边境沿线经济增长冲突的溢出效应）

–Business cycle synchronization in the US-Mexico border states（美国—墨西哥边境诸州经济周期同步性）

– The explanation of marine borders management pattern. Case study ：persian Gulf.（海洋边界管理模式解析：关于波斯湾的个案研究）

3. Caring at the borders（边境关护）

–Mapping resources to support disconnected youth in the Paso del Norte region violence at the border（地图资源对在北通道地区暴力中失联青年的重要支持作用）

– Community cultural health capital：cultural resources for navigating healthcare on the Margins.（社区文化健康成本：边界地带文化资源对于医疗保健的作用）

4. Community at the border（边境交流）

–We are in this together ：staking claims to the border as a relationship（我们同在这一区域：边界作为友谊的证明）

–Taking back the community after 3·11：town planning and restoring agriculture in Miyagi and Fukushima（“3·11”大地震后团体回撤：日本宫

城、福岛城市规划与农业恢复）

5. Violence at the border（边境暴力）

– Mexican drug war ：losing faith in US-Mexico governments（墨西哥毒品战争：对美墨政府失去信心）

6. History and stories at the border（边境历史故事）

– Refugees migration histories in a meatpacking town：blurring the line between primary and secondary migration，（一个肉类加工城市的难民移民史：初次移民与二次移民之间的模糊界限）

– John Taylor and formation of white identity on the Ute borderlands ：1970—1935（John Taylor 与 Ute 边境白种人身份认同的形成：1970—1935）

– ‘I may say wetback but I really mean Mojado’：migration and translation in Ramon ‘Tianguis’ Perez’s diary of undocumented immigrants.（我可能说 wetback 但我真正的意思是 mojado"：非法移民雷蒙佩雷斯日记中的移民和翻译）

7. Networking across the border（边境网络）

– Interrogating eventual links between regional integration，border and human.

Development：a case for borderless south Asian for Betterment of south Asian（区域一体化、边境和人类发展之间联系的终极链接：南亚改良计划中的去边界案例 ）

– Boundaries -reconciliation-asymmetry（边界—和谐—不对称）

– Networking for social responsibility in US Mexico border.（美国—墨西哥边境的社会责任网络）

8. Development and competition in border regions（边境地区的发展与竞争）

– Liberalizing border trade between Nepal and India（尼泊尔—印度边境的贸易自由化）

– Stories，science and power in policy change：environ mental health， community-based research, and community organizing in a US-Mexico border colonia（政策转变中的事件、科技与权力：美—墨边境墨西哥裔美国人社区中的环境卫生、社区研究与社区组织）

9. Development and competition in border region（边境地区的发展与竞争）

– Cooperation and competition in the borderlands（边境地区的合作与竞争）

– Highlighting the people factor：analyzing how a social base impacts economic development and competitiveness strategies in a cross-border context, comparing different worlds-Aquitaine Euskadi Cross-border space and region Lardedo［人力要素的凸显：对跨国环境下不同地域社会基础如何影响经济发展和竞争战略的分析，法国西部盆地巴斯克（西班牙与法国）交界地带与美国拉雷多的比较研究］

– North American Federalism：domestic power centralization and future interstate integration.（北美联邦制：权力集中与未来洲际一体化）

第三部分：认识论及相关思想

1. Epistemology of border（边疆认识论）

– Towrds a new C/arto politics of borders ：Honest misrepresentations of the world.（面向新的 C/arto 政治边界：对歪曲世界的诚实陈述）

– Epistemological frameworks and border as resource（认识论框架与边界作为资源）

– New methods in border studies research：the computional turn in border studies. 边界研究新方法：边界研究的 computional（结构）转向

– Borderlands ：existing theoretical approaches and future directions（边疆：现有理论方法和未来的发展方向）

– Theorizing border flow（边界流动的理论化）

2. Remembering, border activism, collective memory, justice, reconciliation and reconstruction（回忆，边境活动，集体记忆，正义，和解和重建）

– Stories, science, and power in policy change：environmental health, community-based research, and community organizing in a US-Mexico border colonia.（政策转变中的事件、科技与权力：美—墨边境墨西哥裔美国人社区中的环境卫生、社区研究与社区组织）

– Sites of memory: the contested case of Campo Algodoero（遗址记忆：Campo Algodoero 的竞争案例）

3. Geopolitical identities and imaginaries of European neighborhood（地缘政治身份和欧洲的想象）

– Finnish-Russian neighborhood as a spatial imaginary.（作为一个空间想象的芬兰—俄罗斯）

– End of wider Europe? Geopolitical identities and spatial imaginaries of EU and NATO policy documents（更大欧洲的终结：地缘政治身份和欧盟和北约的政策文件中的空间想象）

– Hungarian framings of cross-border cooperation and neighborhood.（匈牙利与其周边的跨境合作构架）

4. Geopolitics and the reconfiguration of the border（地缘政治和边界的重新配置）

– The Eurasian Union and the reconfiguration of borders in post-Soviet space（欧亚联盟与苏联边界的重新配置）

– Superpowers intervention at East West German border during the Cold war.（冷战期间超级大国在东西德边界的干预）

第四部分：其他

1. Border in globalization（全球化时代的边界）

– Culture, border, and imagining across boundaries in globalization.（全球化时代的文化、边界和跨界想象）

– Borders in globalization: security template.（全球化时代的边界：安全样板）

– Market flows, migration and borders framing the issues for borders in globalization study.（全球化研究中的市场流动，迁移和边界框架问题）

2. Borders in motion（移动中的边界）

– Ukraine border crisis（乌克兰边境危机）

3. Cross-border governance（跨境管理）

– Canada-US cross border governance：Cascadia and Quebec-US borderlands in comparative perspective（美加跨境治理：卡斯卡迪大陆和魁北克 – 美边境地区的比较研究）

– Cross-border governance：different issues and multiple speeds（跨境治理：多问题与多时空）

– Cultural repertories as a fundamental cause of economic development：the case of the US-Mexico border（文化交流成为经济发展的基础要素：美西边境的案例）

4. Energy，environment and the border（能源、环境和边界）

– Regional environmental cooperation and border issues in northeast Asian and Russian Far East：the case of Amur-Okhotsk ecosystem（东北亚与俄罗斯远东地区的环境合作与边境问题：Amur-Okhotsk 生态系统的案例）

– Renewable borders：renewable energy is a new chapter in native American sovereignty.（可再生的边界:可再生能源作为印第安人主权的新篇章）

5. Budget，public delt and fiscal reform in Mexiao's northern border（墨西哥北部边境的预算、公共财政改革）

– A model of structural reform and economic growth in Mexico（墨西哥一个结构改革和经济增长的标本）

– Retail trade in the US-Mexico border and tax reform.（美西边境的零售贸易和税收改革）

– Economic growth and public safety spending on the northern border of Mexico.（墨西哥北部边境的经济增长和公共安全支出）

– The role of state delt as a factor of economic growth stimulus in the north border of Mexico（国家财政对刺激墨西哥北部边境经济增长的作用）

第五部分：其他

1. New social media uses on the US-Mexico Border：perspective and prospective（美西边境新社交媒体的使用：视角和前景）

– The agenda-setting effects of electoral campaigns in social media：a case study of 2014 democratic candidates for web county judge in the US-Mexio border.（社交媒体对选举活动带来的影响：2014 年美西边境县法官候选人的案例研究）

– Resistance and community empowerment through social media，how border towns protect themselves against violence.：（通过社交媒体抵抗与维权：边境城镇如何保护自己免受暴力）

2. On the road to a world – wide border studies community（形成中的世界性边疆研究共同体）

［国际边疆学会 ABS2014 年会的最新学刊目录由四川大学杨明洪教授提供，这里仅为部分内容，特地引用以便于展开讨论］①

再看国内著名研究机构中国社会科学院边疆研究所编辑的《中国边疆学》近年来的部分目录：

《中国边疆学（第 1 辑）》部分目录

疆域理论研究

从地名演变看中国南海疆域的形成历史【李国强】/15

试论中国疆域形成和发展的分期与特点【李大龙】/30

从邑土国家到领土国家的边疆——先秦时代边疆形成考察【毕奥南】/46

论“辽东渔猎耕牧文明板块”在中国疆域底定过程中的地位【于逢春】/61

边疆治理研究

中古时期中原王朝和地方政权治理西域的经验与教训【李方】/85

论清代的疆域统合与地方政制变革——以东北地方为讨论中心【高

① 由杨明洪教授提供的这个国际边疆学会刊物目录，可见在中国大陆学界的一些学术会议上，有人认为只有中美俄有边疆研究这个判断难以成立。国际边疆学刊物目录中的“Development：a case for borderless south Asian for Betterment of south Asian”将南亚问题作为边疆研究的对象，尤其是目录之中“on the road to a world-wide border studies community”的命题，可以窥探到世界性边疆学的年会上有人将“边疆研究学术共同体”作为一个不限于中美俄边疆研究的问题进行了讨论；至于“Epistemology of border”（边疆认识论）则透露出国外的边疆学建构理论体系之一斑。

从最近国内外边疆研究权威机构的期刊目录中可以看出，边疆学在广义上还是一个关于边疆研究的总称。尽管这个总称不是建构学科的本意，但毕竟是学者们面对丰富繁杂的边疆研究现象而采用的便利方式，也是专家们将关于边疆研究归拢在边疆学旗下进行文献整理的一种方法。

二、近年来中国大陆学者建构边疆学的视野和指向

中国大陆学界在进入21世纪前后，提出了“建立中国边疆学”的建议。马大正、邢玉林、方铁、周伟洲等学者纷纷撰写文章，对中国边疆学的研究对象、内容体系、研究方法、学科特点等展开论述，对“中国边疆学”学科建构提出了自己的意见。① 在他们看来，建构“中国边疆学”，不仅仅是学科发展的需要，更是中国边疆现实研究的需要。总体来看，进入21世纪学者们建构该学的讨论有三个指向：一是建构“中国边疆学”是理论发展与现实需求的必要之举；二是交叉学科、多学科与跨学科的研究视角与研究方法是“中国边疆学”学科建构不可或缺的部分；三是强调“中国边疆学”建构既要进行理论研究同时也要面向现实问题。这三点表明了相关学者对于建构“中国边疆学”的基本认识，也从一个侧面表明了近些年中国大陆学界在边疆研究以及学科建构认识上的总体进展。但边疆学很长时间仍未作为学科建立，或如人们经常归纳的中国当代问题的要素“一是体制机制问题，二是人才使用问题，三是业务资金问题”等，毋庸讳言这些因素都是存在的。但从建立一个学科的视角看，最关键的问题是研究人员对边疆学学科建构的把握问题。

有学者认为一个真正的理论并不只专属于一个特定的国度，而是可以为多个研究与被研究的对象所用。② 边疆理论本质上具有“普遍性的猜想”和“确定性的寻求”，其学科的底蕴上应当是“唯理论的知识见解”。学科是科学知识体系的分类，不同的学科意味着不同的科学知识体系，边疆学若能成为一门学科，必然要有这个学科的体系。一个学科体系的被承认，对于该学科的产生和发展是极为关键的。“中国边疆学”的学科建构

---

① 孙勇：《建构边疆学中跨学科研究的有关问题探讨——如何跨通边疆研究学术逻辑与事实逻辑的一致性》，《中央民族大学学报（哲学社会科学版）》2016年第3期。

② 在2015年底和2016年初有关边疆研究的论坛上，四川大学社会发展与西部研究院的学者曾提问：“中国边疆学”的范畴只针对“中国边疆问题”还是包括除了中国之外的非中国的国家边疆？亦即中国边疆学的内涵仅仅是个特例？如果不是特例，那么与其他国家具有共性又为何要叫做“中国边疆学”？

之所以进展缓慢，有更深层次的原因。其中除了中国边疆研究的传统路径的影响，诸如传统的中国边疆研究以史地研究为主，偏重历史而忽视现实，侧重事实呈现而忽视理论建构等，毋庸讳言，对学科发展与建构规律的认识不足应该是一个重要原因。正如诸多学者指出的那样，边疆研究的一个重要特点就是多学科、跨学科的理论与方法被应用到这一领域，这有助于深化对“边疆”的多元认识，但也有可能形成其他学科在边疆研究这一领域的延伸，① 这是建构边疆学研究方式方法所面临的一个难题。

笔者认为，边疆学是一个概念集，在此之中自然包含了所涉及的政治、历史、经济、地理、文化、军事、民族、宗教、社会心理等方面的概念如何交集与跨通……②而最主要的是，建构边疆学直接遇到一个巨大的困难是“元理论”的瓶颈。“元”“meta”，意即“……之后”“超越”。它与某一学科名相连所构成的名词，意味着一种更高级的逻辑形式。元理论可分为两层含义：一层含义是指这种逻辑形式具有超验、思辨的性质。这源于“metaphysics”一词。后人在编辑整理亚里士多德的著作时，首次运用“metaphysics”——“物理学之后”，作为亚里士多德《物理学（physics）》之后著作的名称，探讨的是超经验的世界本体的终极原理。我国《周易·系辞（上）》有“形而上者谓之道，形而下者谓之器”的说法，于是“metaphysics”就被译为“形而上学”。从此，形而上学被等同于本体论，用哲学思辨贯通某个理论，以回答一个理论的价值和终极形态等问题。就西方哲学历史而言，其起点是本体论（形而上学）占主导地位的古希腊哲学，于是形而上学往往又成了哲学思辨的代名词。数学、逻辑学是作为元理论研究对象的最早一批学科。科学学、科学方法论和科学逻辑实质上都是元理论。“metachemistry”“metapsychology”“metaanthropology”“metapolitics”等词与之相似，人们往往把它们分别理解为高度抽象的化学、思辨的心理学、形而上学的人类学、政治哲学等。元理论的另一层含义是这种新的更高一级的逻辑形式，将以一种批判的态度来审

① 朱金春：《学科“殖民”与建构中国边疆学的困境》，《华西边疆评论》2016 年第三辑。

② 在本文之前的国内学者在建构“中国边疆学”的讨论中，不少人都提出过“跨学科研究”“交叉学科”“综合研究”的意见。

视原来学科的性质、结构以及其他种种表现。这以元数学（metamathematics）和元逻辑学（metalogic）为先声。后来影响到其他学科，以元理论检验本学科，构成反思理论自身危机的基础。这也是一种对某学科进行次级研究在本体论范畴的方法。其中，至少包括元理论（metatheory）研究、元方法（metamethods）研究和元数据分析（metadatanalysis）三大领域。边疆学要成为学科和学科体系，不经过元理论形态的检验是难以建构起来的。近现代国人做学问受西学影响很大，却缺乏西方的体系考量方法，也缺乏哲学思辨，尤其是在形而上的思维存在盲区，跨通研究十分困难。于是很愿意接受西学单科直线思维的方法，走单科探微的路子，先做"源理论"（theoretical sources）以及"库理论"和"流理论"的研究（source-sink-translocation theory）。① 这是我们建构边疆学将会遇到的最大瓶颈！由元理论的性质看来，一般边疆学的建构，要达到国际学界认可的水平，仅按照经验事实描述的方式是绝对不行的。我们需要把学术逻辑的一致性和事实逻辑的一致性通过"形而上的见解"体现出来。换言之，形而上地阐释清楚"边疆现象"才是元理论和源理论的产物。以此建立一般边疆学的过程，才符合建构主义"认知结构发生重组与改造即个体的认知结构因外部刺激的影响而发生改变"② 的基本原理，笔者认为这可以作为建构一般边疆学范式的方式和方法之一。

三、建构边疆学是国家疆域观念与实践发展的需要

边疆词汇和语境的产生以及逐步丰富起来的边疆研究，理性衍生出不少概念、理念以及学说。这些概念、理念和学说，最终是为组成各国攫取

① 在元理论的指导下，有人认为中国大陆学界现有的边疆政治学、边疆经济学、边疆安全学等先期出现的次级学科应该属于"源—库—流理论"的范畴（source-sink-translocation theory）；而西方学界很早就认识到不经过"元理论"的检验，"源理论""库理论"以及"流理论"会产生很多的缺陷，被证伪的成分很多。——四川大学社会与西部发展研究院 2016 年春季边疆学圆桌研讨会后研究者内部再讨论的一个观点。

② 360 百科，建构主义词条。http：//baike. so. com/doc/6245366 – 6458769. html.

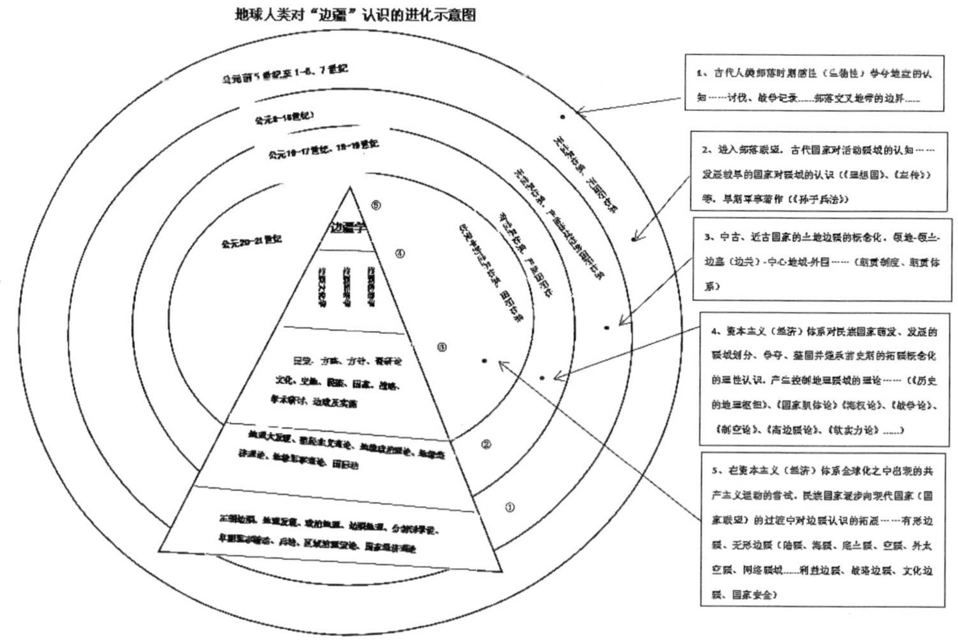

图1　人类对边疆理念认识的递进过程

资源的活动服务的。阐释这些概念、理念和学说的最高体现即边疆学。因此，边疆学在本质上是为国家维护自身利益制订边疆战略服务的动态扩展的一种理论体系。经过学界多年的努力，当代边疆研究之中的“边疆学”也循着这一轨迹而诞生并且向前发展。

从图1能够比较清晰地看出，边疆学应该是人类数千年对疆域认识达到较高层次的产物，而之所以能够达到这个层次，最根本的原因是在世界体系、国际体系产生之后，国与国之间的博弈内容越来越丰富，需要人们对疆域包括疆域的边沿这一问题进行越来越深入的研究。由此，边疆学研究的对象可以分为三个层次：一是人们对疆域边疆时空统一性的感知，包括从语词、概念、哲学思辨等方面的研究；二是人们对疆域边疆具体形态的认识，包括陆疆、海疆、空疆、外空疆等可见疆域以及互联网等虚拟疆域的研究和分析；三是人们在人文地理的基础上对疆域边疆政治、经济、文化、社会、法治、军事等控制活动的考察和学理判定，既有有形的地理疆域边疆，又有无形的文化扩张、国际法规制，以及互联网等疆域边疆问题的研究。这三个层次在近几十年通常是隐形的和交叉的，并没有十分清晰的界限，只是到了一般边疆学学科建构阶段因需求而作的划分。在很长的一段时间中，人们对边疆研究的状态，基本上是在三个层次的隐形和交叉中进行的，从中国近现代边疆研究的三次高潮之中，① 我们很容易观察到这种情形。目前，所谓“边疆学”仍是一种将所有考察报告、史地研究、边疆学说分析、边疆社会文化调查、地理边疆治理、周边国家关系、边疆学建构探讨等论文和著述包罗起来的“隐学”。面对着十分繁复的边疆现象，将视野扩大到其他疆域以及边疆的研究人员已经提出了更加广泛的边疆研究概念，② 进一步的认识则是边疆研究应当上升到学科体系建设的高度，建构一个符合学科形态和架构的边疆学。③ 为此，建构一般边疆学的意义日益凸显。

四、中国学界建构边疆学基本视域的路径要有框定

沿着图 1 宽视野的路径，中国大陆学界的边疆学建构，首先要确立马克思主义疆域和边疆观。“在马克思、恩格斯的著作中，有不少关于国家领土和边界的精辟论述。马克思主义经典作家对国家领土的形成和边界的产生、对形形色色疆界理论的批判，特别是对国家、民族发展内在原因导致疆域变化的政治、经济、文化、哲学的思考，对我们具有深刻的启发和重要的指导意义。”④ 领会马克思主义的国家疆域观，须透过马克思“世界历史”理论的丰富内容和原理，找到贯穿在这个理论的基本方法论，

---

① 厉声：《改革开放 30 年来中国边疆史地研究学科的繁荣与发展——兼述中国边疆史地研究的第三次研究高潮》，《中国边疆史地研究》2008 年第 4 期。

② 于沛：《从地理边疆到“利益边疆”——冷战结束以来西方边疆理论的演变》，《中国边疆史地研究》2005 年第 2 期。

③ 孙勇、王春焕、朱金春：《边疆学学科构建的困境及其指向》，《云南师范大学学报（哲学社会科学版）》2016 年第 2 期。

④ 吕一燃先生曾编辑过一本《马克思恩格斯论国家领土与边界》，收录了马克思恩格斯36 篇有关论著的章节，是一本很有参考价值的读本。

这些基本方法论构成了马克思主义对世界国家疆域变化理解的关键，有助于我们对边疆基础理论的深入研究。马克思主义经典作家在深刻研究整个人类社会历史的基础上，精辟地揭示了人类社会历史和民族国家发展的客观规律。一切社会形态和民族类型以及国家形态无不具有历史的必然性和暂时性；其所分析的“国家”在其疆域活动中必然具有历史阶段的特点，这是社会历史和民族以及国家发展的客观发展规律，国家的地理疆域包括疆域之外的活动界限，都会在人类历史的阶段性中体现出来。由此，边疆史地、民族研究在边疆学之中仍有重要的地位。

其次是世界体系理论的运用。伊曼努尔·沃勒斯坦（Immanuel Wallerstein）的世界体系分析，是20世纪最重要的社会科学理论之一。对边疆问题的研究包括对建构边疆学决不能忽视在世界体系（国际体系）之中具有大历史观的理论指导意义。沃氏理论以马克思的基本方法作为分析工具，有着比较鲜明的马克思主义的历史观。① “世界体系是指相互作用和相互依存的诸多结构单位的最大聚合体，它作为人类的社会组织，随着人的繁衍和社会的组织化，一直在不断变化着。国际关系学作为一门范围极广又颇为复杂的学科，需要从世界体系的视角进行研究，从构成国际关系的无数事件中抽取出揭示体系存在的结构模式和变迁机制。”② 沃勒斯坦倡导一体化学科即跨通学科的研究方法，运用马克思主义对经典的现代化理论和社会科学的传统范式进行了深入的批判，同时将康德拉捷夫（Nikolai Kondratiev）的经济长波理论、布罗代尔（Femand Braudel）的长时段大范围历史研究方法进行了综合性吸收，提出了世界体系的整体主义分析方法，沃氏认为世界体系中心的转移只不过是沿着地缘政治（疆域和边疆扩张与坍缩）的形式反复体现。这个理论体系的宽深度，具有揭示边疆学底蕴的意义。

---

① 由于沃勒斯坦（Immanuel Wallerstein）在社会学中取得的学术成果突出而巨大，在2000年，美国社会学会决定，全体会员投票选举一名20世纪美国最伟大的社会学家，去世的和在世的都可以入选，结果沃勒斯坦以高票胜出，当选为美国20世纪最伟大的社会学家。

② ［英］巴里·布赞等著，刘德斌译：《世界历史中的国际体系》，高等教育出版社，2004年，第29页。

再次，须对国际体系有基本的认识和再认识。国际体系是边疆研究中出现较高频率的词汇，很多研究人员都对“国际体系”做过诠释和不同角度的研究。有学者指出：“不同的理论流派形成不同的国际体系观。对已形成鼎足之势的现实主义、自由制度主义与建构主义三个学派来说，国际体系存在不同的结构和属性。建构主义者把国际体系看作是观念分配，国际体系可以归纳为三种假定。即‘权力政治’‘制度合作’与‘观念互动’。”① 这是国内一种比较全面阐释国际体系的观点。跨民族的国家地理疆域在现代国家战略博弈之中，往往会成为敌对双方争夺的焦点，经济、政治、文化的渗透与入侵往往以此导致各国边疆的博弈。② 人类世界只要还处于资本主义体系的阶段，国际体系之中的各国边疆问题就会一直被其扰动，边疆学学科的内容必然将这个方面列入其中。不可忽视的是，对曾经是东方国际体系的朝贡体系研究也要对应性的在学科中有一定的位置。深入剖析这些体系对边疆学具有奠基的作用。

五、建构边疆学哲思层次抽象性深化的阐释

对“边疆”概念抽象地看，即与所有时空统一的场运动具有相同的本质，是客观事物在历时性与共时性的范畴变化着的多个交互影响的三维空间一同存在的体现，从古至今，凡是可以被自身和他人视为资源争夺的交叉空间都被视作“边疆”。但边疆不仅仅是个空间概念，同时也是附着于空间的时间概念，因而边疆是时空统一的，但具体的边疆可以通过整体性的分层进行解构。在分层研究之中，尺度是一个非常重要的参照。例如，即使是对国家地理疆域的边疆做研究，地理尺度的变量是不可忽视的因素，即大小国家都有疆域和边疆，无非是尺度的比量不同而已。大中等

① 仇华飞：《国际体系转型与当代美国对外战略》，《社会科学》2008 年第 12 期。

② 列宁指出：“资本家同盟在经济上瓜分世界的基础上形成了一定的关系，而与此同时，与此相联系，各个政治同盟、各个国家之间在从领土上瓜分世界、争夺殖民地、‘争夺经济领土’的基础上也形成了一定的关系。”《列宁选集》第 2 卷，人民出版社，1995 年，第 639 页。

国家自不待言，小国或微型国家也有边疆，只不过是边界线被小尺度压缩到了中心区域附近而已。① 再如，对曾经存在或后起国家的陆疆海疆历史，无论长短，都会在历史和地理上留下成长与衰亡的痕迹，无非是以何种时间尺度做衡量而已。②

认识到了以往探索构成学科体系的局限性，还要面对研究对象问题即除了陆疆之外还有其他疆域（海疆、空疆、天疆等）也存在着边缘的问题，当今更多的虚拟边疆随着人类的活动正在陆续出现。若缺乏高端的视野和思辨，很多边疆理论将陷入难以自圆其说的困境。③ 一般边疆学的建构，应当依托于科学哲学的基本原理展开，从证伪和假说视域梳理过去边疆研究成果，以哲思引领探索建立新的研究范式。

笔者对边疆学哲思层面的阐释是：万物都有自身存在的边界，大到天体小到可视的物体（包括有机与无机体），微到原子、粒子，国家的疆域与边疆也是一样的。每一个物体都在自身形体中有引力与张力，引力与张力衍生的交界处为边界，边界首先是线形的并由线形扩展为面，以保持引力与张力。线为界而面为疆，其机理在于凡是能独自存在的自在之物，均要以界线的扩展维护其核心的存在和运行，无机界和有机界都按照这一规律形成物体，没有界（线）就没有疆（场），人类的国家疆域与边疆也一样。以一个内核（中心）带动边缘运动并以边缘护卫内核（中心），是任何自在之物最基本的形态，这是所有具有“场”效应的国家都会产生的基本形态，无“场”效应则无所谓的“疆”“界”“线”，“场”效应缺失意味着自在之物消失，国家的“场”效应消失意味着国家的灭亡。

---

① 笔者认为，在压缩了的疆域尺度观察中，即使是新加坡这一类的小国，也是有边疆的。其基本原理在拉采尔（Ratzel，Friedrich，1844—1904 年）的《政治地理学》（1882 年出版）一书中已经有这样的认识并提出了计算公式。中国大陆学者中现在还有人宣称小国没有边疆，这个认识从学术研究的角度是不成立的。

② 笔者认为在这个角度上理解国内学者提出边疆学要以史地研究为基础，可以成立，但仅仅是边疆学内容的一部分，以此搭建边疆学的平台则是有问题的。

③ 在中国大陆学界，有人认定边疆学须建立在史地研究上进而以史学为平台的认识，还有人认为要以人类学、民族学等为平台建构边疆学等，并且判定边疆问题的实质是民族问题。这些断言偏重于一隅，对建构边疆学是不利的。

在人类国家的边疆现象之中，无论实态与时态都会有耗散结构（dissipative structure）的运行，即一个远离平衡态的非线性的开放系统（不管是物理的、化学的、生物的还是社会的、经济的系统）通过不断地与外界交换物质和能量，在系统内部某个参量的变化达到一定的阈值时，通过涨落，系统可能发生突变即非平衡相变，由原来的混沌无序状态转变为一种在时间上、空间上或功能上的有序状态。耗散结构论把宏观系统区分为三种：一是与外界既无能量交换又无物质交换的孤立系；二是与外界有能量交换但无物质交换的封闭系；三是与外界既有能量交换又有物质交换的开放系。孤立系统永远不可能自发地形成有序状态，其发展的趋势是“平衡无序态”；封闭系统在能量释放充分低时，可以形成“稳定有序的平衡结构”；开放系统在远离平衡态并存在负熵流时，可能形成“稳定有序的耗散结构”。耗散结构是在远离平衡区的、非线性的、开放系统中所产生的一种稳定的自组织结构，由于存在非线性的正反馈相互作用，能够使系统的各要素之间产生协调动作和相干效应，使系统从杂乱无章变为井然有序。①

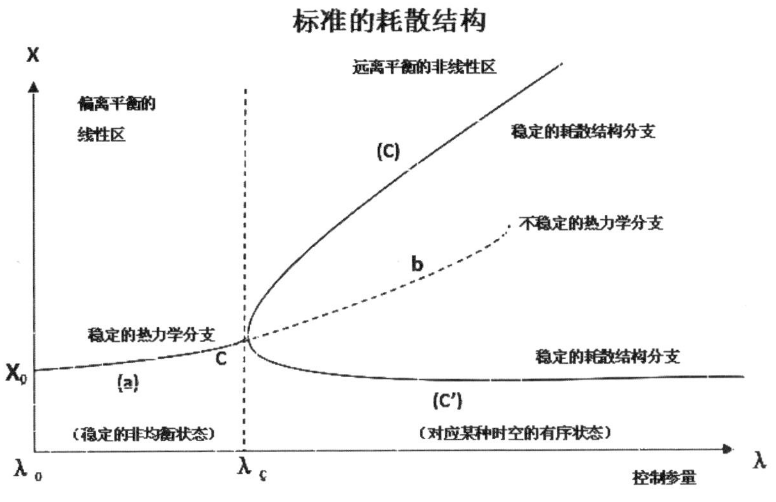

图 2　用以直观的耗散结构公式图

① 参阅［比］普里戈金、［法］斯唐热：《从混沌到有序》，上海译文出版社，2005 年。

云流耗散结构(天街)

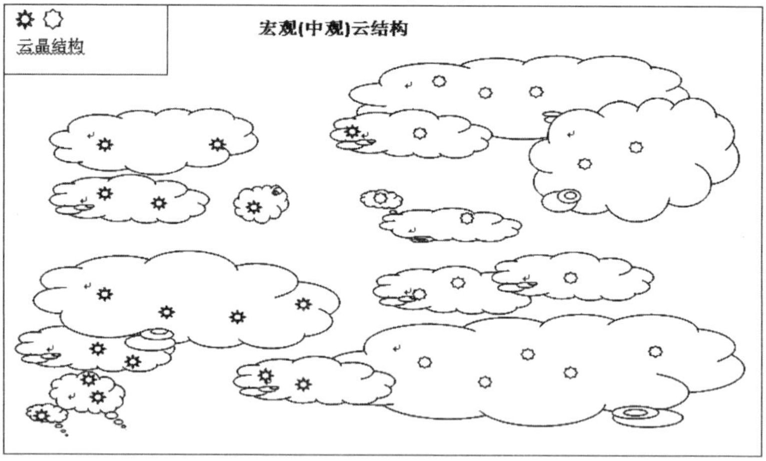

图3　在耗散结构理论下对云流（天街）的观察和解释

对于文科知识背景的人来说，图3所示云流（天街）图展示的就是一种相当具象的联想，云流与所在的空间存在着熵现象，云流的形态是通过能量交换形成的，也有着与国家形态十分相似的地方。如果将云流（天街）静态地观察，与国家所具有的疆域、边疆、边界等是一样的，因为二者在耗散结构理论的阐释框架内，是可以抽象为同一对象的。笔者对边疆类型、状态、形态三个方面简要归纳如下：

人类社会的边疆与边界的类型相当复杂，诸如硬接触的互相嵌入（多国陆疆接壤，交叉的海疆在此类型，底土和某些地理飞地等在此类型）、自然介稳（从历史脉络按照分水岭自然形成的类型）、法规划定（根据契约、条约规定，突发事件后的势力范围，殖民地遗产）、高科技成长（空疆的出现）等，还有软接触的地缘对望（岛国疆域类型和半岛国家类型）、战略前出（构建在他国的基地）、高科技浸润（外空疆划分、互联网的域名与门户）、通用工具衍生（国际金融体系中的国家掌控范围和安全线）等，都具有耗散结构的运行方式。

人类社会的疆域与边界的状态也比较复杂，大致有和平共处、不战不和、战争博弈三种，或由这三种状态派生出来的亚状态，诸如和谐互助、平顺治理、共同繁荣、破裂不斗、斗而不破、边斗边和、斗和交替、蚕食推进、瓜分鲸吞、谈判交换、态势威逼、名义据有、实际占有等等，也都具有耗散结构的运行方式。

人类社会的疆域与边疆的形态，一般由以上类型和状态构成几种形态：一是不规则形态，二是规则形态，三是变化的形态。这些形态对内对外产生诸多效应：一是遮蔽体效应，即通过一定物理载体进行间隔，阻断不利于国家行政管理的因素，例如边界线、边关哨卡、边防要塞以及跨国信息网络、跨国金融结算规则等就是这个效应的体现；二是渗透膜效应，即通过一定的物理载体，进行互换互助，最大限度的趋利避害，例如海关、自由贸易区、互联网域名、跨国金融衍生物的互通等等。对应这些效应的破解，敌国的方式通常有虹吸、撕裂、毁灭等。虹吸，即利用某种高势能手段越过边界的物理间隔获取资源，例如互联网的黑客窃取资料、有意制造的偏向性大数据、跨国金融的漏洞攻击等。撕裂，即对物理间隔寻找其所有硬接触和软接触的缝隙，撬开物理间隔的多种形式，造成对手有边无防的状况，例如对地理边界的蚕食、强行制造他国境内的飞地、互联网的域名分配和管道设置、利用国际法体系的偏向性等。毁灭，即发动大规模的博弈行动将敌国的疆域边界毁掉，例如陆疆的军事入侵、空疆和外空疆压制、海疆侵占和侵吞、制造他国互联网崩溃、跨国金融手段造成他国（联盟）经济发展大倒退等。所有这些都具有耗散结构的性质。

在经过了哲学思辨之后，运用耗散结构方法抽象地阐释边疆的类型、形态、状态，用于边疆研究高端思维成果的“知识迁移”，打通跨学科研究的“管道”，一般边疆学的问题域和靶域①将是很丰富的。若如此，笔者认为能够对地球国家古往今来和未来的边疆现象以及趋势予以再阐释，建立起一个具有学科意义的边疆学。

① 孙勇：《建构边疆学中跨学科研究的有关问题探讨——如何跨通边疆研究学术逻辑与事实逻辑的一致性》，《中央民族大学学报（哲学社会科学版）》2016 年第 3 期。

建构边疆学的发生学方法及隐喻解题探

——三论建构边疆学的跨学科研究*

孙　勇

中国大陆学界对发生学的研究由来已久，多年来在学术研究中广泛涉及，从自然科学到人文科学，均有大量的成果。从源头上看发生学，这门科学起源于人们对动植物微观起源的研究，与生物学的繁殖过程研究有着直接的关系。① 从17世纪起西方学界开始探讨动植物的发生、发育和生物形态的繁衍，构成了近现代科学的生物学内容之一，至今仍然是自然科学研究的一个重要范畴。在这个背景下于19世纪产生的发生学，因其在认识论上的科学性以及方法上的系统性，逐渐扩展到诸多学科，乃至有学者从哲学的角度阐释发生学的形而上学认识。② 随着人们对方法论与方法认识的进展，到20世纪在提倡“交叉研究”“跨学科研究”学术主张的影响下，很快进入到人文科学研究的领域，并成为人文学科中史学、法学、思想起源、学术专著解构等研究的一种方法。中国大陆学界近年来对

---

* 此文刊发在《中央民族大学学报（哲学社会科学版）》2017年第4期。

① “发生学”源自生物学领域的“遗传学”genetics，由英国生物学家W. 贝特逊于1906年根据希腊语“繁殖”（generatione）一词正式命名的一门学科。

② 赵敦华：《杜威的进化发生学方法》，http://www.aisixiang.com/data/32094.html.

历史研究、中国法制史研究、马克思《资本论》发生学的研究等皆是例证。[①] 本文从发生学方法和隐喻方法的角度，试析笔者已发的《建构边疆学中跨学科研究的有关问题探讨——如何跨通边疆研究学术逻辑与事实逻辑的一致性》和《建构边疆学的底蕴以及相关问题续探——再论建构边疆学的跨学科研究》[②] 文中的研究思路，以请教方家。

一、发生学方法和研究方式以及隐喻解析

有关发生学方法，中国大陆学者在21世纪有代表性的阐释认为：在研究中对自然和社会的认知对象，要以其起源和发展的过程为基础，进而把被认知的对象从初始状态中分离出来，探究研究对象发展过程的各个基本阶段和趋势。有学者认为马克思早就提出过这种方法，即“反映和揭示自然界、人类社会和人类思维形式发展、演化的历史阶段、形态和规律的方法。主要特征是：把研究对象作为发展的过程进行动态的考察；有分析地注重考察历史过程中主要的、本质的、必然的因素”[③]。众所周知，在中国大陆思想界的框定下，学界对马克思主义的认识论有着公理性认知，即这个认识论揭示了关于自然、社会和人的思想发展的普遍规律，为一切科学研究提供了方法论，其主要的原理体现为世界上的事物都是互相联系的，不能孤立地看问题，要按客观事物的本来面貌来认识世界，对事物发展变化要动态地看待；事物的现象与本质之间存在着矛盾，必须透过现象看本质，即抓住事物发展的规律性，才能真正认识到客观事物的真面目。毋庸讳言，在人类社会高端的认识论范畴中，这一认识的阐述是被广泛承认的。

---

① 参见张乃和：《发生学方法与历史研究》，《史学集刊》2007年第5辑；王海军：《发生学方法与中国法制史的研究》，《中南大学学报（社会科学版）》2010年第6期；徐光伟：《保卫资本论——经济形态社会理论大纲》，中国社科文献出版社，2014年。

② 孙勇：《建构边疆学的底蕴以及相关问题续探——再论建构边疆学的跨学科研究》，《中央民族大学学报（哲学社会科学版）》2017年第2期。

③ 冯契：《哲学大辞典》（上），上海辞书出版社，2001年，第218页。

方法与研究方式有着必然的联系，发生学的研究方式通常将回溯事物现象研究和展示发生的动态研究相结合。其回溯事物现象研究是对象研究的出发点，将研究对象的主要起因和条件作为考察的逻辑起点，再对这些起因和条件的形成和发展进行分析，其中，包括对研究对象未完成的形态与形态后续趋势进行分析；在此基础上再对研究对象之前的形态进行再分析，探寻其最本质的成因，发现规律和阐述各个现象的规律性，并沿着成因的规律性作出恰当的判断。这样的研究方式，符合马克思主义认识论的原理，也符合发生学学术研究中的经验逻辑与事实逻辑。在发生学的研究方式中，由于观察与思考经常需进入现象叙述的倒转回溯，将一种现象的产生和发展展示出来，分析其事实发生的本源和机理，这样一方面具有考察的起点，需要对事物的起源进行科学的梳理，陈述事物的源流以及源流的必然性；一方面也具有哲学意义的“反思”，即对事物存在的前提重新（有时候是反复的重新）提出质询，回到事物最初状态以及事物发展的轨迹，深挖其表象背后的因素，才有可能从研究对象的脉络出发，揭示其复杂的发展过程，形成对研究对象有比较完整的追溯以及对研究对象的趋势性勾勒出比较完整的框架，达于学科建构的体系性。这样的研究方法或方式，已经成功地构建出自然科学对生物研究的范式。同理，在人文科学的研究中，也能采用发生学的研究方法建构出学科体系或推出新成果，如中国大陆学界近几年以发生学方法推进学科研究的诸多成果，在各个人文学科领域中取得突破性的进展，且在今天和今后还有着继续蔓延的趋势。笔者认为，发生学对于边疆学的建构有着方法论的作用，因为从发生学的角度看，边疆现象的研究，需要做到对人类社会历史的过程中探查其产生与发展的过程，以及其中的动因、主要条件和本质原因，从而得出其历史发展的规律认识，形成我们对边疆现象的前瞻性观察，更重要的是对边疆现象的研究予以现实的关注，从中发现研究对象的发展前景和趋势。

在笔者的拙文《建构边疆学的底蕴以及相关问题续探——再论建构边疆学的跨学科研究》之中，给出了“人类对边疆理念认识的递进过程”示意图，具有发生学知识背景的研究人员对此图应该说是不难理解的，甚或是对发生学有框架性了解的学者也不难理解这张图的内涵，这个图将边

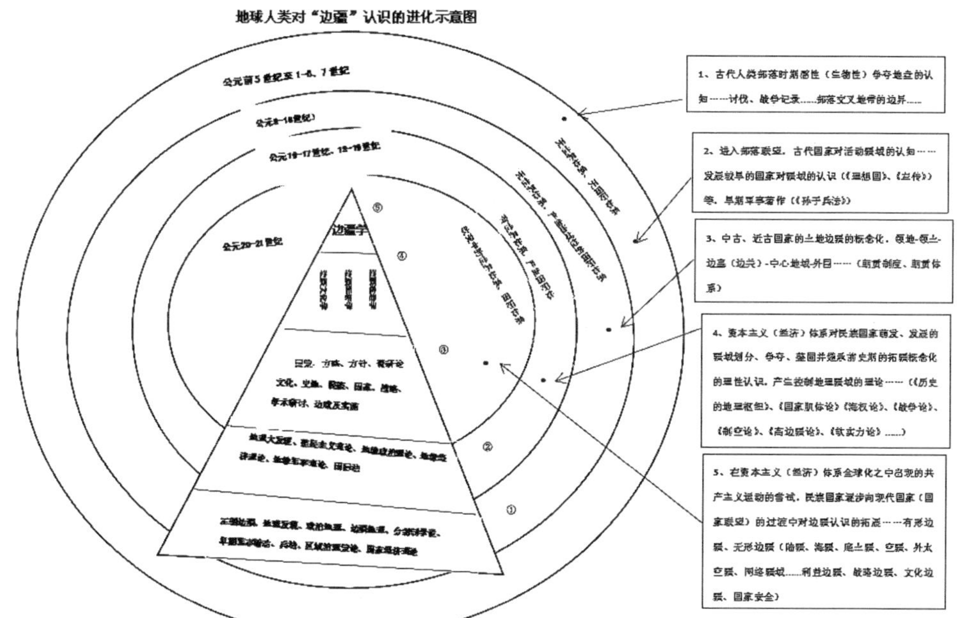

图 1　人类对边疆理念认识的递进过程

疆学这种知识的演化过程展示出来。科学哲学家波普尔（Karl Popper）认为，人类知识增长表现为科学的进步，是新的理论不断替代旧理论的过程，而不单单表现为知识内容在数量上的累加。波普尔在 1972 年出版的《客观知识》一书中，提出了“三个世界”的系统认识，对怎样建构一种主客观相互联系的知识体系提出了自己的看法：“第一世界是物理世界或物理状态的世界，第二世界是精神世界或精神状态的世界，第三世界是概念东西的世界。”① 波普尔认为人和科学知识的发展，应该都是通过这样的“三个世界”互相作用而实现的。如果看不到“三个世界”的存在，不理解“三个世界”相互作用的关系，就不能对人及其科学知识的产生与发展进行科学的理解和研究。目前，在已有的边疆学建构的学术讨论

① ［英］波普尔著，舒炜光等译：《客观知识》，上海译文出版社，1987 年，第 164—165 页。波普尔在书中系统地提出了他的“三个世界”的理论，波普尔把“世界 3”用来指人类精神活动的产物，即思想内容的世界或客观意义上的观念的世界，或可能的思想客体的世界。参阅雷彦沛：《波普尔的“世界 3”刍议》，《陕西青年管理干部学院学报》，2007 年第 2 期。

中，我们还没有意识到建构边疆学也存在这“三个世界”的解析，需要作回溯式的探源，需要以发生学的原理认识长期以来司空见惯的问题，将边疆现象在探源的研究中，产生洞见，产生思维的飞跃。摒弃思维的窠臼或学术门见去拓展研究领域，将边疆学研究引向深入。

无论采用什么样的方法和方法论，都免不了使用概念在立论上的隐喻(Metaphor)，从发生学角度看特定的理论研究，同样也存在隐喻解题。对隐喻进行研究后，可以看到这是人类的一种认知方式，涉及与思维密切相关的一般认知形态，以及引发思考的哲学思辨对象之一。[①] 隐喻认知科学认为，隐喻所形成的推理，促成和扩展了人们对世界及自我的理解，是非常重要的认知手段。[②] 简言之，学术研究中概念也存在隐喻，是目标概念域和始源概念域（Target conceptual domain and the original conceptual domain）中两个相同意象和意象图式互相映射的结果。概念隐喻理论的出现，引发了科学隐喻的研究。乔治·莱考夫(George Lakoff)和马克·约翰逊(Mark Johnson)在《我们赖以生存的隐喻》一书中首先提出隐喻对问题认知的方式。[③] 这两位学者把隐喻分为三类：空间隐喻、实体隐喻和结构隐喻（Spatial metaphor，entity metaphor and structural metaphor）。其理论的核心，一是人类社会的隐喻既是一种认知手段也是一种阐释的方式，日常生活与科学研究中都广泛地存在隐喻；二是对问题的隐喻表达要通过一定的概念性词语表述，抽象概念通过隐喻来具体化，并加深对抽象概念本质的理解；三是隐喻是从始源域到目标域部分的、系统的映射，隐喻体现了跨概念域的系统映射，而映射系统一般遵循概念域恒定原则等。西方学界稔熟的传统是凡是能引发哲学讨论的命题，一定会有著名学者关注其科学哲学的探讨，隐喻现象所蕴含的科学隐喻问题也不例外。中国大陆有学者早已注意到科学隐喻对于方法论的作用，并发文介绍科学隐喻问题，得到

---

① 参阅束定芳：《隐喻学研究》，上海外语教育出版社，2000 年。

② 李越：《隐喻的认知研究：解读〈我们赖以生存的隐喻〉》，《长春理工大学学报（高教版）》2010 年第 1 期。

③ 参阅［美］乔治·莱考夫、马克·约翰逊著，何文忠译：《我们赖以生存的隐喻》，浙江大学出版社，2015 年。

了科学哲学家的关注。[①] 郭贵春指出玛丽·海西（Mary Hesse）、罗姆·哈瑞（Rom Harre）、狄德瑞·詹特纳（Dedre Gentner）、罗伯特·霍夫曼（Robert Hoffman）和理查德·波义德（Richard Boyd）等科学哲学家，都从不同的方面致力于科学探索过程中隐喻方法的现实性研究。

隐喻理论及其方法的提出，最先得到了语言学界、文艺理论界的重视，随之引起了认知科学界和认知哲学界的关注，在中国大陆进而延展至逻辑学研究、信息处理研究、中医学理论研究等领域，这体现了跨学科研究方法与方法论的探索。在中国学界的边疆研究之中，跨学科研究的呼声有十多年了，但就本身如何跨通交叉学科，即使是近期在寻求方法解题的探讨中，也未引起充分的注意。而正因为如此，关于边疆学如何建构的问题众说纷纭，研究人员进行跨学科研究时需要拨雾见云，对边疆学隐喻的“始原域”问题作再认识，辨析出哪些是跨概念域的系统映射，有没有出现映射遵循恒定原则的问题。从这个角度看，发生学与隐喻理论在源头与源流的学术指向上已经汇合到了一起，即两种理论都重视事物的初始形态研究，并将初始形态的成因以及发展看作是一个系统动态延伸的必然，而一个系统的动态延伸，是结构变化的过程，自然界如此，人类社会也如此，科学研究同样如此。因而，发生学的方法与隐喻理论的方法，显示出边疆学的建构不可能是单个学科可以完成的，进行跨学科研究存在着必然性，需要进行跨通研究，而跨通最难的地方在于研究者有没有意识到始原域的系统映射问题。

仅就隐喻认知的形式本身来看，一般指的是人们言语中某些语词的特殊用法，往往是事物 X 的指称暗含了 Y 事物的意义，并赋予 X 指称新的概念，进而通过对新概念的阐释达于对 Y 事物新的认知。[②] 而在人们思维中广泛存在的隐喻，多数情况是概念化的约定以及破除老概念再形成概念

---

① 郭贵春:《科学隐喻的方法论意义》,《中国社会科学》, 2004 年第 2 期。

② 在隐喻认知研究中对“时间就是金钱”这一隐喻的阐释是个例证，时间 X 的指称暗含了“价值”Y 的意义，这里对“时间”概念的理解，是通过“金钱”“有限资源”“有价商品”去实现的，形成了对新概念的认知。

化的过程。[1] 正是在这种意义上，学科的框定以及跨学科的重新框定都是隐喻性的。

“边疆学”这一概念，在中国大陆学界的实际隐喻有四种情况：一是将所有研究边疆的文史资料予以解读，侧重在地理边疆的史料挖掘、整理、阐释进而由此抒发对现实问题的关怀；二是将对边疆所有现象的论文进行集辑，包罗万象地将学术论文、调研资料、对策研究等整理成册，以供边疆研究的机构和个人阅读学习；三是将地理边疆的各个学科研究的单项成果汇集起来形成某学科，类似于分头对问题域所涉及的政治、经济、文化、社会、民族、宗教等研究对象提出单个学科的建构，并且付诸写作成专著的行动；四是试图对边疆学学科体系的建构从原理上予以阐释，突破史地研究、边政学、民族学/人类学、社会文化学的囹圄，在问题域和靶域的集合上找到所有边疆现象的交集，并对这些交集作具体分析和提出新的概念，形成新的理论。[2]

恩格斯曾经说道：“一门科学提出的每一种新见解都包含这门科学的术语的革命。”[3] 恩格斯的这句话是从经济思想史和经济学理论体系上评价《资本论》的科学成就时所讲的，但精辟地将所有学科术语（或概念）的生成与发展作了概括。这个概括，也对中国大陆学界的“边疆学”术语使用上具有揭示隐喻认知前提的意义。

上面粗略分析目前中国大陆“边疆学”的四种情况，前两种“边疆学”隐喻的是“概念化的约定”在不同阶段的反映，后两种“边疆学”隐喻的是“破除老概念再形成概念化的过程”。笔者在相关论文所给出的图示，也显示了运用这种方法的认识：

---

① 莱考夫和约翰逊（1980）根据始源域的不同，提出结构隐喻的意义，始源域的特性映射到目标域上，形成其部分特性，而目标域的其他特性是由其他始源域的特性扩展的。结构隐喻通过一个结构清晰、界定分明的概念去构建另一个结构和定义模糊或缺乏内部结构的概念。

② 孙勇：《建构边疆学中跨学科研究的有关问题探讨——如何跨通边疆研究学术逻辑与事实逻辑的一致性》，《中央民族大学学报（哲学社会科学版）》2016 年第 3 期。

③ 中央编译局：《马克思恩格斯全集》中文第一版第二卷，人民出版社，1957 年，第 34 页。

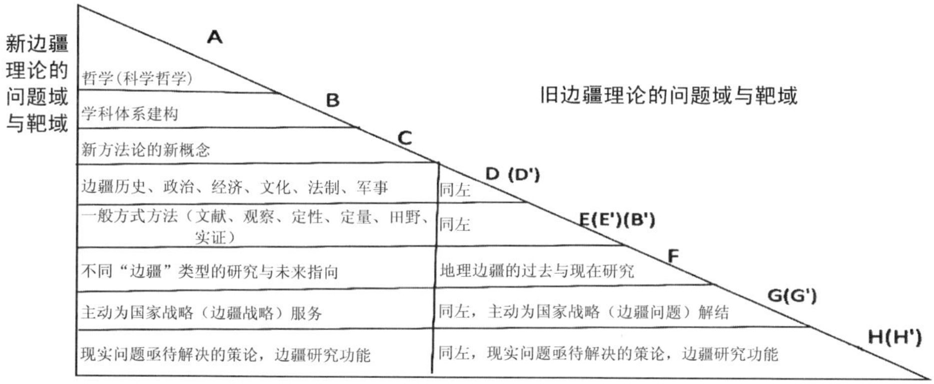

通过这个图示，研究者能够分析出最后的一种“边疆学”概念，隐喻了“跨概念域的系统映射，并遵循映射恒定原则”的解题方法，一旦解题成功，出现了边疆学跨概念域的系统映射，则意味着这个术语概念的内涵出现革命性的变化。

二、对发生学以及隐喻理论的哲学思辨认识

在“中国现代外国哲学学会年会 2004”上，北京大学赵敦华教授在其论文《杜威的进化发生学方法》之中解析了胡适在早期翻译中的错误，并且将杜威（John Dewey）的发生学方法的哲学思辨做了深入的阐释。根据赵教授的论述，西方学界的发生学哲学研究其实很早就进入到中国，杜威和皮亚杰（Jean Piaget）都是极具影响的学者，而近些年大陆学界对皮亚杰的发生学哲学认识的贡献评价很高，不少的学术论文将发生学的哲学研究渊源引向皮氏①，而实际上皮亚杰与杜威在发生学观察的起点上，都来自对幼儿教育的实验，并通过进一步的研究上升为哲学的认识，但在关于事物认识的历史观上，杜威的历史哲学色彩更为浓郁，皮亚杰的研究则

① 中华人民共和国成立之后，发生学方法在中国大陆的研究高潮兴起于20世纪80年代，随着皮亚杰《发生认识论原理》的翻译介绍，学界更多地关注此种方法，也将其逐渐运用到了人文科学的研究当中，主要的领域是哲学和文学、语言艺术等人文学科，而其他学科对发生学还比较陌生，近几年逐渐渗透到史学、经济学等学科，而对建构边疆学来说目前几乎无人涉及。

更接近科学哲学的内涵。

如果说自然科学发生学研究的起点出自生物进化论，那么，人文科学发生学研究的起点则出自发生认识论。杜威在20世纪初就提出："发生的方法是实验的学问、历史的学问，不是从前件'引出'或'演绎'出结果。不是将结果消解、溶解于以前出现过的事情之中。"① 杜威认为"哲学放弃了对绝对起源和绝对终极性的研究，才能对产生出它们的具体价值和具体条件进行探讨。"② 皮亚杰的《发生认识论原理》是发生认识论理论的重要体现，③ 该书较集中、系统地阐述了皮氏对认识论的观点。皮亚杰深刻地指出"发生认识论的特有问题是认识的成长问题"，而研究认识的发生发展是认识论不可缺少的一个部分，并指出发生认识论的第一个特点是研究各种认识的起源，第二个特点是"它的跨专业性质"。④ 从这里我们得到的启示就是，发生学所积淀的厚重底蕴完全应该为今天构建边疆学所用，取其精华，丰富研究者的思考内容也丰富研究者的思维形式。

综合地看，发生认识论的主要指向，是解释新事物是怎样在知识发展过程中构成的。自身的经验和学术研究会导致人们的知识不断地构造和扩展着，而在每一次新的认知中，总会有新发现（或发明）被包含在内；人类社会的知识在阶段性的跨越中，总有一些理论以结构变动为标志。这完全符合科学哲学家拉卡托斯（Imre Lakatos）关于"科学研究纲领"的原理，拉卡托斯在其理论中提出了一个科学发展动态模式，认为科学研究的理论有进化和退化两种形式，一个理论的进化和退化的客观标准，在于它是否建构了能够阐释现象的内在结构。因此，在科学哲学的角度看发生认识论所阐释的中心，实际上是置人类在认知新结构构造机制所提出的问题。皮亚杰与杜威在发生学探究与认识相关问题的具体研究中，不仅探讨了认识如何发生，也探讨了认识为何发生。而恰恰在理清了"如何"与

---

① 中岛隆博、龚颖：《"中国哲学史"的谱系学——杜威的发生学方法与胡适》，《中国哲学史》2004年第3期。67页脚注③：John Dewey, "The Evolutionary Method as Applied to Morality", in Essaysonlogiealtheory 1902-1903, p. 10.

② 赵敦华专栏：http://www.aisixiang.com/thinktank/zhaodunhua.html.

③ 参阅［瑞士］皮亚杰著，王宪钿等译：《发生认识论原理》，商务印书馆，1981年。

④ 360百科，词条，发生认识论原理。http://baike.so.com/doc/1600994-1692439.html.

“为何”的问题之后，在特定的阶段，思想家的思维可以先于活动，并且可以用内省的分析法找到并解释如何界定抽象概念，概念性抽象的过程会导致一种高度发展的活动形式，因为其中包含了人们的复杂学习过程，即不断被刷新的思维将产生新的思考，最终导致出现新的发现和形成新的研究方式，推进认知能力的提高。

如果不刻意地辨析现实形态（实验方法）与长过程形态（历史研究方法）的差别以及两者的综合，极有可能产生杜威所说的“唯物论的悖谬”（materialistic fallacy）。① 需要特别指出的是：历史研究方法其实没有将事物生成过程的某个片段当作一种事物存在的全过程，不认为最早发生的事物形态会贯穿这个事物发展的全过程，② 亦即也不认为一种研究方式不变的状态是正确的，因为不变的研究方式对事物发展的认识，不可能将所有本质性的东西完全囊括。③ 执着于甚至执拗于现实形态的研究（例如以民族学来囊括边疆学），通常不会注意事物“始原域的系统映射”问题，而是认为被关注的研究对象本身就是研究的“始原域”，是可以被一般化地体现出本质来的。例如，中国大陆学界十多年来所通行的“边疆学”阐述范式，就是沉溺在这样的思维窠臼之中，浸润在某个学科的学者便将那个学科作为“始原域”，视为边疆研究的起点，形成“概念域”，试图对变化多端的边疆现象在截取一个断面后展示于某学科平台上，便认为已经揭示了边疆学研究的路径，发现了边疆研究的本质，由此影响其他研究者朝着这样的研究范式靠拢。

但在发生学的历史方法研究中，对某一种截面的展示，被认为不能把事物的现实形态概括为本质的揭示，而只有将事物产生和发展过程的动态予以考量之后，产生新的观点才具有揭示本质的价值。如杜威所说：“从某种观点来看，时间上较早的东西有较大的价值，但这只是方法上的价

① 赵敦华：《杜威的进化发生学方法》，http：//www. aisixiang. com/data/32094. html.

② 对这句话的通俗阐释，以细胞发育为胚胎再发育为完整的个体生物为例，一个完整的动物个体绝不是早期的胚胎形态更不是细胞的形态；以部落到部落联盟再到国家的发展为例，现代国家的形态绝不是部落联盟更不是早期的原始部落形态。

③ 对这句话的通俗阐释，以人类的研究方式由早期神话编造发展到非实证的猜想再发展到科学的研究为例，现代科学的学术研究方式绝不是非实证的猜想更不是早期的神话编造。

值，而不是存在的价值，后来的东西以太复杂和混乱的形式掩盖了它们的面目，但却能以相对简单和明白的样式表现在较早的东西中。”① 这样的哲学阐释，亦可以理解为人们研究某个事物所确定的起点只是一个设定的条件，它本身并不能推导出甚至不能演绎出其后的事实来。例如，近二三十年世界上所出现的诸多边疆现象，已经超越了早先人们对地理边疆的一般性认识，甚至超越了对文化边疆的特性认识，“始原域的系统映射”现象早已经出现，而中国大陆学界的边疆学研究依然停留在单科论证史地、政治、文化、民族、宗教对于边疆认识的阶段上，甚或执意要以某个单科的学术搭建边疆研究的平台，几乎不理会世界上边疆现象发生的新情况，更缺少要对这种新情况的趋势进行分析的学术愿望。

那么，假使套用民族学（民族志）的研究方式，怎么可以推导或演绎出空疆、天疆乃至互联网空域等边疆的形态呢？最多不过是在地理边疆的考察中，反反复复地研究一国边疆地区的广义社会学或文化学的形态，诠释某个理论的隐喻，夯实单个学科实证基础的一种学术活动。在哲学思辨的阐释上换言之，就是事物早先存在的价值与形态会随着其后的演变而改变，而后起的研究，比起早先设定在某个条件下的研究更有价值也更为重要；但研究者只注意事物早先的形态，而对后起的演变所产生的存在价值则茫然不知。这对于当今的边疆学研究，是有哲学思辨的重要启示的。

因此，已经列入“中国边疆学”的大量内容基本上是资料的汇编和阐释性的论文，不可能具有建构边疆学学科体系的存在价值（existence value），而一般边疆学则“以相对简单和明白的样式表现在较早的东西中”，既有方法的价值也有存在的价值。这里说的“存在价值”是哲学意义上的，如马克思所说，“充其量不过是从对人类历史发展的观察中抽象出来的最一般的结果的综合。这些抽象本身离开了现实的历史的历史就没有任何价值”②。请注意马克思“离开了现实的历史的历史”这样的说法，并由此判断出抽象本身一旦在“现实的历史的历史”命题上不能综合，

① 赵敦华：《杜威的进化发生学方法》，http：//www. aisixiang. com/data/32094. html.

② 《马克思恩格斯选集（第1卷）》，人民出版社，1984年，第31页。

这个抽象了的概念便没有价值。

有学者指出，从某种意义上说，发生学从自然科学“嫁接”到人文科学，推动了人文科学学术范式的转变。[①] 这种转变的特征就是在学术研究中，将一般的现象描述转向动态的发生学分析，从一般的形式要素聚合转向到系统的功能研究。在研究中，注意到历史的时空主客观条件的变化，不仅关注研究对象的事实结果，也关注研究对象的产生过程以及发展的趋势，从事件与现象的历史性展现之中，将观念与认识、经验与事实的逻辑性完全贯通。在这个意义上，边疆学的发生学视野与内在含义，决定了这一人文学科的跨学科研究的方法与路径，应当将不同的研究主张在隐喻性上作出解构，以辨析出即使是“要进行跨学科研究”的多种提议背后的真正含义。

乔治·莱考夫（George Lakoff）指出：“隐喻普遍地存在于我们的日常生活中，不但存在于语言中，而且存在于我们的思维和行为中。我们赖以思维和行为的一般概念系统，从本质上讲是隐喻式的。”[②] 隐喻理论揭示，所有的提议和主张都是隐喻性的，哪怕是在名词和指称上完全相似的主张也不例外。隐喻研究的对象，包括显性隐喻表述，也包括隐性的、表面看来不是隐喻但其形成过程是隐喻的。中国大陆边疆学研究的四种隐喻情况，恰恰印证了隐喻理论所指出的现象背后的差异——同样都在使用“边疆学”名词的研究者，所用的概念内涵迥异，即隐喻的对象千差万别。笔者在以前的两篇论文中，已经比较清楚地列举了中国大陆学界的关于“边疆”与“边疆学”的多种含义，在此不再赘述。

学术研究中的隐喻现象，究其本质应具有创造性和开放性，这一点在隐喻者的主张提出的初始阶段是明显的，邢玉林、周伟洲、马大正、方铁等学者当初提出建构“中国边疆学”时,[③] 都主张进行“跨学科研究”，

---

① 汪晓云：《人文科学发生学：意义、方法与问题》，《光明日报》2005 年 1 月 11 日。

② 谢之君：《隐喻认知功能探索》前言，复旦大学出版社，2007 年。

③ 参阅邢玉林：《中国边疆学及其研究的若干问题》，《中国边疆史地研究》1992 年第 1 期；周伟洲：《世纪之交中国边疆史地研究的回顾与展望》，《中国边疆史地研究》2001 年第 1 期；马大正：《关于中国边疆学构筑的几个问题》，《东北史地》2011 年第 6 期；方铁：《试论中国边疆学的研究方法》，《云南师范大学学报（哲学社会科学版）》2008 年第 5 期。

在其初始倡议的主张中，都体现出了创造性和开放性，有利于吸引相关研究者参与到其中。但由于每一个隐喻的经验依据不同，也往往会出现同一个名词概念的歧义性和含混性，如果隐喻本身在发生学的起点上不一样，同一个名词的隐喻出现非逻辑性的情况是不可避免的。上面提到的这几位学者，虽然都提倡“跨学科研究”，但在以什么样的学科平台上进行研究是有各自隐喻的，这些隐喻就是笔者在前面指出的研究者各自长期从事的学科研究背景，即边疆史地研究、民族学或文化学的研究等，而相对于有军科知识背景的学者，如乔良、张文木等学者的研究，更倾向于以战略学为平台的边疆跨学科研究，他们眼里的“边疆学”隐喻的是边疆战略研究。事实上，隐喻的经验导致了人们认知事物的“路径依赖”。能否清楚地认识到这一点，是打破思维窠臼的一个重要前提。

三、发生学隐喻解悖对边疆学跨通学科研究的意义

人文科学的范畴决定了研究对象的确定性，即必须将人的研究作为对象，既要研究人类社会的历史发展，也要研究人的思维认识发展。因此，从哲学方法论的角度看，人文科学的各个具体领域最终都会有交集，产生相互的印证与旁侧效应①的阐释。由此，发生学在人文学科的一些具体研究之中，具有跨学科研究的导向作用。如果我们对发生学的发展过程本身作考察，百十年来这门学科从自然科学延伸到人文科学的事实，完全可以看到其所具有的内在逻辑产生了要跨学科的必然，而这个逻辑之中的方法本身就有着跨学科的内涵。跨学科的实践在发生学的方法论中，意味着在学术研究中一个单纯小系统向着复杂大系统演化的形式，这符合人们所能观察到的绝大多数客观事物发展的规律性。

发生学从自然科学“介入”（嫁接）到人文科学中的现象，被哲学

① “旁侧效应”原本是经济学用语，指的是主导产业的兴起会影响当地经济、社会的发展，如制度建设、国民经济结构、基础设施、人口素质等。在这里的含义指的是人文科学的某一学科与其他学科在交集时，出现的带动效应，如用社会学的方式阐释经济现象，旁侧的效应是社会经济学，反之又旁侧出用经济学阐释社会学即经济社会学。

家、科学哲学家所关注，乃至其方法被心理学、语言学、经济学、社会学、法学、史学、信息学、逻辑学等学科的研究者所运用，证明了发生学的方法在被“介入”的研究领域中具有跨通的功能，而不仅仅是该学科给予了研究者一种新的视角或者新的方法。个人认为：跨通功能产生在发生学的学术历程中，也不断丰富着发生学的学术历程。人文科学的跨学科应当蕴含历史总体性的观点，[①] 对诸多研究的对象须贯穿事物主客体共同作用的认知，这不仅是哲学的命题，也是实践活动的命题。无论在自然科学还是人文科学的研究中，一旦运用发生认识论的原理，很多片段或截面似的看法和结论就会被打破，单一学科的窠臼就会“破茧”，跨学科的跨通才有可能出现。因此，跨学科应当是在一个有着有机联系的研究大系统中发生的，而很难在一个堆砌起来的研究小系统中产生，这犹如现代国家经济社会的生产方式、产业结构、社会制度、政策研究诸元的联通，是国家大系统有机形成的，而在原始部落中既不会产生即使是外界强行植入也没有要联通的需求。这对于边疆学的如何跨通交叉学科具有一定启示性，诸多学科在边疆研究“跨”的过程中总是不好跨通，其根本原因就是学术视野狭小，阻塞了系统发生学的进路。有学者指出，系统发生学的方法论意蕴在于达成对“辩证法主义”“科学主义”的内在抵制，从根本上拒绝一切非历史的现象主义和解释学的分析进路。[②]

发生学将人们平时所说的某一事物的发生存在，以及与这一事物相关的起源概念是分开来的，由于事物本身的动态变化与对事物存在的观念上有着不同的本体论，发生学才具有了认识论与方法论的意义。在经验主义的本体论上，发生学强调的是认识结果；而在实证主义的本体论上，发生学则强调的是追溯起因。两者合二为一，就形成了一个具有“熵”性质

① 参阅周娟：《卢卡奇与列宁的辩证法思想比较》，《哈尔滨学院学报》2001 年第 1 期。格奥尔格·卢卡奇认为，要透过事物的表面现象和直接存在方式深入揭示它们的内在联系和隐蔽内容，了解其本来的历史制约性，把客体当作统一的整体来把握，这就需要运用辩证的总体性方法。

② 许光伟：《〈资本论〉第二卷的逻辑：系统发生学》，《当代经济研究》2012 年第 1 期。

的系统。① 进一步地看，发生学符合系统论（亦即这个学的本身就是耗散结构的，具有熵的形式）的基本原理。发生学的方法在系统论的视野中，既是对系统发生前的逻辑探索，也是对系统存在后的逻辑论证。换言之，系统发生学的认知逻辑是，事物的发生蕴含着发展着的系统，而事物发展的系统具有系统化的过程。从发生到系统化，对于一个事物来说，首先要有存在的形式，其次要有内在的质变过程，最终要有成熟的本质规定。这一点，对于生物的细胞发育、胚胎发展的生物发生学是如此，对于人类社会的部落形成、国家发展的历史发生学也是如此，对于人们的思想由初级到高级的思维发生学还是如此。因此，发生学原理认为，事物的系统化是一个逐步成长的过程，每种事物的发生过程不一定具有该系统质的规定，但发生过程确切的与必定的趋势方向，就是该系统质的内涵。再换言之，系统化过程意味着质的飞跃，成为系统质变引发产生新事物的内在依据。由此，边疆学建构在发生学的方法中，不能仅仅恪守某一个学科平台的单一小体系阐释，需要对边疆的形式范畴、整体和层次、结构与形式、性质的特征、动力机制、表象及规律、不同的模式等作出系统的分析和阐释，这样才能使边疆学的建构不再模糊，最终形成一个集历史与现实、事实与逻辑于一体的学科体系。

在这里，隐喻理论的原理提示我们，任何一种学科的自命题和真命题应该注意情景语义（Situation semantic）的辨析。在边疆学的建构中，诸多学者会提出自命题，并认为自命题就是真命题。但是，这些命题以及命题之间往往是悖论的。例如“边疆问题的实质是民族问题”这一命题，一旦放到中国南海边疆问题的解题之中，显然就不是一个真命题，但是回到中国西部省区的边疆研究之中则是一个真命题。这种边疆研究悖论比比皆是，例如类似“边疆问题没有民族问题只有狭隘的民族主义问题”的

① 参阅［美］杰里米·里夫金、特德·霍华德著，吕明、袁舟译：《熵：一种新的世界观》，上海译文出版社，1987 年。简言之，“熵”有三个重要结论：一是如果没有外部能量输入，封闭系统趋向越来越混乱；二是如果要让一个系统变得更有序，必须有外部能量的输入；三是当一个系统（或部分）变得更加有序，必然有另一个系统（或部分）变得更加无序，而且“无序”的增加程度将超过“有序”的增加程度。

说法更是明显的悖论。研究者如何对边疆学对象的悖论解悖，可以从情境语义学（situation semantics）中找到解悖方案，情境语义学提供了学术悖论问题研究中的新方法，可以被看作是悖论研究的重要典范。①

王建芳等学者认为，situation semantics 学术贡献的一个重要的方面，就是既坚持了世界的一致性，又保留了世界的完整性。这与发生学所隐喻的方法是完全吻合的。那么，怎样对边疆学建构的悖论作解悖呢？有学者指出，近代逻辑学中的"罗素、策墨罗、哈克"（以三人的名字字母简称"RZH"）解悖标准内含两个条件：严格的"形式刻划"和不严格的"哲学说明"。② 然而，这一阐释并未就此止步，有学者认为 RZH 解悖标准的内容主要包括三个方面：逻辑矛盾必须消失、解悖范围的要求和非特设性（原文如此——引者注）。③ 由此，建构边疆学对于悖论也有三个解悖步骤：按第一解悖要求，就是边疆学的学科体系在学术逻辑与事实逻辑上要达于一致性，即只要学术的命题与历史经验不相符合，就需要重新设置命题或改变概念的内涵；按第二解悖要求，就是边疆学研究的范围应当置于人类社会历史与现实所有的边疆现象上，凡是小于这个范围的研究就不能称之为边疆学，更不能称之为边疆学学科体系；按第三解悖要求，就是凡是不符合第一、第二解悖要求的，只要能够对边疆现象作出一定的阐释就要采用包容似的方式，可以将其纳入边疆学的系统层级之中。这个层级，亦即"准确地刻画了与一个语句相关的情境的变化所带来的语义变化，而使得同一语句普型在不同的情境中可以表达不同的命题，并获得不同的真值"④。从第三解悖要求上看，中国大陆学界现有的边疆政治学、边疆经济学、边疆安全学等是可以成立的，并能够为边疆学学科体系的建构作

---

① 参阅王建芳、赵卯生：《语义悖论研究的新思路——情境语义学解悖方案探析》，《哲学研究》，2005 年第 9 期。

② 黄展骥：《形式派的"解悖偏见"——略评"RZH"标准》，《河池师专学报》2003 年第 1 期。

③ 王建芳、赵卯生：《语义悖论研究的新思路——情境语义学解悖方案探析》，《哲学研究》2005 年第 9 期。

④ 王建芳、赵成生：《非特设性——情境语义学解悖方案的重要特征》，《西安电子科技大学学报（社会科学版）》2004 年第 1 期。

出贡献。逆向反推，第三解悖要求回溯到第二解悖要求直至第一解悖要求，隐喻了发生学的内省性，即在建构某学科的过程中，跨学科研究的机理往往在悖论中产生，边疆学的建构也是如此。本文前面提到的杜威“唯物论的悖谬”（materialistic fallacy）到此已经被近代逻辑学的解悖方法消解。

在找到解悖的方法之后，有理由认为现有的“中国边疆学”形式，以资料汇集和史料阐释的方式作为认知的基础，是远远不够的，多学科的排列展示也不等于跨学科研究，这样也许是一种避免悖论的做法，其结果却是学科建设缺乏主线与脉络，也缺乏严格意义的学科框架，更不能形成体系。研究者以材料的解读来叙述边疆的问题、以单一学科为平台来阐释边疆的现象，只能是不同论文的串联和偏科知识的延展，对建构边疆学的学科体系几乎是无能为力的。

以发生学原理作隐喻的边疆学，一方面要对事物的起源进行科学的梳理，陈述事物的源流以及源流的必然性；一方面要有哲学意义的“反思”，即对事物存在的前提重新（有时候是反复的重新）提出质询，回到事物最初状态以及对事物发展的轨迹深挖其表象背后的因素，才有可能从研究对象的起点与脉络出发，揭示其复杂的发展过程，形成对研究对象有比较完整的追溯以及对研究对象的趋势性勾勒出比较完整的框架，达于学科建构的体系性。对于这些问题的交叉，我们需要理清诸多学科和方法与建构边疆学之间的关系，找到在方法论上跨通的路径。通过对一般边疆学有着旁侧关联的学科或方式方法的初步探查和思考，可以引发出系统的闭环设计（The closed-loop design of the system），即可以构成一个具有跨通功能的反馈系统。如下图所示：

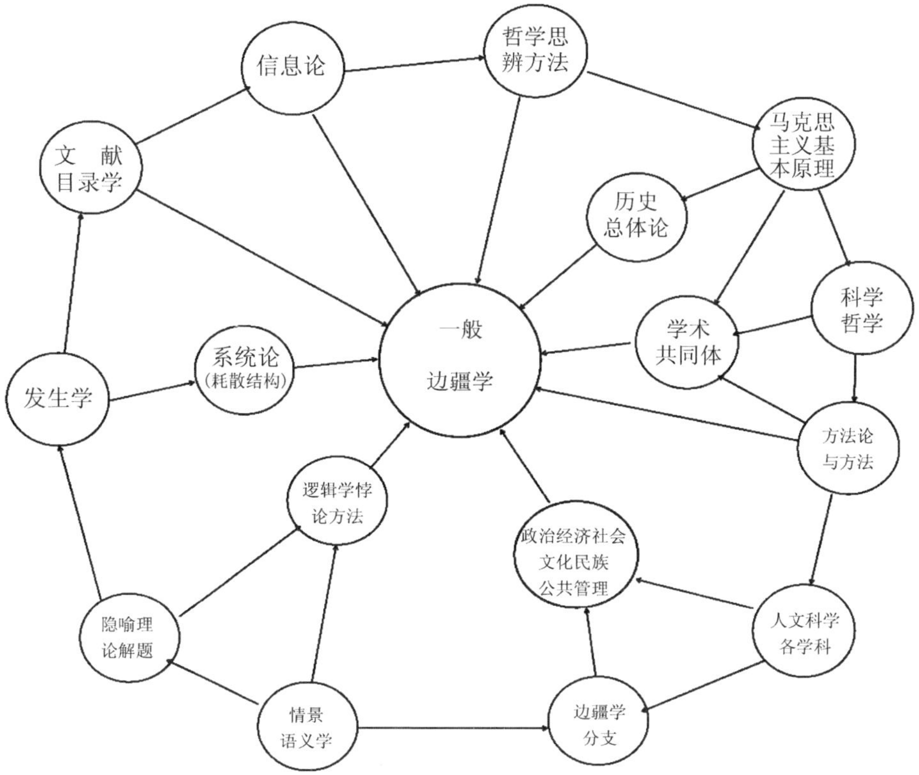

对图中内容的解释简言之：一定要对研究对象有哲学的思辨，这是一个类似北斗指针的重要前提。马克思主义哲学提供了我们建构边疆学的重要指导思想，在科学哲学的引导下需要有恰当的方法与方法论，边疆学的理论（包括假说）核心与外壳的构造才有明确的分层结构。做好这些研究确实需要由科学共同体来进行，而已有的边疆学研究成果成为下一步建构边疆学的基础，但是必须对那些在以往研究中存在的悖论进行解悖，而发生学的原理与方法结合隐喻理论通过情景语义学的方式可以实现这个意图……这张图示所蕴含的思路是一个双闭环结构的，符合控制论的基本原理，即在一个系统构成之中为求得反馈需要形成闭环形态。所谓反馈，指的是行为动作有着一定功效并能够引发出效能和效果。建构边疆学的学术呼唤需要付诸学术实践，而两者的统一，反映到思路上应该是一种传递有序、相互联系、彼此可嵌的映射，最终这样的思路还要体现到学术的活动之中。只有这样，建构边疆学的倡议才不会落于空箱操作。

四、结语

边疆研究人员无论在主观意识上愿不愿意参与建构边疆学，实际上都有可能处于皮亚杰认识发生论所揭示的陷阱里，即凡是止步于新认知方法之前的人，不可能发展出新的认知能力。目前，中国大陆“边疆学”的现状，是以经验现实主义方法结合各人认知体验的基础进行边疆研究的。因此，边疆学在中国大陆不仅遇到了来自主管部门对学科认定的障碍，也遇到了学界自身建构边疆学的方法与方法论的障碍。笔者认为，这两个障碍是在边疆研究上不能形成中国学派的症结所在，尤其是在后一个方面的障碍，使得我们已经陷入了一个怪圈——希望有突破却恪守老旧的认知难以突破，恪守老旧的认知却希望取得突破而实际上做不到建构学科的突破……对此，我们确实到了需要找到解题方法和思路的时候了。笔者不揣简陋，发文三篇，大致以思辨的方式提出一些意见，抛砖引玉，期望有志于此的同仁同气相求。

“亚洲命运共同体”与中国南亚同命运自洽趋向

——兼议中印对接“中国倡议”的意义*

孙　勇

世界各国面对全球化异动带来的大量严峻问题，政界与学界都在谋求解决的思路与方案。① 对此重大问题，中国领导人提出的“人类命运共同体”理念应时而生，“亚洲命运共同体”的倡议应运而出，其中提出的“亚洲安全共同体”的呼吁得到广泛响应，完全符合马克思主义辩证唯物主义与时俱进的理论品格，也符合科学哲学大系统耗散运动的内在逻辑。无论从现实出发还是从学术解析，建构亚洲命运共同体和安全共同体都是可行的。这为促进亚洲的和平与政治稳定，为解决亚洲实际问题进而推动建立世界新秩序提供了一个新的方案。

一、命运共同体的学理分析与社会实践的解析

建构共同体，是人类在历史进程中追求的一种社会行为，早在数千年

* 此文是四川师范大学重点项目“人类命运共同体进程评价体系”的子项目“安全共同体”（新亚洲安全观）研究的阶段性成果之一。

① 赵可金、赵远：《人类命运共同体的构建路径》，《当代世界》2018 年第 6 期。

前世界东方即有共同体的认识，[1] 西方古代的哲人也看到了这个现象并予以阐释。[2] 至近现代，形形色色的各种理论从不同角度阐释“共同体”，经过再抽象之后，我们认为主要的理论指向大体上是：因为人的社会发展需要，在不断互动的过程中，将若干个体与群体乃至国家组织构成一个大的联合体。在这个联合体中，所有成员依据共同的利益产生与形成共同的价值观，并且形成相互之间的认同意识，凡是具有这些特征的联合体即共同体。在共同体里，参与和协调，运行和调控等多种功能是一体化的；所有成员依靠共同体明确身份并得到权益，即依靠共同体获得自身的需要，一同克服各种问题包括灾难性的问题；各个成员在参加共同体的各种活动中，求同存异，共建共享，共同发展，实现多赢，持续地从共同体产生成就感，并形成一定的乃至强烈的归属感。

从马克思主义哲学的范畴观察，人类社会的共同体行为，有着物质运动的本质[3]。由此而论，所谓命运共同体的建构，首先是“命运”即“必然规律”的体现，没有什么因素能够改变必然的规律；其次是在一个具有同质结构的有机体系面临外界变化，本体系为了适应外界变化需要对异构因素做整合的方式，这个方式具有大系统熵定律[4]的内在规定性。马克思列宁主义哲学的基本原理认为，世界上所有的运动都是物质的运动，都是由时间和空间的统一而产生并变化的，是在一个巨系统与大系统的结构之中，[5] 引发各种因素产生改变的过程。由此可以认为，在历史的范畴中

---

① 张立文：《中国古代先哲深邃的智慧与人类命运共同体理念》，宣讲家网，http：//www.71.cn/2018/0401/1004071.shtml.

② 王宏伟：《古希腊城邦共同体中的民主政治与奴隶制》，天津师范大学，2008 年硕士论文。

③ 列宁指出：“世界上除了运动着的物质之外，什么也没有，而运动着的物质只有在空间和时间之内才能运动。”《列宁选集》第 2 卷，人民出版社，1973 年，第 127 页。

④ 近现代科学家在持续的研究中，认为熵是系统运动重要的一个定律，熵表明了各种形式的能量在相互转换中有输入与输出才能保持一个系统的平衡运动。这种规律制约着自然界能源的演变方向，对人类的生产、生活影响巨大。参阅人民网强国论坛，劳动者：《熵定律在自然界和社会中的作用——用〈资本论〉解决中国的内忧外患》，http：//www.360doc.com/content/17/0301/15/19331036_633086189.shtml.

⑤ 马克思主义的经典作家，都是从联系的而不是孤立的观点看待一切事物的，具有将各种事物的运动作为一个整体的不同部分不同方面展开分析的共性，形成了系统性的理论与观念。

产生的各种共同体，都是规律性的体现，即人类在改造客观世界的同时改造社会形态的进程之中，自身所作出的选择性行为。

马克思主义的经典作家对人类历史进程中的共同体现象，予以了历史唯物主义和辩证唯物主义的分析，揭示了在不同的历史时期，由于不同生产力和生产关系的条件产生的各种人类共同体，是由不同的共同体在处理环境与利益关系时决定的，具有系统有机结构的性质。在多篇经典的论述中，马克思和恩格斯对欧亚以及北美历史上的部落、部落联盟一直到国家形态的共同体都有论述，在论述之中将共同体产生的根源进行了深刻的分析，最终都以历史唯物主义和辩证唯物主义的方法，揭示出那些共同体产生的根源在于人们由于生存与发展的需要，其中建构共同体的环境起着不可忽视的作用，而制度性的作用是关键因素。例如，马克思恩格斯在《德意志意识形态》中，通过对社会制度在劳动分工中所带来的种种现象做了深入分析，将那个时代社会体系下的国家制度称之为"虚幻的共同体的形式"①。马克思提出了"真正的共同体"概念，指出"因为那个脱离了个人就引起个人反抗的共同体，是人的真正的共同体，是人的本质"②，由此，引申出一个很重要的意义——符合历史发展规律的人类文明进步，使得个人的自由与社会的解放相一致，最终获得新的共同体的共建共享体验，这是通往共产主义社会的门径。

在社会学学科研究中，与马克思恩格斯同时代的学者，德国社会学家斐迪南·滕尼斯（Tonnies Ferdinand）③ 的影响很大。在其《共同体与社会》的专著中将共同体分为：血缘、地缘、精神三大类共同体。滕尼斯认为："地缘共同体直接表现为居住在一起，而地缘共同体又发展为精神共同体，作为在相同的方向上和意义上的纯粹的相互作用和支配"④。斐

---

① 《马克思恩格斯选集》第1卷，人民出版社，1995年，第84页。

② 《马克思恩格斯全集》第1卷，人民出版社，2002年，第395页。

③ 斐迪南·滕尼斯（Tonnies Ferdinand，1855—1936），社会学形成时期的著名社会学家，德国现代社会学的缔造者之一。他的社会学著作，尤其是成名作《共同体与社会》对社会学界产生了深远的影响。

④ ［德］斐迪南·滕尼斯著，林荣远译：《共同体与社会——纯粹社会学的基本概念》，北京大学出版社，2010年，第53页。

迪南·滕尼斯在理论上的贡献，对于打开学界和智库的思路也具有一定的参考意义。

中国正式提出“命运共同体”的命题，源于国务院在2011年9月发布的《中国的和平发展》白皮书，其中对国际社会关心的“不同国家如何相互依存、利益交融，形成命运共同体”论题做出了现实的回答。同年11月，“命运共同体”的概念，在中共十八大报告里被具体提出，主要从当今世界发展全球化的现实中，将各个国家之间的广泛联系与依存做了阐述，并认为在同一个时空之中，历史与现实交汇，人类将广袤的地球空间构筑成了一个“村庄”，人类已经走进了息息相关、休戚与共的命运共同体的时代。① 这种认识，是中国共产党人对马克思主义“共同体”理论的升华。

中共十八大以来，习近平多次阐释了关于打造人类命运共同体的思路，并且予以了多角度、宽领域、全方位的说明。指出当今这个世界各国所面临的问题相互联系，在所生活的空间里相互依存，人类已经到了必须同呼吸共命运的时代，达成这样的共识并采取共同的行动，是人类处理现实问题走向未来的正确选择。中国领导人的倡议，不仅仅是观念的，也是付诸实践的。诸如中国和非洲“从来都是命运共同体”已经人所共知，上合组织成员国已经“结成紧密的命运共同体和利益共同体”；打造中国巴基斯坦命运共同体、推动中国柬埔寨命运共同体的外事活动早已展开，实质性的工作不断推进。近几年，习近平等中国领导人参加各个论坛与会议，提出倡议，明确地将中国思路与方案提出来，供各国政要与智库商议，以促成建立各个与中国有密切关联的国家形成命运共同体。习近平提出要打造亚洲命运共同体、亚太命运共同体等，得到了各利益攸关国家的广泛回应。

理论的生命不仅仅在于自圆其说，自成一体，还在于用之于实践并在实践中得到检验。中国提出的构建人类命运共同体的重大观念，具有从实践中来又到实践中去的特质，高屋建瓴地对次级命题即亚洲命运共同体和

---

① 由于十八大报告的原文较长，全文引用会被查重软件判定为“剽窃”，故笔者做了再释。

亚洲安全共同体提出了具有可操作性的指向。这样能够使同一主线在多维架构上达成连接，就是系统在同一逻辑中的自洽（self-consistent），[①] 即通过有机整合的原有功能有欠缺的系统，按照自组织形式最终构成一个功能提升的新系统。在亚洲主体地理板块上多个国家一直存在着地缘政治的内联性，[②] 本身就具有启动共同体自洽的基本初始条件。

二、亚洲命运共同体关键在于建构安全共同体

在“人类命运共同体”的宏大命题之中，“亚洲命运共同体”是次级的现实命题，其中最为现实的有政治共同体、安全共同体、经济共同体、文明共同体、生态共同体等。所谓“命运”所在，即“道之将行也与，命也；道之将废也与，命也”[③]。任何符合“道”即规律的行为，必须要有一定的主客观条件的保障。以新的亚洲安全观为导向，构建安全共同体，形成“以公道正义、共建共享的安全格局”并且具有可持续性，是习近平“命运共同体”和“总体安全观”的集合，是中国人推己及人、兼济天下情怀的合理延伸，体现了对以往“安全共同体”理念开放式的兼容并蓄，也是将人类优秀理论成果付诸实践的总结和推广。

国际上关于安全共同体（security community）的概念，最初由理查德·范·瓦根伦（Richard Van Wagenen）于1952年提出。美国学者卡尔·多伊奇（Karl Deutsch）在其1957年所著的《政治联合与北大西洋区域》中，对“安全共同体”作了理论的系统阐释。[④] 卡尔·多伊奇认为，“主

① 自洽，即相一致。例如，科学研究遵循自洽性，最终要达于一个体系之中逻辑的一致性；再如，主观分析必须和客观实际达到一致，才实现了自洽。换言之，凡是不能够满足自洽的理论或方法，往往也经不起实践的检验。

② 国与国的地缘关系是“互动决策”在时空中所产生的行动及其结果，是一种主客观相互作用的体现，体现出前后连续的因果关系，这种具有内在联系性质的现象，我们称之为“内联性”。

③ 《论语·宪问》。

④ Emanuel Adler and Michael Barnett, Security Community, Cambridge University Press, 1998, pp. 6 – 7.

权国家可以通过相互交流、价值传播、共同理解、行为交易等途径，实现相互间较高程度的互动反应和相互依赖，发展为新的共同利益，培养和形成以非战争手段处理相互间争端的长期习惯，进而形成‘安全共同体’。在安全共同体框架内，成员国之间的‘一体化’（integration）程度能够诱发和生成某种‘共同体感’，进而产生和平解决争端的相互信任，使战争逐步失去合法性并趋于非法化”①。于是，在安全共同体框架中，成员国之间“不仅缔建了稳固的秩序，而且事实上创造了稳固的和平”②。多伊奇关于安全共同体理论的研究成果，成为20世纪八九十年代社会建构主义学派“共同体和平论”的理论源头，成为欧美研究安全共同体主流理论的逻辑框架。他们认为，安全共同体就是一种集体认同（collective identity），是（国家、组织）行为体的社会化认知过程。近几十年，西方关于共同体即安全共同体的学术研究，形成多种流派，各有其范式，但都是在实践基础上产生的。

从学术分析的角度看，无论是政治学还是社会学意义上的共同体，尽管可以分出现实主义或建构主义的不同分析范式，但从一个联合体得以产生和存在并且能否存续的角度上看，所有共同体在本质上都应当是安全共同体，换言之，没有安全的保障就没有共同体，不将安全置于关键位置的共同体是不可靠的，甚至是短命的。不同作者编撰推出的国际政治学专著，在著作中阐述政治与经济共同体、文化共同体与安全共同体的源流，无论采取的是哪一学派的分析方法，最终都要归结到共同体的起因是政治安全、经济安全、文化安全、军事安全等方面的需要，在经过学理分析之后，国际政治学的课程讲授都要反映出所有共同体必须具有的普遍意义，有关学术著述援引的案例，都反映了在全球从西到东所有具有共同体性质的组织，无一不是将安全置于共同体的关键位置。共同安全，对于启动和最终形成命运共同体，是达于自洽的关键要素，建立在互信互助基础上的战略合作，才能使共同体成员国找到“最大公约数”。

---

① ［加］阿米塔·阿查亚著，王正毅、冯怀信译：《建构安全共同体：东盟与地区秩序》，上海人民出版社，2004年，第21页。

② 转引自郭树勇：《建构主义与国际政治》，长征出版社，2001年，第198页。

亚洲是地球七大洲中面积最大、人口最多的一个洲。其覆盖地球总面积的8.7%（或陆地总面积的29.4%）；亚洲共有50个国家，2017年底亚洲人口总数约为45亿，约占世界总人口的66%。据世界银行统计，2016年亚洲的GDP占全球的比重达到33.84%，明显高于北美的27.95%、欧洲的21.37%。其中，中日韩GDP的规模与美国相当，加上印度则超过美国的GDP规模。亚洲是世界三大宗教佛教、伊斯兰教、基督教的发源地，按照亨廷顿（Huntington · Samuel · P）的观点，当今与未来世界凡是发生矛盾与冲突的事件，背后都有宗教这个因素。在单边主义和霸权主义的影响下，亚洲包括亚太地区都面临着政治、经济、军事、文化、生态等方面的重重问题。

亚洲的命运事关全球的命运，亚洲的安全事关全球的安全，亚洲的命运应该由亚洲国家与人民来掌握。习近平提出的“亚洲安全观”，是解决亚洲命运和亚洲安全等重大问题的一把钥匙。在亚洲面临政治、经济、军事不确定走向，一爆引来多爆的“多米诺骨牌”似的威胁下，亚洲若以安全共同体的组织形式，一道解决息息相关、生死与共的难题，达于命运共同的自洽，是对规律认识在实践中的最佳体现。

三、亚洲安全共同体设想溯源与中国的升华

亚洲安全几十年来一直是一个非常重要的命题，近些年亚洲安全并未有实质性的改变。大多数国家都可能既涉及国家间领土纠纷、边界武装冲突、军事威慑等传统安全问题，又面临涉及大规模杀伤性武器扩散、恐怖主义等三股势力的威胁、跨国犯罪、网络信息安全、能源使用安全、生态环境安全等非传统安全问题。

20世纪90年代初，澳大利亚外长加雷思 · 埃文斯提出了召开“亚洲安全与合作会议”（CSCA）的倡议，设想了一种以欧洲安全与合作会议为模式的亚洲太平洋安全体制。此后，亚太“合作安全”（Cooperative Security）概念开始流传，并在1992年联合国的有关会议上由加拿大代表正

式提倡。此后不久，加拿大又提出了进行“北太平洋合作安全对话”（NPCSD）的具体倡议，旨在培育某种“北太平洋安全共同体”。这一倡议得到了有关国家不同程度的响应，召开了有关的一系列会议。澳大利亚外长加雷思·埃文斯把“合作安全”描述为，“是包容性的而非排斥性的；在成员上没有限制；喜好多边主义胜于双边主义；在军事解决办法和非军事解决办法之间并不偏爱前者；不要求创立正式的机制（institutions），但也不拒绝；此外，强调在多边基础上形成‘对话的习惯’”①。但是，早先的这些关于建立亚洲安全共同体的倡议，议而不决，决而不行，缺乏包容性，在多边力量相互掣肘下都落空了。

学界与智库的研究中普遍认为：“在一个受到国家权力和不同利益制约的国际社会中，发展国家间的制度化合作可以为实现更大范围的国际安全提供机遇。国家可以通过制度所提供的协调机制，通过博弈与权衡，使国际合作达到一种相对的稳定结构，从而最大限度地实现国家的安全目标，摆脱‘安全困境’……强调安全的相互依赖而不是仅仅关注自身的安全，也就是实现国家间的共同安全。”② 这点明了其中的关窍——共同安全是建立在沟通与互信基础上的。

冷战结束之后，世界格局发生了深刻的变化，这种变化以“和平、发展”为主题，在全球化的浪潮下，安全成为国际关系中的重要话题。越来越多的国际论坛传递着一个理念，即交往沟通是安全共同体建立的核心与必要条件，其中最为关键的要素是认同感（the sense of weness）。我们认为，在一个纷争迭起的世界，认同感来自能够公道、正义、互利、互助地处理相互之间关系的义利观，和由这种义利观派生出的共同体行为。

中国自古以来优秀的文化观念，就是天下与天命紧密连接，天下观即天命观，苍生为重，社稷为轻。从当代中华人民共和国几代领导人对中华民族责任的言论中，传递了一个始终如一的信息，就是中国应当对人类有较大的贡献。中国政府面对国际秩序的态度是，对有利于世界和平、有利

① Paul M. Evans, ed., Studying Asia Pacific Security, 1994, p. 38。转引自俞正梁等主编：《国际关系理论新视野》，长征出版社，2001 年，第 188 页。

② 郭锐：《论共同安全与安全共同体建构》，吉林大学，2005 年博士论文。

于亚洲福祉的合理形式，都予以参与，传递中国人民的和平意愿，不断与周边国家进行充满善意的沟通，这是在人类命运共同体顶层之下构建亚洲命运共同体的基础；推进亚洲安全共同体的建设，谋求的是共享和平、共同繁荣的美好愿景。

亚洲要建成命运共同体，关键在于应当成为一个安全共同体。亚洲安全共同体是建立在平等互利、开放包容平台上的，如习近平提出的那样，"把亚洲多样性和各国的差异性转化为促进地区安全合作的活力和动力，恪守尊重主权、独立和领土完整、互不干涉内政等国际关系基本准则，尊重各国自主选择的社会制度和发展道路，尊重并照顾各方合理安全关切"①。中国方案的内涵，就是要建设一个更具包容、更加美好和共同安全的亚洲，进而推动建设世界性的人类命运共同体。

四、亚洲主体地理板块上的中印两国应有的担当

国内学界有研究者认为，"共同体和平论"思想直接源于建构主义的三个基本假设："一是国家是国际体系的主要行为单元；二是国际体系的主要结构是主体互动性的而非物质性的；三是国家认同和国家利益在很大程度上是通过这些结构形成的，而非由外在于这个体系的人类本性或者国内政治决定的"②。这为谋求地处亚洲主体地理板块的中印两国解决好双边关系问题，进而带动解决好多边关系问题提供了指向性的思路。

打开世界地图，在亚洲的主体部分并列着中国和印度两个大国。两个大国都有着古老的文明史，两国之间有着上千年的友好交往交流，都在近代遭受列强的入侵和殖民，也有着在反法西斯战争中同命运的经历，在第

① 习近平：《积极树立亚洲安全观 共创安全合作新局面——在亚洲相互协作与信任措施会议第四次峰会上的讲话》，中国新闻网，2014 年 5 月 21 日。http：//www. chinanews. com/gn/2014/05 -21/6196012. shtml.

② 杨昊曦：《论东盟安全共同体的建构及中国的应对》，黑龙江大学，2012 硕士毕业论文；据查，其来源为［加拿大］阿米塔·阿查亚著，王正毅、冯怀信译：《建构安全共同体：东盟与地区秩序》，上海人民出版社，2004 年，第 6 页。

二次世界大战之后经过斗争取得了国家的解放和民族独立，中华人民共和国成立以后，印度很快承认并建交。1954 年两国总理实现互访，共同倡导了“和平共处五项原则”，受到了世界各国与人民广泛赞同。

两国自 20 世纪 60 年代初发生冲突，经历了多年关系紧张之后，中国在改革开放时期，不断对印度释放和平解决两国争端、共谋未来发展的善意。印度的有识之士也不断提出捐弃前嫌向前看的主张，力主改善两国关系。近些年两国领导人经过多次互访，共同确立“建立面向 21 世纪的建设性合作伙伴关系”，进而在近些年上升为“面向和平与繁荣的战略合作伙伴关系”。经过两国领导人的共同推动，近几年双方在保持高层往来、推动经贸合作、互通信息、增进互信、加强在国际领域相互支持等方面达成广泛共识。

在政治上，基于中印两国面向和平的需求，自 20 世纪 80 年代以来中印关系逐渐走出了低谷，中印两国高层互访频繁，并且建立了较为完善的双边对话机制，达成了一系列战略共识。20 多年来，中印两国高层多次互访，坦率交换意见，开拓和深化了双方在政治、经济、文化、科技等各个领域的合作。面对改善两国关系长期存在的主要障碍，包括“西藏问题”、边界争端等，双方都派出代表进行了多轮会谈，并建立了中印边界特别代表机制、中印战略对话机制等等，以探讨解决双方的主要矛盾和问题。尤其是习近平与莫迪的一系列会谈，不断筑牢政治互信基石，达成战略合作。双方一致同意深化中印面向和平与繁荣的战略合作伙伴关系，构建两国更加紧密的发展伙伴关系，并为此作出了全面战略规划，明确了合作框架。

在经济上，基于中印两国经济互补性的需求，双边贸易与经济技术合作不断发展。中国目前是印度最大的贸易伙伴，印度是中国的第九大贸易伙伴。中印都是发展中国家，也是资源富集国家，在全球化的进程中使得各种资源潜力发挥出来，经济发展成就显著，并在天时地利的条件下，推进了两国的经贸来往。自 2014 年以来，中印经贸关系持续快速发展。2017 年，中印双边贸易额达到 844 亿美元，比 2016 年增长 20.3%，创历史新高。[①] 中国继续保持印度最大贸易伙伴地位。中印两国的经济发展还有巨大的潜力可挖，中印之间经济合作的前景非常可观。

在国际合作中，基于发展中国家需要加强合作的需求，中印在许多国际问题上都有着相同或相近的立场，有很多共同利益存在。中印两国多年来在国际事务中，都在为发展中国家争取更多的利益，面对金融危机、生态变化、能源利用、互联网主权等重大问题，近两年中印两国在不同的场合中都相互表态支持，并且在事关亚洲重大事务的磋商中，体现出共同应对发达国家压力和挑战的态度，以某种默契实现了在战略性问题上对单边主义的抵制。在面对国际政治经济秩序的一些问题上，中印两国在外交活动中都表达了以建立公正合理的新秩序为目标，主张联合国改革，重构不合理的国际规则等相同的愿望。

在安全上，基于两国走向未来的共同需求，中印构建了涉及安全的双边机制。2000 年 3 月，中印举行首轮安全对话。同年 5 月印度总统纳拉亚南对中国进行国事访问，双方就双边关系和共同关心的地区和国际问题交换意见并达成许多共识。此后，在双边安全机制下，稳妥地解决了全部涉边事件，营造了一个可以通过和平对话解决争端的平台。2016 年以来，习近平与莫迪的多次会晤，就中印两国存在共同利益，以及在较多领域合作的可能等问题，陆续提升到战略的高度上，朝着习近平提出"两国领导人应该保持战略沟通，完善中印关系顶层设计"[②] 的方向努力。针对单边主义国家的所谓"印太战略"，中印之间有着较高的战略默契，印度高层不与美国对表，予以婉拒；[③] 在促成印太地区包容共享、开放、发展的地区机制和秩序方面，两国合作的空间很大。

---

① "2017 年中印双边贸易额创历史新高"，国务院新闻办公室网站 www. scio. gov. cn，2018 - 04 - 28.

② 新华网：《习近平同印度总统慕克吉举行会谈》，http://www. xinhuanet. com//politics/2016 - 05/26/c_ 1118939780. htm.

③ 新华网：《印度对美国未来亚洲政策的战略警觉》——如果完全融入美国的"印太战略"，印度恐怕只能成为美国战略的一颗棋子……印度一直奉行独立自主的不结盟外交政策，倡导不结盟运动，主张多极世界，反对一国独大。而这与美国"印太战略"所突出的联盟模式和以美国为主导的思想明显背道而驰。http: //www. xinhuanet. com//globe/2017 - 12/22/c_ 136817495. htm.

这些共同点，使得中国和印度在政治领域的互信不断增强。中印双方的对话合作也从双边关系拓展到多国多边领域。值得一提的是，近年来中印俄三国的三边合作趋势比较明显，再加上金砖国家间的合作，中印两国在国际场合的会晤不断增多。但中印双方在政治互信、经贸往来等领域还存在着一些尚未解决的问题，这就更加需要中印两国化解矛盾、携手并进，取长补短，共同发展。需要强调的是，未来的中印关系，建构共享公正秩序、弱化地缘博弈是主要取向，中印两国的共同利益远大于分歧。近些年，细心的媒体观察到，中印面对国际上夸大两国分歧的噪音，“在处理分歧时并没有感情用事，而是冷静地以新思维积极探索两国关系发展路径，表现出两个大国成熟的心态”①。

五、南亚重要通道建设与构筑安全共同体

中国大陆建设南亚大通道的设想已经有 20 多年，这个最初的设想近两年在“一带一路的”构想中得到最高决策层的肯定并赋予新的内涵，进入到三部委的行动倡议文件之中，中央第六次西藏工作座谈会将此定位于“面向南亚的重要通道”。如何将这一通道打通，事关中国与几个当事国的现实，这是学界和智库需要深入探讨、提供决策咨询的一大问题。

建设南亚重要通道（包括空中、陆路、管道等立体大通道）是中国“一带一路”倡议的一部分，落地实施需要从一点一滴的具体事宜做起，依靠的是中国与有关国家既有的双多边机制，借助既有的和行之有效的区域合作平台，围绕和平发展主题，发展与南亚国家的经济合作伙伴关系，“共同打造政治互信、经济融合、文化包容的利益共同体、命运共同体和责任共同体”，对亚洲安全共同体的建构具有长远的影响。在亚洲主体地理板块上，中印两国结成面向未来的战略合作伙伴关系，还需要克服重重困难，破解如何形成自洽的一系列具体问题。

---

① 观察者网：《中印首届战略对话举行，印媒：两国国力差距巨大》，https：//www. guancha. cn/politics/2017_02_23_395606_1. shtml.

南亚国家中的巴基斯坦、斯里兰卡、孟加拉国、阿富汗、尼泊尔等国，在中国倡议之初，都表态愿意加入“一带一路”行动，只有印度一度“置身事外”，于2016年才探讨将其“向东行动”倡议同“一带一路”倡议的对接问题。这意味着印度高层对中国建设面向南亚的重要通道，在如何衔接上十分审慎，且要顾忌来自本国军界的态度、高端智库的分歧以及内部一些反对势力的指责。

在亚欧非三大洲所构成的地理上，印度居于地理中心位置。这样便利的地理条件，使得印度自古就与亚洲其他地区有着通畅的商业与文化交流，能够将陆上横贯亚欧大陆温带的“绿洲丝绸之路”与亚洲温带与热带的“南方丝绸之路”连接起来。但在中印这两个亚洲邻居之间3488千米的边界仍然处于纠纷状态的情况下，对于中国的倡议是给印度带来发展机遇还是造成威胁？印度智库存在分歧。他们主要从经济发展、政治战略、全球崛起三个大的方面看中国的倡议，大致如下：

一是视经济意图为“一带一路”背后的主要目标。持这种看法的学者认为，中国愿景的首要目标是对接国内经济发展与经济转型的需要。简单地说，中国希望通过港口和海洋基础设施建设，在相关伙伴国家建立经济园区，以此为中国公司和资本进入海外投资提供渠道，带动制造业外迁，保持出口竞争力，同时加强国际产能合作，实现经济转型、刺激国内经济增长。在研究中国“一带一路”对印度的影响时，新加坡国立大学南亚研究中心的印籍研究员拉吉夫·查特维迪（Rajeev Chaturvedy）就曾将“一路”与历史上的海上丝绸之路类比，强调“一路”背后的经济考量，“海上丝绸之路自唐朝以来就一直是地区主要的交流沟通渠道……‘一路’最主要的成分是政策合作、互通互联、贸易与投资、人与人联系以及融资发展，有助于实现全亚洲更深更广的互通互联、优势互补，将成为地区国家合作与团结的象征。”从这个角度看，“一路”的展开对印度来说也是一次增强自身经济实力的机会。与此同时，“一路”还将有助于解决“马六甲困境”，保障海上通道顺畅和运输安全。印度和平与冲突研究所的特舒·辛格（Teshu Singh）谈到“一路”时，称其是中国在印度洋的软实力战略，中国借此机会在沿线国家进行基础设施投资，将有助于中国解决马六甲困境，保障海上商品运输与能源进口安全。①

二是认为中国倡议具有深层次的安全和战略内涵。从印度国内的主流思维来看，坚持政治战略是内在本质的观点仍占主流。持此论者基本上都从地缘政治视角出发，认为可以一举三得：其一，以经济互利换取盟友，消解周边国家疑虑。印度战略学家新德里政策研究中心战略学教授布拉马·切拉尼（Brahma Chellaney）称，这是通过经济机遇来抵消近些年周边国家对于“中国威胁论”的忧虑，并用经济发展和深度合作来结交政治伙伴。其二，回应美国在亚太地区的新战略部署，是中国针对美国在亚太和南亚两个地区的战略新部署而采取的反制措施。其三，在地区层面改变印度洋现有战略均势，在全球层面提升中国的地缘战略地位。不少印度专家都认为大通道建设是中国地缘政治大战略，是中国崛起大战略的有机组成部分。一方面，在地区层面上中国通过建设公路、铁路、港口和能源通道，加深与周边国家的贸易经济联系，从而进一步加强中国在印度洋的影响力、将沿线国家纳入其影响力范围。

三是认为可以推动中国在全球体系中的崛起。印度一些智库分析中国倡议的最大功效，就是成为助力中国海陆实力复兴、消解美国军事压力、构建稳定与和平的发展环境，进而实现中华民族伟大复兴的重要工具。越来越多的印度学者和分析家倾向于和中国的全球崛起相联系，把关于中国倡议的讨论放置在全球层面而非仅仅局限于地区层面。尼赫鲁大学著名中国问题专家狄伯杰（B. R. Deepak）称，近些年中国一系列的大举措，都已将中国放置在了全球地缘政治、地缘经济舞台的中心，制约了美国在亚太地区的霸权。

尽管印度智库普遍对中国倡议有多种不同看法，但印度政府的对华政策较以往更加务实和灵活，在求印度自身稳定和发展的目标驱使下，作为地区大国形成了国策的自洽。印总理莫迪公开表态说：“印度和中国以互

① 新浪新闻，《印媒文章：印度应充分参与“一带一路”》，2019 年 6 月 11 日访问，https://news.sina.com.cn/c/2019-04-26/doc-ihvhiqax5170046.shtml.

信求合作，亚洲和世界的未来将更加光明。”① 莫迪讲话体现了其“新思维”的“大周边策略”，将亚洲地区的安全和经济发展作为新的视域，②据此处理印度的外交事务。莫迪的“新思维”其实是印度要在21世纪崛起为世界大国目标的延续，但在具体国家上考虑得更加宽广，也更多地考虑合作发展。根据其新思维，印度很快调整了外交政策，从重视大国优先到一般国家并列，将“东向”政策调整为“东进”政策，包括巴基斯坦、尼泊尔、孟加拉国、缅甸、印度尼西亚、马来西亚、越南乃至日本、韩国等都一并考虑进来。这种调整，对于中国“一带一路”倡议形成了回应。

早在2015年6月印度总理莫迪访华结束前，中印签署的《联合声明》称双方对“孟中印缅经济走廊”联合工作组的第二次会议议题完全赞同，同意继续努力，落实会议达成的共识。莫迪也指出，印度是“亚投行”的创始成员国，已计划与中国、孟加拉国和缅甸共建孟中印缅经济走廊。对此，有学者和媒体评论说，实际上印度已经一只脚踏进了“一带一路”的门槛。

印度也有类似中国“一带一路”的愿景，并一直希望获得中国的尊重和对接，“如香料之路计划和季风计划，‘香料之路’是印度曾经在历史上和亚洲欧洲等31个国家和地区进行的贸易路线”③，接续了丝绸之路。印度外交界以战略谋划著称的已退休外交秘书希亚姆·萨兰（Shyam Saran）强调，印度对中国倡议不应该有“膝跳反应”，而应该设法使“一带一路”为印度所用。印度政府资深顾问、前外交官穆库尔·圣瓦尔（Mukul Sanwal）更是直接呼吁印度的“东进政策”应该与中国的“一带一路”对接。

关于如何争取印度更好对接“一带一路”、实现中印两国利益对接，

---

① ICEC印中经济文化促进会：《莫迪在香格里拉对话会上说了些什么?》，https://mp.weixin.qq.com/s?_biz=MzA5NzU0NDE4Ng%3D%3D&idx=1&mid=2649365136&sn=1901a6d4f0ede566a7f378115edc52c9.

② 莫迪在2018香格里拉对话会上说：印度的印太地区愿景是积极的，不认为印太战略针对任何国家，印将包容性地与该地区国家进行接触。印度洋—太平洋不是战略概念，而是地区概念，“包括地理意义上的所有该地区国家”以及其他在该地区有利益的国家。

③ 陈菲：《“一带一路”与印度“季风计划”的战略对接研究?》，《国际展望》2015年第6期。

中国大陆的不少学者已经给出了建议，主要包括：切割“中巴经济走廊”“珍珠链”与“一带一路”，打消印度顾虑；努力在处理边界问题方面增加共识；寻求“一带一路”与印度“季风计划”“香料之路”的对接；建立较为松散的非正式磋商机制；防止激烈言论的外交“外溢效应”，持续努力构建国家间互信等。印度智库对“中国倡议”的态度从犹豫不决到考虑可以对接，不仅来自印度高层需要对策，还有一个不容忽视的现实是，多数南亚国家都在加快融入“一带一路”，从客观上形成了一种倒逼印度的氛围，催促印度对华战略要有对接的务实探讨，由此影响到印度高层的决策，也对中国的研究者打开了新的视窗。

2018 年 4 月，习近平与莫迪会晤，“就当今世界百年未有之大变局进行战略沟通，并就中印关系未来发展的全局性、长期性、战略性问题深入交换意见”①。之后，中印关系朝着更高层次的合作方向发展。

但有几个问题值得关注：一是印度一直奉行务实外交，善于利用每个历史机遇为自己谋取利益，美国出于自己单极世界的目的，持续不断地诱惑印度，面对诱惑印度有一定的摇摆性。二是不能忽视印度的基本国情，印度虽号称世界第一大民主国家，但印度民主制度存在体系庞杂、运行低效等诸多问题。其中，影响莫迪新思维落实的问题，既有党派轮换执政不可估的预期风险，也有地方政府自主性的抉择，还有军方相对独立的自行其是等，导致印度中央的决策极有可能发生诸多变数。

印度和中国近些年都各自提出了一些重大发展战略和经济振兴计划，这些战略并不是不可调和的，反倒是具有较多的相似点。双方智库都有研究者在积极推动“一带一路”和“季风计划”“向东行动”对接。这对于构建共同体有着“蝴蝶翅膀效应”② 的起始作用。加强与南亚各国的合作，符合双边与多边利益，也有利于校正全球化的异动与国际合作中的逆流。在与印对接的预期中，中国依然要坚持中巴战略合作，加强中尼沟

① 网球网国际新闻：《习近平在武汉见莫迪，有哪些不寻常?》，http：//world. huanqiu. com/article/2018 -04/11910196. html.

② “蝴蝶效应”是关于混沌学的一个比喻。意思是一个小动作经过逐级放大能引起一连串的巨大反应。

通，继续推动与斯里兰卡、马尔代夫的全方位合作，加快孟中印缅经济走廊建设——与这些国家的合作也有助于倒逼印度加快调整外交策略的步伐。中国与南亚诸国一旦形成在地缘政治、经济与安全上的内在联动，就具有了推动中国与南亚“命运共同自洽趋向”的条件，并将对亚洲命运共同体的构建产生实质性的影响。

六、结语

面对未来的中印战略合作，有着前期历经坎坷才达成共识的基础，已经逐渐走向正轨，符合习近平阐释“亚洲安全观”中“地区安全合作进程正处在承前启后的关键阶段”[①] 的判断。针对两国目前存在的实际问题，中国院校智库与有关机构要做到及时对化解摩擦、解释政策、共商安全合作大计提供智力支撑。从长远的角度来看，中印需要在边界问题、安全战略问题和国家形象方面对双方民众开展适当的再教育，同时注意将“一带一路”建设与民生福祉紧密融合，突出合作对双方以及多方社会民生的具体实惠，以赢得民心、消解隔阂，从而为南亚诸国融入“命运共同体”奠定坚实的社会民意基础。

① 习近平：《积极树立亚洲安全观 共创安全合作新局面——在亚洲相互协作与信任措施会议第四次峰会上的讲话》，中国新闻网，2014 年 5 月 21 日。http：//www. chinanews. com/gn/2014/05 -21/6196012. shtml.

边疆学视野下中国西部与南亚研究前沿问题浅析*

孙勇　王春焕　丁新

一、新边疆观涵盖下的边疆学实践角度之观察

以我们的研究角度看，边疆无论是 borderland 还是 frontier，用中国式的学术话语对其做一个阐释性的定义，即边疆（bian jiang）① 是人类对各自划分疆域的认定与保有，以及同时可以交互作用的边缘空间。换言之，“边疆”来自人类群体活动疆域的（无论是陆疆、海疆还是天空、太空的范围，无论是对实在的还是虚拟的）疆域的分割和再分割，即“疆域边缘”的划分与划定，在划分之中产生了“边疆”博弈的介入与反介入、认定与反认定等活动，在划定之后又产生了扩张与收缩、整固与分离等活动。这些活动即为政治、经济、外交、军事、法治、社会治理等国家主体（乃至国际体系组织）的一系列行为。所谓边疆、边疆战略、边疆理论包

---

* 本文系参加 2018 年长春师范大学与中国社科院边疆所联合主办的边疆论坛论文。

① 以汉语拼音 bian jiang 转汉字边疆，有着一定的学术意义。在一次研讨会上有学者提出，西文的 borderland、frontier 等在他们的语境之中都有多种含义，若直接用汉语的发音 bian jiang，中国边疆学可以有自己的定义。

括边疆学等概念，都来自人类的这种对疆域的实践活动。① 毋庸多言，我们的这种看法，是因方法论的改变从而造成边疆观重构之后的阐释。

这是一种不同于一直流行的将边疆限于地理空间观察与分析的边疆观，即这个新边疆观有一个含义：边疆不仅是一个空间的概念，它还附着于时间而变化。按照马克思主义哲学基本原理，世界上所有的运动都是物质运动，都是由时间和空间统一而产生并变化的。因此，人类社会所产生的国家边疆，是时空统一物质运动的体现。在经过这样的哲学思考之后，在我们努力建构的一般边疆学（General bian jiang science）的视野中，② 国与国的边疆关系是“互动决策”在时空中所产生的行动及其结果，是一种主客观相互作用的体现，体现出前后连续的因果关系，这种具有内在联系性质的现象，我们称之为“内联性”。与此同时，重构边疆观的方法论，因为内联性在这里有一个提升，即一国之边疆的态势，是多个国家互动决策的结果，一个国家行为体决策时必须考虑到对方甚至是多方的反应，其后也要应对来自对方甚至是多方的反应。如此，地缘内联性问题即成为显性问题。

从一般边疆学战略博弈论的角度看，处于亚洲地理板块上邻国很多的中国，不可避免地要对不同方向的战略态势进行分析并有其对策。就中国西部与南亚研究的前沿问题而言，最为直接的是对历史和现实要有贯通性的观察与思考，这也是地缘政治、地缘经济、地缘战略等内联性的体现。

南亚次大陆在经典的地缘政治学分析中，曾经是世界四大力量中心的地理板块之一，③ 例如，按照麦金德（Halford John Mackinder）的观点，这个地理板块处于“世界心脏地带”的下半部，④ 而且这里又正好处于欧亚板块世界岛的边缘部分。在被称为美国“围堵政策之父”的地缘政治

① 孙勇：《国家战略下的大边疆战略研究》，四川大学出版社，2017 年，第 18 页。

② 本文作者在近几年的著述论文之中，一直坚持要有“一般边疆学”的看法，即无国别对象地对所有边疆现象进行研究，并从学理上对边疆进行阐释。

③ 参阅孙勇、朱金春、王春焕：《边疆学学科构建的困境及其指向》，《云南师范大学学报（哲学社会科学版）》2016 年第 2 期。

④ “世界心脏地带”理论首创人为麦金德，参见刘从德：《地缘政治学导论》，中国人民大学出版社，2010 年，第 34 页。

学家斯皮克曼（Nicholas John Spykman）的“边缘地带理论”之中，这些地方的国家战略行为体，有着其强调的战略行为诉求，即取得欧亚大陆“心脏地带”海陆交叉地带控制权的国家，有着成为海上与陆上强权国家的向往，经过长时段的努力可上升为地区性乃至世界性的大国或强国。

从这些地缘政治学家的理论分析看，在南亚次大陆有着国家战略行为体诉求的地区大国是印度。历史事实证明，早期英国对南亚的侵略和统治，除了维系一个居于欧亚地理力量中心的英联邦附属国之外，又造就了一个南亚一强对多弱的局面，并且在英国的殖民统治结束之后，由印度这一强对多弱，持续建构并维持着印度在南亚地缘上的优势。

印度自20世纪40年代末独立以来，秉承英印政治遗产形成的张力，要做影响世界的有声有色的一流国家，① 在南亚展示新兴力量，将亚洲乃至亚非拉形成不结盟运动，并以不结盟运动首倡国的地位在一段历史之中影响很大。② 冷战时期，美国和苏联都在这些国家施加政治、经济、文化、军事等各个方面的影响，以各种方式培植自己的势力，展开对该地区的争夺；③ 而中国为了西部地区的安全与国家整体安全，针对当时美国与苏联的南亚战略布局，也努力做好相关国家的外交工作。④ 冷战结束之后，美国以及俄罗斯依然不放弃在这些国家的插足，包括在软硬实力两方面直接对印度进行各种“投资”，由此影响着中印两国的关系；而中国一直期望在世界格局深刻变化之中，本着睦邻友好原则处理好与包括印度在内的南亚诸国的关系。⑤

进入新时代，中国在努力做好南亚次大陆诸国外交工作的同时，也在防范来自域外的非传统不安全因素，同时又将西部地区的新疆、西藏、云南，纳入宏大愿景与行动之中，即在“一带一路”背景下，形成内引外

① 参阅贾瓦哈拉尔·尼赫鲁著，向哲濬、朱彬元、杨寿林译：《印度的发现》，上海人民出版社，2016年。

② 克里希南·斯里尼瓦桑、张林：《印度的不结盟政策》，《东南亚南亚研究》2017年第3期。

③ 胡志勇：《冷战时期苏联与南亚的关系及其影响》，《新疆师范大学学报（哲学社会科学版）》2011年第5期。

④ 朱翠萍：《中美南亚战略的关联与相互影响》，《南亚研究》2016年第3期。

⑤ 邓雯：《论冷战后中国的南亚政策》，华中师范大学硕士论文，2014年。

联的重要通道、枢纽、节点等分布的前沿地带，以安全保发展，助推实现长治久安。由此以观，中国西部面向南亚的三个省区因为地缘内联性，必然在国家安全与发展战略之中有着重要的地位。这是国家维护自身利益与建立周边国家命运共同体的布局研究中，在西向方面内外部都要同时考量的依据。

习近平的国家总体安全观，对于思考我国对南亚的战略布局有着高屋建瓴的重要指导意义。① 习近平指出："当前我国国家安全内涵和外延比历史上任何时候都要丰富，时空领域比历史上任何时候都要宽广，内外因素比历史上任何时候都要复杂，必须既重视外部安全，又重视内部安全；既重视国土安全，又重视国民安全；既重视传统安全，又重视非传统安全。"② 从中国环疆整体的局势看，造成直接对我国安全不利影响的是美国针对亚太地区的整体战略。美国多年来以一超独大的优势，构成世界上对我国安全威胁的最大因素，也在亚太地区构成了对其他国家安全的威胁。中国在世界格局之中，由于外界的影响和自己的诉求也形成了环疆的态势，即北和、东急、西重、南紧。

北和，即与俄罗斯、哈萨克斯坦、吉尔吉斯斯坦、塔吉克斯坦、乌兹别克斯坦（包括蒙古）等国在"上合组织"的框架内，顺应冷战后的历史潮流，互尊互信，实现国家间和平共处与团结合作，形成北向的有利态势。东急，即中国在东海与南海的海疆频频遭到以美国为首的敌对势力的侵扰，试图遏制中国走向远洋与和平崛起的战略任务，中国如果不能从东方洋面走向全球，长远战略将功亏一篑，故应对以东出行动，尽力打破遏制，是一段时间的当务之急。西重，即在国家战略布局之中，处理好与南亚诸国的复杂关系，内部以稳定西部省区尤其是新疆、西藏的社会为重要任务，在西向的区域夯实基础的重要性愈发突出。南紧，即中国南边的国家被美国染指，形成了碎片化状态，与中国的合作松动且牴牾增多，需要尽快进行修复。

---

① 习近平：《全面贯彻落实总体国家安全观 开创新时代国家安全工作新局面》，新华社，2018年4月17日。

② 360百科：总体国家安全观。https：//baike. so. com/doc/7568694－7842788. html.

在境内外三股势力[1]一直干扰破坏的情况下，中国最高决策层对边疆地区的一系列方针政策，直接将“团结稳定”作为工作的重要内容并形成决策与部署，[2] 意在“治国稳边”的战略，对北、东、南各有指向后需要“坐稳西部”，维护新疆、西藏包括云南面向南亚的三省区边疆社会的稳定，持续对三省区内外保持重点整固的态势。南亚次大陆诸国虽然尚未出现严重不利于中国的情况，但是面临的未来走势有潜在的隐忧。其中，美国与印度有战略分歧也有一定的默契，而另一个距中国较远的国家土耳其，基于某种原因一直庇护三种极端势力的“东突独”人员，[3] 实际上形成了对中国西部边疆地区的威胁，这个地缘内联性应该被充分认识。

总的看来，中国西部的新疆、西藏长期受到分裂主义势力明里暗里的干扰破坏，云南省的跨境民族问题也不容乐观，边疆治理的任务很重。在国家总体战略之中，整固西面是一项长期的艰巨的目标任务。在边疆学的视野下，对面向南亚的中国西部研究的前沿性课题，须置于历史长时段的内联性逻辑之中，对历史既成事实的了解和对未来不确定性的预测，应该是同等重要的。

二、中国面向南亚次大陆方向的主要问题

南亚地理板块上的大国是印度，印度本与中国有着上千年的传统友好关系，两国经济和文化有着一定的互补性，在20世纪50年代，中国也曾与印度、缅甸一道倡导“和平共处五项原则”，在亚非国家中形成很大的影响。但印度继承旧英印的议会体制、权贵联盟政治、军事制度，“宣称整个南亚地区是一个完整的战略实体……印度有权对四邻小国采取干涉主

---

① 即 Religious extremist forces，ethnic separatist forces and terrorist forces“宗教极端势力、民族分裂势力、恐怖主义势力”。

② 中国西藏网，倪萍：《团结稳定是福 分裂动乱是祸》，http：//www.tibet.cn/lilun/jcwz/149740085812.shtml.

③ 李绍先：《“东突”问题让友谊小船倾覆 中国土耳其隔阂深重》，凤凰卫视2017年4月24日。http：//phtv.ifeng.com/a/20170424/44578141_0.shtml.

义的政策”[1]。实施其以地缘政治为内涵的战略，对中国谋划构筑东方“三层疆界线”，其第三层疆界线即所谓的内藏线，竟然将中国的西藏地区分为内外藏，企图把西藏变成中印之间的“缓冲国”。[2] 在尼赫鲁时代施行“前进政策”进行“东进”，侵占中国藏南地区，肢解巴基斯坦，控制不丹的政治经济命脉，插手尼泊尔的内部事务，在南亚为所欲为。当印度的“东进”军事行动遇到新中国这样的对手而败于1962年后，其决策层和军界一直存在着挥不去的阴影。[3] 这个背着沉重历史包袱的南亚大国，在近几十年里，内部分割严重，种姓制度依旧，种族冲突不断，政治武装对抗迭起，民众对政府信任度不高，体制僵化导致效率低下，军备热度很高但进度很慢，却依然怀有做世界一流大国的抱负，[4] 并一直为此努力。

相对于其他国家缓慢的发展，在南亚诸国中，印度的综合实力近几十年名列第一。纵观印度20世纪50年代以来的对外战略表现，成功多于失败，除了凭借实力之外，还在于印度以“不结盟”身份搞“多结盟”，曾逢美苏两国左右之源，又能得到英法德等国的支援，在南亚历次与邻国的摩擦中取得了令它满意的战果。印度还是“西藏问题国际化”的始作俑者之一，多年来一直为西藏分裂主义分子提供庇护，造成中印两国关系的一道阴影。

到了21世纪初，所谓的“美印军事同盟”由美国倡议，真实意图是引诱印度入围，制造中印关系的持续紧张，[5] 印度高层部分人对此却是持

---

① 宋德星：《论巴基斯坦的安全战略——地缘政治方面的强制性因素》，《战略与管理》2001年第6期。

② 代泽华：《印度的“前进政策”与中印边界战争——一种认知理论的视角》，《理论界》2011年第5期。

③ 华夏经纬网2008－11－28，《印度人在1962年战争造成的阴影中难以自拔》，http://www.huaxia.com/thjq/jsgoucheng/2008/11/1238705.html.

④ 尼赫鲁：《印度的发现》，世界知识出版社，1956年，第57页。“印度以它现在所处的地位，是不能在世界上扮演二等角色的。要么就做一个有声有色的大国，要么就销声匿迹。中间地位不能吸引我。我也不相信任何中间地位是可能的。”

⑤ 新华网2009年11月22日，美国报告：《印度正转变为全球性军事强国》。http://news.xinhuanet.com/world/2009－11/22/content_12518077_1.htm.

赞成态度的。美国决策层运用布热津斯基（zbigniew brzezinski）的大棋局谋略，充分考量了地缘内联性，近几年一方面鼓动日本介入印度洋，一方面又鼓励印度向着太平洋伸腿，巧施远交近攻的策略，从中国的地缘东西两端的国家下手，挑动日、印都心存妄念，一个攫取东北亚的强权，一个先取得南亚霸主地位，试图形成一个由美国操控的局中局。这种远地缘的内在联动性，在有着相同战略利益诉求的国家很容易产生，美国看到了这一点的可行性，故能诱使日印合作。

在地缘战略的驱动下，前些年印度“大周边”构想所划出的范围具有思考上的内联性，“大周边”有苏伊士运河到南海的弧形洋面，还有从西亚到中亚包括东南亚等地理板块，甚至将印度洋地区都划在这个范围内。① 莫迪2014年8月出访日本，宣布与日本建立“特殊战略合作伙伴关系”，显示着印度在插手中国南海之后，又进一步涉足东北亚，试图对亚太地区的未来有更多的发言权。2014年10月17日，莫迪提出印度需要“经济、外交、安全政策的新思维”②。但是在一段时间内，并没有看出其有什么明显的新理论阐释与新的行动。2017年6月18日，印度军队越界进入中国境内制造“洞朗事件”之后，从莫迪多次外交活动中，尤其是2018年之后的外交表态上，可以看出这个“新思维”大体是“修边策略”。我们认为，印度想在坚持既定战略原则不变的前提下，与周边国家修好，将重视大国优先同重视一般国家并列，修好近邻国家关系，加强远地缘国家联系，回应美国的“印太战略”，③ 在自己的谋划之中，将包括远离印度的美国、日本、澳大利亚等国纳入“印太战略”的范围，显示出“新思维”就是印度独立后争当一流大国战略思维的升级版，即从地区大国升级为世界大国，并将其行动彰显为“和平崛起”。

近年来，中印智库越来越意识到，世界体系中心向亚洲转移的趋势更

---

① 张根海、王颖：《印度“大周边”战略与印度——东盟在南海问题上的互动分析》，《南亚研究季刊》2017年第3期。

② 中国青年网2014－12－08，《外媒解析印度战略选择：中国和巴基斯坦是外交重点》，http：//news. youth. cn/jsxw/201412/t20141208_6197332. htm.

③ 李峥：《美高调设立印太司令部“以军带政”围堵中国》，中国智库网，2018年6月13日。http：//www. chinathinktanks. org. cn/content/detail？id＝m1c89j99.

加具有近地缘内联性，可以推动两国共赢发展，[①] 共商、共建和共享亚洲崛起的愿望，在印度与中国对话中可以具体化。例如，印度国家转型委员会（NITI）直接与中国国务院发展研究中心（DRC）建立对话机制，开展多次对话活动，传递有价值的信息，供两国决策参考。

进入21世纪之后，中国“对南亚政策的选择，从目前世界政治秩序、中国和南亚在亚洲政治秩序中的地位与作用的大背景下来考虑”[②]。中国政府多次倡议和平合作，理智对待两国之间的问题，在印度国内也得到了有识之士的认可。印度经济学家杰伦·兰密施（Jairam Ramesh）2005年出版了《理解CHINDIA：关于中国与印度的思考》，[③] 把中国与印度看作一个整体，创造了China + India = Chindia这样的新合成词。中国政府与企业对这样的呼声给予了友善与积极的呼应。[④] 包括中国总理多次访问印度，中国企业在印度的多项大规模投资等，无疑是中国对印度释放睦邻友好与友好合作的信号。

中印两国决策层和智库对两国“竞合分析”认识是清楚的，即面对未来需要重构两国的关系。印度的国内发展需要一个有利的国际和周边环境。中国一贯主张建立以“和谐世界”为目标的新型国际关系，通过对话与友好的形式优化与南亚各国的关系，也改善与印度的关系。印度前总理瓦杰帕伊于2003年6月访华，签署了《中印关系原则和全面合作宣言》。中国学界有专家认为，“两国的合作宣言是指导未来双边关系发展的纲领性文件”[⑤]。近几年，中印双方高层在互访中的意见和建议在一定程度上达成新的战略取向，即和平的合作发展。莫迪的新思维从某种意义上看，即以本国的实力求得更加有利的外部条件，为印度在21世纪的崛起多方建构新的国家关系。

在与莫迪2018年4月的武汉会晤中，习近平主席强调：中印两国在

---

① 张娜：《中印高端智库携手促进两国共赢发展》，《中国经济时报》2017－12－06。

② 何道隆：《我国对南亚政策的选择》，《南亚研究季刊》2011年第3期。

③ ［印］兰密施著，蔡枫、董方峰译：《理解CHINDIA：关于中国与印度的思考》，宁夏人民出版社，2006年。

④ 胡一帆：《“Chindia”（“中印大同”）经济新前沿》，《金融发展评论》2011年第2期。

⑤ 孙士海：《对中印建立互信关系的几点思考》，《南亚研究》2003年第2期。

国际事务中许多理念相近。中方在处理大国关系时，坚持战略自主，坚持不冲突不对抗，坚持推动建设相互尊重、公平正义、合作共赢的新型国际关系。莫迪总理申明：印度和中国都是文明古国，两国互为重要邻居，必须加强对话、交流、合作，和平相处，世代友好。印度坚定奉行独立的外交政策，支持全球化，支持维护多边体系，支持国际关系民主化。印方愿同中方携手促进广大发展中国家共同利益。① 基于两国领导人会晤所达成的共识，只要世界格局不发生巨变，中印之间能够控制好敏感性问题，中印之间在未来 20—30 年内有望不会爆发大规模的冲突。

从大历史观察的视野看，具有欧美地缘政治传统和秉承过这种传统的国家，地缘政治的基因发生突变的可能性不大，只是在什么样的环境之中体现为显性或隐性。2018 年 5 月，美国将美军太平洋司令部更名为印度洋—太平洋司令部，显露美国对印度洋地区重要性的关切。而印度对此的态度基本上是提防美的深度插足，莫迪总理对美的这一举措发表讲话，王顾左右而言他，不接美国的话题，强调的是南亚地区包容与开放的精神。明显与印度 2017 年 11 月针对美国国务卿提出的“印度需要和美国合作，维护印太地区稳定”话题不予呼应如出一辙。

印度一贯的战略思维是为了自身的安全，在与美俄两国的默契之中，也有防范其插足南亚事务的措施，但对美国的巴基斯坦、尼泊尔政策，印度从地缘政治上会加大配合力度，以消解这两个国家对中国的有利因素。事实上，中国的西面内有西藏、新疆被美印觊觎，外有尼泊尔、巴基斯坦也被美印觊觎。这种地理政治的内联性，决定了未来 20—30 年内，在中国的大边疆战略中，西部陆疆的西藏、新疆是重点，外部的尼泊尔、巴基斯坦也是“西重”之要点。这内外结合的内联性因素，是形成中国“西重”问题的症结之所在，也是在战略布局之中强调实行“西稳”的依据。

从地图俯瞰尼泊尔，居于缅甸—尼泊尔—巴基斯坦环中国西段“外护网”的中间。这个“外护网”是中国在 20 世纪 60 年代由毛泽东、刘

① 中国共产党新闻网：《习近平同印度总理莫迪在武汉举行非正式会晤》，http：//cpc. people. com. cn/n1/2018/0429/c64094 - 29957679. html.

少奇、周恩来、陈毅等核心成员构设的西部“前出边疆带”，并一道打下了缅甸—尼泊尔—巴基斯坦这三个“外护网基桩”。近些年来，印度、美国积极作为，利用制宪分解尼泊尔，撼动尼泊尔这个中国西部外护网的“基桩”，中国在今后若干年要对尼泊尔事务“补课”，将已经松动了的“基桩”夯实，同时对巴基斯坦“基桩”加固，并重新修葺与缅甸的战略合作关系，再打“基桩”，再次将中国西部外护网连接起来。中国寻求和平睦邻的良好愿望与整固周边战略伙伴关系，两者并不矛盾，需要从地缘内联性角度加以更长远的考量。

巴基斯坦这个美国曾经的战略盟友对山姆大叔的背叛深恶痛绝，[①] 20世纪60年代成为中国在南亚（近中亚）的“全天候”战略伙伴，之后一直是中国周边国家里最坚定的支持者。巴基斯坦在建国时即被印度打压，又在克什米尔与印度有争夺。到20世纪70年代初，印度发动了肢解东巴基斯坦的战争，造就出了一个国家即孟加拉国，印巴非均等对抗的实际情况，使得巴国一直面临印度巨大的战略威胁，采取了借重中国力量与印度抗衡的策略；巴基斯坦也是亚洲的拥核国家之一，具有一定的核威慑能力，亦即在极端情况发生时具有一定的不可控风险；“9·11”事件之后，美国借助反恐的形式插足巴基斯坦，美单边行动击毙本·拉登，引起巴国的强烈不满，双方又形成微妙的关系，俄罗斯趁机改善了与巴国的关系。巴基斯坦在中国媒体和民众的认知中，口碑好过任何周边国家（民间称之为“巴铁”），中国决策层一贯注重与巴基斯坦的关系，智库一致认为巩固与发展中巴战略伙伴关系是真正的双赢，是在周边保障中国利益的重点之一。预研未来20—30年，中国与巴基斯坦应该继续是紧密型的战略伙伴，巴基斯坦与中国合作的面向印度洋和中东的公路与港口补给基地的建设，将凸显中国保障远地利益、世界军力投送、人道主义救援等作用，同时为中国从中亚延伸至伊朗的新丝绸之路通道提供一定程度的支撑。

巴基斯坦和印度都是上海合作组织成员国，在上合组织的框架之内，本着上合组织的宗旨，与中国一道致力于“维护和保障地区的和平、安

---

① 陆迪民：《论巴基斯坦外交中的联盟战略》，《南亚研究季刊》2007年第4期。

全与稳定；建立民主、公正、合理的国际政治经济新秩序”。这是中国处理巴与印两国关系的基本原则，也应该是印巴两国对中国外交战略的基点。从历史脉络的延续性看，只要美国不作梗，中巴战略互信是没有问题的，而印度在这个基点上究竟有多大的可信度或可靠程度，我们持审慎态度，其国内的轮番选举有出现反悔互信的潜在可能性，即莫迪之后政策出现变化不是不可能的。

在中印高层达成的共识上，印度学界、军界不再持有偏见，尤其是政界真的认识到只有中印联手，亚洲在世界上的崛起将加快进程，印度才有可能守住上合组织的行事原则和底线。不拘于过往的老账，培植并产生战略远见，在世界大格局不变的前提下，中印之间友好相处、相互支持而不是相互掣肘，处理好边界问题，在可预见的时间段内不再发生较大规模冲突，同时一道应对美国插足亚洲，这是中印两国智库交流达成共识以推动亚洲和平的正道理。

三、面对南亚的中国西部如何实现边疆的重塑

中国是一个具有复杂的海陆复合状态的地理单元，从卫星地图上直观地看，中国大陆与海洋的边界呈不规则交错状，由边界向内延伸，则有广袤的区域，并形成由低往高的三至五级“台阶”，直到被称为“地球第三极”的青藏高原，这个地形特点使得中国的人文地理有着很丰富的内涵，也有着行政区域治理上极大的不平衡性。这种“很丰富”，指的是中华民族多元一体的历史，以及不同的地理环境与生产方式造就了各个兄弟民族的璀璨文化，各地都有引以为自豪的文化遗产，从东向西越是往高原延伸，文化遗产就越加色彩斑斓，小区域特色就越明显，而在此之中的现代性就越被淡化。但西部的人们也有过上现代化富裕生活的愿望，经常对比在物质上与东部的差距。这种“不平衡性”，主要原因是近代西方殖民主义对中国边疆地区的侵扰，在侵扰之中又培植了一批分裂势力，加之在科技不发达时代难以克服的交通困难，还有各个地方自然资源、人力资源禀

赋的差异，以及现代性分布与普及的阶梯状态——由东往西现代性逐渐减弱——即现代性在近现代的中国随着地理高度降低而呈现出增强状态，陆疆东、中、西部的不平衡发展状况十分明显，越是往西，经济、文化的一体化越弱，加之台湾至今没有统一在国家完整的行政区域之内，因此，中国是一个未完成“边疆运动”的大国。①

我们谓之的边疆运动，即世界现存的各国在历史中都存在一个在地理疆域疆界的“边疆运动”过程，“边疆运动”是一国的地理疆域疆界在拓展后逐渐固化的态势与过程。其标志是，一国政令畅通，政治、经济、文化生活基本呈现出“均质化”状态，一体化的程度很高，看不出“内地”社会与“边疆”社会之间的差异，国家疆域之内的经济、文化共性远大于相互间的差别，尤其是一国公民的认同性，不会因地域、族群、文化、宗教、风俗乃至语言的不同而消减，各地人群的政治意向和文化价值取向中蕴涵了对国家的忠诚伦理，对本国疆域内的历史作为一个整体予以认同，对本国的现行政治制度予以认同。简言之，凡是完成了边疆运动的国家，基本是实现了经济、文化尤其是对本国价值体系认同的均质化的现代国家。

在边疆学的视野中，当代中国政治地理存在着一个环边疆带，即在大陆由边界往内，在历史上和现实中经常发生涉边（例如涉藏、涉疆、涉滇）问题的地带，其中以行政区划的边疆省区为主边疆带，以这些边疆省区相邻的部分地区为次边疆带，而在沿海是以国际法承认与中国行政地图标注的海域为主边疆带，沿海省市内陆为次边疆带；如果进一步从学理方法上辨析，在地理距离表尺难以明确划分的情况下，次边疆带与主边疆带有一个明显相似的标志，即往内相连的不同行政区域，在文化、民族、宗教、敌对势力攻击手法等显性问题上是同质同构的，具有明显的地缘内联性。例如，青、甘、川涉藏地区与西藏自治区的经济、文化、风俗、民族、宗教等基本相同，境外分裂主义对行政区划位于中国内地的三个地方视与边疆相同，其施行的破坏谋略也一样，即从民族、宗教、文化等同构

① 参见孙勇：《国家战略下的大边疆战略研究》绪论，四川大学出版社，2017年。

性很强的问题上实施攻击，在攻不动西藏社会稳定的情况下，转向攻击青、甘、川的藏族聚居地区，以破坏内地三省藏族聚居区稳定为新的突破口，伺机再转进破坏西藏地区的稳定。同理，新疆被三股势力侵扰的问题，延伸到青海、甘肃、宁夏，也具有同质同构的外显。由此，我们看到了主、次边疆带之所以能够同构成为地理边疆的机理。在此之外，因为大国地缘政治的衍射性，各国只要能力所及，都会前出到他国，以各种形式或拒敌或攻敌，将己国的争斗前沿在国外形成“前出边疆”。由此，符合中国国家战略意图的，与世界政治体系规则吻合的，与他国进行较高程度的政治、经济、军事合作，能够开展具有战略意义活动的地方，可视之为前出边疆带。① 这与中国是否具有其他性质无关，而与各大国地缘战略的内联性有关，例如美国早就将前出边疆带构筑到了中国的周边。

一段时间以来，美国遏制中国必然要涉及中国的地理边疆。其中，交织在一起的还有印度等周边大国及一系列周边小国的利益。中国边疆问题所有问题的总根源，都与各方势力的博弈有关，尤其是与美国主动遏制中国崛起有关。新中国成立之后，美国历任总统对中国不友好的占了大多数，近几届的美国总统均宣称中国是美国的对手，特朗普在 2017 年 12 月 18 日发布的美国安全战略报告，认为在“大国地缘政治竞争回归”之中，每一步行动都要以美国优先，确保“美国第一”，更是将中俄直接列为美国的战略对手。② 与帝国主义国家不同的是，中国的崛起一直带有和平性质，对外的交往总是以互利互惠为着眼点，这既是国家社会主义性质决定的，也与中华民族不对外主动动武的本性有关。

在世界格局发生深刻变化的时期，习近平于 2013 年提出的“一带一路”倡议，对促进中国同西亚、中亚、南亚周边国家以及欧亚国家之间的经贸关系，深化区域交流合作，统筹国内国际发展，维护周边安全环

① 我们这个概念的依据，来自《国家战略下的大边疆战略研究》一书的论纲，关于主次边疆带的划分与论纲的内涵是一致的。参阅孙勇主编《国家战略下的大边疆战略》论纲，四川大学出版社，2017 年。

② 360doc 个人图书馆 2017 年 12 月 23 日：《特朗普的〈国家安全战略报告〉全文》，http://www.360doc.com/content/17/1223/09/44777563_715540449.shtml.

境，拓展中国西部大开发和对外开放的空间，以及东出远洋向外寻求支撑等方面都有现实意义。2015 年 3 月 28 日，发改委、外交部、商务部联合出台《共建“一带一路”愿景与行动文件发布》。这个愿景行动文件，体现了打破围堵要海陆并进的宏图，对于消解我国边疆地区的不平衡有着很重要的意义。在某种意义上讲，“一带一路”的建设，有助于以内联性重塑中国的边疆形态,① 助推中国完成“边疆运动”。

中国陆疆主边疆带从吉林、黑龙江、内蒙古到新疆、西藏、云南、广西等省区形成了 C 形带状。② 从改革开放 30 多年的情况看，境内外敌对势力对中国主边疆带攻击强度最高是西藏、新疆，其次是广西、内蒙古，再次是云南、吉林、黑龙江。与此同时，敌对势力对中国次边疆带攻击程度从强到弱依次是四川、青海、甘肃、宁夏。这也印证了习近平提出的“治国必治边，治边先稳藏”的战略判断。敌对势力对中国陆疆西部主、次边疆带省区的攻击方式中具有共性的是在“颜色革命”中的文化攻势，将宗教作为蛊惑民众的方式，包括吉林、黑龙江这些不易被人察觉的边疆省份，以及历年宗教问题突出或比较突出的宁夏、甘肃、青海、四川，都无一例外地出现或大或小的问题。③ 面对现实和未来，应更加重视对主、次边疆带地区的治理，同时要讲究策略，宽严适当、标本兼治。要用新的边疆观来看待这个问题，注意在地理板块上人文因素的内在联动性，将其置于未来发展方向上，即中国在现代国家过程中必然出现均质化的趋势，以解决中央一直强调的凝聚民心的问题，更要解决“交往、交流、交融”的问题，即中国腹地与边疆在经济社会发展之中实现一体化。

关于国家经济、文化的均质化问题，可以从德国、法国、美国乃至俄罗斯的国家布局实例中看到，这些国家在内部进行经济、教育等地域的布局中，已经长期将经济、文化的项目连接了腹地与边疆地带，形成了对国

---

① 朱金春：《“一带一路”战略与中国边疆形态的重塑》，《北方民族大学学报（哲学社会科学版）》2016 年第 2 期

② 张建新：《地缘政治与边疆安全：中国周边跨国区域性民族宗教问题及其影响》，《华西边疆评论》，四川大学出版社，2015 年。

③ 读者在互联网上很容易检索到有关势力进行宗教渗透的相关信息，即使吉林、黑龙江等地也有宗教泛滥问题。

家价值观的蔓延，腹地与边疆的差异越来越小，尤其是在文化上的差异越来越小。这对于国家的统一具有深层次的奠基意义。中央在一段时间里，一直通过不计成本的特殊保障方式建设边疆，均出自“援助少数民族走向富裕”的考虑，这在某个角度也是正确的，但现在到了需要在更高与更深层次作战略考量的临界点。

应当看到，每逢西部省区局部骚乱、暴恐事件出现，执行层面开会决策的视点一般放在短时段的解决问题措施上，对“谋长久之策”还有所欠缺。从这个层面上看，是对现代国家需要以均质化做支撑这个问题认识不足的表现。“国家政治实体的一大功能，是能够调动本国的各种资源对发展中的地区进行帮助。从跨政治经济学的角度看，政治地理单元的贯通需要以经济地理单元的贯通为支撑……”① 从这个角度看，西藏和新疆既是中国政治地理单元的一部分，又是经济地理单元的一部分，即使是从人文地理研究的范畴来看，两者也是重合或者必然要重合的，具有很强的内联性。那么，国家政治实体决策层在一定的历史阶段中对两者的贯通应是必然的，不应将其作为“两张皮”不予以整合。新中国建立之后，中央一直对边疆地区“提供必要的主导性制度，同时为保证社会主义制度的确立提供经济支持”②，以“援藏”“援疆”形式，不断增大支持的规模和力度，形成了在中国特色社会主义道路上西部地区民族共同繁荣的局面，这是我国以政治经济一体化促进文化一体化的必由之路。（本文的“文化”概念，指物质生产方式与精神文明形式的总和。）

在“一带一路”的背景下，中国沿边省区更大的开放势不可挡。中国几十年来政治经济全国一盘棋的传统，使得边疆地区的维稳与开放需要并行，至少在政策制定与对外展示的层面上是并行不悖的。随着经济全球化的进程，市场区域一体化的趋势越加明显，市场经济的所有要素都会突破行政区划的边界，冲破各种人为的阻力而流动。在此图景之中，中国的

① 孙勇：《国家政治实体统一下的西藏50年历程——跨政治经济学视域下西藏地方自治的实践意义》，《西藏民族大学学报（哲学社会科学版）》2016年第3期。

② 孙勇：《国家政治实体统一下的西藏50年历程——跨政治经济学视域下西藏地方自治的实践意义》，《西藏民族大学学报（哲学社会科学版）》2016年第3期。

边疆地区将不再是地理阻隔的区域，最终要在国家对外战略实施的过程中，凸显对外开放的通道甚至是枢纽的作用。人们对边疆的认识，近些年已经突破了地理辖区的理念。事实上，近20年来西部的开发与开放同在，行政区划边缘性的特质随之逐渐改变。有学者指出："边疆形态以及边疆观的这种变化，呼唤着新的边疆治理理念。其中，开放而非封闭、发展与稳定并重被认为是边疆治理理念转型的两个基本方向。"① 换言之，中国西部主次边疆带涉及省区的地缘内联性有着加强的趋势，即新疆、宁夏、青海、西藏、甘肃、四川、云南等省区发展与稳定的内涵，应当在"一带一路"愿景中有一个新的统筹谋划，为实现两个"一百年"的宏伟目标筑牢长远的基础。

四、结语

中国面向南亚的西部前沿课题研究，从国家急需的角度看，最为突出的是现实问题研究，这个研究不仅是小区域或中等区域地缘的课题，而且可以是超过亚洲地理政治板块的一个大课题，需要将研究的视野扩展得更大。在美、俄、印、日、澳，还有欧盟、伊朗、土耳其乃至中亚、西亚等国交集博弈的地缘政治之中，要理清中国与南亚诸国的关系十分不易，与此同时还要将新疆、西藏、云南三省区内引外联、发展稳定的中长远布局看清楚，即已经构成了问题研究的内在板块性，这是做好这个前沿问题研究的一个大前提。看不到这个大前提，所做的研究极有可能陷于工作对策的综述或建议之中。这个本应成为"为决策提供智力支撑"的研究，应该有理论的基础，即以边疆学方法为指导，否则，在"问题导向"的框架下，"前瞻"不易，"重大"也不好把握，造成做这一类的研究难度很大。一方面是有关情况不易掌握且不好分析，致使某些认识或结论存在着有可能被过滤掉的窘遇，若有取舍，最终取决于采稿人的政策水平和学术

① 朱金春：《边疆治理的转型与重构》，《北方民族大学学报（哲学社会科学版）》2016年第2期。

鉴别力，还有责任心的担当；另一方面是研究者要从历史文档、民风民俗、人文地理、人类学田野、民族学、宗教学等学科的“路径依赖”之中走出来，非常不容易。多年的研究事实显示，大多数的研究者一直难以涉及前沿课题的原因，在于固守自身的学科范围或学术范式，不愿意也不能够把握边疆理论的前出路径。伴随着边疆学建构的推进，以地缘内联性的分析予以切入，我们期待着面向南亚的边疆研究在理论与实践的分析中，取得方法与方法论上的新进展。

“边疆运动”与边疆理论以及战略刍议

——大国边疆理论与实践的意义管窥*

孙勇　王春焕

纵观世界历史，大国的边疆运动①大致有五种形态：有的国家还未完成边疆运动就消亡了；有的国家在完成边疆运动之后也消亡了；有的国家在进行边疆运动的过程中时起时伏不断遭遇大国或同等国家的打压；还有的国家一直未完成边疆运动却长期存在，但面临群起而攻之的境遇；也有的国家在不太长的时间里完成了边疆运动，较快地成为相对稳固的大国强国。

一、边疆运动的本质和中国的现状

按照马克思主义国家学说理论，人类社会的政治共同体——国家产生后，即古代国家产生后，随着人类对自身生存土地认识的不断拓展，国家

* 本文是“国家战略下大边疆战略研究”课题的阶段性成果之一。

① 本研究借用了美国1992年诺贝尔经济学奖得主道格拉斯·C·诺斯（合著作者为罗伯斯·托马斯）在《西方世界的兴起》一书中第五章“边疆运动”的概念，但远远超过其“殖民拓疆”含义的范畴。

边界①就是不断变更的。由于人类征服自然的能力有限，还不具备进行海洋和海外陆地争夺的条件，初期只是在相邻陆地争夺。但世界近代大国出现后，既有相邻陆地的争夺，也有海洋和海外陆地的争夺，随着科技的发展还有对空疆、外空疆以及互联网等疆域的争夺，这样必然产生世界大国的边疆问题。由于资本主义的世界性扩张，导致世界近代大国的边疆拓展超出了周边范围，扩大到世界范围，只要是利益所指向的地方必然有大国的拓疆活动，拓疆能否成功由国家实力决定，最重要的是军力，也有经济力量、文化影响力，其中起到决定作用的是国家的智力或意志力，例如美国就以很小的代价得到很多的土地。“边疆运动”成功的标志是，一国的政治、经济、文化生活基本上达到一体化，没有“内地”社会与“边疆”社会之间明显的差异，经济、文化的共性远大于相互间的差别，尤其是一国公民的认同性不会基于族群、阶级、性别、年龄、宗教的不同而消减，各地人群的政治意向和文化价值取向中蕴涵了对国家的忠诚伦理，作为一个整体对本国疆域内的历史予以认同。

如果在世界古代大国的边疆问题是国家与国家的疆域之争，即陆地边疆问题的话，那么到了近代，世界大国的边疆问题除了陆地疆域还有在海外的利益之争，即利益边疆问题占有重要的地位，许多大国将海外土地视为领地，也有领土边疆之争的内涵。近代以来，关于边疆的概念也发生了变化，包括本土领土边疆和海外领地边疆、战略边疆和利益边疆。可以看出，人类国家的边疆问题的一般轨迹，是从“本土化”发展到“海外化”，从“相邻化”发展到“跨地域化”，从“陆疆地理平面化”发展到“空天海地一体化”，从“两边博弈可视化”发展到“多方对局无形化”。所有的边疆之争，其本质在于对国家疆域的整固，是在一定的疆界内发起和进行的边疆运动，这在陆地边疆地域显示得更加明显，因而研究人员的视野多数集中在地理边疆，然而即使是地理边疆的问题，都在迅速地拓展。毋庸讳言，决定大国拓疆的关键因素是其综合实力。

---

① 本文作者认为古代国家只有当时不确定的或动态的边界，没有现在（即威斯特伐利亚条约体系之后在国际法框架中）被一国主权范围认定的边疆。

凡是完成了地理边疆运动的国家，基本上实现了政治、经济、文化尤其是国家价值体系认同的均质化。由此以观，中国是一个一直未完成地理疆域疆界“边疆运动”的特殊大国，相对于已经完成或大体上完成地理疆域疆界“边疆运动”的美国、俄罗斯等世界大国，中国在现实与未来所面临的问题与困难更多更艰巨！若处理不好则有可能使中国崛起的谋划不仅落空而且倒退！中国大陆学界应对此问题有深刻的历史危机感，大力促进大边疆理论研究、边疆战略研究，提供研究成果供决策层更加理性地处理好中国边疆问题。

中国的地理疆域疆界的“边疆运动”一直没有完成，成为亚洲乃至世界诸国中相邻国与地区最多、地缘矛盾最多、最复杂的战略主体；作为联合国安理会常任理事国，中国在世界大国中是唯一没有实现统一的国家。绵长的边境线和海岸线，使中国成为地缘环境最不乐观的国家之一，地理边疆的安全受此影响很严重。与中国相邻的有 14 个国家：俄罗斯、哈萨克斯坦、吉尔吉斯斯坦、塔吉克斯坦、蒙古、朝鲜、越南、老挝、缅甸、印度、不丹、尼泊尔、巴基斯坦、阿富汗。隔海相望的有韩国、日本、菲律宾、马来西亚、文莱、印度尼西亚等国。从地形上看：东北部有外兴安岭、萨哈林岛（库页岛）濒临日本海；东部隔黄海与韩国相望，隔东海与日本相望，与台湾省相隔台湾海峡，台湾岛东北部有著名的琉球群岛（包括钓鱼岛）；南部的南海分布着储量巨大的油气田，有南沙、西沙、永暑礁等岛屿，最南端是位于北纬 4 度的曾母暗沙；北部湾的部分海域和越南有争议，云南、广西受国外的金三角地区影响多年，中国的澜沧江（经越南流向泰国，叫做湄公河）和怒江（进缅甸，称萨尔温江）流向东南亚；西南有中印、中不、中尼边界，多以喜马拉雅山为天然边界（存在非法的麦克马洪线），雅鲁藏布江（南亚次大陆和亚欧大陆的地理缝合线）曲折地流向印度、孟加拉国；西北，天山延伸出去有帕米尔高原、咸海等，新疆北部有阿尔泰山，其中有中俄交界处的友谊峰；北方有巨大的蒙古高原和大量的戈壁。

中国环疆向外分布着东亚、东南亚、南亚、西亚（阿富汗）、中亚、北亚等国家。亚洲所有的习惯性分界，中国都与之相邻，致使亚洲所有地区的形势变动都和中国息息相关。中国环疆向外的国家与中国在领土、领海等权益上存在巨大问题。同时，中国环疆向内的省区被恐怖主义、宗教极端势力、民族分裂势力所困扰，成为敌对势力兴风作浪、钳制中国的区域。

国内有专家指出："中国与周边国家的安全问题就像一条'V形热点线'，呈放射状特点，在北部、西部、南部、东部和东南部都存在着不安全因素。V形线的左端是一条西北东南走向的大陆线，有中亚五国问题，阿富汗冲突、印巴冲突、印中争端等问题；V形线右端是一条东北西南走向的海洋线，有日俄"北方四岛"之争，日韩的竹岛（独岛）之争、朝鲜半岛之争、中朝黄海大陆架之争、中日东海大陆架和钓鱼岛之争以及南中国海之争等。"①

进入21世纪，中国环疆或周边形势发生着深刻而复杂的变化。面对越来越错综复杂的局势，针对日益不利于中国的环疆或周边形势，"有所作为"是更加务实的抉择，"没有必要像历史上的德国那样总是面临着'与他国结盟的噩梦'，对周边国家心怀忧虑"②。由于美国在环太平洋实行"重返亚太"和"再平衡"战略，运用政治、经济、军事等多重手段，迫使中国周边国家明里暗里要"划线站队"，实行机会主义的选择，导致周边国家对中国的态度时好时坏，坏的时候竟挑战中国核心利益的底线，这使得美国实际上已经得到了对中国环疆周边地区的支配主导权。近来在中国大陆学界、政界中存在的"主权淡化论""部分主权让渡论"等，对中国国家战略是不利的，对中国大边疆战略也是不利的。而中国陆疆地区的社会治理问题，也显示出中国边疆省区的错综复杂，这与完成了边疆运动的大国有着一定的差异，即中国至今尚未完成政治、经济和文化的均质化。这些问题从20世纪三四十年代的中国边疆研究高潮中③就有学者提

---

① 刘淑梅：《中国周边安全形势及战略对策》，《兰州学刊》2006年第10期。

② 刘淑梅：《中国周边安全形势及战略对策》，《兰州学刊》2006年第10期。

③ 马大正、刘逖：《二十世纪的中国边疆研究——一门发展中的边缘学科的演进历程》，黑龙江教育出版社，1998年。

出并形成风靡一时的“边政学”,[①] 到21世纪的边疆政治学、[②] “新边政学”(包括边疆经济学)[③],都是值得边疆问题研究者关注的问题,其中,关于边疆治理是区域治理还是民族治理的问题尤为关键。[④]

近现代以来,世界几个大国伴随着“边疆运动”先后崛起,各大国的政要、学者都关注边疆问题,著书立说,形成了关于边疆问题的理论。这些边疆理论和边疆观对世界几个大国的拓疆战略乃至地区战略和世界战略都产生了重要作用。近现代的世界大国边疆理论研究不断深化与广为应用,大国边疆战略成为国家战略的重要组成部分,以至于出现世界大国之间边疆战略的提升进而影响国与国关系、影响世界格局走向的现象;简言之,世界国家格局走向、各大国的博弈都受制于一些国家尤其是各个大国边疆战略的影响。中国作为一个世界大国,借鉴世界各有关国家的理论和实践经验,是题中应有之义。

二、西方国家边疆运动的轨迹及其拓疆理论

西方世界伴随资本主义发展,近代几个大国逐渐产生,这些大国也是现存的国家,它们的边疆变化是一个动态过程,差不多都经历了“边疆运动”而崛起。[⑤] 英国工业革命后,资本主义生产大发展,并影响整个欧洲国家。航海业的发展,使兴起的世界大国都走上了向海外扩张的道路。在古罗马帝国崩溃基础上产生的西欧封建国家,起初相互争夺欧洲霸权,即在相邻国家周围拓展土地,引发多次战争,如英法战争、德法战争、法意战争、西荷战争等。在这一过程中,各国之间的战争是为了争夺欧洲的霸权,各国的边界处在动态状况,随着战争的胜败而此长彼消或盈缩。如

① 吴文藻:《边政学发凡》,《边政公论》1942年第1卷。

② 吴楚克:《中国边疆政治学》,中央民族大学出版社,2005年。

③ 罗崇敏:《中国边政学新论》,人民出版社,2006年。

④ 周平:《我国的边疆治理研究》,《学术探索》2008年第4期。

⑤ 本文所指的“边疆运动”,即世界现存的各国在历史中都存在一个在地理疆域疆界的“边疆运动”过程,这里所说的“边疆运动”即一国的地理疆域疆界在拓展后逐渐固化的态势与过程。

法意战争中意大利获胜而独立，法国的边界必然缩小；西荷战争中荷兰获胜而独立，西班牙的边界必然缩小。这些争夺，其性质是欧洲国家之间的陆疆之争。近代欧洲各国向世界各地主要是亚洲、美洲、非洲和澳洲等地开始扩张后，其本土边界的争夺被海外势力争夺所代替，可以说，欧洲各大国的边界争夺范围移至本土以外，其性质是欧洲国家之间的海洋之争或海外之争。欧洲各大国殖民地的争夺也可视为是其海外疆界的争夺，与古代时期所不同的是，这种争夺不是相邻国家的争夺。换言之，欧洲各国殖民地争夺既是领土边疆的争夺，更是利益边疆的争夺。如 1898 年的美西战争，美国夺取了西班牙的殖民地古巴、波多黎各和菲律宾以及关岛，以极小的代价从西班牙手中夺取了重要的海外殖民地。18 世纪，英法两国的争霸从欧洲扩展到在北美、非洲和印度的争夺上，事实上是英法两国在海外利益边疆争夺。此外，英荷、英西、法荷、法西、美英、美法等双方都进行过海外战争，他们争夺殖民地的活动就是争夺利益边疆。

地跨欧亚两洲的俄国崛起后，向周边拓疆，把周边国家变成了它的殖民地，也进入殖民主义国家行列，向周边拓展其领土边疆和利益边疆。地处亚洲的日本经过革新，国家强大以后也开始拓疆，把亚洲一些国家或者部分土地变为自己的殖民地，也是向周边拓展领土边疆和利益边疆。如果说近代欧洲大国崛起后，向欧洲以外的大洲扩张，那么近代俄国和日本则尚未加入世界几个大洲的扩张行列，而是向着周边扩张。虽然近代欧洲大国与俄国、日本在拓疆方面存在差异性，但是所有的帝国主义国家都会扩张成性，必然拓展疆域到海外。为此，这些大国的拓疆过程中必然在海外发生冲突而引发战争。近代以来，欧洲大国之间的战争均是在非本土地区发生，就是俄国和日本之间发生的冲突也是在非本土地区。这是因大国拓疆的范围拓展而改变了古代那种本土战争的做法。因为国家的本质中最为核心的动因在于获取支撑自身发展的资源，一旦某国具有攫取外面利益的能力并予以实施，随着利益的扩展，拓疆也在扩展。因此，边疆运动在世界近代史上有非常清晰的脉络：有的国家在进行边疆运动的过程中时起时伏，不断遭遇大国或同等国家的打压；也有的国家在不太长的时间里完成了边疆运动，较快地成为相对稳固的大国强国。① 如葡萄牙、西班牙、荷兰等先期崛起的国家遭到后期崛起的英、法、美等国的打压，其海外殖民地逐渐丧失，其拓疆地萎缩。而相对葡萄牙、西班牙、荷兰，英国、法国和后期的美国则成为世界相对稳固的大国强国。

古代世界大国的崛起在亚欧两大洲范围，近代世界大国的崛起首先出现在欧洲。西班牙、葡萄牙、荷兰、英国、法国、意大利、德国等国相继崛起，这一过程都贯穿着各国的“边疆运动”，这些大国的地理疆域或利益疆域都随着国家的兴衰而变化。实践是理论的源泉，近代欧洲国家的边疆理论研究就是面对国家博弈之现实，理论家提出关于边疆问题的思想或主张，反过来，边疆理论又运用于国家边疆运动的实践中。在实践中产生边疆理论，在边疆理论指导下开拓边疆的实践。

欧洲近代边疆理论的形成和演变与资本主义的产生、发展紧密联系在一起。在资本主义发展中，新航路开辟是一个重要的里程碑，它是世界大国边疆问题的发生内动力，对近代世界政治地图的变化产生了深远的影响。新航路开辟后，资本主义国家的争夺，造成了原有国家间领土和疆界——主要指领陆和领水——的重新分化组合，传统意义上的边疆（含边界）因之发生了改变，传统的自然的疆界和习惯边界更多地让位于人为边界和以条约划定的线状边界，体现了近代国家领土和边界的新特点。②

关于陆地疆域的划分，原先人们是利用分布于陆地表层的山脉、河川、湖泊、海岸、沙漠、森林等自然实体的隔离作用，形成双方或多方国家的传统边界。15 世纪以后，在欧洲国家的殖民争夺下，非洲国家有 44% 的边界都是以经线或纬线人为划分的边界。传统边界引起纷争后，一些国家之间通过双方协商订立边界条约，正式划定边界，以消除和防止领土争端。欧洲国家在海外殖民扩张后，引起海域的纷争，于是，出现了两次海洋分割：第一次发生在 15—16 世纪。当时，西班牙和葡萄牙已经建

① 这是本研究中所指的五种“边疆运动”的两种形态。

② 章永俊：《西方近代边疆理论的初步发展》，《中国边疆史地研究》2005 年第 2 期。

立起亚洲、非洲、美洲的殖民体系，引发激烈的海洋争夺。为了避免冲突，1443 年，教皇亚历山大六世颁布教谕，把世界海洋分给西、葡两国。1494 年，西、葡两国订立《托德西利亚斯条约》，规定在大西洋的佛得角群岛以西 370 里格（1100 海里）处划一条南北向的线，线西归西班牙，线东归葡萄牙。麦哲伦发现太平洋后，两国又于 1592 年订立《萨拉哥萨条约》，在太平洋中再画一条线，将全球海域分为两部分，分属西班牙和葡萄牙两国所有。[①] 这样，世界海洋被先期崛起的西班牙和葡萄牙两国所分割。

随着资本主义经济的兴起和迅速发展，一些大国兴起，而世界海洋已被分割给西、葡两国的格局不利于资本主义经济的发展，新兴殖民大国反对老牌殖民国家垄断世界海洋权的做法，于是，在 16—18 世纪出现第二次海洋分割。1609 年，被誉为“国际法之父”的格劳秀斯（Hugo Grotius 1583—1645）[②] 发表了《海洋自由论》一书，提出海洋不能成为任何国家的财产的主张，反对葡萄牙禁止荷兰和印度尼西亚之间航运的行为。当时荷兰已成为世界海上强国，但是遇到西班牙和葡萄牙垄断世界海权的困难，实际上，格劳秀斯的《海洋自由论》就是荷兰国家的边疆理论，他为自己国家的拓疆行为找到了理论支撑。1635 年，约翰·塞尔登（John Selden 1584—1654）[③] 发表了《海洋闭锁论》，主张国家对海洋拥有所有权，强调“海洋同土地一样可以成为私有的领地或财产”，与格劳秀斯展开争论。当时，英国已在世界各地的海洋边缘中拥有了大量的“贸易公司”与“办事处”，实际上基本完成了世界范围的海外殖民地的构建。并且，欧洲的英、法、德、意、西、葡、比、荷等八国正合力蚕食和瓜分世

---

① 于沛、孙宏年、章永俊、董欣洁：《全球化境遇中的西方边疆理论研究》，中国社会科学出版社，2008 年，第 14 页。

② 格劳秀斯，荷兰人，古典自然法学派主要代表之一，世界近代国际法学的奠基人。他著有《战争与和平法》《捕获法》和《论海上自由》，全面系统地论述了近代国际法的基本原理，成为近代国际法学的奠基人，被世人誉为“国际法始祖”。其中，格劳秀斯有两大贡献：一是他第一次真正意义上阐述了国际法的概念，二是他提出了公海自由的经典理论。

③ 约翰·塞尔登（John Selden 1584—1654），英国人，16、17 世纪著名人文主义学者、法学家、历史学家。

界财富，这些国家自身仅共有 100 万平方英里的土地，但却占领了 1100 万平方英里的海外领土，其面积相当于地球陆地总面积的 25%。因此，《海洋闭锁论》理论的目的是使英国占领地与殖民地合法化。后来，英荷发生三次战争，荷兰战败，泱泱海洋大国荷兰走向衰落，法学家宾刻舒克（Cornelius Van Bynkershoek）① 于 1702 年发表《海上主权论》，提出“陆上的控制权终止于武器力量终止之处”（也翻译为“领土主权的终点即武力的终点”或“陆上国家的权力以其炮火射程所及的范围为限”）的主张。这一主张得到不少国家的认同，认为一国有这样一块海域陆地就有安全感了。1782 年，意大利法学家费迪南德·加利安尼（Ferdiand Galiani）建议——沿海国家的所属海域宽度以 3 海里为限，被称为“大炮射程论”（又译为“大炮射程规则”），成为国际公认的领海宽度的衡量标准。领海概念一提出，沿海国家有了一道护城河，连强大的英国人未经许可也“不得靠岸”，荷兰觉得安全了许多，也得到大多数弱小国家的积极响应。1793 年美国独立，正式宣布美国领海宽度为 3 海里，成为世界上第一个拥有具体宽度的领海的国家。②

世界两次分割海洋后，“大海浪中分国界”开始成为世界性的共识。在世界大国出现陆疆拓展和海疆拓展的纷争后，近代国际法陆续建立起来。在欧洲，首先涉及边疆理论研究的是各国的法学家，在近代国际海洋法中涉及有关海国主权的支配和管辖的海域等边疆理论问题，主要是“海洋自由论”和领海制度的确立。③ 近代欧洲国际法学家提出的“海洋自由”后来发展为“公海自由”，19 世纪末至 20 世纪初领海制度确立起来，近代海疆理论发生较大的变化，通过联合国等机构的工作，对陆疆的边界划定等也趋于正常化。

---

① 科尔内利斯·范·宾刻舒克（Cornelius Van Bynkershoek 1673—1743），荷兰人，著名的法学家和国际法学理论的重要推动者，他给国际法下了定义：国际法是由国际习惯和条约表现出来的各国的共同意志。

② 杨国桢：《论海洋人文社会科学的兴起与学科建设》，《中国经济史研究》2007 年第 3 期。

③ 章永俊认为这是近代国际海洋法发展的两个阶段。见其《西方近代边疆理论的初步发展》，《中国边疆史地研究》2005 年第 2 期。

三、美国的边疆理论研究及其拓疆实践

美国国家诞生以来，在各个时期进行陆疆、海疆、空疆和天疆的理论研究，并形成了一系列理论成果，用200多年的时间，完成了陆、海、空、天疆域的拓展，并且把这些疆域作为美国“活动边疆”“战略边疆”和“利益边疆”。在这些理论的指导下，美国决策层与时俱进地拓疆，以至于使其疆域呈“全球化”趋势。即使如此，美国仍一直追求着“新边疆”。随着美国陆疆、海疆、天疆“三位一体”的“硬边疆”理论逐渐完备，演示了美国从北美拓疆开始到全球性乃至宇宙性拓疆的全过程。

美国从十三州殖民地获得独立到完成陆地边疆运动，再到拓展海外疆域，最终形成具有“全球边疆”的大国。石庆环教授把美国走向世界历史的过程划分为“大陆边疆”“海外边疆”和“全球边疆”三个阶段。①美国这个拥有世界霸权的大国的发展历程是建立在全面系统的边疆理论基础上的。美国边疆理论的成熟和应用是迄今为止世界崛起的所有大国包括全盛时期的英国所不及的，它的边疆理论值得人们去深刻总结和研究。

美国独立后的“西进运动”不仅形成了美国的大陆边疆，而且伴随着美国边界延伸到北美大陆的极限，已经预示着美国海外拓疆时代的到来。②“大陆边疆”是美国建国后的第一次拓疆，这个历史事件涉及美国边疆变迁与历史发展的关系，威斯康星大学历史学教授弗雷德里克·杰逊·特纳（Frederic Jackson Turner）作了较为系统的研究。1893年在芝加哥美国历史协会年会上特纳宣读了《边疆在美国历史上的重要性》一文，提出美利坚民族和美国社会的许多特点均为独特的环境——特别是“活动边疆”的存在——而产生的论断后，“边疆学说”由此产生，迅速风靡

---

① 石庆环：《从“大陆边疆”到“全球边疆”——美国走向世界的历史进程》，《辽宁大学学报（哲学社会科学版）》2005年第4期。

② 石庆环：《从“大陆边疆”到“全球边疆”——美国走向世界的历史进程》，《辽宁大学学报（哲学社会科学版）》2005年第4期。

美国，因而特纳成为“边疆学说”创始人。[①] 此后，特纳又发表和出版了一系列的论文和著作，使“边疆学说”日臻系统化，开创了美国“边疆学派”。

特纳的“边疆理论”包括了以下主要内容：第一是“美国人和美国社会的产生与边疆”，在边疆人与人之间、群与群之间的交往和冲突中，不同的人群趋于同化，形成一种新的类型的人，即美国人适应新环境，全力改造荒野，建构了美国社会和美利坚民族；他们建立代议制政府，确立三权分立制度，使社会生产工业化。美国社会的发展就这样与边疆始终不停地、周而复始地同步前进着；美国这种“活动的边疆”是美国对人类文明“显著而有价值的贡献”。第二是“美国的民主不是来自理论家的梦想，而是来自美国的森林，并每次与新的边疆接触获得新的力量”[②]。第三是“连续的特殊经验形成了美国人的思想”，边疆人的“进取和征服精神”；边疆人的思想即“梦寐以求一个完善的社会类型”；边疆人的个人主义即后来转移到社会通过法律来控制的思想。[③] 特纳所阐述的“边疆在美国历史上的重要性”就在于此。换言之，美国的壮大在于“边疆运动”中形成的“边疆精神”，或者说在边疆地带确立了美国价值观在“边疆运动”中的主导地位。

美国拓疆活动以及边疆学说提出后，迎合了美国人的心理需求，[④] 在“天定命运”（Manifest Destiny）[⑤] 观念的感召下，美国人认定美国必须成为世界上一个最伟大和最强大的国家。美国边疆学派的理论“几乎未经批评的检验就为美国的一些历史学家迅速地，几乎一致同意地所接受”[⑥]。

---

① 王宇博、张曙：《“边疆学说”的演进和影响》，《江苏教育学院学报（社会科学版）》1998年第2期。

② F·J·Turney，The Frontier in American History N·Y. 1920. P293.

③ 王宇博、张曙：《“边疆学说”的演进和影响》，《江苏教育学院学报（社会科学版）》1998年第2期。

④ 在数次中国国内的研讨会上，有人认为，美国人最重要的是形成了“心理边疆”。

⑤ Daniel J. Boorstin：The Americans：The Colonial Experience. New York：A Division of Random House. 1958. Manifest Destiny 表达了美国凭借天命，对外扩张，散播民主自由的信念。美国政客认为该词表达拓展疆域为美国对这个世界的“使命”，其使命的内容在不同的年代对不同的人有不同的意义。

⑥ 转引自王宇博、张曙：《“边疆学说”的演进和影响》，《江苏教育学院学报（社会科学版）》1998年第2期。

之后几代的“边疆学派”学者都积极探讨美国的边疆拓展问题。研究对象由美国的西部边疆转向整个西方世界的边疆，所探讨的问题不只局限于解释美国社会的发展，而且也用于解释其他国家乃至全世界的历史。1945年当选为美国历史协会主席的卡尔顿·约·亨·海斯（Carlton J. H. Hayes）发表《美国的边疆——什么样的边疆》的演说，认为美国的边疆已为一些新的和非常不同的边疆——即为遥远的太平洋岛屿、亚速尔群岛以及莱茵河和多瑙河畔的边疆所代替。二战期间，美国外交理论家李普曼提出了地域涵盖大西洋两端从南到北的“大西洋共同体”，海斯则呼应，认为美国人应是大西洋共同体和欧洲文明的共同继承人和共同发展者，将来可能是领袖，呼吁学术界扩大“活动边疆”的研究范围。

美国历史学家瓦尔特·W·韦勃非常支持特纳和海斯的“活动边疆”理论，进而把哥伦布的地理大发现后欧洲人在北美（包括加拿大）、拉丁美洲和非洲的扩张统归为一个整体，即“大活动边疆”。美国边疆理论的研究走在国家边疆战略的前列，对国家边疆战略发挥了主导和引领作用。在美国兴起边疆研究热的时候，学者们不仅关注自身边疆问题，为决策者提供理论依据和参考，而且还运用“边疆学说”关注别国的边疆问题。如P·L·马金德利克探讨了罗马的殖民开拓，S·查瓦拉研究了“西班牙美洲”的活动边疆，保罗·夏普对加拿大、美国和澳大利亚的三种边疆作了对比研究，欧文·拉铁摩尔①研究了中国的边疆等等。在边疆问题研究上美国学者做到“知彼知己”，目的很鲜明，都是为国家战略服务。美国不仅学者们认识到其边疆是“活动边疆”，就是颁布于1787年的宪法也并没有明确美国的领土范围，而在第四条第三款中规定“国会得准许新州加入联邦”，美国宪法表明可以接纳新的地区为联邦领土，这实际上

---

① 欧文·拉铁摩尔（Owen Lattimore，1900—1989），美国著名汉学家、蒙古学家，蒋介石的政治顾问。其幼时随父来华，毕业于英国圣·比斯学校。1922年获美国社会科学研究会奖金，后周游新疆、内蒙古和东北各地，著有《中国的亚洲内陆边疆》一书。20世纪30年代初为北平哈佛燕京学社研究员，还曾访问过延安。1938年起执教于约翰·霍普金斯大学。1941年由罗斯福推荐任蒋介石的私人政治顾问，因不遂蒋介石之意，次年被迫回国。后任职于战时情报局，负责太平洋战区工作。1944年曾建议美方施加压力使蒋介石政府调整与中共的关系。20世纪50年代曾受麦卡锡主义的迫害。在中国边疆史地研究中，拉铁摩尔的影响很大。

是“活动边疆”的法律支撑和保障。

美国历史上最著名的边疆理论家阿尔弗雷德·塞耶·马汉（Alfred Thayer Mahan，1840—1914）创立了美国的海疆理论。马汉在1890—1905年间相继完成了被后人称为马汉“海权论”三部曲的《海权对历史的影响：1660—1783》《海权对法国革命和法帝国的影响：1793—1812》和《海权与1812年战争的联系》。马汉通过对17—18世纪欧洲历史，尤其是英国海洋霸权兴起历史的归纳，提出了经典海权理论，核心论点有两条：海权在影响世界事务方面比陆权更有优势；商业、殖民地和海运在濒海国家的历史和政策中起到关键作用。马汉以理性的思维总结了海权理论，将控制海洋提高到国家兴衰的最高战略层面，从而为整个蒸蒸日上的资本主义世界的扩张提供了可操作的实用理论基础。

马汉的海权论对政治地理的贡献很大，海权论的核心是论述通过海权控制，国家的疆域包括边疆如何得到极大地拓展的系统理论。马汉认为，陆权和海权二者缺一不可，没有忽视陆权的存在和可能发挥的影响，马汉的观点反映了其对世界战略格局的洞察力。这对美国的全球扩张主义提供了理论的支撑，也将国家边疆概念进行了拓展。① 马汉的学说成为美国扩张海疆的理论指导，1893年即马汉制海权的理论发表之后的不久，再次当选为美国总统的克利夫兰极力主张扩大海军，1898年7月中旬美国海军对西班牙开战，全歼西班牙著名的塞尔瓦拉舰队，西班牙承认古巴独立，并将关岛、菲律宾群岛转让美国，美国的领土得以扩展。至此，在海洋横行400年的第一代海洋强国西班牙退出海洋历史的舞台，美国成为新一代海洋霸王。美国第32任总统富兰克林·德拉诺·罗斯福是马汉著作的忠实读者和坚定的实践者。1897年，还是格罗顿公学学生的罗斯福读了马汉的海权著作之后，立即激动地写信给马汉说：“如果我不把它当作一部经典的话，那就大错特错了。”罗斯福读得最多的书就是马汉的著作。

马汉去世后，其理论仍然被美国人奉为圭臬，各届美国总统都不约而同地加以贯彻实施。第35届美国总统约翰·肯尼迪强调：“控制海洋意味

① 杰弗里·帕克：《地缘政治学：过去、现在和未来》，新华出版社，2003年。

着安全。控制海洋意味着和平。控制海洋就意味着胜利。如果说在这20世纪，特别是在最近几年有什么教训值得吸取，那就是这个国家尽管在空间和天空有所进展，仍然必须能轻而易举地驶往世界各海洋。有关海洋的知识，不仅仅是一件好奇的事，我们的生存就可能决定于它。”第42届美国总统克林顿在发布美国海洋勘探长期战略时宣称：“向西，向东，向南，向更远的潜在水中勘探我们的大陆的时候到了。”《美国海洋政策》白皮书强调：“若不明智地利用约占地球表面70%的海洋和海床，美国未来的安全与繁荣就会黯然失色。”

马汉的理论不仅为美国政府所接受，也为正在崛起的日本所接纳。马汉出版《制海权对历史的影响（1660—1783年）》的第二年（1891年），日本情报人员已把该书译成日文，不仅送到天皇和皇太子手中，还分别送到了学校、机关、军队各阶层人士手中，成为日本各界特别是军校及军部的“及时雨”。1893年，日本天皇设置战时大本营，独立的海军部以“海权论”为指导制订以夺取制海权为中心的作战预案，随后付诸实施。1894年发动“中日甲午海战”、1904年发动日俄海战，均是马汉海权思想在军事上的应用，并取得了极辉煌的战果，由此弱小的日本一跃成为世界强国之一。①

但是，马汉的理论在中国受到的关注度是个例外，是一个在世界各大国中独一无二的例外。1905年至1906年到美国、日本等国进行政治考察的戴鸿慈等大清官员没有带回一本英文版的或日文版的外国政要们必读的《制海权对历史的影响（1660—1783年）》。20世纪中叶民国时期的边疆研究之中，也没有人翻译介绍这本书。新中国由于特殊的一段时间，对海疆的理论研究也很少，一直到20世纪末的1998年，马汉的这本书才第一次被翻译成中文，才第一次在中国出版，第一版的印数只有5000册。

马汉的海权理论影响了世界海洋问题。创吉尼斯纪录的国际海洋法会议：1958年开始，1994年结束，历时36年，制订了一部全人类瓜分海洋的法律。1973年12月3日在日内瓦召开联合国第三次海洋会议（中国首

---

① 《大海浪中分国界：国际瓜分海洋》，天涯社区网，2003-06-08。

次参加世界海洋法会议），完成了《联合国海洋法公约》的条文编撰工作，1982年4月30日全体成员国表决通过。《联合国海洋法公约》第11部分——关于国际海底区域的某些规定不能满足美国、英国、德国等海洋强国的要求，限制了他们在军事、资源、核废料等领域对国际海底的利用。所以，从1990年起，联合国组织多次协商，于1994年7月28日在第48届会议上对《关于执行第11部分的协定》进行了表决，获得通过。至此，《联合国海洋法公约》的编撰与修订工作才算完成。经第48届联合国大会于1994年7月29日审议，通过了《联合国海洋法公约》及《关于执行第11部分的协定》，自1994年11月16日起正式生效。这部重要性仅次于《联合国宪章》的《联合国海洋法公约》，主要内容包括：领海、毗邻区、专属经济区、大陆架、国际航行的海峡、群岛国、岛屿制度、闭海或半闭海、内陆国出入海洋的权益和过境自由、国际海底以及海洋科学研究、海洋环境保护与安全、海洋技术发展和转让等内容，涉及利用与开发海洋的方方面面。从某种意义上说，这实际是一部世界国家关于海疆分割的法律。

美国因陆疆的扩张而提出“活动边疆”的理论，因海疆的扩张提出海权（即海疆）理论，后来因空疆的扩张提出“高边疆”理论。“高边疆”一词最初由丹尼尔·奥·格雷厄姆（Daniel Ao Geleiemu）中将于1980年提出。所谓“高边疆”是指太空领域。格雷厄姆曾任美国国防部情报局副局长、中央情报局副局长和国防部情报局局长等职，1980年担任里根总统竞选的国防顾问，主张对地球的外层空间进行新的开拓，并使之成为美国新的边疆。1981年，里根总统政府执政后不久，格雷厄姆在传统基金会的资助下，组建了“高边疆”战略研究小组。该小组由美国30多位著名的科学家、经济学家、空间工程师和军事战略家组成。经过7个多月的精心研究，1982年形成《高边疆——新的国家战略》研究报告。该研究报告的主要目的是在军事方面拓展美国的国家战略，消除苏联的军事威胁；在经济方面开发和平利用太空的商业能力，即实现太空工业化。在“高边疆”战略实施上，格雷厄姆主张以勇进法（大胆创新）实施。对这个战略的实施路径，格雷厄姆还提出“保护性战略防御”概念，该战略由四层组成，各层的积极防御结合在一起则可能成为战略上极有价值的一个方面。① 格雷厄姆的“高边疆”战略理论基于美国的边疆视野，运用了诸多的纷繁复杂的空间技术设计，还有详细的经费预算，是可行性和操作性程度都很高的一种战略理论和对策建议。“高边疆”战略研究成果问世后，美国政府立即予以实施。从 1982 年 7 月起，里根政府多次发布指令，推行“高边疆”战略，建立“宇宙防御”，建立航天司令部，筹划“星球大战”计划，着手研究激光和粒子束等空间定向能武器，使“星球大战”计划予以实施。美国开始了拓展“高边疆”的战略时代。

美国“高边疆”战略的实施极大地促进了国民经济的发展，特别是国防经济的发展，因国防经济技术转向民用方面，也带动了国民经济发展，“高边疆”计划中的微电子技术、计算机技术、软件技术、通信技术、卫星技术、无线电技术以及自动化管理技术在很大程度上填补了民用技术的空白。“高边疆”战略不仅影响军事技术、民用技术，而且促进了新技术革命，使新技术大大拓展，包括了从海洋科学到空间科学，从和技术到生物工程，从计算机技术到光电技术的技术革命群。“高边疆”战略的实施对世界政治、经济、军事、科技等诸多领域产生了空前的影响。美国“高边疆”战略理论研究及其实施，使美国在世界上第一个获得了制天权。经过 200 多年的努力，美国的边疆呈现陆、海、空、天立体式状态，美国的“硬边疆”或“有形边疆”成为世界第一。

美国的边疆问题或拓疆研究一直持续不断。理论家和政要们热衷于地理边疆（领土边疆）、硬边疆（有形边疆）等理论探索的同时，也开始了对非地理边疆（非领土边疆）、软边疆（无形边疆）等理论探究。我们认为，在特纳提出的“活动边疆”和马汉提出的海疆论以及格雷厄姆的天疆论中早就出现了利益边疆概念。利益边疆首先是美国等西方大国从维护自身利益的需要出发确定战略控制范围而使用的边疆新概念。② 据此，特

① 朱听昌、刘菁：《争夺制天权：美国“高边疆”战略的发展历程及其影响》，《军事历史研究》2004 年第 3 期。

② 徐黎丽：《国家利益的延伸与软边疆概念的发展》，《云南师范大学学报（哲学社会科学版）》2011 年第 5 期。

纳、马汉、格雷厄姆都以地理边疆为线段渗透着扩张美国利益的意图。美国人心目中的边疆不是通常地理概念上的边陲或边界，而是不断拓展的边疆。特纳在《边疆在美国历史上的重要性》一文中指出，“美国思想的显著特征是依靠边疆形成的”①，可见，美国人的边疆概念中包含着国家利益拓展精神。美国利益边疆的拓展成为历史传统，成为美国“光荣与梦想”的重要元素。

1961 年，肯尼迪政府提出了“新边疆”计划，竭力宣扬“拓荒者精神”，试图以开拓美国的“新边疆”来解决美国在 20 世纪 60 年代面临的问题。因此“新边疆”不仅仅是单纯的地理概念，而且包含新的领域、新的挑战。所谓开拓“新边疆”就是利用美国先进的技术和强大的经济实力去开拓新的领域，迎接新的挑战，保持美国领先的地位。为实施新边疆政策，肯尼迪政府对亚洲、非洲、拉丁美洲的不发达国家提供了大量的帮助，阻止它们向苏联靠拢。“新边疆”政策及实施实际是美国利益边疆的实践，同时也确定了自身战略边疆的重点。“新边疆”的基本思想为 20 世纪 60 年代中期以后美国大规模的社会改革奠定了基础，并对美国社会的经济和科学技术发展产生了重大影响。② 美国“新边疆”政策是肯尼迪政府应对冷战时期③与苏联在全球扩张中产生冲突而实施的，既是利益的扩张，也是利益的保护。在美国特有的智库旋转门体制下，一些政要、学者纷纷以战略思想家身份和眼光审视美国，以大边疆的思维贯通国家战略，秉持美国的精神，不断开拓进取。

著名的历史学家和战略思想家保罗·肯尼迪(Paul Kennedy,1945—)于 1987 年在美国耶鲁大学研究和讲授当代战略和国际关系时出版了《大

① 杨生茂主编：《美国历史学家特纳及其学派》，商务印书馆，1983 年，第 49—50 页。

② 刘绪贻、杨生茂主编：《战后美国史（1945—1986）》，人民出版社，1989 年，第 205 页。

③ 冷战（英语：Cold War，俄语：холодная война）是指美国和苏联及他们的盟友在 1947 年至 1991 年间在政治和外交上的对抗、冲突和竞争。标志事件是由丘吉尔的“铁幕演说”开始，到苏联入侵阿富汗、古巴导弹危机、柏林墙等等。由于第二次世界大战刚结束，在这段时间，虽然分歧和冲突严重，但对抗双方都尽力避免导致世界范围的大规模战争（世界大战）爆发，其对抗通常通过局部代理人战争、科技和军备竞赛、外交竞争等“冷”方式进行，即“相互遏制，却又不诉诸武力”，因此称之为“冷战”。1947 年至 1991 年为美苏冷战时期。

国的兴衰：1500～2000年的经济变化和军事冲突》。此书以全球性的宽广视野、引人思索的新颖观点、旁征博引的历史资料和逻辑严密的有力论证，广泛论述了500年来国际政治、经济、军事、外交和历史的沧桑巨变与兴衰存亡，引起了美国学术界、政界与读书界的震动，也受到国际社会的广泛关注，特别是用于补充和升华了业已存在的国家大战略理论。此书反映了20世纪末美国学者对美国全球地位的忧虑。这本书多处提到了中国。保罗认为，作为一个拥有中古时期最雄厚的经济实力，最先进的科学技术和最灿烂的文明的东方帝国，中国越来越远离了本应拥有的大国地位，最终沦落到了落后挨打的境地。保罗以中华帝国的衰亡作为例子，阐明了他对决定大国兴衰内在规律的认识。

美国第37届总统理查德·米尔豪斯·尼克松（Richard Milhous Nixon，1913—1994）是一位长期对战略问题深入钻研的政治家，曾经在1969年发表了关岛讲话，被称之为“尼克松主义”，40多年后美国的“重返亚太”“再平衡”的战略，其理论根源均在“尼克松主义”。尼克松是在任上第一位访问中华人民共和国的总统，离任后，经常为美国政府提供个人的见解和建议，并专心著书立说，为美国的全球战略出谋划策。①《1999：不战而胜》是尼克松为美国瓦解社会主义的世界体系策划的战略远谋。该书为美国提出了“遏制、竞争、谈判”三位一体的全面战略，并为布什政府所采用。“遏制、竞争、谈判”三位一体的全面战略的核心思想，是美国应以“和平演变”的方式把世界社会主义国家演变成资本主义国家，最重要的是演变为美国的附属国。尼克松“不战而胜”的理论是对美国“和平演变”理论的很大发展与系统概括。他提出的系列战略都是围绕改变世界体系即把社会主义体系纳入资本主义体系范围、为巩固美国在国际体系中全球霸主地位服务的，实际上是美国的“全球边疆”重要理论的一个组成。

亨利·阿尔弗雷德·基辛格（Henry Alfred Kissinger，1923— ）著有

① 夏立平：《一本极好的反面教材——评尼克松〈1999：不战而胜〉一书》，《世界经济与政治》1990年第6期。

《核武器与对外政策》《复兴的世界》《选择的必要：美国外交政策展望》《大外交》《论中国》《世界秩序》等。作为外交家，基辛格关注的是美国的外交问题与前景，关注美国在世界的地位与变化。在现代边疆理论中，军事和公共外交是一个国家拓疆和固疆的重要途径，基辛格实际上从理论和实践两个方面都成为美国“全球化边疆”的固疆者。他不仅是第一位正式出访中国的美国外交官，而且在此后的40年里，他陆续出访中国超过50次，借助对中国的了解，撰写了《论中国》，此书看似一本向美国以及西方介绍中国的著作，实际是向美国决策层提供了应对中国的战略参考。

兹比格涅夫·布热津斯基（Zbigniew Kazimierz Brzezinski，1928— ）是美国著名的国际关系学者、地缘战略家、国务活动家。曾任卡特政府的国家安全顾问，美国重量级智囊之一，《大棋局——美国的首要地位及其地缘战略》《大抉择——全球统治或全球领导》是其代表作。在《大博弈——全球政治觉醒对美国的挑战》一书中，布热津斯基和斯考克罗夫特都提出了这样几个理念和观点：关于对21世纪中美矛盾的定位。他们认为，20世纪的美欧之争是战争与和平问题，而21世纪的中美之争则是竞争与衰退问题。因此美国“与中国之间不会发生类似20世纪的那种军事冲突”。他们认为中国没有将自己的价值体系强加于世界的企图，中国没有改变现存国际秩序的要求。他们认为，处理中美关系，对于美国而言，一是要有尊重的态度，二是要采取平等对话的方式，三是要有包容的气度。布热津斯基1996年出版的《大棋局》一书，站在全球战略的高度，提出了一系列研读和研判，其战略认识的高度和全局性的眼光独具一格。

费正清（John King Fairbank，约翰·金·费尔班克，1907—1991年），美国著名汉学家、历史学家，哈佛大学终身教授，哈佛大学东亚研究中心的创始人，一生著作颇丰，是美国的“中国通”。他一生研究中国的方方面面，他的著作大多是中国历史，他在研究中国历史的基础上，最终研究的是中美关系，他著有《美国与中国》《中国的世界秩序：中国传统的对外关系》《认识中国：中美关系中的形象与政策》《中美两国的相互影响：历史评述》《中美关系展望》。这些著述反映了一个历史学家对美国“全球边疆”的前景的关注。费正清是一位以历史研究服务国家战略或国家边疆战略的学者。

约瑟夫·奈（Joseph Nye，Jr.，1937— ）是美国著名政治学家，哈佛大学名誉教授，美国前助理国防部长。他是国际关系理论中新自由主义学派的代表人物，以最早提出“软实力”概念而闻名，后来又提出“巧实力”理论。此理论为奥巴马政府外交战略的主轴。约瑟夫·奈 1990 年在《政治学季刊》和《外交政策》杂志上发表一系列论文，并在此基础上出版了《美国定能领导世界吗》一书，提出了“软实力”的概念，指出一个国家的综合国力既包括由经济、科技、军事实力等表现出来的“硬实力”，也包括以文化和意识形态吸引力体现出来的“软实力”。在 2004 年出版的新著《软实力：世界政治中的成功之道》一书中，他又对“软实力”概念进行了补充。他还著有《理解国际冲突：理论与历史》《美国权力的悖论》等。约瑟夫·奈是当代美国“全球边疆”理论中关注全球文化边疆作用的学者，他为美国政要提供了巩固“全球边疆”的文化战略。

塞缪尔·亨廷顿（Samuel Huntington，1927—2008）是美国当代著名的政治思想家、国际政治理论家。他著有《变化社会中的政治秩序》《第三波：20 世纪末民主化浪潮》《难以抉择》《文明冲突与世界秩序的重建》《美国政治》等书。1996 年，亨廷顿出版了《文明冲突和世界秩序的重建》一书，系统地提出了他的“文明冲突论”，认为冷战后，世界格局的决定因素表现为七大或八大文明，即中华文明、日本文明、印度文明、伊斯兰文明、西方文明、东正教文明、拉美文明，还有可能存在的非洲文明；冷战后的世界，冲突的基本根源不再是意识形态，而文化方面的差异，主宰全球的将是“文明的冲突”，伊斯兰文明和儒家文明可能共同对西方文明进行威胁或提出挑战。亨氏的“文明冲突论”为美国“全球边疆”运动提供了理论支撑。

法兰西斯·福山（Francis Fukuyama，1952— ），日裔美籍学者，哈佛大学政治学博士，曾师从塞缪尔·亨廷顿；曾任美国国务院思想库“政策企划局”副局长。他著有《苏联与第三世界：过去三十年》《历史之终结与最后一人》《信任：社会美德与创造经济繁荣》《国家构建：21

世纪的国家治理与世界秩序》等著作。福山认为最后的历史是自由民主的历史，在自由民主阶段，人类获得了平等的认可，历史也就终结了；他还认为在自由国家的实现方式上，武力解决有可能性，同时又冀望于内部的演变。在21世纪初期，福山看到自由民主国家是人类历史最后的终结，即世界体系应是资本主义的自由民主，美国应当是这个体系的领导者。福山的观点或理论依然是服务于美国“全球边疆”战略的。

美国建国至今，专家学者或政要或是专门论述边疆问题，或是间接论述边疆问题，服务于国家战略或国家边疆战略的观点或理论不断推出，从不间断。进入全球化时代以来，美国边疆理论从无形边疆中的利益边疆、战略边疆不断延伸新的概念。由利益边疆、战略边疆引申出政治边疆、经济边疆、文化边疆、信息边疆等诸多概念。从美国边疆拓展的实践看，由“大陆边疆”发展到“海洋边疆”，再到“全球边疆”。美国的“全球边疆”理论造就了它超级大国的地位和“全球霸主”的地位。总之，美国从老边疆到新边疆再到高边疆，从当年开发西部到今天开发宇宙，都具有国家边疆战略视域的重要意义。①

四、结语

在简略地检视近代以来世界各个大国的边疆运动、边疆理论、边疆战略等之后，给予我们的启示是：“边疆”来自人类群体活动疆域的（无论是地理的还是太空的，无论是实在的还是虚拟的）分割和再分割，即“疆域边缘”的划分与划定，在划分之中产生了“边疆博弈”的介入与反介入、认定与反认定等活动，在划定之后又产生了扩张与收缩、整固与分离等活动。这些活动即为政治、经济、外交、军事、法治、社会治理等国家主体（乃至国际体系组织）的一系列行为。边疆、边疆理论、边疆战略等概念，都来自人类的这种实践活动。

---

① 万青：《美国的老边疆、新边疆、高边疆战略》，《世界知识》1986年第6期。

时空统一下国家边疆现象的发生及其认识

——兼议“边疆建构论”与“边疆实在论”争鸣*

孙勇　王春焕

从什么角度看待人类社会的历史，也就会从什么角度看待人类社会所出现的国家以及国家所据有的疆域，而对国家疆域的研究，必然要将边疆研究纳入其中。马克思主义的历史唯物主义与辩证唯物主义，在边疆现象与理论的研究之中，具有重要的指导意义。

一、边疆是时空统一中物质运动的体现

20世纪90年代末以来，中国大陆学界的边疆研究成果丰硕，从边疆史地到经济建设，从政策法规到基础理论等方面都取得了很大的进展。以此为铺垫的边疆学学科建构问题，被提到了学术研究的议事日程上。

（一）国内近三十年边疆研究学科建设简述

中国大陆学界在近几十年的边疆理论研究中，一直追求着建构一种理

---

* 此篇论文发表于《理论与改革》2018年第5期，收入人大复印资料《民族问题研究》2018年第11期。

论体系。为此，1992 年邢玉林先生提出要建立“中国边疆学”，并且在论述了“中国边疆学研究的前提或基础”之后，对这个命题进行了“中国边疆学的社会功能”“繁荣中国边疆学研究的途径”的设定。邢玉林认为“中国边疆学是运用马克思主义的世界观和方法论揭示中国边疆及其硬系统和软系统及其形成、演变和发展规律以及中国边疆及其各系统相互关系的科学”①。其后，马大正、方铁、周伟洲等学者纷纷撰写文章，对“中国边疆学”的研究对象、内容体系、研究方法等展开论述，从而引发了国内对边疆学学科如何建立的讨论。学人们所用的词语，尽管是“构筑”“建立”“建设”“构建”“建构”等，词义有所不同，但研究者使用时的中心意思都很接近。

马大正先生认为“中国边疆学是一门研究中国边疆形成和发展规律的多学科交叉的边缘学科”②，这个学科研究领域应该包含基础研究与应用研究等方面；方铁教授指出，“中国边疆学以中国边疆地区的历史与现状为研究对象”，具有“基础研究与应用研究并重、边疆理论与治边实践并重、边疆历史与边疆现实并重、人文社会科学与自然科学结合、研究成果既有学术意义也有应用价值等特点”③；周伟洲先生将中国边疆学的发展历程，按照清末、民国、新中国的改革开放不同阶段划分出三个时期，认为进入新世纪至发文的时候，学界就边疆研究体系构筑达成了基本共识……周教授针对构建现代中国边疆学的问题，提出了迫切需要做的工作有七个方面，赞成通过争鸣与相互探讨，尽快在一些重大理论问题上取得基本一致的意见，其还认为应更加重视和加强边疆现实问题的研究。④

近期马大正先生按照其提出的三原则，⑤ 将“中国边疆学”分为中国边疆历史学、中国边疆政治学、中国边疆经济学、中国边疆人口学、中国

---

① 邢玉林：《中国边疆学及其研究的若干问题》，《中国边疆史地研究》1992 年第 1 期。

② 马大正：《关于中国边疆学构筑的几个问题》，《东北史地》2011 年第 6 期。

③ 方铁：《试论中国边疆学的研究方法》，《云南师范大学学报（哲学社会科学版）》2008 年第 5 期。

④ 周伟洲：《关于构建中国边疆学的几点思考》，《中国边疆史地研究》2014 年第 1 期。

⑤ 马大正在 2016 年出版的《中国当代边疆研究 1949—2014》一书中，提出的构筑“中国边疆学三项原则”是：学科门类研究古今贯穿、边疆理论研究先导、基础研究与现实的应用研究相结合。

边疆文化学、中国边疆地理学、中国边疆民族问题研究七大部分。之后，其对“中国边疆学”七大部分的划分引起了业内不同的反映。

与此前后时间，刘逖、厉声、邢广程、李国强、吴楚克、林文勋、郑汕、周平、杨明洪、张云、王欣、孙宏年、王春焕、吕文利、宋培军、袁剑、段金生、徐百永、冯建勇、朱碧波、孙保全、朱金春、赵泽琳、孙勇等也对中国边疆学学科建构提出了自己的意见和建议。有的学者著书立说，写出了《中国边疆政治学》《中国边疆学概论》《中国边政学新论》《中国边疆经济学》《国家战略下的大边疆战略研究》等专著，在这些著作之中，亦对边疆研究的指导思想、理论方法、研究体系建构等提出了各自的见解。需要指出的是，在如何建构边疆学乃至最基本的边疆概念等问题上，业内的研究直到最近也没有达成基本共识。①

（二）关于学科建设指导思想被强调的意义及运用

习近平在2016年5月18日哲学社会科学工作座谈会上的讲话中，强调学术研究必须坚持马克思主义的指导。② 习主席在这个讲话之中还特别指出了马克思主义在有的学科中“失语”的现象，必须引起高度重视。进入新时代，中国大陆学界在边疆研究之中，坚持以马克思主义为指导，应作为学术探讨的一项基本原则。

近期，李国强在《开启中国边疆学学科建设新征程》的讲话稿中，从中国边疆研究的学术传承、边疆理论研究的时代需求、边疆治理的现实挑战三个方面探讨了边疆研究的学术规律、中国边疆学学科逻辑，并对中国边疆学的定义及学科目标、学术结构进行了探讨。③ 其中，特地指出要

---

① 方盛举：《新边疆观——政治学的视角》，《新疆师范大学学报（哲社版）》2018年第2期。该文作者也认为对基础性的研究都难以达成共识：在庞杂的研究成果中对“什么是边疆”这个基础理论问题始终存在着见仁见智的分歧，难以达成共识。

② 人民网2016年5月18日，《习近平：在哲学社会科学工作座谈会上的讲话（全文）》，习近平在讲话中强调：“坚持以马克思主义为指导，是当代中国哲学社会科学区别于其他哲学社会科学的根本标志，必须旗帜鲜明加以坚持。”http：//politics. people. com. cn/n1/2016/0518/c1024 – 28361421 – 2. html.

③ 李国强：《开启中国边疆学学科建设新征程》，《中国边疆史地研究》2018年第1期。

将马克思主义的历史唯物主义和辩证唯物主义与学科建设真正融会贯通。

马克思列宁主义哲学的基本原理认为，世界上所有的运动都是物质的运动，都是由时间和空间的统一而产生并变化的。恩格斯指出："运动是物质存在的方式"①；列宁认为："世界上除了运动着的物质之外，什么也没有，而运动着的物质只有在空间和时间之内才能运动。"② 从这个哲学认识的角度看，人类社会所产生的国家边疆，是时空统一物质运动的一个体现。因此，边疆现象在各个国家都存在，是一种具有普遍性的一般现象，而大国与强国的边疆现象，在一般之中有其一定的特殊之处。

在"一般边疆学"③ 的视域中，将各国边疆现象作为研究对象，以从中找出规律性的认识，这是事关边疆理论或学科体系能够得以成立基础的基础。我们认为，照历史唯物主义的认识论来看，人类社会的边疆现象，自部落与部落联盟时期即开始产生，虽然还类似于群居动物比较粗陋的族群活动疆域的划界，但已经在动物性的"领地"意识下，分开了彼此所能够达到的活动边界；到了国家阶段，国家行为体因攫取与占有资源的需求，国与国之间的边疆现象越发凸显。经过不同的历史阶段，从古代国家到近现代国家，边疆问题始终与国家（包括族群）的生存与发展甚至与国家的兴衰存亡等问题相伴。我们认为：进行边疆问题探讨和边疆理论研究，尤其是在边疆学的学科体系建构上，应当具有更加宽广的视野。

在建构一般边疆学④的进程中，⑤ 一些研究者用中国式的学术话语对边疆做了一个阐释性的定义：边疆⑥是人类对各自划分疆域的认定与保有

① 恩格斯：《反杜林论》，人民出版社，1971 年，第 57 页。

② 《列宁选集》第 2 卷，人民出版社，1973 年，第 127 页。

③ 孙勇、王春焕、朱金春：《边疆学学科构建的困境及其指向》，《云南师范大学学报（哲学社会科学版）》2016 年第 2 期。在这篇论文中，我们明确提出了要建构一般边疆学。

④ 孙勇、王春焕、朱金春：《边疆学学科构建的困境及其指向》，《云南师范大学学报（哲学社会科学版）》2016 年第 2 期。在这篇论文中，我们明确提出了要建构一般边疆学。

⑤ 近几年来我们所做的建构一般边疆学的工作，包含云南大学杨明洪教授、四川大学朱金春博士的意见和建议，朱金春博士早就直接参与到这项工作之中，从 2013 年起一道写作《国家战略下的大边疆战略研究》。

⑥ 汉语拼音，即汉字边疆。在一次研讨会有学者提出，西文的 borderland、frontier 等在他们的语境之中都有多种含义，若直接用汉语的发音 bian jiang，中国边疆学可以有自己的定义。

以及同时可以交互作用的边缘空间。换言之，“边疆（bian jiang）”来自人类群体活动疆域的（无论是陆疆、海疆的还是天空、太空的，无论是实在的还是虚拟的）分割和再分割，即在有限的地球空间之中，对“疆域边缘”的划分与划定，在划分之中产生了“边疆”博弈的介入与反介入、认定与反认定等活动，在划定之后又产生了扩张与收缩、整固与分离等活动。这些活动即为政治、经济、外交、军事、法治、社会治理等国家行为体（乃至国际体系组织、社会一般组织、民众以及个人）的一系列行为。所谓边疆、边疆战略、边疆理论包括边疆学等概念，都来自人类的这种对疆域的实践活动。[①] 这个实践活动，集历史与现实为一体又指向未来。边疆不仅是一个空间的概念，它还附着于时间而变化。

人类国家的所有边疆，都具有物质属性与社会属性，其中最基本的依据，是所有生物必须获取生存资源才能保证繁衍与发展。恩格斯曾经指出，由于人的物种来源决定了人是有动物性的，无非是在社会行为中体现动物性的多少而已。[②] 在这里给我们的启示是，从一般群居哺乳动物都有占据资源圈行为的基因遗传性上看，人类所具有的动物性反映在空间上的表现与一般群居哺乳动物一样，对凡是能够利用的空间都有群体划疆划界的行为，参与这种行为的活动主体即行为体不断增加，于是疆域与边疆的现象就出现了介入与反介入、认定与反认定，在划定之后又产生扩张与收缩、整固与分离等活动，这些活动是具有连续性的，与空间一道构成了历史。

简言之，从一般边疆学研究的对象看，人类对身边空间的活动，无论其属性如何，必定反映出人类疆域划分行为的规律性。[③] 无论是陆疆、海疆、空疆还是外空疆等空间，甚至包括人类对自己构建的互联网这个非自然性的空间，也有人类自身活动规律性的体现。

---

① 孙勇：《国家战略下的大边疆战略研究》，四川大学出版社，2017 年，第 18 页。

② 《马克思恩格斯选集》第 3 卷，人民出版社，1972 年，第 140 页。“人来源于动物界这一事实已经决定人永远不能完全摆脱兽性，所以问题永远只能在于摆脱得多些或少些。”

③ 王春焕：《关于边疆学研究对象和主要内容的思考》，《华西边疆评论》2017 年第 3 辑，民族出版社。

（三）在边疆研究之中勿忘初心继续前进

在业内的学人们看来，建构“中国边疆学”或者是从事边疆理论研究乃至建构“一般边疆学”，具有多重的意义，对于实施和完成我国的哲学社会科学系统工程的目标任务、建构中国学术话语体系等方面来说，其意义自不待言；即使是从“问题导向、国家急需、前瞻重大”的实用角度看，建构边疆学不仅仅是一门新兴学科建构和发展的需要，更是中国边疆现实研究要有基础理论为支撑的需要。

总体上看，进入21世纪，学人关于建构中国边疆学的讨论有三个相似相同之处：一是认识到传统的研究方法已难以适应包括中国在内的各个大国边疆研究发生的变化，尤其难以适应近几十年我国边疆现实问题研究的需要，建构一门具有中国特色的边疆学，为国家的现实与发展服务，是新世纪中国学界相关学者的一项任务；二是逐渐认识到需要用多学科与跨学科的视角，采取交叉的研究方法，才有可能建构起中国的边疆学术话语体系；三是在边疆学建构之中，既要在理论的方面进行研究，更要面向紧迫的现实问题提供学术研究的支撑。这三点表明了业内的相关学者推进中国边疆学建构的基本认识，也表明了一段时间“中国边疆学”的倡导者们达成共识的前提。

回顾近一段相关研究，我们也看到在对一般性的边疆现象研究时，多数研究者常用“边疆是一个空间”的提法，而且在实际研究中，前提往往是“空间”中所发生诸多现象的切面研判，无论是边疆史地研究的考证或总结，还是边疆民族宗教研究的具象或抽象，基本上是侧重于对某一问题的“空间切面”乃至“空间断面”的聚焦，即使是针对某个边疆问题的断代研究，也基本上置于地理边疆短时段的归纳。这样的研究方法在学术分科上有一定的合理性，但同时也存在着跨学科研究的障碍。① 换言之，这种将边疆定义为“空间”的研究起点，是比较狭隘的，未能将马

① 孙勇：《建构边疆学的发生学方法及隐喻解题探——三论建构边疆学的跨学科研究》，《中央民族大学学报（哲学社会科学版）》2017年第4期。

克思主义的哲学物质统一于时空的观点用于边疆理论的研究，与中国边疆学首倡者邢玉林当初强调的初衷依然有一定距离。

在马克思与恩格斯的著作中，有不少关于国家形成和国家领土以及边界的精辟论述。马克思主义经典作家对国家、民族发展内在原因导致疆域变化的政治、经济、文化、哲学的思考，包括对那些在对国家这个事物上不正确认识的批判，都对我们具有深刻的启发和重要的指导意义。吕一燃先生曾经编辑过一本马克思主义经典作家对边疆论述的书，[①] 收录了马克思恩格斯若干篇有关论著的章节，是一本很有参考价值的读本。马克思恩格斯在当时的条件下，借助其他人在诸多学科研究上的新成果作出的一系列论断，揭示了人类的多种属性、产生国家的基本和根本的因素、国家的形态及其本质……从这个视域认识包括中国在内的所有现存国家的疆域及其边疆，都在“时空统一”的范畴之内。我们认为，要真正领会马克思主义的国家疆域观，必须透过马克思“世界历史”理论的丰富内容和原理，找到贯穿这个理论的基本方法论，这些基本方法论是马克思主义对世界国家疆域变化理解的关键，有助于我们对边疆基础理论的深入研究。

二、在边疆概念之中时空变化的印记

人们对事物的基本感知是从实践之中产生的，在通常的情况下，概念（Notion；Concept）就是人类在认识事物的过程中，从感性认识上升到理性认识的结果。

（一）从汉文到英文对边疆概念的词义简析

在人类文明发展的进程中，用语言文字的形式，把感知到的事物进行细化，找出类似的属性，将共同的本质抽象出来予以概括，就形成了概念。语言文字所体现的概念，是物质世界在人的头脑之中的反映，是人们认知事物最基本的一种意识表达，一旦形成概念，也就会造成人们思维的

① 吕一燃：《马克思恩格斯论国家领土与边界》，黑龙江教育出版社，1992 年。

固定性与表达上的惯性。可以说，概念在人类的思维体系中，数千年来成了最基本的认知与表达的语词单位。

1. 在中国古代，人们就有关于地理疆域以及疆域边沿的认识，最早体现在汉字造字时对疆域和边疆事物的认识之中，亦即边疆的概念很早就出现了。从以下资料可以看出：

疆，甲骨文为，即上下错开的两块“田”，本意即田界。该款文字演化到金文为后，在两块田之间添加三道横线，突出了“界线”含义。疆字在甲骨文中也有的刻写，即加上“弓”（武器），表示以武力护卫领土。疆的造字本义：以武力护卫的广大领地。金文基本承续甲骨文字形；后有的篆文加“土”，强调“领地”主题，秦后的疆字，基本上延续到今。①

从中国古代文献中可以检索出的“疆”的概念及用法：

畺，界也。从田，三其界画也；指事。——《说文》

固封疆。——《礼记·月令》

出疆必请。——《礼记·曲礼》

疆场有瓜。——《诗·小雅·信南山》

有掌疆。——《周礼·夏官》

制其畿疆而沟封之。——《周礼·大司徒》

以逞无疆之欲。——《左传·成公二年》

出疆必请。——《礼记·曲礼》

固封疆。——《礼记·月令》

先王疆理天下。——《左传·成公二年》

荡摇我边疆。——《左传·成公十三年》

在中国古代文字中“疆”字与“强”通，也是本意。②《说文·弓部》：“彊，弓有力也。”后引申为“强盛、强壮、强弱”义。

---

① 郝林合：《疆》，《小学语文教学》2013 年第 16 期。参考象形字典，http：//www. vividict. com/WordInfo. aspx？ id.

② 杨帆：《古汉语中容易混淆的用字现象考辨——以郭锡良先生〈古代汉语〉的注释为例》，《重庆第二师范学院学报》2014 年第 5 期。

“疆”也引申为极限：万寿无疆——《诗经·豳风·七月》。

作动词用，划分界限：“楚子疆之”——《左传·宣公·宣公八年》。

在中国古代（公元前1600—200年期间，商周时期至秦汉）文献中，“疆”的含义与近代基本上没有太大差异，都是有指疆域与边疆的含义——地域、领域、边界；至近现代，汉语的边疆（bian jiang）一词，扩展到国家疆土的边缘部分，如疆宇（国土延伸处）、疆界（边疆的界限）；疆场（在边疆地带的战场）；疆陲（边境地区）；对国家疆域边缘部分的特指，北疆、南疆、大边疆、陆疆、海疆、空疆。

2. 在国外的边疆研究之中，英文的border、borderland、area与frontier都是很常见的词汇，表明了西方学者对边疆这一概念的认知。

（1）border area；border

英［'bɔːdə］美［'bɔrdɚ］

n. 边境；边界；国界

vt. 接近；与…接壤；在…上镶边

vi. 接界；近似

边境区域area意思……developed area［机］展开面积 border area边境区域 water area水域，水的面积……

《21世纪大英汉词典 柯林斯英汉双解大词典》释义：

border［'bɔːdə］

n. 边，缘；边缘，边沿，界线

（国、州、省等的）界线，边界线，边界，国界，边境，边疆、边境地区，边界地区

［the Border］英格兰和苏格兰交界地区、爱尔兰共和国和北爱尔兰交界地区

［the border］美国和墨西哥交界处的边境、美国和加拿大交界处的边境

［the Border］（南非开普省）东伦敦四周地区

vt. 邻接，毗连，与…接壤：

California borders the Pacific Ocean.

加利福尼亚州与太平洋毗连。

Sweden borders Norway and Finland.

瑞典与挪威、芬兰接壤。

成为…的界线；形成…的边界：

vi. 接界，接壤，毗连，邻接（on，upon）：

China borders on the Pacific Ocean.

中国与太平洋毗连。

adj. 边界的；形成边界的；靠近边界的

近义词：

margin edge . rim . brim . brink

短语：on the border of 在…的边界上；将要，濒于

（2）border land；

borderland [ˈbɔːdəlænd]

n. 边疆，边境，边陲；边缘，边沿地区，边界地区，交界地区

内地，穷乡僻壤，远离城镇的地方、两可间的境界（或状态、情况），模糊含混的情况

（3）frontier region

n. 前沿；边界；国境

adj. 边界的；开拓的

frontier [ˈfrʌntjə]

n. 国境，国界，边界

[美国英语]（靠近未开发地带的）边远地区，边境，边疆

[常用复数]（科学技术）新领域，尖端（领域），未知领域

[废语]（边界）要塞，堡垒；边陲城镇

adj. 国境的，边界的，边疆的，开拓的，探索的

（3）有学者专门指出：中国学界通常将特纳及其学派笔下的 frontier 译为“边疆”。以词源学意义而言，frontier 最具传统英语意味的含义是“以特定方向为基准，某事物朝向前方的一面或部分”，如人的前额、军队的先锋、知识的前沿，等等。由此引申出来的另一层最重要的具体含义

即为“一国领地之最边远的外沿地带，那里直接面向另一国的领地”。值得注意的是，在各版词典中，border（通常中译为“边界”）常被认定为frontier的重要近义词而被纳入解释项里。另外，与border同源的boundary（通常中译为“边界线”），也曾被认定为frontier的近义词。20世纪中叶，英国地理学界流行一种看法：作为地理学术语，boundary所含的一层意思可用frontier替换，即“明确划分出来的国家间的分界线”。[①] 当代国外军界、学界高频率地使用frontier，与这个单词具有前沿、前锋等含义有关。

（二）马克思主义国家观形成了边疆研究的概念集

人类对事物的感知和认知，从单个的概念发展到概念集，是形成知识体系最基本的一种形式。马克思、恩格斯通过对有关概念的解剖，架构出了相关的概念集（Concept set），成为人们所熟知的观念与思想。马克思主义经典作家在深刻研究整个人类社会历史的基础上，精辟地揭示了人类社会历史和民族国家发展的客观规律。在《共产党宣言》之中，有“每一历史时代的经济生产以及必然由此产生的社会结构，是该时代政治的和精神的历史的基础”这个结论，由此可以推论一切社会形态和民族类型以及国家形态无不具有历史的必然性和暂时性。随着生产力的发展，生产方式的演变，社会形态和民族类型以及国家形态也在不断变化。我们从马克思主义的国家观里面，感受到了对国家的疆域与边疆的基本认识。

马克思主义认为：在历史的范畴中，国家有其产生和发展以及消亡的客观规律。生产力、生产方式在社会和民族以及国家的发展过程中，起着决定性的作用。随着社会生产力向着更高形式和阶段发展，国家的形态发生变化。在此之中，民族（族群）以国家形式构成了行为体，通过政府行为对每个国家疆域和边疆进行认定、控制、治理、守卫……在生产力迅猛发展的时代，民族国家政府对本国疆域空间行使主权和行政管理，既有依照历史上已经确定了的自然性空间如领土领空，也有在现实中由人们采

---

① 王邵励：《美利坚式的“边疆”：词义源流及历史学家特纳的再阐释》，《社会科学战线》2012年第8期。

用科技手段构建的非自然性空间——互联网。这些边疆现象，在时空统一的范畴里，是非常丰富多彩的，而且常常在实践先于理论的情况下，国家边疆现象随着时间流所依托的空间，在历史中发生着并继续发生着变化。

在马克思主义基本原理之中，对不同历史阶段不同命名的“民族”所形成的国家，认为在其疆域活动中必然具有历史阶段的特点，例如马克思对小亚细亚生产方式的研究，既是对那个时代民族的也是对国家阶段性的研究。在不同的历史阶段中，边疆是国家必须重视的领域之一。在历史唯物主义与辩证唯物主义的认知下，历史与民族，民族与国家，国家与疆域，疆域与生产力，生产力与生产关系……这些一对对的概念经过逻辑化的整理，构成了博大精深的理论体系，揭示了人类社会历史和民族以及国家发展的客观规律，而所有的国家形态都不可能抗拒这个客观规律，亦即国家的地理疆域包括在地理疆域之外的活动界限，都会在人类历史的阶段性中体现出来，即使是现在和未来，虚拟的“信息边疆”连接起了实在的地理疆域，国家形态依然会在客观规律中变化。从物质运动的规律看，时空的统一性无处不在，具体到各国的疆域以及边疆，就是在具有时空统一性的历史之中产生和运动，并走向未来的。

列宁曾指出，各个国家与集团所形成的关系，瓜分着资本主义时代的世界。[①] 民族国家的地理疆域在各国战略博弈之中，往往会成为敌对双方争夺的焦点，各种形式的渗透与入侵也往往以此导致国家边疆的博弈。这是政界、学界一直高度关注地理边疆的缘由。随着科技的发展，对敌对国家在陆疆、海疆、空疆和外空疆，乃至互联网这样“信息边疆”[②] 都发生了介入与反介入、认定与反认定、控制与反控制等行为时，所有的边疆概念就聚合为具有丰富内涵的边疆概念集。而所有边疆的博弈，产生了近现代各大国与强国的边疆战略，这也是一种概念集的体现。因此，建构一般边疆学较之于建构国别边疆学，更具有现实意义和长远意义。

---

① 《列宁选集》第2卷，人民出版社，1995年，第639页。——“资本家同盟在经济上瓜分世界的基础上形成了一定的关系，而与此同时，与此相联系，各个政治同盟、各个国家之间在从领土上瓜分世界、争夺殖民地、‘争夺经济领土’的基础上也形成了一定的关系。”

② 王文超、石海明：《捍卫大数据时代的“信息边疆”》，《铁军》2014年第7期。

三、国家边疆是建构还是实在的争论之解

业内前不久关于边疆“建构论”与“实在论”的争鸣，是学术研究中的一大好事，对于学界探讨边疆的性质和未来的理论指向，有着在切磋中前进的作用。在进一步的研究中，从形而上的方法看，还有可以探讨之处。

（一）边疆“建构”与“实在”两种观点的争鸣

杨明洪教授在近些年的边疆实践与理论研究中，集多年的调研与学研的经验，对中国西部边疆问题尤其是西藏地区与相邻省区的经济发展、社会稳定等问题发表了不少论文和专著，同时在边疆学、边疆经济学等学科的研究中提出了有见地的意见。其在《华西边疆评论》第四辑上首发了《反“边疆建构论”：一个关于“边疆实在论”的理论解说》一文，对周平教授的一个观点提出了不同的看法。杨教授认为：拉铁摩尔与周平、何明虽然属于不同时代的学者，对边疆研究都有自己的观点，但他们均将边疆概念放在建构主义的框架内思考问题，可谓之为“边疆建构论”。

该文后于2018年初在新疆师大的学报上刊发，杨明洪在文中回溯了拉铁摩尔、何明等人著述边疆是建构的观点之后，认为早期的“边疆建构论”延续至今，体现在周平新著《中国边疆政治学》[①] 中，对于“边疆”的形成有句论断：“简单地说，边疆是建构的产物”，“边疆是建构起来的”。在文中，杨教授对何明的“边疆型塑”也有分析，乃至对近代国内外有关学者的边疆研究也做了介绍。杨明洪认为：国家一旦从“王朝国家”转换为“民族国家”以后，边疆不再是国家意志随意建构起来的，而变成了一种客观的存在。道理何在？边疆的客观存在是“民族国家”

---

① 周平：《中国边疆政治学》，中国编译出版社，2015 年。

条件下其功能决定的，这是国家版图空间分工分异的结果。① 这是其“边疆实在论”的核心。换言之，以王朝国家与民族国家为历史分野，不同时期的国家边疆有着建构与实在的两种形式。王朝国家的边疆有着建构的行为，而民族国家产生之后，地理的边疆是实在的。

周平教授作为国内在边疆研究上的翘楚，近些年在边疆问题和边疆理论的研究上贡献颇多，影响很大。在其《中国边疆政治学》之中，对地理边疆出现的主客观因素进行了分析，提出“边疆是建构的产物”这样的观点，从经验事实的角度阐释了地理边疆的现象，以及如何治理地理边疆的方式。在杨明洪发表论文提出“边疆实在论”之后，周平并未就其提出的新观点马上做出回应。而方盛举、朱碧波、李朝辉等学者就杨明洪的观点进行了商榷，同时发了《新边疆观——政治学的视角》《“边疆建构论”与“边疆实在论”：对立抑或共生？——兼与杨明洪教授商榷》两篇论文，都认为杨教授对周教授的观点作了误读。

方盛举在论文中直言不讳，认为杨明洪以历史和地理研究的角度，对周平以政治学平台产生的“边疆建构论”的误读，有多种原因，最主要的是没有树立新边疆观。言外之意，两者研究所指的命题范围不同，学术逻辑也就不同，以政治学为基础的建构论与以史学、民族学为基础的实在论，基本上是两码事。② 朱碧波、李朝辉在论文中则指出：“边疆实在论”试图通过对边疆现象的探讨，最终推进边疆学科和边疆科学的发展。而误读“边疆建构论”，从根本上讲或许缘于其逻辑思维的瑕疵和对边疆概念认知的平面化。

朱、李二人在文中还从三个方面提出了中肯的意见，论说“边疆实在论”是对“边疆建构论”研究视角的一种丰富、是前者对后者价值立

① 杨明洪：《反“边疆建构论”：一个关于“边疆实在论”的理论解说》，《新疆师范大学学报（哲学社会科学版）》2018 年第 1 期。

② 方盛举：《新边疆观——政治学的视角》，《新疆师范大学学报（哲社版）》2018 年第 2 期。文中阐释：“新边疆观要求把边疆的政治性和行政性、边缘性和一体性、特殊性和一般性、实体性和建构性、历史性和现实性等统一起来。”文中认为：“杨明洪教授以历史学、民族学所构建的传统边疆观来批判和否定周平教授所代表的政治学的新边疆观，这本身就选错了批判的对象。”

场的一种增益，也是对后者学术功能的一种补充。① 因此，朱、李二人认为刚刚提出来的“边疆实在论”尚处于初创期，较之于成熟的“边疆建构论”还有很多不足，须做进一步的系统深化以体现学术创新的发现。

由上，我们得出一个印象，三篇争鸣论文都强调了研究对象的范畴问题，都有判断与反驳可深究的指向，也有至观点诘问何所依的意蕴。我们认为：这样的争鸣与切磋，从积极的意义上讲，有利于边疆学术研究的发展。

（二）从形而上层面对“建构”与“实在”的观察

在争鸣各方论文的文字中，除了杨提及哲学史之外，其他人都没有涉及哲思，因而无法得知争鸣者所使用的“建构论”与“实在论”是否源于科学哲学的运用。尽管如此，由于哲学社会科学具有可查的图谱性，无论各方对“边疆”有无哲思，我们也可借助形而上的方式，作一个镜像考量。

实在论（realism）是“本体论”在西方哲学中的一种观点。历代学者中的实在论者，无论有意还是无意，只要使用了“实在”作为学术概念，便都沿着古希腊哲学家柏拉图的思路，认为“存在”可独立于人的主观感知之外，即真实的存在不是什么主观认为的产物。持有实在论，意味着概念世界是真实的一种投射，但并不一定是真实的，或者说并不是一种概念才是真实的，只要与真实接近或相似的其他概念，也可以是实在的。20 世纪英美的一大批哲学家，如罗素（Bertrand Russell）、摩尔（George Edward Moore）、培里（Perry）和蒙塔古（Mountagu）等都抛弃唯心主义转到实在论。他们分析和论证事实如何可以独立于经验而存在，大多数人在“即使没有人的感觉经验，世界都存在着”论题上给予了学理性的阐释。在短短几十年间，难以计数的研究人员成为实在论的拥

① 朱碧波、李朝辉：《“边疆建构论”与“边疆实在论”：对立抑或共生？——兼与杨明洪教授商榷》，《新疆师范大学学报（哲社版）》2018 年第 2 期。

趸者。[①]

就在实在论大行其道的时候，反实在论也作为对立面而产生。最著名的反实在论者范·弗拉森（Van Frasson）用建构经验论代替科学实在论，主张“科学旨在给予我们经验上合适的理论”。人们将其称之为辩证的反实在论者，因为其对量子理论的研究中有实在论的观点；A·法因（Arthur Fine）大力驳斥各种实在论，持有“自然的本体论态度”，其著作《自然存在论态度》开篇就宣告“实在论已经死亡”，但“他认为，我们既不应该是实在论者也不应该是反实在论者，一切实在论和反实在论之争都应被取消”[②]。坦南特（N. Tennant）在《反实在论和逻辑》一书中指出：反实在论是一种关于语言、意义和逻辑的学说。

从坦南特1987年才出版的这部著作的角度反观，建构经验论的反实在论，主要是认为科学的目的是提出经验适当的理论；再者是接受一种理论只涉及理论在经验上是否适当这一判别标准。建构经验论一方面用学科语言意义的依据声明建构的逻辑，另一方面如果发现被观察的事物要做定性的话，作出判定的应该是建构认识的专家本身，而且对可观察的判断是有语境的，如果需要再建构，可以根据语境和语义继续延伸。[③]

（三）“边疆实在论”的短板与如何走出困境

坦南特作为20世纪后期的建构论和反实在论学者，用“语境”论法为建构主义打开了新的门径。亦即对方的反驳与建构论本身不在一个语境之中，由此可以认为对方根本不懂建构的基础与平台。从上面有关问题的争鸣以及形而上的观察之中，维护“边疆建构论”的学者，基本上像早前建构论哲学家所说那样，以语境方法对批评者做反驳。也许，论者并不

① 20世纪是西方哲学大发展时期，各种学说精彩纷呈，其背后隐藏内在逻辑的精辟见解，带来了许多发人深思的问题，促进了人类哲学思想的繁荣。

② R. 罗蒂著、李红译：《当代分析哲学中的一种实用主义观点》，《哲学世界》2003年第3期。

③ 参阅张之沧：《当代实在论与反实在论之争》，南京师范大学出版社，2001年。该书作者认为：自20世纪新实在论和批判实在论问世以来，实在论与反实在论的激烈争论，不仅论述了自然主义实在论的复兴、西方马克思主义实践观的形成，也在现代物理学的实在观中，突出了理性实在论、现象实在论、互补实在论、潜在实体论、测量实在论、关系实在论等观念和理论。

知晓为何这么做，但旁人从形而上的角度则能够发现科学哲学阐释的缘由。由此，也可见哲学家们早期在“建构与实在”分辨上的学术洞察力，是可以穿越时空的。

诚如朱碧波等指出的那样，“边疆实在论”还处于初创阶段，有很多不足，亟待作系统性的深化。我们认为，“边疆实在论”的短板，并不在于用不同于政治学的角度来论述问题，而在于杨明洪教授确实没看到边疆概念在当代的拓展，依然以陆海边疆作为研究的出发点，将自己史学学术积淀贯穿进来（方盛举还认为杨文中有民族学的因素），提出自己的观点，与周平教授自成一体的边疆观商榷。在建构论的方法论之中，对属于语境差异问题一般是不作具象问题对话的。杨明洪的论文，其实用的是机械实在论的方法，观察问题的视野不广，所以才自设困境，局促不堪。不过，正因为是初创，有着可以破局而出的潜力。初级的“边疆实在论”若要爬出困境，可以将三个方面综合运用：一是超越过去走向未来，亦即将边疆视作在过去、现在与将来的一个时空统一体，既理解微观实体的存在过程，也理解宏观客体的变化过程；二是跨过分割走入融合，亦即将认识过程看作建构的实在发生，承认建构也是实在的，使自有的实在向着理论的实在融合；三是迈过实体走进哲思，亦即不再执拗于对观察到的实体现存性的追求，走进边疆属性与关系语境的认识论空间，从形而上理解边疆的本体性问题。若能完成这三个方面的转换，“边疆实在论”将实现新的蜕变。

此三个方面的综合建议，也是我们对这个问题争鸣的形而上的认识，这个认识所蕴含的，即边疆是国家在时空统一之中的自在体，无论对边疆的研究建筑在何种学科的平台上，都应当看到边疆本体既包含了建构也有着实在，这两者之间并没有从实践到理论的鸿沟。

四、结语

业内对边疆学的建构问题的讨论，自 1992 年邢玉林先生发文以来，已经 20 多年了，到现在还没有在 The frontier science 意义上形成较为成熟的“中国边疆学”。从学理研究可以成立的学科体系的角度看，如果不能从形而上的研究上把原理搞清楚，不能使学术逻辑与实践逻辑同时达于一致性，边疆研究之中跨学科的跨通是不可能的。为适应新时代中国长远目标的指向，在边疆研究之中需要在一般到个别之间建立有机的联系，将普遍性的问题认识好，推进对特殊性问题的深刻认识，之后，再更加深刻地认识普遍性的问题。

治边稳藏重要思想的战略地位*

王春焕

习近平总书记在参加十二届全国人大一次会议西藏代表团审议时对西藏工作作出了重要指示，其中，“治国必治边、治边先稳藏”重要思想阐明了我国现今治国、治边、治藏三者之间的关系，是在新形势下关于边疆战略思想的具体体现，对于治理西藏、治理边疆以及治理整个国家具有重要意义。

一、以现代国家理论阐明治国、治边、治藏“三位一体”的治国理念

自人类社会进入文明时代即出现国家这个政治组织以来，国家形态一直处于动态变化之中，从时序上可把国家划分为传统国家与现代国家两个类型。传统国家是一个相对性概念，一般是指前现代或者资本主义前的国家。传统国家有边陲而无国界。根据这种划分法，有人认为中华人民共和国的建立标志着现代国家建构在中国的真正开始。也就是说，在中华人民共和国成立之前，中国还处在传统国家形态上。由于国家形态的不同，世

* 此文刊发于《西藏日报》理论版2015年5月9日。

界各国形成不同的治国理念和方式，进而有传统国家理论与现代国家理论之别。现代国家的组织形式是民族—国家，制度体系是民主—国家，亦即民族、民主—国家，这里的民族指国族。民族—国家突出的是主权，民主—国家强调的是人权，民族、民主—国家重视的是主权、人权，这样使国家有了明确的国界，这样的国家成为公民社会，这是现代国家的实质。因此，现代国家理论强调的是国家一体化程度和公民社会的均质化发展，即凡是在国家拥有主权的地区都应同质发展，公民享有同等的权利，进而打破传统国家重中心地区轻外围（边境）地区的中心—外围边疆观，确立起中心—外围平等发展的边疆观。中华人民共和国建立以来，实行民族平等政策，加速发展民族地区和边疆地区，边疆民族地区获得与内陆、沿海同等的发展机会，各族人民享有当家做主、参与国家和地方事务管理的权利。由此，国家领导也相应地形成现代国家的治边思想和理念，高度重视边疆的安全、稳定和发展。

“治国必治边、治边先稳藏”重要思想，深刻阐明治国、治边、治藏“三位一体”的现代国家治理理念，稳藏是治藏的结果。这一理念蕴含着治理好国家与治理好边疆、治理好西藏一致性的内涵，即存在治理好西藏就能治理好边疆、治理好边疆就能治理好国家的逻辑关系。治国是中国现代国家建构的总目标，治边是中国现代国家建构中巩固主权的必须途径，治藏是中国现代国家建构中巩固主权的重要基础。因此，“治国必治边、治边先稳藏”重要思想不仅提升了西藏在边疆、在国家位置中所处战略地位的重要性，而且把治国、治边、治藏“三位一体”的关系上升到现代国家边疆总战略的地位。领会“治国必治边、治边先稳藏”重要思想时，不能割裂这三者之间的关系，片面地强调一个方面，尤其是强调西藏的特殊性。“治国必治边、治边先稳藏”重要思想指导我们看到在现代国家建构中西藏具有重要性，在国家均质化发展的时代其特殊性会越来越少的趋势。因此，在工作中要重视西藏在现代国家建构中的重要性并致力于促进国家发展一体化进程，把西藏在现代国家建构中的重要性认识实践于西藏经济建设、政治建设、文化建设、社会建设和生态建设“五位一体”建设总布局，使西藏作为边疆地区为中国现代国家的建构作出贡献。

二、以治国、治边、治藏“三位一体”关系构成边疆战略思想

在现代国家理论中，边疆是国家的重要组成部分，不再仅仅是传统国家观念中拱卫国家中心地区的外围屏障。传统边疆观念只要求边疆安全起到保卫中心的作用，不关乎其发展与否。现代国家边疆观念认为，边疆地区与传统时代的中心地区得到同样发展才能真正拱卫整个国家的安全。大国的崛起往往是拓疆式的崛起，在地理、领土疆域外都有其利益边疆和战略边疆，苏联和美国都是拓疆式的崛起。苏联失败了，美国还在继续，把别国的某个地区作为自己的利益边疆和战略边疆来拓展。在全球化过程中，国家形成了政治地缘性的竞争关系，这使现代边疆问题越来越复杂。中国正在崛起，但与苏联、美国的崛起不同，中国是守疆式崛起。由此，在全球化大趋势下，国家组织形式依然是国际社会最管用的组织形式，国家在政治地缘性竞争中趋于加强态势，中国必须考虑边疆战略问题。

“治国必治边、治边先稳藏”重要思想，以治国、治边、治藏“三位一体”的关系构成国家边疆战略思想。从这“三位一体”的关系中可以看出，治边是指治理陆地边疆，即治理陆疆。首先，这一重要思想把治边提升到治国的重要位置，即把治边作为治国的重要内容。新中国建立以来，是真正走向现代国家的建构时期，国家非常重视边疆地区的发展，动员力量大力建设边疆，使边疆地区经济社会发生了重大变化。但因受传统观念影响，出现了一些现代国家发展中不应有的现象，即边疆地区每逢出现重大事件时，才能引起国家有关部门对边疆地区发展的重视，出现边疆地区越闹事越被国家重视的怪现象。这一重要思想要求整个国家确立起现代国家边疆战略理念，从国家层面讲，把治边纳入治国的总要求中，国家有关部门应形成国家整体区域和民族、边疆地区平衡发展的总思路，走出边疆民族地区发展不平衡的局面，形成国家整体区域均质化发展态势；从边疆地方层面讲，应当在治国的总要求下确立现代国家“国家利益至上”观念，发展边疆，努力消除国家整体区域间发展的差异，治理好边疆地

区，为国家治理边疆、构建中国特色的边疆战略提供实践经验。其次，这一重要思想把治藏提升到治边的重要位置，即把治藏作为治边的重要内容。西藏是我国西南地区的陆疆，在国家战略和边疆战略中具有重要影响。这一重要思想要求，在现代国家总治理中治藏为治边先行先试，探索治理模式，积累治边经验。再次，这一重要思想回应了国际社会中国家政治地缘性竞争的诸多问题。在全球化趋势下，不但地缘相连的国家（周边国家）对我国产生一定影响，而且非地缘相连的国家也对我国产生较大影响。以美国为首的西方国家通过与我国地缘相连的国家或直接对我国边疆进行全方位宽领域渗透，对我国边疆安全造成威胁，给正在走向现代国家的中国带来较大阻力。以治国、治边、治藏“三位一体”关系构成的国家边疆战略思想，是对西方国家以边疆问题分裂中国阴谋的回击。习近平总书记关于中国边疆战略思想的核心是国家和边疆的一体性，治国、治边、治藏就宣示了中国国家整体区域要平衡发展，达到不可分离、分离不了的程度。这是我国现代国家构建中的一个重要方面，也是习近平总书记关于边疆战略思想的必然要求。

三、以治藏模式为国家治理中的治边提供经验

治藏是历代中央王朝治国经营之道，有许多成功的治理经验，但那时的中国属于传统国家的类型，主要以氏族、家族、部族、地方性族群等共同体构成。这种传统的国家治理已远远不能适应现代国家构建的需要。当然，不能隔断历史，历史发展有连续性，传统的治藏经验有可以借鉴的内容，但时过境迁不能照搬，何况现代国家需要建构科学管理民族、管理宗教、管理公民社会等一系列国家治理模式。新中国建立后，包括和平解放西藏在内，国家采取了一系列治藏措施，形成一些治藏方略，探索了现代国家建构中的治边治藏模式，积累了一定的治藏经验，值得肯定。治藏是个动态过程，需要不断探索和完善，尤其是改革开放以来治藏的内外部环境发生了较大变化。西藏是一个以藏族为主体的边疆地区，多元宗教中藏

传佛教影响最大。在国家快速发展过程中，民族、宗教出现了国内国际性流动。与传统国家时代相比较，解决民族、宗教流动性带来的问题是建构现代国家中治理西藏必须面对的问题。除此之外，关于边疆经济、政治、文化、社会、生态建设与发展中出现许多新情况，也是建构现代国家中治理西藏必须面对的问题。

“治国必治边、治边先稳藏”重要思想中的稳藏，是指通过现代国家建构中的治边、治藏实现稳藏的目标。先稳藏，就是要求治藏为现代治边、治国探索适合中国国情的治理模式，积累成功经验。这一重要思想既是对西藏在国家战略地位中作用的高度肯定与新认识，也是对做好西藏工作的重要指示，更是给做好西藏工作以及治藏提出的新命题。这就需要有清醒的认识和思考，明确西藏究竟该怎么做、做什么。习近平总书记在参加十二届全国人大一次会议西藏代表团审议讲话中，从推进跨越式发展、改善和保障民生、巩固和发展民族团结、维护社会稳定、培养各族干部等方面为治藏提出思路。我们应当在“治国必治边、治边先稳藏”重要思想指引下，从处理民族关系、宗教关系入手，探索解决民族问题、宗教问题的新途径，进而完善民族区域自治制度，探索出现代国家治边、治藏模式，为构建中国现代国家边疆理论作出努力，为国家治理其他陆疆地区提供经验。

关于边疆学研究对象和主要内容的思考*

王春焕

构建边疆学已是学界一些学者的强烈呼声，可是建立一门学科并非易事。当前，学界都期待能够构建边疆学，说明边疆学具有了它应有的价值意义。对于中国来说，构建边疆学的意义在于从学理方面能够为边疆问题的解决提供理论依据或者实践方法，或者从某种意义上提供战略性理论支撑。在此，对构建边疆学的价值意义不作过多探讨，就是说构建边疆学已具有了一定的价值意义，可谓到了该构建边疆学的时候了，否则我们讨论边疆学的其他问题就没有可行性了。

学科的建立就是为了建立某方面的知识体系，来指导相应的社会实践活动有效开展。边疆学研究是为了人类认识边疆现象以及解决边疆问题这一社会实践而进行的学科研究。按照学科建设的基本规律，建立学科要有学科研究对象、学科研究方法和学科体系，在这三个要素中，最基础的就是学科研究对象，弄清了这个问题，才能鉴定清楚学科的性质，选择科学的研究方法，架构学科体系。每门学科都有自己特定的研究对象，并且研究对象的界定都遵循着一定的规律。归结起来主要有“活动说”“过程说”“规律说”“关系说”“现象说”“系统说”，以及不同说法的组合等

* 此篇论文刊发于《华西边疆评论》2016年第4辑，民族出版社。

等。此外，由于人们的主观认识不同、研究视角不同，即便同一学科内部也会因为不同流派、不同角度、不同历史时期，存在不同的学科研究对象。关于边疆学研究对象的确定问题，也会因人而异，所以应予以讨论。

边疆是相对国家而言的，是指国家的边缘地带，也是两国相接的地方。“边疆”的概念有诸多的解释，在今天来看，从地理角度看，主要指靠近国界的领土，应是一个区域地带。从现今国际法或国际体系的规定看，凡属现代国家都有边疆，不论是陆地国家还是海岛国家，陆地国家有疆界，海岛国家有海洋法限定的领海。“边疆”这一国家演变中的现象，从人类社会有国家这个政治组织以来就有之，一直到现在也还存在。陆疆、海疆、空疆、天疆都是边疆的范围，是现代国家立体式边疆，仍属地理边疆或领土边疆的范围。边疆实际上应是国家的内容，理应属于政治学研究的范围或对象。但到现在，所有政治学研究对象并未涉及边疆现象，因而从学科角度看，国家现象中边疆的现象研究没有纳入真正的学科，边疆学应归何处？归政治学容纳不了所有研究内容，如边疆演变的历史、过程以及规律等。近年来，一些学者的研究成果将边疆治理归入政治学范围，如吴楚克著《中国边疆学》和周平主编《中国边疆政治学》等。同样，边疆的一些现象与历史学、地理学有联系，但也很难融入历史学或地理学。于是，产生了中外学者研究边疆现象归属哪个学科的问题。迄今中外学者研究边疆现象的成果已经比较丰富，尤其是中国学者研究边疆问题的人越来越多，在申请课题时要么划归政治学，要么划归民族学，没有边疆学学科归属。我们在《国家战略下的大边疆战略研究》课题中把中国与世界各国关于边疆问题研究的内容称之为边疆研究或边疆理论。一个学科的构建并被认可是一个漫长的过程，需要致力于这门学科研究的人们不断努力。我认为，中外关于研究边疆现象及边疆问题的成果已经很多，将其归纳起来，确实可以建立一个学科了，但如何建学科还需付出很大的努力。

近年来，中国学界构建中国边疆学的呼声越来越高。马大正《关于构筑中国边疆学的断想》《关于中国边疆学构筑的几个问题》和《略论中国边疆学的构筑》，方铁《论中国边疆学科建设的若干问题》和《论中国边疆学的研究方法》、李国强《中国边疆学学科构筑的透视》、周伟洲《关于构筑中国边疆学的几点思考》等，都在呼吁构建中国边疆学。中国边疆学的构建主要在于研究中国的边疆现象、解决中国的边疆问题。2012年云南人民出版社出版了郑汕教授的国家社科基金项目《中国边疆学》，这是构建中国边疆学的探索。随着边疆研究的深入，以孙勇为代表的学者提出了应先建立一般边疆学的主张。我认为，不管是建构中国边疆学还是建构一般边疆学，出发点都是为认识和解决中国的边疆问题服务。我和大家讨论的是一般边疆学。

建构边疆学首先要弄清的是学科研究对象。确定学科研究对象要依据一定的原则。这些原则有独特性原则、视角原则、系统性原则和全面性原则。独特性原则就是本学科研究的对象是独特的，不同于其他学科，研究内容虽有交叉但不能替代，所研究的对象不能融入别的学科中，即无替代性。如经济学研究经济现象，政治学研究政治现象，社会学研究社会现象等。学科研究的特性意味着研究对象作为一个整体，具有自己内部独特的结构，与其他领域存在区别，但这种独特性是相对的。这是确定一个学科的初级标准，还要参照其他原则。视角原则就是对某事物进行研究的视角或方法，研究某一事物可以从多个视角来研究，某学科研究视角就是选择了某个角度，如经济现象研究选择从经济学视角研究。学科研究的关键是确定从什么视角研究。系统性原则就是以开放的态度和系统的观念来研究，研究对象内部各要素之间是有机联系的，研究对象与外部环境之间是互相作用的，不能割裂。全面性原则就是全面规定学科研究的现象对象和本质对象，世界上任何事物都是本质和现象的统一体，学科研究要实现研究对象的本质和现象的统一性。①

根据上述四个原则推导，边疆这一客观对象具有独特性，如前所述，政治学、历史学、地理学、地缘政治学研究都可能涉猎，但没有能单独研究；边疆这一客观对象研究视角是从边疆学的角度研究，而非是政治学或其他学科角度；在人类历史演进中，边疆这一客观对象历经发展演进，构

① 参考阳建新、李上：《标准化学科研究对象探析》，《学术研讨》2012年第4期。

成了完整的系统，如陆疆、海疆、空疆、天疆等“硬边疆”，也还有文化边疆、信息边疆、经济边疆、金融边疆、利益边疆、战略边疆等“软边疆”，这个系统的各要素之间是相互联系的，它们与其他的外部环境如军事、外交、贸易等也都是联系的，它们不是封闭的；边疆这一客观对象的本质是国家的拓展，而现象是历史上国家边疆的变化及其演进，边疆这一客观对象演示的是国家拓展的本质和边疆无数次变化的现象的统一。所以，边疆学研究对象应是历史上全球范围内、国家格局下边疆变化及其演变的规律。它与地理学、地理政治学、地缘学、地缘政治学等学科有关联，但不能相互替代。边疆学不同于中国边疆学，“中国边疆学以中国地区的历史与现状为研究对象，以专门史、历史地理学、法学、人类学、国际关系学、边疆现实问题等学科作为学科支撑点”①。目前，中国学界往往把边疆学与中国边疆学等同起来。如余潇枫、徐黎丽、李正元等所著《边疆安全学引论》中写到与边疆安全学相近的学科有“边疆学”，但其阐述的是中国边疆学内容。笔者认为，边疆学构建首先应构建一般边疆学，而不是首先构建国别边疆学，因为二者的研究对象和主要内容不同，一般边疆学可以奠定边疆学的原理基础。

笔者认为，一般边疆学研究的对象是“历史上全球范围内、国家格局下边疆变化及其演变的规律”。那种认为“边疆只是近代以来民族和国家兴起后的历史产物”② 的观点欠妥，近代以前没有国家和边疆？现今中国的边疆问题不仅是近代西方国家侵略中国遗留下来的，也有的边疆问题是王朝国家时期和华夷体系、朝贡体系遗留的，所以，研究近代民族国家产生以来的边疆不能贯通古今，不能反映边疆这一客观现象的全貌。根据边疆学研究对象，边疆学的主要内容应包括下列内容：

第一，国家与边疆。国家是人类社会的政治共同体，按照马克思主义的国家观，国家是人类社会进入奴隶制阶段的产物，国家有其疆域或疆界。在人类社会的古代时期，地球辽阔的土地上，国家的出现是少数，没

① 方铁：《论中国边疆学学科建设的若干问题》，《中国边疆史地研究》2007 年第 2 期。

② 余潇枫、徐黎丽、李正元等著：《边疆安全学引论》，中国社会科学出版社，2013 年，第 16 页。

有占领地球上所有的地土，当时出现的国家疆界并不连接。国家的连接或接壤是在早期国家拓展后，国与国相连接才产生了边疆或边界连接的现象。随着国家的进一步演变，人类之间争夺空间的斗争越来越激烈，甚至产生战争，战争的目的之一就是为了夺得更多的土地或国家生存空间，所以说，边疆是人类战争的产物，边疆是随着国家演变而演变的。从时间上划分，国家可分为古代、近代和现代；从社会形态划分，国家可分为奴隶制国家、封建国家、资本主义国家、社会主义国家；从国家统治者角度划分，可分为王朝国家、民族民主国家（含单一民族国家和多民族国家）。由于国家类型的划分不同，国家边疆的演进也不同。研究边疆这一客观现象，应先从研究国家演进入手，不研究国家演进现象就不可能研究边疆演进现象。

第二，边疆的概念及其演变。在世界各地，在不同的时期，人们对边疆的概念理解不同。原本边疆是国家边缘地带的意思，但随着人类认知的变化，对边疆概念的认识变化很大，有多种解释，如陆地边疆、海洋边疆、天空边疆、太空边疆，又有文化边疆、经济边疆、金融边疆、信息边疆、利益边疆、战略边疆等，又有人将此归结为“硬边疆”和“软边疆”等等。边疆概念的演变反映了人类对边疆这一客观现象认知的演进，其背后反应的是人类社会中国家竞争下人类意识的变化。

第三，世界各地各时期边疆变化的规律。这个内容比较庞杂，大体包括：

一是王朝国家与边疆。东西方世界都经历了王朝国家时期，主要是欧亚大陆的国家都曾经是王朝国家，奴隶制和封建制国家都属于王朝国家。王朝国家之间主要是为争夺地土、财富而发生战争，战争改变国家状态及其疆域，在战争中有的国家强大了，有的国家衰落了甚至是灭亡了，这就有了边疆演进规律：边疆随着国家的演变而变化，有国家才有边疆，没有国家就没有边疆了，边疆伴随着国家的拓展而拓展。王朝时期，国家之间的竞争先是陆地的争夺，后来是海洋的争夺，出现国家陆疆、海疆的变化。王朝时期国家对陆地、海洋的争夺取决于国家军事力量，不受法律约束，也没有国际制裁。所以，王朝时期，大国兴衰取决于国家实力。欧洲国家在王朝时期争夺土地的战争不已，为解决边疆问题，1648 年 10 月 24 日缔结《威斯特伐利亚和约》，其一系列条约关系到欧洲国家领土的变更问题，确立了欧洲大陆各国的国界。王朝时期虽已逝去，但现今一些国家的边疆问题犹在。

二是华夷体系、朝贡体系与边疆。这两大体系是东方国家主要是中国的特点。古代中国形成了以自己为中心的“天下观”，即天下体系。因这一空间概念的范围主要在东亚，也称东亚体系。美国学者费正清称其为“华夷体系”或“中国传统的世界秩序”。“华”与“夷”的关系就是中心与外围、君与臣的关系。周围的“夷”融入以“华”为主轴的一个既封闭又开放的系统中。① 在“华夷体系”中，位居中央的政权凭着博大的文化、先进的政治制度、发达的经济和王道的思想，与周围政权之间形成了“朝贡”关系，称为“朝贡体系”。这一体系中有亲疏的层次关系，外围的“夷”向中心的“华”称臣朝贡，形成君臣关系，是一种政治隶属关系，以“中华”自称的中央政权将“夷”看作番属，有生番和熟番之别。在华夷体系和朝贡体系下，周围的“夷”地就是中央的边缘，而且在古代中国的观念中，对“夷”的认识是无限的。用今天的边疆概念阐释，“夷”就是“华”的边地和边地的人。两种体系在东亚延续了数千年，古代中国直至近代的清朝形成了自成一体的边疆体系，西方列强侵入后，冲击了保持数千年的两个体系。

三是殖民体系与边疆。殖民体系是西方国家的主要特点，这个体系是伴随着世界新航线的开辟，西方资本主义在国家拓殖过程中形成的。凡是资本主义兴起的西方国家向海外扩张都有殖民地，他们将自己原有的国家疆土称为本土，海外殖民地称为海外领地。在海外争夺殖民地的同时，欧洲国家也有内部边疆之争。1814 年 10 月至 1815 年 6 月，全欧国家召开维也纳会议，英、奥、俄、普四国操纵会议，签订《最后协定书》，建构了维也纳体系，主要调整了拿破仑战争后欧洲各国的疆域，使欧洲大国在 19 世纪中期管辖的领土面积大致相等。为了解决海外殖民地的问题，近

① 郭良品：《“华夷体系”与集体安全体系的比较》，《哈尔滨学院学报》2008 年第 1 期。

代国际法还确立了国家取得领土的五种方式，即先占、时效、添附、割让和征服，规定这些方式取得领土为合法行为，为殖民取得土地提供了法律依据。在殖民体系下，亚洲、非洲、美洲、澳洲一些地区成为欧洲国家的殖民地，按照由西方主导建立的国际法是合法的，在殖民体系的合法条件下，欧洲国家的疆域大规模扩张，才有了英国“日不落”帝国之称。殖民体系不是单独存在的，同时国际法体系也在形成。

四是国际法体系与边疆。在边疆问题或边疆观或边疆研究方面，东西方国家主要是中国与欧美国家差别很大。东方的中国一直坚持用华夷体系、朝贡体系观念来对待边疆及其问题，而西方国家则不同。在各国争夺土地过程中，逐渐用法律来规范国家行为，形成国际法体系或条约体系，由此，在关于边界、土地的划分上，西方国家主导了世界秩序或话语权。这主要是由条约形式而形成的威斯特伐利亚体系、维也纳体系、凡尔赛—华盛顿体系、雅尔塔体系主导，这四个体系中有各国相约定的国家法作支撑，因而在西方形成了领土、领海、领空、主权等概念，他们共同约定以国际法来确定国家疆界或疆域范围。各国入侵古老的中国，中国人都不懂得这些国际法，只知道战争失败被迫签订条约，赔款、割地、开商埠通商等，中国被强行拉入国际法体系中。西方国家的国际法体系击败了中国的华夷体系、朝贡体系，在国际法的“规范”下，中国边疆陷入全面危机，直到今天，仍是中国边疆问题的深渊，至今都没有完全摆脱。在国际法体系下，殖民体系从建立走向崩溃，世界国家格局多次发生重大变化，一些国家的边疆也随之发生重大变化。

五是马克思主义理论体系与边疆。马克思主义诞生后，在领导欧洲革命过程中，马克思、恩格斯针对资本主义国家和制度的弊端，提出了构建科学社会主义的理论，其中“全世界无产者联合起来”“工人阶级没有祖国”等论断，旨在建立全世界联合的共产主义社会，建立人类共同主导的世界秩序，最终解决在私有制社会制度下人类社会的不平等、不公正问题，消除战争、掠夺等现象。苏联作为世界第一个社会主义国家探索了马克思主义国家学说指导下的国家发展道路，但它最终走上国家霸权的道路，在与美国的竞争中失败并导致国家解体。

第四，东西方边疆研究的异同与边疆观的冲突。由于历史上东西方国家边疆演变的不同，西方边疆研究基本上是拓疆型研究，服务于国家战略。而东方主要是中国受其“天下观”的影响，边疆研究基本是治理边地、拱卫中央腹地的守疆型研究。近现代以来，西方的边疆研究不断拓展其范围，中国的边疆研究基本是守卫地理边疆和领土边疆的研究，较西方滞后。由于东西方国家边疆观念的差距，西方在国际法体系约束下，试图又不断打破国际法的限制，从多层面或在无形状态中拓展疆域。而中国进入国际法体系后严守国际法规定，按照国际法规定守疆意识很重，针对西方对中国领土边疆归属的攻击，中国研究又刻板地套用国际法中的管辖权论证边疆地区的归属。中国的西藏、新疆、台湾或某地自古就是中国的一部分的命题，实际上是东西方国家边疆观冲突的结果，而在冲突中，中国研究不力，难以主导世界秩序和边疆话语权。

第五，边疆演进的动因。纵观历史上古今中外边疆演进的现象，都受着国家演进规律的制约。在国家演进过程中，影响边疆变化的因素诸多，有军事、贸易、经济、文化或文明进程、金融、外交等各种因素交织在一起的综合影响。进入现代国家以来，这些因素更是影响边疆演进的动因，世界强国都在增强影响无形边疆（软边疆）的力量，无形边疆的较量又落在有形边疆（硬边疆）的较量上，如美国与中国在中国领土边疆方面的较量，实质上是两国无形边疆的较量，目前中国还处于劣势。

第六，全球化中的边疆演进及其未来。在世界历史上，西方国家主导以贸易为标志（英国主导）的全球化和以金融为标志（美国主导）的全球化，把整个世界都卷入了全球化进程中，全球化带来了边疆演进的变化。被国际法认定的国家组织基本框定了边界或边疆（有些国家存在边界之争），绝大部分国家有边防，有驻军守卫。在全球化过程中，除国家组织外，还出现了非国家组织的组织形式，有结盟或不结盟而形成的组织，如欧盟，内部边界之间不设防，可以自由通行，还有非国家组织形式如IS，它有领土和边疆诉求。国家组织与非国家组织并存，使国家和边疆现象更加复杂化。按照事物发展的规律，国家有产生、发展和消亡的过程，边疆会随国家而最终消亡。如果地球上国家组织消亡，由某种力量主导的一种容纳全世界地区和人口的统一组织出现，那么，人类社会的国家和边疆将一起消失。但在这一演变过程中，国家之间始终存在竞争，边疆就不会停止变化。所以，现存各国尤其是大国都要制定国家战略以及边疆战略，争夺或守卫有形或无形的空间领域。未来，国家与边疆的变化都是其走向消亡的过程。

“条约体系”冲击“朝贡体系”所形成的中国边疆问题及其解决思考*

王春焕

边疆是国家产生后的产物，是一个随历史发展而动态变化的概念。国家疆土的盈缩过程构成国家的边疆运动，边疆运动的发展又影响着国家疆土的变化。东亚地区在古代形成了以中国中原地区为中心的朝贡形式的国家体系，也称“朝贡体系”。① 在历史发展进程中，中国的“朝贡体系”延续了很长时间，中国形成以腹心地为核心、与包括“熟番”“生番”的外围相互联系互动的国家体系。在西方殖民者以武力到来之前，亦即在“条约体系”取代“朝贡体系”之前，古老中国按照“朝贡体系”的治国方式，维持着国家秩序。按照中国传统的“普天之下莫非王土，率土

---

* 此篇论文刊发在《西部发展研究》2018 年第 1 期，社科文献出版社。

① 本文认为，“朝贡体系”是古代中国的国家体系，而不仅是国际体系。王培培在《“朝贡体系”与“条约体系”》中认为，在古代东亚地区，在“封贡关系”的基础上形成一个特殊的地区国际关系体系——“朝贡体系”。“朝贡体系”虽然是若干国家构成的地区国际体系，但是其最大的特点是体系中其他国家与中国的双边关系是体系的构成基础，体系完全是由其他国家对中国的直接关系规定的。在此基础上——即以周边“朝贡国”对中国的双边关系为结构，形成一个以中国为中心、从中心向外围扩展的同心圆的“朝贡体系”。见王培培：《“朝贡体系”与“条约体系”》，《社会纵横》2011 年第 8 期。这里“朝贡国”实际是古代中国的“熟番”“生番”，作者将其看作与中国对等的国家，笔者认为实际上是古代中国腹心地以外的地区。放置于当时的环境中看，就是中国腹心地与外围构成的国家体系，以今天的国家划分看才是国际体系。

之滨莫非王臣”的观念，“朝贡体系”下统治者的国家观、世界观认为，所知的“天下”都是自己的，也是“朝贡体系”下统治者主观上宣誓的“领土观”。但是，西方世界在1648年《威斯特伐利亚和约》产生后，逐渐产生了国际法，以此来划分近代国家地界、边界。当西方殖民者向世界扩张后，随之以国家领土和主权为核心的“条约体系”逐渐形成，西方列强在向世界东方特别是古老的中国扩张时，“条约体系”直接冲垮了久长的中国“朝贡体系”，改变了古老中国的天下观、国家观和世界观。“条约体系”与“朝贡体系”的撞击，改变了世界秩序，改变了西方国家和中国的国家秩序或国家体系。东西方国家体系碰撞中，“条约体系”取代了“朝贡体系”，中国被强行拉入“条约体系”中，这个体系直接压缩了中国的边疆范围，消减了中国疆土面积，造成中国边疆地区的问题和危机，遗留的边疆问题直到现今。近代以来，中国边疆问题和边疆危机爆发，边疆研究或治边研究、边政研究兴起，探讨边疆问题和危机的解决。当代，面对近代以来遗留的边疆问题以及现今国家地缘政治与边疆问题的变化，再度兴起边疆研究热潮，学界为国家解决边疆问题出谋献策，笔者也加入这个行列。通过几十年在边疆地区工作的实践与体会，从世界范围内“条约体系”与“朝贡体系”碰撞视角，探讨两个体系碰撞下的中国边疆问题，并思考解决这些边疆问题的思路与对策。

一、“条约体系”对中国“朝贡体系”的冲击以及造成的边疆问题

“朝贡体系”是一个现代西方的学术概念，也成为中国学界关注的对象。中西方对“朝贡体系”概念应用有三种方式：一是作为中国对外关系的官僚管理制度，二是作为英国学派意义上的国际机制，三是费氏模型（费正清）提出的作为中国对外关系的基本媒介。①“朝贡体系”是古代中国从先秦时期起逐渐形成的以中国中原地区政权为中心、与周边地区

① 张峰：《解构“朝贡体系”》，《国际政治科学》2010年第2期。

互动的一种国家体系。在中国漫长的历史过程中，这种国家体系不断发生着变化，但是不管是汉族建立的政权还是少数民族建立的政权，一直都沿用这种体制，直到明清时期走向成熟，对中国历史产生较大影响。这种体系是以皇朝与边地建立“封贡关系”为基础而形成的一种国家体制，皇朝统治者给边地首领封赐，边地首领称臣上贡。按照中国传统的“五服制”划分，甸、侯、绥、要、荒“五服”都要向天子进贡，这五种划分表明边地与中央政权核心地的远近。笔者认为，在西方建立的“条约体系”确立国家边界、国家主权之前，实际上“朝贡体系”或制度下，东方的中国已经产生国家边界概念——“普天之下莫非王土”，这是古代中国统治者主观的“领土”宣示，如果所认知的边地首领接受封赐、向天子或皇帝进贡，即可实现“率土之滨莫非王臣”，就形成了帝王与边地首领的君臣关系。中国历史上，皇朝与边地“君臣关系”的确立是通过封贡关系确立的，即天子或皇帝对边地首领封赐、边地首领向天子或皇帝进贡。在传统中，皇朝“领土”的主观宣誓与“君臣关系”的确立，实际构成了古代中国腹心地与边地互联互动的关系，“领土”不固定，是无限的，它随着封贡关系的变化而变化。故而，在当代视角下，西方研究的中国“朝贡体系”，既是古代中国的一种国家体系，也是一种国际体系。在这种体系下，皇朝与边地多以政治交好、经济贸易、战争和亲等方式处理彼此的关系。在近代鸦片战争前，古代中国按照自身国家发展演进的规律发展，以至于构成东方中华帝国。从 1840 年中英鸦片战争开始，以英国与清政府签订的中英《南京条约》为开端，西方“条约体系”打破了“朝贡体系”的宁静。古代中国的国家体系和国际体系被“条约体系”所取代，中国被动接受西方强加的各种条件。

“条约体系”也是现代西方的一种学术概念，广为中国学者所关注。“条约体系”是指伴随着近代殖民扩张，形成的西方殖民列强主导的以“条约关系”为结构的国际体系——其本质上是一种“殖民体系”。[①] 鉴于对人类社会土地与生存空间的争夺，欧洲国家经历三十年战争后，法国

① 转引自王培培：《“朝贡体系”与“条约体系”》，《社会纵横》2011 年第 8 期。

和瑞典率先于1648年签订了《威斯特伐利亚和约》。《威斯特伐利亚和约》确定了欧洲大陆各国的国界，法国和瑞典获得了相应的领土，德意志境内的几个大诸侯都扩大了领地，各诸侯在其领地内享有内政、外交的自主权。荷兰和瑞士的独立地位获得了承认，葡萄牙获得了独立。威斯特伐利亚和会及其和约塑造了一个威斯特伐利亚国际体系，在欧洲大陆确立了一个相对均衡的多极国家格局，开启了近现代国际法的先河，确立了国家主权原则。《威斯特伐利亚和约》是“条约体系”的开端，从此，西方国家多以签订条约的方式决定战争的结果。此后，以欧洲地区为主的第一次、第二次世界大战，参战国以条约形式解决战争问题，形成了凡尔赛—华盛顿体系和雅尔塔体系等国际体系。战后条约及其形成的国际体系，都涉及当时国家边界和领土的确定。笔者认为，“条约体系”既是近代以后一种国际体系，也是英帝国的一种国家体系——英联邦国家体系。以英国为核心的英联邦就是以条约的方式，在其殖民地独立后将其纳入自己的体系中，构成英联邦国家体系。在近代，以英国为首的西方列强，通过战争等方式与中国订立许多条约，把中国强行拉入“条约体系”中。“条约体系”具有殖民主义性质，西方列强把中国清政府看作有“自主权”的国家实体，在战争后与之订立条约，列强索要的各种利益得到拥有“自主权”的清政府承认后，该利益便合法化。在列强看来，清政府有与之订约的资格，即平等主权国家，但实质上订立的条约都是不平等的，是一方以所谓的国际法强加给另一方的。日本信夫清三郎认为，鸦片战争之后晚清中国与西方殖民列强签订的一系列条约，虽然名义上是两个“主权平等”的国家签订的条约，但是晚清中国拥有与西方列强在形式上平等的“条约关系”，反倒意味着这个帝国成为列强公然掠夺的对象。① 从鸦片战争至八国联军侵华战争的五六十年间，西方列强密集地强加给清政府这个主权国家很多不平等条约，以法律的形式合法地宰割清帝国。条约的内容涉及政治、经济、文化等诸多方面，其中，不少内容涉及中国的边疆、边

① ［日］信夫清三郎主编，天津社会科学院日本问题研究所译：《日本外交史》，商务印书馆，1980年。转引自王培培：《“朝贡体系”与“条约体系”》，《社会纵横》2011年第8期。

界。要肢解一个东方大国，必然分割其领土，从列强把“条约体系”强加给清政府开始，中国边疆危机四伏。列强们也在了解中国的情况后，从中国的“生番”“熟番”地带着手，一步步切割中国的领土。

按照《威斯特伐利亚和约》的规则，要以国际法来划定国与国之间的边界，凡是得到国际法认定的国家边界明确、拥有对国土的自主权，即主权。依照国际法思维，列强要给中国划定边界，确定清政府对土地拥有主权的范围。笔者认为，在“朝贡体系”中，传统的“普天之下莫非王土，率土之滨莫非王臣”的文化认同与历朝历代建立起的“封贡关系”相结合，事实上，古代中国早已确立自己的主权，历朝历代统治者把朝贡的边地首领视为王臣。这应是“朝贡体系”所形成的古代中国主权观，不管是汉族建立的政权，还是少数民族建立的政权，统治者多有此观念。而西方主导的“条约体系”，以行政管辖范围确立国家的主权，确定领土范围。列强以征服、割占、租借（租界）等方式侵吞中国领土，使中国丧失了对自己原有土地的主权。列强通过两种方式掠夺中国的边疆地区：一是否认和破坏中国的封贡关系①，割占中国的藩属地区。日本入侵并控制琉球朝贡活动，后禁止琉球向清朝朝贡，以“废国设藩”“废藩设县”方式宣告了对琉球的主权；通过《马关条约》将朝鲜变为它的保护国，完全解除与清政府的朝贡关系。法国通过《法越和平同盟条约》，承认安南（今越南）独立，又与越南签订《顺化条约》，使越南成为其保护国，再与清政府签订《中法会订越南条约》，迫使清政府承认越南独立。英国香港总督出面干预暹罗（今泰国）进贡事宜，中断了其与清政府的朝贡关系。英国三次侵略缅甸，将其变为英属印度的一部分，在《北京条约》中虽然应允缅甸仍守十年一贡之制，但没有执行，实际上解除了清政府与缅甸的“封贡关系”。英国用兵于尼泊尔，迫使其签订《塞格里条约》，把南部大片土地割给英属印度，并要求尼泊尔在内政和对外贸易方面接受英国的监督。英国割占锡金的大吉岭等地，后签订条约控制锡金，并将其变为“保护国”。英国侵犯不丹，后与其签订了《辛楚拉条约》，强迫不

① 转引自王培培：《“朝贡体系”与“条约体系”》，《社会纵横》2011年第8期。

丹割让包括噶伦堡在内的第斯泰河以东约2000平方公里的地区，之后又通过《普那卡条约》，规定不丹对外关系接受英国的“指导”。清朝后期，英国控制中国的西南地区，日本控制中国东部海岛与东北地区，法国控制了越南地区，俄国控制了中国的北部地区，古代中国边地“朝贡”的藩属地几乎都被英、法、日、俄等列强控制，清朝后期，中国的藩属地大部分丢失。二是分离中国行政治理的边疆地区，确认其为与中国主权对等国。古代中国的中原或中央王朝治理国家或治理天下以文化认同和行政管理相结合划分了三个圈，一圈是直接管理下的腹心地区，二圈是以文化认同与行政管理相结合的熟番地区，三圈是以文化感召认同的生番地区。① 历代中国统治者把腹心地以外的未开化、半开化的地区看作是“化外之地”，所以管理与治理采取不同的方式。自元朝开创行省制度以来，对于腹心地设置行省建制，对于番邦采取特殊管理，如西藏为宣政院辖地，台湾由澎湖巡检司管理。清朝除十八省外的地区，由理藩院中央机构管理。在英国侵入中国清朝前，位于东亚地区的古代中国已经形成自身的国家体系。② 有智慧的现今中国人的祖先们数千年前就生活在世界的东方，对自己脚下的土地以及土地上的人群早有较深的认识，比较熟悉了东从太平洋西岸西至帕米尔高原、北起兴安岭南达至南海的地理单元的情况，直到清朝时期，在世界东方已经形成了一个完整的国家地理单元。统治者对不同地区施以不同的治理方法，天下祥安，古代中国的统治者才产生“天朝大国”的文化自我优越。英国控制印度之后，借用政治地理地缘优势，对清朝西南“熟番”“生番”地区的状况进行考察，了解了该地与清中央的亲疏关系，采用不同的方式掘其土地。把尼泊尔、锡金、不丹和缅甸等清朝的“生番”地看作主权“平等”（不是平等对待，而是看作有与它签约的资格）国家，通过武力征服，采取直接签约的方式达成协议，又与清政府签约承认将其作为保护国。对清政府行政治理的西藏（有驻藏大臣制度）也采取了武力征服、与之签约的办法，签订《拉萨条约》，清政

① 按照“普天之下莫非王土”的观念，这种地区是无限的，只要文化认同或向往即可。

② 我们今人看作是国际体系，实际上当时的朝廷看作是国家体系，不断谋划管理、治理或者交往的举措。

府不予承认，后订《中英会议藏印条约》，将《拉萨条约》内容纳入其中。英国在1913年召开所谓中英藏会议予以西藏主权地位，签订“西姆拉条约”，意在把西藏作为主权独立的国家，但是中华民国政府没有承认。此后，英国一直想把西藏从中国分裂出去。1912年的《俄蒙协约》，是俄国与外蒙古单独签订的条约，规定俄国有保护外蒙古“自治”、援助其编练军队、阻止中国在外蒙古驻军和移民的权利；外蒙古保证沙俄享有附约“商务专条”中规定的各种特权，并保证其他国家在外蒙古的权利不得超过沙俄，外蒙古要同其他国家订立条约，必须事先经过沙俄许可，并以不违背此项协约及其附约为前提。1915年，签订《中俄蒙协定》，在形式上取消了外蒙古的“独立”，代之以“自治”，但外蒙古仍有权与外国缔结工商条约。晚清时期，英、俄企图将西藏和蒙古“独立”的计划落空，中华民国政府经过努力，挽回了中国对西藏和外蒙古的主权，但被英、俄看作宗主权。

“条约体系”撞击“朝贡体系”后，直接摧垮了古代中国形成的国家体系，肢解了古老中国的边疆地区，破坏了古老中国完整的地理单元，周边地区成为列强的保护国。这些地区在第二次世界大战殖民体系崩溃后，取得现代主权国家的地位，与现代中国为同等的主权国家。但是这些小国又被大国所控制，成为反对中国的力量。“条约体系”冲击“朝贡体系”给中国边疆带来诸多问题，有政治、经济、文化、社会等方面的问题，本文主要阐述的是古代中国国家体系的崩溃和丢疆失土问题。

二、“条约体系”冲击中国“朝贡体系”遗留的边疆问题

近代以来，西方国家包括日本通过国际法的条约形式，强迫中国清政府签订了数百个不平等条约。1917年，德国和奥匈帝国因第一次世界大战中成为中国的敌对国，而被废除不平等条约。1917年苏联自愿放弃其在中国的特权（事后未完全兑现，亦无退还条约中获得的领土）。1943年，美国和英国自愿放弃其在中国的特权。意大利和日本因第二次世界大

战中成为中国的敌对国失去他们的特殊地位。1946 年，法国放弃其在中国的特权。1949 年中华人民共和国成立后，不承认以前签订的所有不平等条约。如上文阐述，近代中国，西方列强通过不平等条约强行占领了周边的“生番”地区，但是这些地区并未因为殖民者的退出而归还中国。在二战后，中国原来的“生番”地区摆脱殖民统治独立建国，但依然未摆脱他国的干预或控制。如不丹、锡金、尼泊尔被从英国殖民统治下独立的印度所控制。1975 年，锡金被印度共和国吞并为一个邦，中国政府于 2005 年正式承认了锡金为印度的一个自治邦的既成事实。不丹、尼泊尔、缅甸、韩国等周边国家一直受大国控制，敌意中国。今天中国与周边国家关系问题以及边疆地区如西藏、新疆、台湾等问题都是“朝贡体系”被“条约体系”取代后遗留的问题。“条约体系”取代“朝贡体系”后遗留的边疆问题主要集中表现在如下几个方面：

一是造成中国复杂的周边国家关系。环顾中国的四周，至今各国都保留了中国文化的影响，但因其曾是中国的藩属，后被列强保护，从中国的“朝贡国”纳入了“条约体系”，后来摆脱殖民地命运，成为主权独立国家，成为与中国有地缘政治关系的国家。这些国家经历了从中国的藩属到列强的保护国、再到现代独立国家的命运，有一种特殊的国家心理，不仇视曾经侵略自己的国家，反而在利益大国的挑唆下敌视中国，与中国关系恶化，有些对中国还有领土要求，如朝鲜、越南、菲律宾等。中国复杂的周边关系在世界上属于仅有，究其原因，必然与“朝贡关系”被“条约体系”所取代有直接的关联。

二是遗留领土争议区。近代以来，各种条约的签订，清楚地记录着中国土地被“合法”的划割，因而主要是与俄罗斯、日本、印度等国存在领土争议，至今与印度、不丹还未划定边界，与日本钓鱼岛争议也无定论。20 世纪下半叶，中国与苏联着手解决领土争议问题，在当时世界形势下，中国的高层领导意识到，为保证在中亚实现永久和平，中苏关系的首要问题——领土争端——必须依据国际法基础和当代世界体系实践惯例加以解决。北京放弃了在中苏谈判中长期坚持的前提条件，即苏/俄方面必须承认存在争议的领土是被沙皇俄国所窃取，因此，在两国领导人会晤后，双方都采取一些具体步骤消除发展双边关系中的主要障碍，诸如沿共同边界裁军和谈判解决历史遗留的领土争端等。[①] 到2004年6月，中国外交部部长李肇星向公众宣布，中俄两国领土争端已经全部得到解决。总的来说，中俄两国领土问题的解决是遵照1997年11月时任国家主席江泽民和叶利钦总统发表的联合声明，在尊重“现状”“平等协商、互谅互让”基础上，并在“国际法原则”指导下最终实现的。[②] 可以理解为，中国近代以来与俄国争议的地区基本上以条约的形式“合法”地归属俄罗斯。中俄两国领土争议的解决方式给日本与印度较大的启示，即通过与中国谈判，能使与中国有争议的地区“合法”地归属自己，他们都在期待。国民也在期待与其他国家争议地区问题的解决及解决的方式——承认归属他国还是收回？用和谈还是战争？这也是当前国内十分关注中印洞朗事件走向的社会心理。中俄领土争端的解决引发很多思考，中国“朝贡体系”被“条约体系”所取代，中国被迫让出土地，俄国依据条约“合法”地拿到中国土地，中俄产生领土争端，中国不承认俄国这些土地的合法性；一百多年后，现代中国又按照“国际法原则”，“合法”地让出被不平等条约割走的土地，俄罗斯又有依据地经过中国认可再次“合法”地取得领土权。人们疑虑：近代遗留的领土争议会不会按照中俄领土解决模式解决？

三是“条约体系”下国际社会对中国边疆问题具有两面性。“条约体系”既是以国际法为基准构成的国际体系，又是以条约、协议、协定为原则来解决国家领土之争的原则与方法。现今国际社会对中国边疆地区既采取承认为中国领土的态度，又支持中国边疆地区分裂集团独立的政治诉求，常常表现出两面性，以至于中国在很多外交场合需要不断提醒对方某某地区是中国领土，甚至作为政治交往和经济贸易的附加条件。

四是“条约体系”取代“朝贡体系”，导致中国人边疆观念的混乱。

---

① 武晓迪：《中国地缘政治的转型——走入全球化的深海》，中国大百科全书出版社，2013年，第215—216页。

② 武晓迪：《中国地缘政治的转型——走入全球化的深海》，中国大百科全书出版社，2013年，第216页。

“条约体系”撞击“朝贡体系”，造成中国国家体系的崩溃和丢疆失土是最直接的后果，还有一种看不见的后果，就是搅乱了中国人的边疆观念。其一，对于“朝贡体系”的研究是19世纪西方人开始的，基本观点是中国的王朝与周边的关系是中国与外邦的对外国际关系，直接解构了中国的国家关系。随之，中国研究“朝贡关系”基本坚持了西方的观点，连中国人都没有形成对古代中国“朝贡体系”的国家关系正确的认识。在“朝贡体系”下形成的华夷观念影响甚久，“华”才是中国人（汉族），把“夷”（少数民族、藩属、外国人）不加辨析地都当做外国人。新中国建立以来，随着对少数民族地区及其族群的研究，从国家层面上已经提出中国是一个多民族统一的国家，自古以来少数民族就是中国人，少数民族地区就是中国的一部分。但是，学界仍有人把少数民族看作外国人、把藩属看作外国，解读为中外关系。这些观念影响到普通民众，汉族认为自己是中国人，少数民族认为自己是外国人。加之，“条约体系”的观念深入人心，即用西方主导的行政管辖权界定某地是否属于一国，完全抛开了“朝贡体系”的观念（文化感召与认同），所以，在一个已经得到“条约体系”（《联合国宪章》）认可的现代中国，至今经常向世界宣誓某某地方自古是中国的，以行政管辖为证，割裂了古代中国文化的关系，陷入了西方“条约体系”下行政管辖的陷阱，搅乱了人们的边疆观念。其二，新中国不承认外国与中国签订的所有不平等条约，表明中国不能接受殖民者强加给中国的任何条件，但是在边界问题上，新中国并未能恢复古代中国“朝贡体系”下的边界，并未与周边摆脱殖民统治的“保护国”重新组建一个国家，而是承认了这些“保护国”的主权独立。印度独立后，继承英国的政治遗产，吞并锡金，保护不丹，控制尼泊尔，把原大清藩属并入领土之中。一方面新中国不承认不平等条约，另一方面在与邻国的领土纠纷中，中国还是以不平等条约为依据，如近期西藏的洞朗事件，外交部依然以1890年的条约为依据，没有附加一句“即使以近代的不平等条约的规定看，洞朗也是中国的领土”。可见，“条约体系”框住了中国人的思维，中国没有自己清晰的国家边疆观。近些年，西方国家在对待中国的边疆问题上，也并未能严格恪守“条约体系”下形成的规则，他们灵活应用国际法准则，如既承认西藏是中国的一部分，又支持“西藏独立”，可见，“条约体系”下的约束性也不是万能的、可靠的。西方主导的以条约形式为核心的国际体系也常常被自己所否定，其目的还是西方不断要分离中国的边疆与领土，这应当引起国内政界、学界以及社会各界的重视。

三、关于解决现今中国边疆问题的思考

“条约体系”与“朝贡体系”撞击中后者代替前者，中国国家格局与边疆的变化令后人痛心，直至现今遗留了大量的国家与边疆问题，在中华民族实现伟大复兴的中国梦目标之际，值得清醒地深思。一是“条约体系”完全彻底击溃“朝贡体系”，又以现代国际法固化中国的边疆界限，并使其合法化，终结近代中国历史遗留问题，致使新中国成立以来不承认近代列强强加的不平等条约的努力是徒劳的。二是国际大国包括中国周边大国得寸进尺，在其窃取中国领土合法化后进而干预中国的边疆事宜，如印度大力支持西藏独立，其他国家支持新疆、内蒙古、台湾独立，这些问题若长期存在甚至激化，中华民族伟大复兴的中国梦怎么实现？三是一个具有5000多年历史的文明大国对国家历史的模糊认识制约了国民（包括汉族和少数民族）的国家认同、民族认同，华夷之辨的负效应持续发酵，汉族与少数民族认同共同的国家仍存在问题；国家政治教育与历史教育相悖，严重影响共同的国家认同形成。所有这些问题是因我国对“朝贡体系”向“条约体系”转变过程中的实质性问题没有弄清所导致。为此建议：

一是构建中国特色的边疆学理论体系。近年来，学界十分关注边疆研究，但关注古代中国边疆史地研究较多，而真正探索中国边疆变化规律的著述不多，当下迫切需要研究一般边疆学和中国边疆学，以此推动中国历史学关于中国国家与边疆理论的完善，以便用正确的历史理论与历史观教育国民，抵御国外理论对中国国家与中国边疆观的影响，解决国民国家观、边疆观与历史观问题。

二是反思"条约体系"影响下的殖民观念，建构中国边疆话语体系。近代以来，不仅是"条约体系"取代"朝贡体系"导致原有的国家体系崩溃和丢疆失土，而且还导致国家理念与边疆观念的变化。笔者认为把古代中国的国家体系解构为"朝贡体系"，把古代中国与现今周边的国家关系解构为东亚国际体系不符合中国历史国情，完全是在"条约体系"观念下理解数千年以前的中国。如果把现今周边国家放置于当时的历史中看，就是古代中国的一部分，之所以今天已经不是中国的一部分是历史变迁的结果。可是，我们都不敢在历史书中提及，唯恐有侵略现今周边国家之嫌疑，越来越不能告诉后人真实的情况。所以，我们认为西方关于"朝贡体系"是东亚国际体系的理论是偏颇的。中国的"朝贡体系"与英联邦体系一样，既是国家体系，也是国际体系，但二者的区别在于，"朝贡体系"是中国文化感召认同（引力）的体系，皇朝为了显示其威望对边地要给予很多；而英联邦体系则是英国武力征服而结成的体系，英国本土要从殖民地掠夺很多。对此要加强从"朝贡体系"到"条约体系"变化规律的研究，对古代、近代世界范围的国家体系与国际体系应作出中国话语的解释。

三是认识和适应"条约体系"，谋划好国家战略与边疆战略。近代中国被强行纳入"条约体系"中，一直在认识和适应"条约体系"，现今必须在这种国际体系中生存，中国如何在"条约体系"下调整国家战略至关重要。就边疆问题而言，现今国家的边界确定都要有国际法认定，或双边条约认定，但是以放弃"条约体系"强加给中国丢疆失土的不平等条约为基础有损国家战略。近代以来国家疆界的变化有一条法则，就是军事才是外交谈判的支撑、才是边疆巩固的力量。新中国建立后军事力量到达了国家的边防地区，但是边疆失地的去留取决于国家战略的设定。英国在二战后把清朝藩属地不丹、锡金、尼泊尔和拉达克等一些原藏语区留给了印度，同时，根据"蒙巴顿方案"肢解了印度，一分为三。在中印处理涉边关系中，中国把巴基斯坦变为铁杆朋友以制约印度，而印度则图谋占领原中国原藩属地，还要支持西藏独立，来制约中国。中印两国涉边战略的谋划还是有差异的。我们恪守了条约规定，作出战略软调整，但印度却突破条约规定进行战略硬调整。我们需要思考在“条约体系”下如何应对边疆问题、解决“朝贡体系”向“条约体系”转变中遗留的边疆问题。

四是力争主导全球治理，解决遗留的边疆问题。全球治理涉及许多方面，在边疆治理方面，要将中国特色的边疆学科体系、学术体系和话语体系推向世界，在思想交流中构建正确的中国国家观与国际秩序观，改变现今状况，扭转被动局面。当前，既要加强东西方学术交流，正确地介绍中国及其历史、中国及其边疆，同时也要将学界研究成果上达国家决策层，把中国正确的国家观与国际秩序观变成中国的主张推向世界，成为现今中国参与或主导世界治理理论的一部分，打破西方对中国及其边疆问题歪曲的解释。

一般边疆学视域下的互联网疆域与边疆

——兼议国家网络主权的设置依据*

孙勇　王春焕

一、在一般边疆学视域中对互联网的认知

随着人类理性与学科体系的发展，认识疆域和边疆问题，对实践总结并上升到理论乃至学科学理探讨，即建构“一般边疆学”的目的。在“一般边疆学”视域中，必然将各国边疆现象作为研究对象，从中找出规律性的认识。

（一）一般边疆学对疆域和边疆的基本认识

在建构一般边疆学①的进程中，② 一些研究者用中国式的学术话语对

---

* 此篇论文系作者参加2018年6月“中美印网络安全对话会”期间写成的稿件，后被国家网信办采纳。

① 孙勇、王春焕、朱金春：《边疆学学科构建的困境及其指向》，《云南师范大学学报（哲学社会科学版）》2016年第2期。在这篇论文中，我们明确提出要建构一般边疆学。

② 近几年我们所做的建构一般边疆学的工作，包含云南大学杨明洪教授、四川大学朱金春博士的意见和建议，朱金春博士早就直接参与到这个工作之中，从2013年起一道写作《国家战略下的大边疆战略研究》。本文是该书中对互联网边疆认识的升华。

边疆做了一个阐释性的定义：边疆①是人类对各自划分疆域的认定与保有以及同时可以交互作用的边缘空间。换言之，“边疆（bian jiang）”来自人类群体活动疆域的（无论是陆疆、海疆的还是天空、太空的，无论是实在的还是虚拟的）分割和再分割，即在有限的地球空间之中，对“疆域边缘”的划分与划定，在划分之中产生了“边疆”博弈的介入与反介入、认定与反认定等活动，在划定之后又产生了扩张与收缩、整固与分离等活动。这些活动即为政治、经济、外交、军事、法治、社会治理等国家行为体（乃至国际体系组织、社会一般组织、民众以及个人）的一系列行为。所谓边疆、边疆战略、边疆理论包括边疆学等概念，都来自人类的这种对疆域的实践活动。② 这个实践活动，集历史与现实为一体又指向未来。边疆不仅是一个空间的概念，它还附着于时间而变化。

马克思列宁主义哲学的基本原理认为，世界上所有的运动都是物质的运动，都是由时间和空间的统一而产生并变化的。③ 因此，人类社会所产生的国家边疆，是时空统一物质运动的体现。互联网也具有时空统一的性质，是随着建构和运作它的人类行为而变化的。恩格斯曾经指出：“人来源于动物界这一事实已经决定人永远不能完全摆脱兽性，所以问题永远只能在于摆脱得多些或少些。”④ 这是对人的自然属性与社会属性的正确揭示。在这里给我们的启示是，从一般群居哺乳动物都有占据资源圈行为的基因遗传性上看，人类所具有的动物性反映在空间上的表现，与一般群居哺乳动物一样，对凡是能够利用的空间都有群体划疆划界的行为，只要人类群体产生划疆划界的行为，参与这种行为的活动主体即行为体将不断增加，于是疆域与边疆的现象就出现了介入与反介入、认定与反认定，在划定之后又产生扩张与收缩、整固与分离等活动。简言之，从一般边疆学研

---

① 汉语拼音，即汉字边疆，在一次研讨会有学者提出，西文的 borderland、frontier 等在他们的语境之中都有多种含义，若直接用汉语拼音 bian jiang，中国边疆学可以有自己的定义。

② 孙勇：《国家战略下的大边疆战略研究》，四川大学出版社，2017 年，第 18 页。

③ 恩格斯指出：“运动是物质存在的方式。”——恩格斯：《反杜林论》，人民出版社，1971 年，第 57 页。列宁认为：“世界上除了运动着的物质之外，什么也没有，而运动着的物质只有在空间和时间之内才能运动。”——《列宁选集》第 2 卷，人民出版社，1973 年，第 127 页。

④ 《马克思恩格斯选集》第 3 卷，人民出版社，1972 年，第 140 页。

究的对象看，人类对身边空间的活动，无论其属性如何，必定反映出人类疆域划分行为的规律性。① 人类对自己构建的互联网这个非自然性的空间，也有着自身活动规律性的体现。

从一般边疆学研究的角度看，划定疆域的众多行为体需要借助力量，做出谋划，制定战略，以整固边疆。当今的世界各国，或多或少都在互联网之中以协议群（IPS）的形式占有一片疆域。各个大国借助互联网的科技承载力量，有头脑的决策层早就开始在这个疆域中进行布局，这已经是毋庸置疑的事实。一段时间以来，国家之间的博弈已经在这个疆域中展开，很多互联网网络空间的“边疆”映射出地理边疆的介入与反介入，整固与反整固，压制与反压制。

各大国政府组织与非政府组织通过在互联网上所占有的位置、所控制的“大数据”份额，显示出各自的软实力（soft power），有的进而跨国盗窃情报，攻击门户网站、挑战他国的主权；恐怖组织则通过互联网进行跨国策划、组织、实施行动；煽动颜色革命的组织通过互联网进行沟通，挑动民众对抗社会甚至推翻政府；尤其是“金融战争”“经贸战争”依靠互联网更加快捷，打击敌国的金融、财政系统所用的时间可以按照计划在很短的时间内完成，肢解他国的经济系统可以预先设定达到什么范围和程度。总之，率先占领互联网疆域的优势国家，攻击敌国的各项能力都得到了大幅度的提升。

（二）互联网作为人类社会对第五领域的认知

互联网技术的产生以及互联网网络的成形，得益于人类科技的发展。20 世纪 70 年代中后期，② 在西方发达国家科技革命的新浪潮中，以信息技术创新为标志的互联网出现于世。早期的互联网雏形即广域网、局域

---

① 王春焕：《关于边疆学研究对象和主要内容的思考》，《华西边疆评论》2017 年第 3 辑，民族出版社。

② 中国大陆学界有研究者发文认为信息技术革命的载体互联网产生于 20 世纪 90 年代中后期，这是不正确的，美国在 1969 年就正式开始建立局域网，到 1983 年出现了互联网。如果要往前追溯的话，以太网——大多数局域网的协议出现在 1974 年，是哈佛大学学生 Bob Metcalfe（鲍勃．麦特卡夫）在“信息包广播网”上论文的副产品。

网，是将多台计算机的终端、客户端、服务端通过特有技术形式互相联系起来的物理小空间，随之扩展到局域网之外的范围，网与网之间按照通讯技术内部的协议形成了一个个小领域，彼此享有对方与协议方的信息资源。之后，信息革命将通讯协议的范围迅速扩大，组成国际计算机网络（internet），其结果是互联网的大领域更加快捷方便，通过域名解析（domain name resolution），[①] 不仅仅让程序员可以分享计算机技术本身的工具信息，而且朝着让非程序员分享人类社会所有创造及其成果的方向发展，例如越来越多的公众个人进入互联网，进行写作、通信、购物、求医、转移支付、远程学习、发布个人消息等。

互联网诞生以来，在三四十年的时间中，帮助人们实现想做的事情呈几何级增加，所谓的“大数据”（big data）[②] 就是其体现。往后，在人工智能介入下的互联网发展将更加迅猛。由此，我们看到互联网这个人工打造的非自然世界，虽然与人类长时期生活的自然世界很不相同，但与物质器具互动于人类活动的进程却十分相似，这个工具性的物体再一次使人类的生活发生了革命性的变化。

从上面的简述中，可以看到对应出来的人类几千年的疆域开拓历史十分相似——基本上是特殊工具被制造出来之后发生了革命性的变化——即由于掌握和改进了冶炼技术，人类进入金属工具时代之后，生产力与生产关系都较之前数万年的状态发生了巨变，地理活动的范围随之不断扩大，在更大的疆域中获取更多的生存发展资源，维持各个群体的繁衍生息；而更加精密有力的机器和大机器的出现，使得人类群体活动疆域更为辽阔，那些掌握先进技术居于强势地位的群体，不断扩大自己的疆域，得到了更多生存发展的资源。

可以说，互联网的产生与发展，极大地浓缩了因工具性变革带来的人

① 域名解析也叫域名指向、服务器设置、域名配置以及反向 IP 登记等。简言之，即把好记的域名解析成 IP，服务由 DNS 服务器完成，是把域名解析到一个 IP 地址，然后在此 IP 地址的主机上将一个子目录与域名绑定。

② 大数据现象在物理学、生物学、环境生态学、自动控制等科学领域和军事、通讯、金融等行业已经存在较长时间，而互联网业的出现，则意味着一个大数据新时代的到来。

类生活范围急剧扩张的历程，之前是以几十万年（石器）、万年（金属器具、竹木器）、千年或至少几百年（金木复合器具，机器、大机器）计的，经历了这样的三个阶段，人类文明进化的时间一次比一次短，人类活动扩展的范围一次比一次大。即使是这样，到了20世纪，人类也没有完成对陆、海、空、天四大自然领域的全部占领。而互联网出现之后不到50年，人类在自己建构的第五领域急剧扩张的态势之中，不仅使得物质世界产生了一个超自然态的空间，成为人类社会行为体竞相进入的领域，还能辅之人类群体以对地球上本身存在的四大领域的继续进入，并且使得这个超自然态的空间持续扩张，以至于能够虚拟地囊括自然态的所有空间。

（三）对互联网范围以及延伸性的体悟

抽象地讲，互联网所构成的云知识图谱（Knowledge Graph/Vault），使得掌握它的人在很短时间就可以认知自然界的固态、液态、气态、超固态、等离子态等形态的变化，联想互联网这个超自然界的空间已经出现的物质形态并非完全是虚拟的，所有运用网络技术便捷性的人，潜移默化地完成了对信息即物质运动的感知，获得了现代生活所必要的各种要素。[①]换言之，互联网所涵盖的疆域已经与陆、海、空、天等实现了虚拟对接，国家行为体、企业组织行为体以及个人行为体，都可以在这个空间的疆域中活动，通过虚拟的行为完成实际动作的过程，如小到千万里之远瞬间就能够实现的通邮、通话、发送图纸、远程教育、联动手术、采购物品、结算汇款等，再如大到指挥航海、航空、航天、检视地球大气与地质水文变化、调动资源应付突发事件、模拟地下地上或海面乃至大气层的核爆炸、分析星系活动与宇宙运行状态、实现国与国之间的金融经贸活动、巨量社会活动数据提取等。在这样一个使人类能够感知物质动态混合性的超感中

---

① 控制论创始人N·维纳在互联网发展起来之前就预见到，随着现代科学的发展，信息和材料、能源一样，成为人类现代文明的重要因素。他指出“人们正是通过获得信息来区别不同的事物，从而认识事物，改造事物的……所谓有效地生活就是拥有足够的信息来生活”。现代信息技术革命，证明了维纳观点的正确性。

介场域里面，人们竟然可以对接在实在疆域中完成任务，虚拟的世界与人类活动的疆域同在快速延伸，而且这种景象的后续结果很难预测，除了哲思的想象之外，在现实中有着不可预后的延伸时空——互联网始于一种可能性空间，也朝着不可预的可能性空间发展。这个基于控制论基础理论和思想的推测，是因为互联网在某种意义上就是由信息流组成的。当初 N·维纳（Norbert Wiener）就提出：信息本身是物质，信息具有熵的性质，可以构建出信息流并在一个空间当中运行。[①] 当时世界上的绝大多数人对此观点一无所知，但在之后科技革命浪潮之中诞生的互联网，恰恰有信息论的贡献在里面。由此，能够想象预测的是，人类社会信息流有多大，互联网延伸的空间就有多大。

互联网自身属于人工构建的虚拟空间，在可以对应自然空间领域的同时，又超过这些疆域衍射到又一个超自然态的领域。例如，互联网还能够介入到人类构建的另一个领域空间——国际金融[②]（贸易）——在那一空间中，凡是金融（贸易）与互联网叠合的部分和要借助互联网尽快完成预设任务的部分，互联网都起着很大的甚至是关键性的作用。宋鸿兵教授早就认为金融领域将成为主权国家的第四维边疆，并指出金融网络将诸多要素链接起来，“共同构成了金融高边疆的体系架构”[③]。在宋教授的视野之中，金融网络与其他构件的组合，能够搭建出一种高边疆的体系。这说明互联网本身就具有一个承载与交换机能，人类行为体可以通过由硬件与软件组合的互联网，进行另一种形式的疆域博弈或边疆战争。

从一般边疆学研究的对象看，互联网与自然态的陆疆、海疆、空疆、外空疆一样，一旦成为国家、社会、公众活动的载体，其疆域的空间必然成为各个行为主体争夺与占领的对象，在此之中的互联网疆域活动，必然要有条约性的规则来进行规制。从最早一般性口头协议到后来的条款协

① 参阅［美］维纳著，郝季仁译：《控制论：或关于在动物和机器中控制和通信的科学》，北京大学出版社，2007 年。

② 参阅宋鸿兵：《货币战争③：金融高边疆》，中华工商联合出版社，2011 年，第九章。

③ 宋鸿兵：《货币战争③：金融高边疆》，中华工商联合出版社，2011 年，序言第 2—3 页，第九章第八节“金融高边疆的基础设施隐患”。

议，从技术性协议到政治性协议，规制的手段、形式越来越复杂，但也越来越具有约束力。但如何确定条款协议，考量着人们认识这一事物的智慧。

二、对具有双重属性的互联网边疆的进一步认识

在学科的学理上，判断一个事物的属性成为研究问题的起点，只有如此，人们才能更加深入地感受和感知这一事物，而在感知中不断认识被研判事物的属性，是对事物进行理性思维必不可少的环节。人们对互联网的属性认识，也是同理。

（一）互联网物理和社会属性的简判

由局域网、广域网到互联网，人类创造了有着物理意义更有社会意义的虚拟空间，这实在是一个伟大的创举，意义非凡。但如同人类多少年来一直存在对熟识物体有盲区困惑一样，到目前对互联网的物理属性与社会属性似乎并没有十分明确的阐释。对互联网的物理属性，直观地看，传统教科书所提示的“物质的物理属性”① 都有亲缘性的阐释。那么，对互联网物质属性的概念有什么新的定义？期待有关专家不吝赐教。我们观察到的互联网的社会属性，是从这个虚拟空间能够将国家或地区社会的总体情况反映出来。最直接的社会属性，是互联网协议（IP）与互联网协议群（IPS）并不完全是电子技术的体现，分配给不同国家和地区的 IPS，其实包含了该区域的科技发展、经济水平、环境质量、政治状况等条件，同时还有这个区域的文化取向、民风民俗、宗教道德、价值观以及法律、法规等意识形态范畴的制约。从一般边疆学研究的角度看，就是互联网在全球化的同时也具有了国别性与社会性，亦即互联网的社会性既有区域社会的属性，也有不同区域社会人们自然性与社会性结合的属性。

---

① 一般教科书之中，物质的物理属性除了密度、比热容外，还有导电性、颜色、硬度、导热性、状态、透明性等。

人类社会进入20世纪之后，随着后工业化、信息化的加速发展，植根于各种利益的以市场经济为基础却有利于人类整体进步的全球化，① 已经处于一种趋势性的现实中，尤其是世界大国、强国主导地通过政治、经济、文化等方式的全球化，扩张势头越来越猛，使得任何欲以自己传统的经济、文化方式抵制全球化的做法，几乎是不可能成功的。正是由于这一点，人们认识到互联网快速推进了全球化，可以利用和依赖互联网全球化的进程改善自己的生存和发展的条件。而大国和强国则利用互联网的发展进行战略布局，实施和推行本国的边疆战略。

（二）互联网对国家主体具有的边疆意义

在全球化进程中，国际政治的影响依然遍布陆、海、天，但已经向上扩展到外层空间，向下扩展到信息网络空间，在大部分的领域中，国际政治甚至从现实的物质空间扩展到横跨未来的虚拟空间，如互联网信息互动（Internet network）这个虚拟社会，对人类政治形成了很强的影响；而大数据时代的到来，将虚拟社会带向更有文化色彩的多元化，带向具有更多市场色彩的社会资源分配的博弈之中，也由此推动国家之间争夺战略制高点的活动。互联网与大数据虚拟活动所产生的“疆域”也是有边界的，这个“疆域”划分出的“边疆”越来越与陆疆、海疆、空疆、外空疆等紧密地联系起来，成为边疆理论研究的对象，也成为各国边疆战略不可或缺的研究和进行布局的领域。

世界大国和强国将其占据的科技优势转化为一种支配力，有意识地加入自己的社会价值观和国家意志力，以更加直接的方式推动虚拟社会产生对现实社会发挥支配作用的软权力。在科技日益发达的时代，人类社会事实上越来越紧密地联系起来，国际地域空间客观上被大大压缩。在此之

① 全球化首先是指一种经济现象，即各国市场和各地区性市场的一体化，即“各种商品、服务和资本市场的国际一体化”。经济学家一般将全球化定义为“资本、技术和信息通过形成单一全球市场并在某种程度上形成地球村的方式，实现跨越国家疆界的一体化”。由全球化引发的社会化过程，对后觉国家来说面临着地理边界因素被先觉国家所突破，直接导致原有政治安排和文化安排的变动，地理边疆的社会秩序也被其制约。

中，软实力和巧实力①高超的国家，以“软权力”在虚拟疆域中将地域空间作压缩。经过通信手段的变革，人们从时间和环节上减少了物质和信息交流的付出，使一国的国家利益可迅速突破本土的地理疆界向全球拓展。例如网商通过互联网（物联网）可以直接跨越“自由贸易区”到他国；再如国际远程教育可直接将本国的教育内容“秒送”到其他国家的受众；又如依托互联网进行维护本国利益的金融和贸易战等等。如此种种，不胜枚举。

全球化使得各个国家的利益在更深刻、更广阔的层面上融入世界，一国的国内外利益紧密相交；同时，各个利益集团以及各个国家的利益博弈也更加直接，军事态势仅仅是其中的一种形式，更多的则是经济、文化、金融以及稀缺性资源的争夺。这一系列的博弈都会借助于互联网，都会对大国的国家安全和边疆战略产生现实的和长远的影响。

（三）互联网对各国进行边疆争夺的作用

从20世纪70年代迅速萌生的信息革命，对包括主权、军事、经济、文化在内的国家安全产生了巨大意义，紧随其后的每一场新的战争形式都成了体现信息高科技差距的博弈，信息技术领先的一方即为主动方和优势方。例如美国依靠掌握外层空间卫星技术基础上的综合能力，取得了信息优势，将制海权和制空权把握在手，通过网络技术先发制人，在战役发起之后便一路披靡，赢得了海湾战争、科索沃战争、阿富汗战争……又如在网络战之中，直接瘫痪了伊朗、朝鲜的局域网。由此以观，别国的陆疆、海疆、空疆、天疆等地理边疆地区的防御，在先进的高科技强国的眼里基本上形同于无。

中国学界在20世纪30年代就有“文化边疆”概念，是一种对地理边

---

① 软实力（soft power）、软权力（soft co-optive power）和巧实力（smart power）这三个概念都与美国约瑟夫·奈（Joseph Nye）的专著有关。居于中心的软实力，是一国通过吸引和说服别国服从你的目标从而使你得到自己想要东西的能力。分为政治价值观（当这个国家在国内外努力实现这种价值观时）、文化（在能对他国产生吸引力的地方起作用）及外交政策（当政策被认为合法且具有道德威信时）。

疆不同民族族群文化形态分布的认知。[①] 这种“文化边疆”的认知，从时代局限性角度看不啻是狭隘的，随着时代的发展，文化边疆的内涵已经有所变化。现今的文化边疆，已经是地理行政区划的实体边疆与网络建构出的虚拟边疆的叠合，广义与狭义的文化都在叠合中演变着，这种演变是借助和平方式的外显形式实现的，即“大数据时代”[②] 的到来，使得文化边疆跨越国界，所依托的就是互联网的叠合力。

在当代科技突飞猛进之中，各个大国强国参与全球网络空间的运行，意味着在这个虚拟的疆域之中获得公共资源，并对获得资源的领域做出划界，是包括中国在内的各个大国面临的任务，也是大国的大边疆战略着眼之处。国家专属的互联网域名及其域内的专属权明白无误地应该属于“信息边疆”，而那些有关国计民生与政务国防事务的国家核心网络系统，本身就是“信息边疆”的主体部分，不允许他国或非有关机构利用顶级或次级“域名解析”制造网络事件[③]，这是保护与守卫“信息边疆”最基本的任务。“信息边疆”的概念在中国大陆出现已经多年并逐渐铺开使用，[④] 这说明中国军界、科技界对这个问题的认识逐渐明确，政界、学界尤其是学界之中边疆理论研究者的认识有待于尽快跟进。需要指出的是，认清边疆学的本质才能实现“学为国用”的出发点，因为边疆学在本质上是为国家维护自身利益制订边疆战略服务的动态扩展的一种理论体

① 吴文藻：《边政学发凡》，《边政公论》1942 年第 1 卷。

② “大数据”（big data）在于数据的获取、存储、搜索、共享、分析和可视化等方面具有巨大数量。它已不是以人们所熟知的多少 G 和多少 T 为单位来衡量，而是以 P（1000 个 T）、E（一百万个 T）或 Z（10 亿个 T）为计量单位，所以称之为大数据。

③ 如果有人对域名解析进行屏蔽、篡改、转移等，将发生俗称“断网”“封杀”的现象，这在和平时期一般的情况下仅仅是“恶意行为”，但在国家或者国家集团发生对抗时，则是攻击对方的事件。

④ 至少在 2000 年，杨义先在天极网就提出“捍卫中国的‘信息边疆’”，这意味着信息边疆问题被提出已经有十多年时间；2003 年 9 月 30 日，《解放军报》发表军事评论：《筑牢“信息边疆”的安全防线》，意味着十多年前中国军方已经认可这个边疆的概念。这表明边疆实践早已超出学界国别边疆学研究的进展。

系。[①] 我们在一般边疆学的建构之中，[②] 已经将互联网这种形式的边疆纳入研究的对象之中。这对于改进人们尤其是学界对边疆的认知，具有现实的和未来的意义。

一个时期，恐怖主义在网络上开始泛滥，互联网成为恐怖分子宣扬活动、招募成员甚至是筹集资金的渠道，恐怖主义组织通过网络，向潜在的支持者传递信息。各国政府尽力防止恐怖活动，却难以实施有效的遏制和打击。这成为国家安全的突出问题，使得各国从技术到战略都予以高度的关注。中国一段时间以来受到恐怖主义的威胁，从西部疆域到腹心内地包括首都地区都受到恐怖主义犯罪的袭扰。为增大中国掌握制胜先机的概率，国家决策层高度关注“信息边疆”，经营“信息边疆”成为一大常态。

国家博弈对“信息边疆”的争夺日趋激烈，逐渐成为政治、经济的一个中心问题。在此背景下，各国的“信息边疆”已涵盖了政治、经济、文化、军事、外交乃至公民日常生产生活等领域，成为国家之间竞争的重要内容。不分军民的“超限战”“一体化”是“信息边疆”争夺的特征。军地合作直到融为一体，是国家战略下大边疆战略在信息边疆争夺的通用模式。因此，“寓军于民、军民结合、高度一体化是中国信息边疆建设应当坚持的一条可行路径”[③]。

（四）互联网构成信息边疆的几个特性

虚拟世界的边疆——主要是“信息边疆”有三大特性需要引起涉边（涉藏、涉疆、涉海）智库和决策层注意：

一是具有国别的疆域性和全球化的交叉性。从名词看实质，全球互联网（internet）是由无数的局域网经过技术处理串联而成的国际性巨型大

① 孙勇：《建构边疆学与原理研究之孔见》，《中国边疆学》第9辑，社会科学文献出版社，2018年。

② 建构一般边疆学的进程十分艰难，其主要原因是突破思维窠臼不易，突破流行的观点不易，得到业内的理解不易，最大的难点在于广收并蓄之后的创新，如何迈出国别边疆学的囹圄。

③ 求是理论网，2014年1月6日，吴垠：《中国信息边疆建设路径》。http://www.qstheory.cn/kj/yjsk/201401/t20140106_309689.htm.

网。抽象地看，信息技术具有穿越和覆盖几乎所有国家物理数据储存空间的特性，将这个空间划分出疆域和边疆来，先进国家可以在这个特定的物理空间之中，将获得的信息资源综合起来处理，也可以分类进行处理。如果在国家博弈中需要攻击对方，即可跨越政治、经济、军事、文化等诸多领域，与实体的边疆结合起来，经过网络边疆的联通，在不同的程度和广度上给对方造成伤害。

二是“信息边疆”有实践先行与理念滞后的落差。由于人工智能的超速发展，信息技术的改进将超乎人们的想象，而在全球的扩散速度又超过大多数国家及个人的预期。随着人工智能的介入，其直接的影响力和背后的控制力，对于互联网意味着打开潘多拉魔盒，不少人对此还未充分认识。正因为这种实践领先于理念的变化，导致包括中国在内的一些决策层人员多少年来对“信息边疆”的认识滞后，影响了相关政策的执行，造成一种评估与反馈的落差。正是这种落差，为美国利用全球网络空间造就有利于自己的态势提供了战略机遇。发端于美国的互联网，本身具有美国的技术范式，也有着美国的理念，合乎西方世界弱肉强食的法则。在“信息边疆”中美国加快了人工智能的介入步伐，将具有更强的“肉食”能力。今后，丛林法则也将支配各国尤其是大国行为体，谁能更多地抢占“信息边疆”的制高点，谁就能获得更多的主动权。在这个领域中，中国的短板是硬件的落后，软件的短板（如人工智能）也同样存在。有鉴于此，关于互联网主权的国际谈判会，近年来已经进入实质性的对话程序。在对话与谈判之中，任何“温良恭俭让”的举止只能丧失在互联网中的主动权。

三是“信息边疆”的不确定性和脆弱性。全球互联网空间事实上蕴含了各国的政治取向，政治一旦具有跨国性之后，“信息边疆”的不确定和脆弱随之产生。多数人关注的是互联网技术的提升，尤其是技术提升后给经济和社会生活带来的便利性乃至娱乐性，对移动互联网在手机上的出现感到欣喜，随即进入到痴迷的状态。这种情况使得互联网更加具有疆域和战略空间的性质——人们越是离不开互联网，利用互联网损毁某地区人们的正常生活，或控制某地区的政治、经济、文化体系，越是一件相对容易的事情。当美国有意识地将互联网用作一大战略空间，以及跨国恐怖活动分子与网络密切结合等事实越发显现之后，将成为“信息边疆”下一步博弈的一大焦点。

未来，随着信息技术的深入发展，全球互联网的空间疆域性会越加凸显，争夺全球网络空间主导权的竞争也将逐渐进入白热化的阶段。2015年9月23日，习近平主席在会见出席“中美互联网论坛”双方主要代表时发表讲话强调：“当今时代，社会信息化迅速发展。从老百姓衣食住行到国家重要基础设施安全，互联网无处不在。一个安全、稳定、繁荣的网络空间，对一国乃至世界和平与发展越来越具有重大意义。如何治理互联网、用好互联网是各国都关注、研究、投入的大问题。没有人能置身事外。”① 这个讲话，表明中国决策层人员和智库人员对互联网疆域的认识虽一度滞后于美国决策层人员和智库人员，但已经在迎头赶上。我们认为，习主席的这次讲话，指出并强调了中国参与建构互联网“信息边疆”的重要性和必要性。

三、对互联网网络主权问题与战略布局的观察

近现代以来，凡是人类群体组织尤其是国家能够占据的疆域，都会因为争夺而产生法理性的依据，在国际体系诞生并逐渐完备之后，主权成为占据疆域守卫国家的核心。实体的疆域如此，虚拟的疆域也如此。

（一）主权的由来和对于互联网的意义

第二次世界大战结束时，围绕着联合国宗旨，在建立新国际关系体系中，国家主权得以重申，即一国的内政外交自主以及独立承担国际权力义务的资格，也是在特定领域中具有管辖权的行为体标志。如果前溯到

① 《习近平会见出席中美互联网论坛双方主要代表时强调中国倡导建设和平、安全、开放、合作的网络空间》，人民网，2015年9月24日。http：//politics. people. com. cn/n/2015/0924/c1001 - 27628402. html.

1648年，威斯特伐利亚条约（the Peace Treaty of Westphalia）使得世界进入到一个现代性时代，[①] 其中的公平、公正、平等、法治等理念开始推向世界，由此产生的国际条约体系，将主权作为各国管辖区域内排他性的最高权力，主权也构成了一国立法和司法以及拥有行政权的源头。凡是学过世界历史的人都知道，西方世界的文明进程从那个时候开始加快，并推及全世界。现代民族国家其实都是西方文明“现代性”导致“现代化”的受益者——没有威斯特伐利亚条约体系，世界不可能有今天现代民族国家的形式，也没有在国际体系下各国的科技大发展；没有国际体系和联合国宪章，中美还有其他国家的代表，不可能坐下来讨论国家主权与现代科技结合而产生的一种形式——网络主权。

历史学家普遍认为，由于威斯特伐利亚条约体系的出现，世界得到了改变，现代性由此产生，极大地推动了科学技术的发展。很多年过去了，科技依然是人类生产力发展的推动力，随着科技的不断进步，人类生存空间在拓展，人们对世界的认识也在深化；在现代性向世界推开之后，人们也看到了在科技的支撑下，资本与市场借助战争打破了国家与民族的藩篱，使得世界变得越来越拥挤，各国包括国家集团之间的争斗也越来越频繁。正因为如此，主权原则为各个国家所认定，不容侵犯与染指。19、20世纪到21世纪的主权概念，已经从领陆延伸到领海和领空，再向着互联网领域延伸，并从政治延伸到文化和经济，包括在互联网之中，都体现着、不断丰富着主权新的内涵。而这一切，都是与国家对疆域尤其是对疆域边缘部分的管辖与治理分不开的。至于近代所谓的“主权让渡”（sovereignty transfer），是特指出于某种原因，在不伤害本国根本利益的前提下，经过具有保护性的共同协议而产生的浮动型主权（Floating sovereignty）[②] 的部分转移。即使是这种部分转移，也是在国家行为体自主且有限

① ［英］贝诺·特士科著，李清敏、孙兴杰译：《威斯特伐利亚国家体系之理论化：国际关系从绝对主义向资本主义的转向》，《史学集刊》2014年第3期。

② 在有些特殊情形下，国家为了更好地行使职能，可以暂时让渡一些相对有浮动性的主权，比如保护公民的权利。https：//zhidao. baidu. com/question/498577417. html.

的前提下发生的①；除非一国被他国完全或部分管制，再就是因特殊情况将部分主权让渡于国际组织以临时解决紧急状况下的问题（例如通过联合国协调介入某些国家的维和②）等时期。在一般情况下，各国是不会将主权全部让渡给其他国家或国际组织的。

在一般边疆学的认知中，由于承认国家主权的概念，每一个地理板块上的国家都有着疆域管理的认识，对每一个疆域管理的边缘部分，国外研究者称之为 borderland，而对那些有争夺意义的边缘部分则称之为 frontier。在美国学界使用 frontier 的居多，反映出了一种理论研究上的取向，亦即美国多数人的边疆概念，就是前锋所指的边沿地带。可以说，这种认识与美国著名的边疆学奠基人特纳（Frederick. J. Turner，1861—1932）有关，是他告诉人们，边疆在国家政治和价值理念下，是可以且应该不断拓展的 frontier。其后的斯皮克曼（Nicholas John Spykman）作为美国杰出的地缘政治学家，揭示了 frontier 边疆在什么情况下会被撕裂，亦即在处于交叉的边缘地带，一旦他国蔑视了某国的主权并实施攻击，国家主权被撕裂的情况就会发生；人们还看到，格雷厄姆（Daniel O. Graham）中将提出的高边疆 High frontier 战略，更是令人脑洞大开——国家之间的主权争斗不仅可以在陆疆、海疆、空疆，也可以在外空疆体现出来——而对外空疆这个高边疆的争夺，要依托于网络技术。于是，The frontier of the Internet 也成为高频率的使用词汇。

（二）美国在互联网疆域进行的战略布局

随着科技的进步，美国的有识之士将互联网也纳入国家战略的视野之中，并得到政府与军方的认可和实施。1988 年，美国就开始建立三军计算机应急反应中队。当时世界上的多数国家对计算机网络的作用还知之甚

① 这种情况的例子如欧盟，欧盟为制定共同外交与安全政策，各成员国让渡了一部分政治决策权；在立法、经济协作等方面，欧盟的六大超国家机构在保障欧盟机构权威性的同时，也保证各个成员国所让渡的主权被有效、公平和公正地使用。

② 这种情况的例子如联合国曾经介入到 1992 年在柬埔寨的维和行动，联合国设立了联合国驻柬埔寨过渡权力机构，该机构的职权范围比联合国的历次维和行动都要广，实际上掌握了该国政府的全部行政权力。完成维和之后，联合国与柬埔寨结束了这种主权让渡行为。

少，而中国民众对计算机的认识，主要来自能够快速处理文档的广告。2002 年，美总统签署了“国家安全第 16 号总统令”，组建了“网络战联合功能司令部”，而世界各国对“网络战”运作的机理还在猜度之中，中国民众在这方面的知识基本上来自科幻作品。2005 年 3 月，“美国防部公布《国防战略报告》，明确将网络空间和陆、海、空、太空定义为同等重要的、需要美国维持其有决定性优势的五大空间”①。2009 年 5 月，美国《网络空间政策》出台，重申“网络空间与陆、海、空、太空五大空间并列”②，并提出建立总统直辖办公室，负责协调美国各政府部门与网络空间的有关工作，从组织机构上保证网络空间战略的有效实施。2009 年 6 月 23 日，美国组建网络司令部，标志着美国把国家疆域的“第五领域”纳入战略范围。

事实上，“美国的网络空间战略制定由来已久，从克林顿时代、布什时代到奥巴马时代，这个战略从提出与深化到了国际化、系统化，日趋成熟，表明美国在网络空间建立国际基本规范的战略思路，也体现了其对自身网络空间技术的强大信心，以及在网络空间谋求霸权的强势策略”③。美国的一些大企业和机构紧随其后，利用大数据窃取商业机密和相关信息，使得利益攸关方如欧盟、印度、俄罗斯、中国等国因此担忧国家安全与自身的利益，在与其相关的合作中表现出担忧和防范。

2011 年 5 月，美国发布《网络空间国际战略》文告，阐述美国试图规划全球互联网未来发展与安全的“理想蓝图”，显现出强烈的美国式价值理念。中国、俄罗斯、塔吉克斯坦、吉尔吉斯斯坦四国在同年 9 月向联合国大会提交的《确保国际信息安全的行为准则（草案）》，以及总部设在加利福尼亚的赛门铁克公司于 11 月 1 日披露的网络安全调查报告，折

---

① 新华网：《美军网络部队，相当于 7 个 101 空降师》（2013 - 08 - 02 07：38：10），http：//news. xinhuanet. com/globe/2013 - 08/02/c_ 132573543. htm.

② 对太空空间的争夺，早在 20 世纪 60 年代初，美国总统肯尼迪就预言：“争夺宇宙霸权是未来 10 年的主要内容。哪一个国家能控制宇宙，它就能控制地球；谁控制了太空，谁就控制了战争的主动权。”http：//www. people. com. cn/GB/junshi/8221/42066/42069/3057135. html.

③ 360 个人图书馆，魏柱廷、陈文光、郭黎：《美〈网络空间国际战略〉观察与思考》，http://www. 360doc. com/content/15/0724/06/16788185_ 487006411. shtml.

射出将进入这个疆域的主要成员以及这些成员各自相关的主张。

一段时间以来，在“信息边疆”博弈中占据优势的国家是美国，形势不利于接入国际互联网的欧盟、中国和其他国家。石海明、刘戟锋指出：“正是凭借强大的互联网优势，美国近年来不断拓展战略信息战的高边疆，在认知空间主导话语权，配合其外交、政治及经济战略，维护着美国的霸权。”①

2012 年 3 月 29 日，美国发布的《大数据研发倡议》，将“获取知识和洞见的能力”列为要旨，从大量复杂的数据集合中协助加速科学与工程上发现的步伐，强化美国国土安全。该倡议涉及联邦政府的 6 个部门［美国国家科学基金（NSF）、美国国家卫生研究院（NIH）、美国能源部（DOE）、美国国防部（DOD）、美国国防部高级研究计划局（DARPA）、美国地质勘探局（USGS）］。“这些部门承诺将投资总共超过两亿美元，来大力推动和改善与大数据相关的收集、组织和分析工具及技术。”② 此外，这份倡议还透露了多项正在进行中的美国各部门的大数据计划。“通过全球战略下的新军事战略和反恐战略将军方纳入其中，包括组建网络战部队。”③

2013 年 3 月 18 日，美国出版了一部所谓《世界网络战争法典》——《塔林手册》。《塔林手册》包含 95 条规则，④ 允许通过常规打击来反击造成人员死亡和重大财产损失的网络攻击行为。2014 年 3 月底，美国防部长表示，将继续致力于扩大网络部队规模、提升美国在网络安全领域的能力，计划于 2016 年将网络司令部网络部队人数增至 6000 人。到 2014 年

① 新华网：石海明 刘戟锋：《制脑权：信息时代军事较量的“高边疆”》，2011 年 3 月 1 日。http：//news. xinhuanet. com/mil/2011 - 03/01/c_ 121132649. htm.

② 慈溪社科网：《奥巴马政府发布“大数据研发倡议”》，2012 年 04 月 18 日。http：//ss. cixi. gov. cn/art/2012/4/18/art_ 52445_ 897612. html.

③ 虽然美军从未公布过涉足网络战的总人数，但专家们认为，美军至少有 3000—5000 名信息战专家及 5 万—7 万名士兵涉足网络战。如果加上原有的电子战人员，美军网络战部队的人数应该在 88700 人左右。这个规模，相当于 7 个 101 空降师。http：//news. xinhuanet. com/globe/2013 - 08/02/c_ 132573543. htm.

④ 北约卓越网络合作防卫中心国际专家小组：《塔林网络战国际法手册》，国防工业出版社，2016 年。

10月21日，美国直接推出了《网络空间联合作战条令》。2017年10月24日，美国防部发表声明说，美国网络部队在10月21日能够“执行基本任务”，达到一个“里程碑”。这意味着美军133支网络部队5000人中近一半已经具备全面作战能力。“美计划到2018财政年度结束前（2018年9月30日）把网络部队扩军至近6200人，届时这些部队都将拥有全面作战能力。”① 毋庸讳言，美国在网络这个空间的战略布局，从理论到实践都堪称先进。

（三）几个大国在互联网的战略布局和美国的态度

随着美国在互联网实施战略布局，德、法、英、印、俄等国紧紧跟随。② 德国2006年就开始组建黑客部队，其把该举措称之为缩短与他国的差距；2012年，德军方提交给联邦议院的文件称已经具备了攻击“敌方网络”的初步能力。2017年4月1日，德武装部队正式成立网络信息司令部。该司令部与陆军、海军、空军、医疗服务并列，共同构成德国联邦国防军体系。德国声称，这将在北约联盟中发挥主导作用。③

法国2013年在《国防与国家安全白皮书》中将网络攻击确定为最大外部威胁之一，要建立网络防御力量；为此筹划一个网络防御行动链，决定在2019年前为网络安全、防御和研发投入10亿欧元；同时计划储备一支民间网络安全与防御力量，培养民间网络防御专家，必要时为政府和军队服务。④

差不多同时，英国成立直接对首相负责的国家网络安全办公室，制定战略层面的网络战力量发展规划、网络安全行动纲要。其网络安全行动中心隶属于国家通信情报总局，为军方网络战行动提供情报支援；网络作战

---

① 观察者网：《世界各国网络部队透视：美国规模最大、英国征召黑客》，http://www.guancha.cn/military-affairs/2016_05_19_360940.shtml.

② 中国军网：辛奇、袁艺、祝旦龙：《发展网络战，各国有招数》，http://www.81.cn/jmbl/2015-04/17/content_6446830.htm.

③ 军事科技前沿—光明网：《决战五维空间，多国构建网络战力量“放大招”》。http://junshi.gmw.cn/2018-06/19/content_29342732.htm.

④ 张林初：《法国新版〈国防与国家安全白皮书〉评析》，《法国研究》2014年第1期。

集团隶属于国防部，主要负责军队网络战相关训练与行动规划，并协调军地技术专家对军事网络目标进行安全防护。①

印度也十分注重网络攻防，斥资 30 亿美元建设国家网络战司令部和网络安全分部，组建了规模达 1.5 万人的网络战部队，以应对日益严重的网络威胁。印军网络战作战思想为先发制人，主动入侵敌国进行网络窃密，为此同地方合作组建陆海空联合计算机应急分队，总参谋部制定信息战条令，进一步规范网络战。②

俄罗斯把防止和对抗网络信息侵略提高到国家战略高度，成立了向总统负责的总统国家信息政策委员会，陆续制定了网络信息战相关规划，以加强对信息化建设的领导和协调，加快信息基础设施建设。为确保在网络信息对抗中占据主动，俄军建立了特种信息部队，负责实施网络信息战攻防行动。③

差不多在同一时期，加拿大、以色列、日本、韩国、澳大利亚等国纷纷制定政策，组建网络部队，先后加入互联网的战略布局实践之中。

2015 年 4 月，美国防部又发布新版《网络空间战略》概要，首次公开将网络空间行动作为今后军事冲突的战术选项之一，表明美国已突破了网络空间作战的编制体制、武器装备、融入联合作战等一系列瓶颈问题，形成了网络攻防的有效模式，具备了发动网络战争的全部能力。特朗普上台之后，以美国优先的原则处理国际事务，已经发动了金融与经贸战，美国争夺互联网疆域的行事逻辑将不会改变。

这表明，美国是世界上具有边疆战略前瞻性的国家，几十年甚至上百年对拓展国家疆域问题进行着持续不断的研究和实践，从理论到实践都在引领其他国家。从美国行为的逻辑分析看，美国面对世界网络战略的均势，有着前瞻性破坏均势的预案：常规手段为控制掌握在自己手里的根服

---

① 网易新闻：《世界八国网军大阅兵　谁将赢得网络战未来》，http://news.163.com/15/0908/13/B30ADIQS00014JB5.html.

② 观察者网：《世界各国网络部队透视：美国规模最大、英国征召黑客》，http://www.guancha.cn/military-affairs/2016_05_19_360940.shtml.

③ 军事科技前沿—光明网：《决战五维空间，多国构建网络战力量“放大招”》，http://junshi.gmw.cn/2018-06/19/content_29342732.htm.

务器，对冒头国家实施经常性的攻击；非常规手段为加快人工智能提升的步伐，利用超前发展的人工智能，发起网络空间的“核攻击”，必要时就直接大规模地瘫痪形成网络均势国家的互联网。我们预测，下一步的网络安全与战略的对话和谈判，与大国之间的核谈判相似，将以制止超常规网络攻击为题。

（四）网络主权的提出和相关国家的态度

信息社会世界峰会（World Summit on the Information Society）是全球性组织的高端会议，在2003年第一阶段会议通过的《日内瓦原则宣言》，以及2005年第二阶段会议通过的《信息社会突尼斯日程》中，都有“网络主权已经成为国际社会真实而客观的实践”等表述。在2004—2005年、2009—2010年、2012—2013年，联合国三度成立了信息安全政府专家组，持续研究信息安全领域的现存威胁、潜在威胁，以及为应对这些威胁可能采取的合作措施，达成了和平利用网络空间、网络空间国家主权原则等重要共识，并且发布文件，公布了研究的内容。2013年6月24日，第六次联合国大会发布的A/68/98文件，① 即通过联合国“从国际安全的角度来看信息和电信领域发展政府专家组”所形成的决议。该决议第20条内容是：“国家主权和源自主权的国际规范和原则适用于国家进行的信息通讯技术活动，以及国家在其领土内对信息通讯技术基础设施的管辖权。”②据此，多国采取了相应的措施，其中的“雪人计划”初见成效。③

网络的疆域看似是虚拟的，它映射的却是人类社会国家疆域的形态，其中的认定与反认定、介入与反介入、划定之后的管辖等现象，无一不是

① 《从国际安全的角度来看信息和电信领域发展的政府专家组的报告》，2013年6月24日。http//www. un. org/ga /search/view_ doc. asp? symbol = A/68/98&ferer = http//blogs. cfr. org/cyber/2015/04/13/the – uns – group – of – governmental – experts – on – cybersecurity/&Lang = C.

② 支振锋：《“网络主权”的国际背景与现实意义》，《紫光阁》2016年第2期。

③ 新华社北京2017年11月27日电，从下一代互联网国家工程中心获悉，由该中心牵头发起的“雪人计划”已在全球完成25台IPV6（互联网协议第六版）根服务器架设，中国部署了其中的4台，打破了中国过去没有根服务器的困境。http：//www. xinhuanet. com/tech/2017 – 11/27/c_ 1122016888. htm.

疆域和边疆的治理问题。即使网络是虚拟的疆域，还没有国际法明确的网络国界，但事实上网络的基础设施、网络公司等实体，包括参与网络活动的众多行为体都是有国籍的，网络所形成的疆域已经成为所在国的重要战略资源，理所应当受到所在国的管辖。因而“网络主权”被联合国的专家组在十多年前提出，既有事实的依据，也有经验的验证。这从国际体系合法组织研究的角度，对为各国包括中国这样的互联网大国提供了有力的支持，也对国际互联网的多边共治要求提供了依据。

2016 年 2 月，美国印第安纳大学法学教授、外交学会兼职高级研究员戴维·菲德勒发表文章，认为中国的战略、能力及提议的准则，证明它对网络领域有全面的思考，并且已经改变了网络空间的走向以反映中国的理念和实力。中国还成立了战略支援部队，对网络领域防御、情报和进攻性活动进行集中指挥，并对其空间领域的努力进行整合。①

在“雪人计划”② 取得实际成果后，国际互联网的多边共治工作不断推进。欧盟酝酿两年之久的《通用数据保护条例》（GDPR）于 2018 年 5 月 25 日正式施行，被各国广泛认为是欧盟有史以来最为严格的网络数据管理法规，吸引了全球社会和信息技术产业的目光，也引起了美国极大的不满。因为这个最新的法规，其明确的指向即网络主权不容侵犯。世界互联网的治理亦即人类社会对虚拟边疆的治理，由此进入到一个新的阶段。

中国对网络主权问题有着明白无误的阐述，2015 年 7 月 1 日正式生效的《中华人民共和国国家安全法》，第一次将“网络空间主权”写入法律条文。2015 年 12 月 16 日，中国国家主席习近平在第二届世界互联网大会开幕式演讲中提出：“推进全球互联网治理体系变革要坚持尊重网络主权，尊重各国自主选择网络发展道路、网络管理模式、互联网公共政策和平等参与国际网络空间治理的权利，不搞网络霸权，不干涉他国内政，不

① 搜狐新闻：《外媒：中国网络能力直追美国　中美需“数字缓和”》，http：//news. sohu. com/20160216/n437513462. shtml.

② “雪人计划”由中国下一代互联网工程中心领衔发起，联合 WIDE 机构（现国际互联网 M 根运营者）、互联网域名工程中心（ZDNS）等共同创立。至 2017 年 8 月，25 台 IPV6 根服务器在全球范围内已累计收到 2391 个递归服务器的查询，主要分布在欧洲、北美和亚太地区，一定程度上反映出全球 IPV6 网络部署和用户发展情况。

从事、纵容或支持危害他国国家安全的网络活动。”① 2016 年 11 月 7 日，中华人民共和国第十二届全国人民代表大会常务委员会第二十四次会议审议通过了《中华人民共和国网络安全法》，其第一条再次明确了“维护网络空间主权”。

2017 年 12 月 4 日，习主席在给第四届世界互联网大会的贺信中指出：“全球互联网治理体系变革进入关键时期，构建网络空间命运共同体日益成为国际社会的广泛共识。”②

当虚拟的互联网遍布世界的时候，其现实意义不容忽视，意味着网络日益在成为国家博弈的“无形疆域”。从某种意义上说，谁拥有制网权，谁就可以攫取自己最想得到的资源，也获得了国家安全的无形防线；谁失去了制网权，谁就可能失去大多数的资源，并在国家安全的无形防线上失控。这种无形疆域中的“信息边疆”，对一个国家的安全，与传统的领土、领海和领空安全具有同等的重要性。换言之，虚拟的边疆并不是“假大空”的概念，互联网疆域和边疆以及网络战事实上的存在，对各大国进入 21 世纪之后的兴衰有着决定性的影响。

在一般边疆学的视域下，由于有了主权这个概念与互联网管辖权的组合，尊重主权作为国际法所确定的国家之间的行为也成为在一个特定领域之中人们需要协商的事务。对此，联合国的每一个成员国必须遵从联合国宪章所确立的当代国际关系的基本准则。围绕着互联网这个边疆的研究，涉及全球治理大事，也涉及各国参与国际网络的治理问题。我们的意见是，中国必须将互联网这一虚拟的疆域与边疆尽快明确列入大边疆战略与外交战略的研究之中，进一步参与互联网的共治，确保中国的网络主权。这是未来国家战略下大边疆战略取胜概率增大的一个重要方面，以此保障中华民族伟大复兴的目标得以实现。

---

① 新华网：《习近平在第二届世界互联网大会开幕式上的讲话（全文）》，http：//www. xinhuanet. com/politics/2015 －12/16/c_ 1117481089. htm.

② 中国共产党新闻网：《习近平：尊重网络主权 发扬伙伴精神 共同搭乘互联网和数字经济发展的快车》，http：//cpc. people. com. cn/n1/2017/1204/c64094 －29683103. html.

下编

西藏历史与社会法治研究

西藏可持续发展要有新的综合思考*

孙　勇

西藏是中国地理边疆带的一大环节。所面临的三大基本问题即边疆发展、边疆稳定、边疆安全与全国边疆相同。研究西藏的可持续发展，对这三大问题的研究和形成对策，应当是一个有机的组合，即发展、稳定、安全三大部分组成系统。国家边疆的治理是一段时间以来的前沿课题，治理很重要但不能因此而不考虑发展，为追求稳定和安全妨碍发展。在处理三者之间关系的时候，应当遵循“在使这个系统的其它部分不降低功效的情况下，至少有一个部分的功效得到改善，从而使系统整体功能得到提升”的帕累托改进的准则。① 1949 年新中国成立以后，边疆地区一直存在着对“发展”本质性定义的问题，即广义的发展指经济整体状态伴随着社会结构变化的持续前进；狭义的发展指经济本身在结构的变化下总量趋于增多的累积。严格地讲，无论是广义的发展还是狭义的发展都包含一个重要的命题，即必须将经济社会整体的变动置于前进的方向上，置于结构性优化的过程之中，置于社会文明进步的本质性规定下。这种意义上的发

* 此篇论文写于 2015 年。

① 帕累托改进（Pareto improvement），是博弈论中的重要概念，并且在经济学、工程学和社会科学中有着广泛的应用。帕累托改进在经济学上是指一种变化在没有使任何人境况变坏的情况下，至少有一部分人的境况变得更好。

展，必然是先进的上层建筑对落后的上层建筑的改建，必然是先进的经济基础对落后的经济基础的改建。边疆发展在本质上就是如此，边疆地区的可持续发展的底蕴也在于此。①

一、边疆稳定经常是边疆发展的前置性问题

我国边疆稳定的问题，主要是指政治体系对于社会矛盾的变化是不是具有较强的调适功能，能够及时化解社会矛盾，有效控制社会不稳定因素，使社会不出现政治动乱，呈现出经济协调发展、社会稳步前进的有序稳定状态。转型时期中国社会的稳定模式应是发展中的稳定、动态的稳定。仅就事关发展的改革来看，在实际的改革进程中，通过合理选择改革起点和渐进性改革模式，去成功地把握转型时期的社会稳定问题。实践证明，有系统的渐进性改革具有互动的结构，能不断发展经济和改善人民生活，既有助于克服僵化观念和习惯势力的干扰，也有助于缓解利益调整过程中出现的冲突，从而争取更多的社会阶层支持改革。② 同理，西藏的可持续发展不能仅仅理解为保护生态平衡，搞好生态建设，建设绿水青山的家园等，这样的理解是很不完整的，它不符合“经济整体状态伴随着社会结构变化的持续前进”这个广义的发展内涵。一个总是潜伏着不稳定因素或经常发生涉安事件的边疆地区，所谓的可持续发展是难以为继的。

由此以观，西藏地区社会稳定问题，不仅仅是我国地理边疆的治理，同时也是国家利益边疆、文化边疆、战略边疆的治理，其中自然涵盖着政治、经济、文化、军事、资源控制等因素。西藏社会稳定问题，事实上是我国在全球化时代维护国家主权和制定国家战略的重要基点，完全可以视为中国“战略边疆”的重点之一，舍此谈论西藏可持续发展将是无本

---

① 这个观点贯穿在笔者2008年申请的国家社科基金重大招标课题之中，也成为近年来笔者研究边疆地区和西藏问题的一个视角。

② 于福君：《系统科学与我国社会改革发展战略的研究与探索》，《鞍山师范学院学报》2009年第2期。

之木。

在西藏这个特殊的边疆少数民族地区，发展、稳定和安全三大基本问题应当纳入思想库的视野和实证研究。这三个基本问题的视野，要由最基本的理论以及理论创新的研判来框定。而这三个问题的实证研究，要置于最基本理论以及理论创新的指导之下。边疆治理中的西藏问题对中国决策层来说，不仅是一个历史的主题，也是一个现实的主题，还是一个未来的主题。亦即西藏社会稳定与发展的对策除了战略的目标指向“长治久安”外，还存在着一个时间指向——西藏的“跨越式发展”和“长治久安”谋划的时间表至少要有 30 年乃至更长的时间段，要有超视距的眼光。①

西藏在我国边疆治理之中，具有其特殊的内容和形式，它既包括边疆发展、边疆建设、边疆的生态与环保等方面的内容，也包括边疆稳定的民族问题、宗教问题和利益分化与利益协调等方面的内容，还有边疆安全如意识形态反渗透、边疆社会管理和边防建设等方面的内容。这些问题从总体上看，与国家边疆治理的理论认识取向有关。

西藏问题的国际化趋势，就是利益边疆、文化边疆放大和转化领土边疆概念的例证。西藏地区社会稳定的意义远远大于西藏实际地理区域的范围。仅从现代国家治理角度看，西藏治理已经不是族际的治理，不应当沿着处理民族问题的思路，而应当调整为对行政区域的治理即中国疆域内的边远地方的治理，其目的在于解决西藏的各种现实问题，实现边疆的巩固、发展和繁荣，进而巩固民族团结和国家边防，保持和促进国家的强大和繁荣。针对西方反华势力与达赖集团相互勾连，企图通过“独立”“分裂”肢解中国的图谋，要专门对西藏边疆地区的社会长治久安问题展开综合性对策研究。但是，要解决西藏的社会稳定问题，作为具体的地理边疆，最根本的还是要针对西藏特定问题的特征，采取相应的治理方式才会奏效。

---

① 这里所说的“超视距”是指在国家体制下要克服官员任期时间对决策的“视距内”影响，“谋长久之策”，要考虑促进西藏“长治久安”的时间指向要远远超出自己的任期时间。

二、西藏在边疆发展中的共性与个性问题

中国边疆治理问题必须依托于加快边疆民族地区经济发展的步伐，这无论对于缩小差别，实现共同富裕，还是对于加强民族团结，维护祖国统一和社会稳定，都具有十分重要的意义。边疆发展是西藏社会稳定的基础。在我国西部省区之中，西藏经过了有共性与个性的历史，现在又面临着有共性与个性的问题。对这些问题需要从不同的角度来认识，最终在边疆发展的命题下予以解决，以实现维护和巩固西藏社会稳定的目标。

历史地看中国边疆地区的发展，既具有与内地的向心关系，同时又具有地域特色的倾向。上千年来，随着中央王朝体系内中心区域各民族的泛化认同，历史上曾经有过一些民族融合在一起，向着高度统一深化发展；而边缘地带既有一些民族在交往中不断地分化并加入中原民族的发展之中，也有一些民族因地理原因在一个区域固化了经济乃至文化形态。这样，整个中国社会经济形成一个多民族经济互补性很强又存在多种特色和层次的民族经济结构。

在一国的疆域里，存在多元一体化民族经济的“中心—边缘”发展格局，这在世界上是不多见的。中国的各民族相互渗透、彼此依存、休戚与共，并形成了多种特色和层次的民族经济结构。在国家工业化时代到来之前即新中国诞生之前，各个民族所具有的农牧渔耕工商的分布和互补基本上是完整的。但是，由于我国各个民族经济社会的发育程度不同，致使原始经济残余形态、奴隶制经济现象、农奴制庄园经济、小农经济、前工业经济都散布在中国的土地上，即使是同一民族内部也存在多层次结构，不同层次经济的直接交往与渗透，使同一民族不同层次的经济结构也表现出不完整。

新中国成立之前，边疆小区域社会经济形态大约可划分为四种：封建地主经济的社会形态、封建农奴制的社会形态、农奴（包括家奴）及奴隶制社会形态，以及原始公社末期社会形态。随着新中国的诞生，这些处

于不同层次社会阶段的少数民族相继完成了社会形态跨越式的演进。通过新中国成立之后的各种运动，确立了全国大一统的社会政治经济形态及上层建筑，但社会形态的跨越在原有意识形态的阻滞下，形成了社会意识的二元形态，有的意识形态对社会政治活动和经济发展直接造成了负面影响。与此同时，普及先进适用的科学技术需要教育的基础，普及的过程也有待时日，一段时间内我国边疆地区民族地区的生产力滞后，必然导致社会经济发展的滞后。这种滞后的状态往往是社会不稳定的一个重要因素。

站在新世纪回看我国民族地区经济社会的历史进程，千余年来，大多数地方既存在着发展水平差异较大的层次结构，又有层次结构的跨越情况。特别是中华人民共和国成立之后，新的经济因素与原有的生产力并存，几十年来一直处于一种二元状态，先进的思想文化与原有的社会意识并存，也形成了一种二元状态，① 这种双重的二元状态使得各少数民族的经济社会发展极为复杂，而这种极为复杂的经济社会发展状态在边疆地区普遍存在，中国西部省区及西藏地区更是如此。因此，西藏发展问题首先是中国边疆民族地区的共性问题，其次才是具有区域特点的个性问题。

西藏和平解放以来，历经民主改革、成立自治区和改革开放，经济社会发展与祖国内地一样取得了举世瞩目的伟大成就，在发展的历程中持续地探索具有西藏特点的发展路子。这个路子是在中国执政党的领导下，以实事求是、解放思想的思想路线为指导，在国家的大局之中，团结西藏各族人民不断摸索的路子。新西藏的经济社会建立在起点很低的层次上，虽然国家为西藏经济社会的发展提供了大力的支持，但在过去自然经济广覆、社会层次极不发育的边疆少数民族地区，经过多年发展仍然还是很不发达，是一个非典型二元经济结构特征十分突出的区域；② 西藏又是一个人口稀少，农牧区人口占很大比重，丰裕的自然资源禀赋短期难以利用，环境承载能力脆弱的高原区域；西藏还是一个经历过上千年封建农奴制，文明进步的基础极其薄弱，宗教文化传统十分浓厚的地区；西藏也是一个

① 孙勇：《西藏：非典型二元结构下的发展改革》，中国藏学出版社，1991 年。

② 同上。

商品经济极不发达，安于自给但长期不能自足，由计划经济体制向市场经济转型，在实行改革开放以后经济迅速发展的地区；更为重要的是，西藏同时是一个地处边陲，长期面临境内外敌对势力、分裂主义分子渗透破坏，固边稳边、防止分裂任务十分繁重的地区。可以说，一个地区在发展中同时具备六大特征，举国罕见。这是我们认识西藏发展路子的着眼点，也是我们研究西藏发展模式的入手处。中央第五次西藏工作座谈会特别指出西藏存在着“两个矛盾”，即“当前西藏的社会主要矛盾仍然是人民日益增长的物质文化需要同落后的社会生产之间的矛盾。同时，西藏还存在着各族人民同以达赖集团为代表的分裂势力之间的特殊矛盾”①。在中央第六次西藏工作座谈会上，习近平强调：“必须坚持中国共产党领导，坚持社会主义制度，坚持民族区域自治制度；必须坚持治国必治边、治边先稳藏的战略思想，坚持依法治藏、富民兴藏、长期建藏、凝聚人心、夯实基础的重要原则；必须牢牢把握西藏社会的主要矛盾和特殊矛盾，把改善民生、凝聚人心作为经济社会发展的出发点和落脚点，坚持对达赖集团斗争的方针政策不动摇；必须全面正确贯彻党的民族政策和宗教政策，加强民族团结，不断增进各族群众对伟大祖国、中华民族、中华文化、中国共产党、中国特色社会主义的认同；必须把中央关心、全国支援同西藏各族干部群众艰苦奋斗紧密结合起来，在统筹国内国际两个大局中做好西藏工作；必须加强各级党组织和干部人才队伍建设，巩固党在西藏的执政基础。”② 中央的这些精神，从全局性的高度十分明确地解答了共性与个性问题最根本的依据在哪里。

三、西藏可持续发展的综合思考

西藏在中央的领导和全国人民的支援下，经过各族人民的共同努力，

① 中央政府门户网站：《中共中央国务院在北京召开第五次西藏工作座谈会》，2010 年 1 月 22 日，http：//www. gov. cn/ldhd/2010 – 01/22/content_ 1517549. htm.

② 中国新闻网：《中央第六次西藏工作座谈会召开　习近平发表讲话》，2015 年 8 月 25 日，http：//finance. chinanews. com/gn/2015/08 – 25/7488714. shtml.

半个多世纪以来，经济发展取得了显著的成就：一是西藏经过50多年的发展，逐步建立了能源、轻工、纺织、采矿、建材、制药、印刷、食品加工等20多个门类的现代工业经济体系，为西藏经济的全面发展奠定了一定的基础，现代工业已成了西藏区域经济发展的重要支柱产业之一。二是西藏经济发展具有一定的基础条件。三是现代科技、教育、文化、医疗和卫生事业有了一定的发展，西藏人文科技事业的发展有了一定的基础。但是，由于恶劣的高原自然环境、偏远的地理区位和历史的原因，西藏经济未从根本上得以改变。主要表现在：经济基础薄弱，缺少强壮的支柱产业，经济结构不合理，生产要素分散，市场发育不足，人才匮乏，基础设施建设滞后，经济社会运行成本高，各地区间发展很不平衡，城乡差距很大等。这些问题导致了西藏经济社会的发展主要通过总体供给模式来保障，不具备自我发展能力。由此，西藏至今仍然在发展的内涵上包括四个方面：

一是稳边固本。“西藏的发展、稳定和安全，事关西部大开发战略的实施，事关民族团结和社会稳定，事关祖国统一和安全，也事关我们的国家形象和国际斗争。”① 西藏是一个少数民族聚居区域，又地处祖国西南边陲，有4000多千米的边境线，与5个国家和地区接壤，又与祖国的6个省区连接。西藏历史上长期是黑暗的封建农奴制、政教合一制区域，又曾经遭受帝国主义的侵略。和平解放以来，执政党一直将稳边固本作为西藏发展最为重要的内容，特别是在民主改革、成立自治区之后，伴随社会结构变动，始终把稳定祖国西南边疆、巩固人民政权、筑牢反分裂基础作为发展的深层次内涵。从西藏60多年发展的历程看，现代经济在西藏的发端就肇始于稳边固本。多年来在西藏发展中，中央提供的“总体供给模式”在任何时候都将此作为首要目标。这在全国是独一无二的，这个特点只有西藏才有。把西藏的发展、稳定和安全看作三位一体事关党和国家全局的大事，从西藏发展实践和发展的逻辑上讲，一是加快发展问题，

① 参见汪德军：《改革开放以来的中央历次西藏工作座谈会主要特点和重大影响》，中国共产党新闻网，2018年12月10日，https：//dangshi. people. com. cn/n1/2018/1210/85037. 30453907. html.

西藏经济社会发展的任务仍很繁重；二是促进稳定问题，西藏面临的反对分裂、维护稳定的任务仍很艰巨。要解决好这两个问题，必须加强党的建设。新时期的西藏工作，要在加快经济发展、保持社会稳定和加强党的建设这三方面迈出新步伐，取得新进展。西藏要在“全面发展”中首先保证政治正确，这与中国特色发展路子的总要求完全符合。

二是民生为重。中国共产党在西藏50多年，始终贯穿了全心全意为人民的宗旨，西藏发展一直具有民生为重的内涵。从《十七条协议》开始，改善民生就成为西藏发展的重要内容。在西藏多年的发展中体现了民生为重的特点，在经济发展的所有阶段，无论是建立社保体系还是减免税收，无论是安排财政支出还是援藏工作向基层倾斜，中央都倾注了特殊的关怀，很多改善民生的举措要早于兄弟省区若干年。进入新世纪，西藏发展的民生问题不仅仅是解决温饱、实现小康，而是不断改善生活质量，提高民生层次。以城镇职工基本养老保险、基本医疗保险、失业保险、工伤保险、生育保险等制度为主要内容的社会保障体系已经建立。基本养老保险覆盖范围逐步扩大，实现了应保尽保。在全国率先建立了农牧区最低生活保障制度，率先实现了城镇居民医疗保险全覆盖。进一步健全各项救助制度，全面构建了以灾民救助、五保供养、特困救助、临时救济等为主要内容，并与医疗、司法等救助制度相衔接的城乡社会救助体系。但由于西藏至今是全国最不发达的区域之一，改善民生仍然是西藏发展的重要任务。

三是地域特色。西藏特点发展路子的地域内涵中，始终存在着在构建新的区域经济结构和布局中实现西藏的现代化的命题。按照中央提出的“以工促农、以城带乡”的方式，逐步改变城乡二元经济结构，努力实现经济社会又好又快发展的要求。这之中，特色产业和产业带建设是一个必须高度重视的问题。近年来，西藏在跨越式发展战略指导下，制定了“优势区域、优势资源、优势产业、优先发展”的原则，提出了“区域集中、规模做大、质量提升、效益提高”的工作要求，整合各个方面资金，集中力量，通过龙头企业的带动作用，以基地建设和龙头企业为抓手，加大农牧业特色产品开发和农畜产品深加工力度。这是有特点发展的基础，还有一条就是资源的偏在性决定了后发有优势。资源的偏在性，指的是某一类资源在一个地方的富集程度。例如西藏的水能、森林、矿藏、一些特殊的农牧产品等资源在全国位列前茅，作为全国资源的后备基地，后续开发具有难以估量的前景。现已发展起来的西藏旅游业，因其资源的偏在性而势头很好。西藏的生态地理因素可影响全国和南亚，对世界的气候变化也有一定影响，在这个意义上，西藏的生态资源也具有偏在性，也是西藏发展特点路子地域内涵的一个方面。西藏的区域特点发展要继续加大改革开放的力度，调整经济结构，壮大特色产业，实行科教兴藏和可持续发展战略。

四是可持续发展。一般性的可持续发展思想是人类社会发展的产物，体现了对人类自身进步与自然环境关系的反思，反映了人类对今后选择发展道路和发展目标的向往。我国“可持续发展是指既满足当代人的需要，又不损害后代人满足需要的能力的发展”。中央近年来多次提到转变发展方式，一个最直接的含义就是要实现中国的可持续发展。西藏特点的发展路子内涵，有着与全国很不相同的地方，即西藏地理环境的特殊性对祖国内陆和南亚地区有着水气、物种和资源后续接力的意义。这是西藏有别于其他省区的地方，亦即有特点的地方。从理论上讲，“在生存于不超出维持生态系统涵容能力的情况下，提高人们的生活质量”。亦即人们的生产方式与生活方式要与土地的承载能力保持平衡，既要保护这个区域的生命力和生物多样性，又要有人的可持续发展的价值观，创造美好的生活环境。可持续发展不是保有原生态不动，而是要通过建设性的活动，改善人们的生活质量。亦即在保持自然资源的质量和其所提供服务的前提下，使经济发展的净利益增加到最大限度。实施可持续发展，除了政策和管理之外，科技进步起着重大作用。

西藏的可持续发展还应包括建立可供持续行进的社会稳定机制、政府服务制度。这符合“发展”定义之中对社会结构的改建，并且是持续性地剔除那些妨碍社会文明进步的糟粕，西藏在这个方面具有的独特性也是其他省区所没有的。继续坚持维护祖国统一，反对分裂破坏，增进民族团结，实现社会的公平正义，构建和谐社会，不仅仅是做好西藏工作的一大内容，也是西藏发展之中可持续的要求。

四、尽快消除地区差距这一西藏可持续发展的隐患

地区差距过大，不仅会带来经济方面的负面影响，还会带来政治方面的负面影响。尽管中国所有的地区比 20 多年前绝对地前进了，但是由于各地区经济增长率差异甚大，很多地区特别是相当部分的欠发达地区相对落后，人均收入绝对差距迅速扩大。这将不可避免地产生一系列的经济社会政治后果。从 2014 年的经济社会各项指标来看，西藏仍是全国最落后的省级行政区，在西部省区中的排位持续下降，特别是与内地和沿海省份相比差距更大。由于人口稀少，工业不发达，西藏自治区的生产总值一直处于全国末位，而且所占比重极小。统计数据显示，除在“十五”时期前三年稳定在第 23—25 位外，从 2004 年开始逐年后退，2006 年处于第 26 位，2010 年下降到第 27 位，2013 年到 28 位，2014 年排到全国末位（见下表）。

2014 年全国各省 GDP（已公布）排名

排名	省份	2014 年增长率	2014 年 GDP 总量
1	广东	7. 8%	6. 78 万亿
2	江苏	8. 7%	6. 51 万亿
3	山东	8. 7%	5. 94 万亿
4	浙江	7. 6%	4. 02 万亿
5	河南	8. 9%	3. 49 万亿
6	河北	6. 5%	2. 9 万亿
7	辽宁	5. 8%	2. 86 万亿
8	四川	8. 5%	2. 85 万亿

续表

排名	省份	2014 年增长率	2014 年 GDP 总量
9	湖北	9.7%	2.74 万亿
10	湖南	9.5%	2.7 万亿
11	福建	9.9%	2.41 万亿
12	上海	7%	2.36 万亿
13	北京	7.3%	2.13 万亿
14	安徽	9.2%	2.08 万亿
15	内蒙古	7.8%	1.78 万亿
16	陕西	9.7%	1.77 万亿
17	天津	10%	1.5722 万亿
18	江西	9.7%	1.5708 万亿
19	广西	8.5%	1.57 万亿
20	黑龙江	5.2%	1.48 万亿
21	重庆	10.9%	1.43 万亿
22	吉林	6.5%	1.38 万亿
23	云南	8.1%	1.2814 万亿
24	山西	4.9%	1.2759 万亿
25	新疆	10%	0.9264 万亿
26	贵州	10.8%	0.9251 万亿
27	甘肃	8.9%	0.66 万亿
28	海南	8.5%	0.35 万亿
29	宁夏	8%	0.28 万亿
30	青海	9.2%	0.23 万亿
31	西藏	12%	0.09 万亿

西藏作为我国典型的少数民族边疆地区，其经济社会发展取得的成就是有目共睹的。纵向比是翻天覆地，但横向比却表现为差距仍然在拉大。发展差距问题一直是形成西藏社会稳定压力的一个重要方面。客观地说，差距是经济发展过程中一个无法回避的现象，不可能完全消除。但是如果发展差距过大，必然会产生一系列的连锁反应。会诱发许多民族矛盾和不稳定因素。发展差距的扩大使少数民族和民族地区的广大干部群众产生很大落差，心理难以平衡，进而会直接影响到民族关系的健康发展，影响到国家的安定团结。

五、制定新战略强力推进西藏的可持续发展

西藏的经济社会极不发达，其经济发展模式也与内地省、市、自治区完全不同——依靠中央和各援藏省市的对口支援发展经济，属于典型的投资拉动型经济。[①] 长期以来，国家投资和对口援藏省市的援助对西藏经济社会发展起着至关重要的作用。现阶段的西藏产业发展又存在诸多问题和障碍，如何选择和发展西藏产业经济，如何培育和壮大西藏特色产业和特色经济，是西藏经济社会发展面临的现实选择和亟待解决的问题。尽管西藏并不存在一个明显的工业化过程，产业集聚也恰是工业化进程中的一个显著特点，须在产业选择上慎之又慎。限于资金、技术和人才因素，不可能实行经济的平衡发展。在经济全球化背景下，西藏这种经济落后地区的产业发展要想获得竞争优势，必须走可持续发展道路，以农牧业的产业化、资源开发的适度规模化、第三产业的高起点为目标，依靠政府主导，对区域生产力实行合理布局，引导资源和要素在优越地区优先发展，形成聚集经济，获取规模报酬，进而促进产业的发展壮大。[②] 人们对西藏资源优势的已知程度目前还比较有限，而许多已知丰富资源的优势又因其区位条件而大打折扣，因而西藏资源开发的投资项目必须集中在重要资源开发

① 列确：《科学发展观是制定十一五规划的根本指针》，《西藏日报》2005年11月16日。

② 何纲：《西藏产业集聚问题研究》，2007年西南财经大学学位论文。

领域和极具特色的资源开发利用领域。所谓重要资源，是指在整个国家的资源分布格局占据显著位置，关系国计民生、具有战略意义的基础性资源。这种资源因其战略性、基础性及储量在整个国家范围内的突出地位，而具有很强的不可替代性。极具特色的资源，是指特殊性十分突出、为本地区所独有的资源；是依托本地区特殊的环境条件而生成或由特殊的地域民族文化所蕴含，不为其他地区所模仿、类同的特色资源。这种资源同样具有很强的不可替代性，对其稀缺性的把握有利于确立市场竞争优势。随着国家西部大开发战略的持续推进，西藏自然资源极为富集而经济资源极为贫乏的格局逐渐被打破，凭借自身拥有的丰富资源，可从国际国内引入大量资金、技术和人才，以使自身的经济技术实现跨越式发展，而不必仅仅等待接受国内第一、二梯度的技术转移。因此，西藏从自身实际出发，有选择、有重点地积极发展高科技产业，是其总体发展战略中不可或缺的重要组成部分。要实现新综合的可持续发展，难度非常之大，必须在下一步工作中结合西藏实际对中远期目标予以适当调整，要在 2020 年与全国一道实现全面小康，西藏需要加快发展，要有新的发展战略。基于西藏自治区在国内民族团结、政治稳定和国防安全等方面所处的重要战略地位，我们不能使其长期处于贫困落后的经济状态，而必须超越现有的薄弱经济基础及建立在此基础上的社会经济发展的自然演化过程，按照中国特色社会主义道路的总体要求，在国家和全国人民的大力支持下，借鉴非均衡发展的思想，积极提高人口素质、开发人力资源，大量引进和运用现代科学技术，以信息化带动工业化，同时解决农业产业化问题，缩短发展历程，以超常规的经济增长速度带动非均衡经济结构不断走向高级化，迅速摆脱现存非典型二元经济结构的种种阻碍，在全面建设小康社会、富裕社会和实现中华民族振兴的伟大号召之下，最终形成西藏经济高级形式的一元经济结构，实现现代化发展目标。这对于共享发展、凝聚人心、长期建藏、稳固边疆、长治久安等方面具有不言而喻的作用。

怎样认识西藏自古以来就是中国的一部分[*]

孙　勇

各位同学、老师：

今天很荣幸和大家一起探讨西藏自古以来就是中国的一部分这个命题。下面，我从三个方面和大家一起探讨：一、从大历史的方位看西藏自古以来是中国的一部分；二、从史学研究的角度看西藏自古以来是中国的一部分；三、从唯物史观的范畴看西藏自古以来是中国的一部分。

一、从大历史的方位看西藏自古以来就是中国的一部分

我们今天讲西藏自古以来是中国的一部分，是一个历史事实。问题是为什么要讲自古以来，而不是讲从元朝归入版图以来？这也就是目前我们所说的“自古论”与流行了一段时间的“版图论”有什么不同？

我们用“自古论”取代“版图论”的说法，不是简单的换一换名词，而是从历史的规律上将这个问题讲清楚，也就是说重点在历史的方位上

* 本篇演讲稿曾分别在西藏社科院、西藏自治区党校、西藏自治区政协及西藏民族大学等多家单位公开演讲，并全文登载于《西藏政协》2008 年特刊，2009 年 2 月被《人民日报》、人民网采访和转载主要论点。

看，是“自古就是”而不是“元代才归入”。这是因为从“大历史观”引申出的历史方位的视野，使我们能够更加清楚地认识这个问题。历史方位，简单地讲就是把历史作为一个有维度的坐标，每一个时段是其他时段的接续，每一个空间和其他空间都有关系，每个民族、国家和个人都处在一个位置上，往前、往后、往左、往右都有一定的意义。中共十六大、十七大报告以及这些年中央的文件，对我们所处的历史方位都有着精辟的判定和论述。我们应该很好地学习和理解，特别是要把握历史方位的含义。

我们今天所处的历史方位是什么？概括地讲，就是中国各族人民在中国共产党的领导下，经过长期的艰苦奋斗，废除封建制度，赶走帝国主义者，建立了中华人民共和国，历经革命和建设，遭受风雨坎坷，通过改革开放，30 年来国力大为增强，人民逐渐富足，正在建设小康社会、和谐社会，走上了实现中华民族伟大复兴的道路。我们国家和民族能处在这样历史方位上，是很不容易的。就近的说，是上百年来中国众多的仁人志士、广大人民群众艰苦卓绝，抛头颅洒热血所换来的；往早一点说，是上千年来中国各个民族在共同的生产生活中相依共存，其中也包括血与火的交往，创造了辉煌的中华文明，结下不能分离、不可分割的关系，缔造了统一的国家所带来的；再往远处说，是几千年来，生活在中华大地上的族群，经过自在到自觉的意识，形成各个兄弟民族，共同推动建立和发展祖国的历程所奠定的。我们今天所处的这个历史方位，有一条非常清晰的大历史脉络，它是连续的、连贯的，如果看不到这一点，就谈不清楚我们要讨论的问题。

为什么要有历史方位的观念？因为要“将宏观及放宽视野这一观念引入中国历史研究中去”。“历史方位的观念”不但表现在看时间的久远，更表现在对历史剖析时的纵横捭阖。我们可以形象地将历史方位比作一个三维坐标系，一是历史固有的时间顺序，中国历史五千年；二是空间的变换，中国地域纵横万里；三是每一个时间和空间交叉点上都有情况发生。有这三个坐标，经过考证和论证，逐渐清晰还原为客观、形象的大历史。站在大历史的方位上看，西藏自古以来是中国的一部分，实际上涉及对世情、国情的了解深度，理性认识的深度，即什么叫“历史上长期的合理性”。一个国家从萌芽到形成，是在历史长过程中进行的，是“动态”的，而不是谁先打好了腹稿然后写出来的文章，是先有其物，后得其名的。中国之所以为今天的中国，中华民族之所以为今天的中华民族，有其“历史上长期的合理性”，西藏今天只能是这个样子，不可能是别的样子，也有其“长期的合理性”，做那种“如果”怎么样就可能怎么样的假想，是不懂历史，不懂历史规律的表现。

达赖和达赖集团的文人之所以鼓吹“西藏从来就是一个独立的国家”，除了显现出极端的无知的底子和数典忘祖的心态外，还有一个非常恶毒的阴谋，就是想在敌对势力的支持下进行分裂祖国的活动，妄图实现“西藏独立”的企图；而西方反华势力的文人们也不断鼓吹“西藏的历史说明它是一个独立的国家”，除了歪曲事实、有意说谎外，很明显的意图就是支持达赖集团搞分裂，在今天的历史方位上干扰中华民族的前进步伐。

我们说西藏自古以来是中国的一部分，着眼在历史，思考在当今，放眼在未来，是从中国人奔向未来的立场看历史，讲现今，特别是看历史的发展，讲未来的走向。弄清楚当代中国边疆的问题尤其是西藏问题的根源，将有利于维护祖国统一，增强民族团结，反对各种分裂。“历史上长期的合理性”，是理解大历史的关键。研究中国、研究中国西藏，先得把握中国历史的情况，而不是拿西方一些不正确的理论作为比量西藏历史的尺子。

怎么样看中国、中华民族形成的“历史上长期的合理性”？中国文明的发展不像西方文明那样是由点到面经常断裂地延伸和扩展的，而是在这片土地上的族群通过上万年的悠久岁月发展成的族群文明，由多点的发源地不间断向辽阔地域中心汇聚而成中华文明；中国的国家也不像西方国家那样，是由比较单一的民族在经常性的迁移变动疆域后形成的，而是多个兄弟民族在漫长的年代中以大体不变的疆域共同缔造的统一国家。如费孝通先生所说，中国是一个多元文化、多个民族造就的历史共同体。这就是“历史上长期的合理性”！西方文明的进程有西方历史的合理性，但是不能拿来套所有文明进程的合理不合理，西方国家的形成有西方历史的合理性，但是不能拿来套所有国家形成的合理不合理。这是从历史方位上理解西藏自古以来是中国一部分这个重大命题的钥匙。

在20世纪70—80年代前后，我国史学界、民族学界有一场广泛的讨论，涉及中国和中国各民族的历史问题，最终得出的结论是自古以来各个兄弟民族共同缔造了我们伟大的祖国。这是一个符合历史发展的结论。这种说法被简称为“自古论”和“共创论”。如果往前追溯，毛泽东主席在中华人民共和国成立之前和之初，已经提出了这个看法。他在1939年12月的《中国革命和中国共产党》一文中指出：“我们中国现在拥有四亿五千万人口，差不多占了全世界人口的四分之一。在这四亿五千万人口中，十分之九以上为汉人。此外，还有蒙人、回人、藏人、维吾尔人、苗人、彝人、壮人、仲家（布依）人、朝鲜人等，共有数十种少数民族，虽然文化发展的程度不同，但是都已有长久的历史。中国是一个由多数民族结合而成的拥有广大人口的国家。”① 1956年4月在《论十大关系》中又专门点明：“各个民族对中国的历史都作过贡献。汉族人口多，也是长时期内许多民族混血形成的。”② 周恩来总理在20世纪50年代也明确指出：“中国在历史上就是一个多民族的国家。”③ 可见老一辈革命家对这个问题的认识是十分清晰的，影响也是深远的。

在一段时间里，我国有很多专家学者对各民族共同缔造了中国这个问题进行了理论阐述，学术贡献很多。在这里我们不能不特别提到五位大学者——费孝通、谭其骧、白寿彝、翁独健、翦伯赞，是他们的研究成果支撑起了“自古论”和“共创论”大厦的框架。

费孝通先生经过几十年的研究，在20世纪80年代末提出了“中华民族多元一体”的重大论断。先生认为，中国之所以成为今天多民族一体的中国，“是由许许多多分散孤立存在的民族单位，经过接触、混杂、联

---

① 毛泽东：《中国革命和中国共产党》，新华书店出版，1950年4月，统一书号10009－081。1952年收入人民出版社的《毛泽东选集》第二卷。

② 毛泽东：《毛泽东选集》第五卷，人民出版社，1977年。

③ 周恩来：《周恩来选集》下卷，《关于我国民族政策的几个问题》，人民出版社，1997年，第251页。

结和融合，同时也有分裂和消亡，形成一个你来我去、我来你去，我中有你、你中有我，而又各具个性的多元统一体。中华民族这个多元一体格局的形成还有它的特色：在相当早的时期，距今三千年前，在黄河中游出现了一个由若干民族集团汇集和逐步融合的核心，被称为华夏，像滚雪球一般地越滚越大，把周围的异族吸收进入了这个核心。它在拥有黄河和长江中下游的东亚平原之后，被其他民族称为汉族。汉族继续不断吸收其他民族的成分而日益壮大，而且渗入其他民族的聚居区，构成起着凝聚和联系作用的网络，奠定了以这个疆域内许多民族联合成的不可分割的统一体的基础。"① 谭其骧先生在费老发表"中华民族多元一体"之前就说过，"今天我们写中国史，当然应该把各族人民的历史都当成中国历史的一部分，因为这个中国是我们各族人民共同缔造的。是五十六个民族共同的，而不是汉族一家的中国。"② 谭其骧在《历史上的中国和历代中国疆域》中提出了区分中国古代疆域的标准，即1840年以前中国各民族共同缔造并形成中国版图说的理论，作为其主编《中国历史地图集》划定历史时期中国范围和中国边界的标准。其依据是1840年以前，中国境内各个民族自发发展、相互交流，共同缔造了相对稳定的中国版图。

概括地讲，多元一体的意思，就是"多元是各兄弟民族各有各的起源，如藏族、蒙古族、羌族、纳西族、彝族、苗族等民族各有自己的起源形成发展的历史，文化上也各有差别和特点。一体指各民族的发展相互关联相互补充，相互依存，又内在联系和共同利益，这些要素体现于为中华民族的统一和祖国的统一，各民族坚持对祖国的向心力，不断加固在祖国大家庭中的凝聚力，多元一体就是中华各民族的多元中包含了不可分割的整体性"③。这里既讲了中国历史的民族问题也讲了国家的问题，把"自古"和"共创"两个方面结合起来讲得深透。

由于篇幅关系，不能在这里一一介绍这些大学者的主要观点。需要说清楚的是，正是由于20世纪80年代前后，费孝通、谭其骧、白寿彝、翁

---

① 费孝通：《中华民族多元一体格局》，《北京大学学报》1989年第四期。

② 谭其骧：《历史上的中国和中国历代疆域》，《中国边疆史地研究》1991年第1期。

③ 费孝通：《中华民族多元一体格局》，《北京大学学报》1989年第四期。

独健、翦伯赞等著名学者通过著述都提出了相似和相近的观点，从大历史的角度讲“自古论”和“共创论”，经过多年，这些十分正确、非常重要的观点被我们的决策层定下来作为做好有关工作的理论基础。但这个基础理论至今并没有被人们很好地理解和掌握。著名藏学家王辅仁先生在20世纪80年代就指出，“西藏元代归入中国版图说”等于说西藏有外在于祖国的阶段，即13世纪以前西藏不在中国之内，这是不符合中国不可割断的历史演进过程的历史史实的。我想，我们的领导干部包括学者应当了解这些基础理论，只有搞清楚了这些基础理论，对于理解“西藏自古以来就是中国的一部分”的含义才能有理解的基础，否则，会稀里糊涂地赞成学界和政界仍然有人还在说的“版图论”，甚至稀里糊涂地签批有“版图论”的材料，或者到媒体上大谈西藏是在元朝才归入中国版图的。

从大历史方位的角度看，在古代中国疆域形成之际，生活在当时中国境内的民族就是现在中华民族的本源，这些民族形成和发展的历史是中国历史的有机组成部分，所建立的政权，不管是中央王朝或者是地方政权，都是中国境内的政权。这样看，我们可以得出一个明晰的结论，藏族自古以来的历史就是中国民族历史的组成部分。由此，我们说：藏族自古以来就生活在中国的疆域之内，在古代中国疆域形成之际，藏族就是中国多民族大家庭的一个重要成员，藏族聚居的西藏地方自古就是中国的一部分。反过来，从大历史方位的角度看，在中国多民族统一国家的形成和发展过程中，边疆民族做出了巨大的贡献。历史上中国民族的认同方式多种多样，或者直接认同以汉族为主体的中原王朝，或者认同另一个边疆民族政权，最后认同中央王朝，方式各异但殊途同归，各民族都以自己的方式为中华民族和大一统的中国的形成做出了贡献，自古以来藏族和西藏地方在形成今天统一中国的历史中所做出的持续性贡献永不磨灭。

二、从史学研究的角度看西藏自古以来就是中国的一部分

史学是关于人类社会历史的记载、认识与撰述的综合活动。史学本身

包含两个层次，第一个层次是史学对史实或史料的知识或认定，第二个层次是史学对第一个层次的理解或诠释。

本人学识浅陋，所见所掌握的资料很少，讲从史学研究的角度看西藏自古以来就是中国的一部分这个问题，难免挂一漏万，这里集中谈谈史学界考证或研究的结论性看法：

（一）国内外学术界对汉藏同源的充分研究表明，“同宗同源”从一个侧面反映出兄弟民族历史根基的深厚与悠远。几百年前到现在都有史学专家认为，藏族在未形成以前，藏族的先民即和汉族的先民在血缘和文化上存在千丝万缕的联系，早在统一的藏族形成前后，其各个部分就和汉族以及中国西部、西北部的其他一些民族有着密切联系。越来越多的专家学者认为，从远古时代起，藏族先民就为中国历史的形成与发展做出了自己的贡献，而后藏族和兄弟民族一道持续性地为中国历史的发展做贡献。

1. 考古学的证据。从考古学上讲，西藏属于中国考古文化的范围。经20世纪的大规模考古发掘，大量考古实物的碳14测定以及古文字研究的成果所支持的一种观点认为，西藏的旧石器文化起源于华北地区。西藏细石器文化源于北方草原，而北方草原的细石器文化同样源于华北地区的旧石器文化。西藏新石器文化既有自己的地方特色，又存在大量中原仰韶文化和南方长江流域考古文化的重要因素。中原地区至少在8000年以前就向中亚、西亚和北欧传播了彩陶制陶术和象形文字。考古表明，昌都卡若遗址与仰韶彩陶文化系统的马家窑、半山和马厂文化存在着广泛而密切的联系；此外，与云南大墩子文化系统也存在密切的关系，拉萨曲贡遗址与齐家文化存在某种联系。从西藏以西的克什米尔兹霍门新石器时代遗址中发现的半地穴房屋及长方形双孔石刀，有明显的西安半坡仰韶文化的因素；克什米尔扎霍姆遗址，有黄河上游彩陶文化的强烈影响的因素等等，都是重要的例证。

2. 体质人类学和基因调查。人类学家通过对西藏林芝市发现的新石器时代人骨、现代西藏人头骨特征，以及对现代藏族体征的连续研究发现，藏族的体质特征与中国华北、西北地区的少数民族和汉族最接近。医学界对藏族进行的白细胞抗原（HLA）研究发现，藏族属中国北方人群的一部分，起源于华北地区，从而为藏族的起源问题再次提供了新的科学信息和依据。免疫遗传学白细胞抗原研究是当今世界最权威的人类血缘关系检测手段。这是两位医学专家——西藏自治区医学科学研究所原所长、自治区级专家孙新甫和自治区人民医院外科主任医师傅玉江共同进行的白细胞抗原（HLA）研究发现的。他们是在北京儿科研究所 HLA 实验室、中日友好医院临床研究室等单位协助下，对拉萨、日喀则市的 400 名世居藏族居民的血液标本进行研究，运用医学统计学处理的结果，证实藏民族属于中国北方人群的一部分，起源于华北地区。

3. 语言学的考察。据语言学资料，大量研究发现，藏语读音大致相当于汉语上古的发展阶段，与上古汉语读音有着极大的相似性。此外，从词族比较、形态比较诸方面都可以看出汉藏语之间的亲缘关系。因此，目前语言学家们都同意这样一种看法：汉语和藏语是从同一个原始汉藏语发展而来的。藏汉民族的语言是同源的，一些基本词汇的发音几乎一致。根据语言学家俞敏的统计，现在能查出的藏语和汉语中所拥有的同源词就有 500 至 600 个。因此，语言学上称藏语和汉语为汉藏语系，其关系非常紧密。

4. 文化学考证。很久以前，藏族与内地以汉族为主的各兄弟民族就有着较密切的往来。据藏文史籍《新红史》载，朗日伦赞时已从汉地得到历算和医药。松赞干布时代及其后，随着文成、金城二公主的入藏，大量的汉文化传入西藏。桑耶寺志《巴协》载："汉帝向国王赠送了珍贵礼品，派了拨贴乌使者将这些礼品献上，同时带了一个名叫'甲朱嘎肯'（汉童善舞者）作赤松德赞的陪侍。"赤松德赞为展昭藏汉甥舅之谊，在桑耶寺落成庆典上专门设置了一个特殊人物坐观盛况，后来被藏传佛教各派寺院的跳神活动吸收，在所有羌姆跳神舞蹈仪式中都有一个同样造型的既不是神佛，又不是仙巫，既不念经，又不跳舞的"甲那哈香"，意为"汉族和尚"，坐在场地正面的汉式椅子上。藏汉民族有着共同的底层原始宗教世界。贡布加的《汉地佛教发展史》也认为，苯教曾受到道教的影响，西藏的"五行"和"八卦"主要来自中原。

（二）吐蕃王朝是唐朝中国的一个民族政权，是中国历史的一个组成部分。吐蕃王朝是吐蕃历史发展的辉煌时期，它不仅在中国历史上，而且在当时的中亚历史上扮演了十分重要的角色，是唐朝中国历史的有机组成部分，离开吐蕃史，唐代中国史就不完整。史学界对唐蕃关系的研究经年不绝，著述颇丰。

1. 从西藏一代英主松赞干布先启其端，经过赤松德赞，到赤热巴巾，都与唐朝始而联姻，继而联盟，是妇孺皆知的史实。公元649年，唐高宗授松赞干布“为驸马都尉，封西海郡王”，后又“进封賨王”。所谓賨王，就是进献珠宝、缴纳赋税之王。可能还有一些别的解释，但终究是唐代皇帝封松赞干布为王。唐高宗还为松赞干布刻了石像，和唐朝的其他王公将相的石像一同列于太宗皇帝的陵墓前。到823年，唐朝与吐蕃共同在拉萨树立长庆会盟碑，其汉藏两文都再三强调“舅甥二主，商议社稷如一”“叶同社稷如一”，或“令社稷叶同如一”“叶同社稷如一家”。“社稷”就是国家的意思。

2. 唐蕃联姻，文成公主嫁给松赞干布，在吐蕃生活了40年之久，为唐蕃友好关系和吐蕃社会的发展作出了杰出贡献。她带了大量包括锦帛珠宝、生活用品、医疗器械、生产工具、蔬菜种子等在内的物品，还有释迦佛像以及经史、诗文、工艺、医学、历法等书籍，还努力在西藏推行先进耕作方式，使粮食产量得到提高；教会藏族妇女纺织和刺绣，使吐蕃家庭手工业迅速发展，还广泛传授建筑技术，据载，她曾设计和协助建造了大昭寺和小昭寺。按照现在的说法，还构建了和谐的社会关系。自文成公主入藏后到松赞干布去世的10年间，吐蕃从未与唐发生军事冲突。同时，在文成公主与嫁到吐谷浑的弘化公主的共同努力之下，吐蕃与吐谷浑也恢复了和好关系，避免了战争带给人民的痛苦。后来的金城公主入藏，同样做了大量有益于汉藏友好的事情。

3. 随着唐蕃联系的加强，唐与吐蕃的社会风俗也在相互影响与习染。吐蕃人原是“毡帐而居”，唐蕃联姻后，松赞干布带头改变生活习惯，“释毡裘，袭纨绮，渐慕华风”。又派遣酋豪子弟入国子监学习诗书，并请求唐朝派去有学问的人“典其表疏”。唐代岭南诗人陈陶诗云：“自从贵主和亲后，一半胡风似汉家”，汉藏融合之深由此可见。

4. 唐与吐蕃之间既有联合，又有争夺，大体上是以和平往来与文化交流为主要趋势，也就是汉藏两民族在黄炎、姬姜、汉羌等各个历史时期所凝结成的民族历史关系基础上的进一步发展，也可以说是我们多民族统一国家在建立过程中阶段性的巨大成果。吐蕃通过200多年来和唐朝政权的联系，促进了西藏与中原地区人民的往来，使汉藏民族在多民族国家的进一步形成和发展中，越来越相互依存，密不可分。

（三）公元960年，北宋王朝建立，经过长期广泛的经济文化交流，青海东部、甘肃西部、南部唃厮啰、潘罗支等部藏族地区，前后隶属于宋朝，卫藏地区深受中原文化影响，与内地（不仅仅是汉地）的交流日益深入。

1. 吐蕃崩溃之后不久，唐朝也于公元907年衰亡。与中国的五代十国大分裂状况相对应，开始逐步进入封建农奴制社会的藏族地区，也形成群雄割据、互不相属、没有统一政权的大分裂状况，但与邻近汉族地区的甘、青、川、滇的经济、政治联系却更为密切。大家知道，佛教在唐代传入西藏，得到了弘扬，史称这一时期为藏传佛教的“前弘期”。后经吐蕃王朝末代赞普达玛灭佛，使佛教在西藏遭到很大摧残，势力大衰。约一个世纪后，从宋代开始，佛教又在西藏复兴、弘扬，这就是公元978年（北宋初期）开始的藏传佛教的“后弘期”。促使“后弘期”来到的因素有二：一是青海安多高僧喇钦贡巴饶赛在当地授徒传教，形成了安多佛教中心，山南桑耶寺主益西坚赞派人去安多学习并将佛教引入卫藏。这在藏传佛教史中称为“下路弘法”。二是阿里古格政权的意希沃，派人去印度迎请高僧阿底峡等进入阿里传教。后来阿底峡又辗转来到卫藏，再使佛教势力从阿里进入卫藏并得以复兴。这在藏传佛教史中称为“上路弘法”。因此，喇钦贡巴饶赛和阿底峡都是公元10世纪至11世纪藏传佛教“后弘期”的著名人物。在卫藏地区佛教的再度兴起中，“下路弘法”和“上路弘法”各有其作用。在教理系统化、僧人的修持规范化以及佛经的翻译等方面，“上路弘法”的作用十分明显；而在卫藏各地广建寺庙、招收僧徒、开展佛事活动等方面，“下路弘法”的作用则非常突出。而且“下路弘法”开始的时间还早于“上路弘法”数十年。“后弘期”时，卫藏地区建立的澎波杰拉康、山南唐波切、后藏夏鲁等著名寺庙，都是去安多向喇钦贡巴饶赛学习后返回来的僧人建立的。

2. 宋代中国境内的西夏王朝，在宗教、文化上与西藏有紧密联系。由党项为主建立的西夏政权，可以说是西羌诸部落在吐蕃王朝统一青藏高原的过程中未被统一进去的一部分，它本身就是中国境内一个地方性的王朝政权。西夏的文化、宗教，虽然受到中原地区的重大影响，但仍然具有与藏族地区一致的许多特征。在西夏境内，不仅通行西夏文和汉文，还使用藏文碑刻、翻译佛经。西夏的职官、军事制度等，与吐蕃王朝有许多相似之处。特别是西夏在宗教信仰上保持着与藏族地区的一致性。西夏王室、臣民都笃信佛教，而且占统治地位的是藏传佛教。在藏传佛教“后弘期”逐渐形成藏传佛教的各教派时，西夏王室与一些教派建立了密切联系，曾聘请不少西藏僧人去西夏传法。西夏王室仿照吐蕃王室管理佛寺的制度，将其与汉地管理佛寺的制度结合起来，形成了自己的一套佛教管理制度。西夏王朝是迄今发现的最早委任佛教高僧为“帝师”职务的王朝。西夏王特胡曾派使者到西藏楚布寺迎请藏传佛教噶玛噶举派的创始人都松钦巴去西夏；都松钦巴未去，派其弟子格西藏波哇代替他前往，被西夏王尊为上师。当楚布寺兴建吉祥米聚佛塔时，西夏王还送来了黄金和铜等物。宋代汉族地区的文化也对卫藏地区的宗教有着影响，例如此时建立的夏鲁寺，其建筑风格就体现了藏、汉结合的形式，在卫藏地区享有极大声誉。

3. 在吐蕃王朝崩溃以后藏族地区没有统一政权的时代，从西藏到青海的唃厮啰政权和甘肃、宁夏、陕北的西夏王朝，仍然保持了宗教、文化的一致。唃厮啰政权和西夏王朝，由于所处的地理位置，成为藏族与其他兄弟民族经济、文化交流的最前沿基地。宋朝统治时期，一些藏族部落“献地内附”，呈纳贡赋，并请求派遣管理各地的官员。宋朝封授唃厮啰为“团练使”和“节度使”，此后唃厮啰的子孙也世世代代由宋朝任命官职。这实质上已确立了中央和地方之间政治上的统属。

（三）元朝将西藏地方正式纳入中央王朝的行政管辖之下。13 世纪初，成吉思汗在中国北部建立蒙古汗国，1247 年，西藏宗教领袖萨迦班智达贡嘎坚赞同蒙古皇子阔端在凉州（今甘肃武威）议定了西藏地方归顺的条件，其中包括放弃地方割据，呈献图册，交纳贡物，接受派官设治。1271 年，蒙古汗政权定国号为元，并于 1279 年统一了全中国，西藏成为元朝中央政府治理下的一个行政区域，成为全国的十三个行省之一。元中央在西藏采取一系列政策和制度，行使了有效管理。

1. 元朝时期，元统治者通过和西藏地方政教首领谈话，确定将西藏地方纳入其行政管辖之下，成为一个行省。元朝统治者在西藏地方建立行政体制，实施人口普查、设置驿站、征兵征税等政策，充分行使了有效管理，即使是从近代国家行政管辖的角度看，都可以毋庸置疑地认定西藏是中国的一个组成部分。元朝距今已有 700 余年，世界上有多少个国家保持了延续 700 年不间断的历史！在这一历史问题上西方某些学者以及国家对我国说三道四是完全没有资格也没有道理的。

2. 西藏归顺元朝是水到渠成的历史必然。1629 年成书的《萨迦世系史》，有当时萨迦班智达写给西藏各地僧俗首领信的内容记载，信中专门讲解了必须归顺和接受元所规定的地方行政制度。谈及西藏归顺元朝时指出“西藏的出路就是作一名不二的臣属”。西藏归顺后，元皇帝任命萨迦本钦和左右大法王在内的高级官吏，清查户口、征收赋税，在西藏地区成立了地方军政机构，名为“宣慰使司都元帅府”，隶属于元朝设置的宣政院，宣慰使司下面还辖有管理民政的十三个万户府、为数众多的千户所等。所有机构和官职的名称都是元中央规定的。元朝在西藏全境驻有军队，并由一位王子及其后裔率军驻守西藏的东边。元朝中央派官员入藏，按照户口多寡、地形险易、出产丰啬，设立大小驿站，联成交通线，由西藏通行大都（今北京市）。还派官员在西藏进行人口调查，确定各万户属下可支应差役的人口数，决定沿驿路各地必须供给的力役、物资、运畜。1268 年、1287 年、1334 年进行了三次人口调查，在藏文史书《贤者喜乐瞻部洲明鉴》中有关于这三次人口调查的详细记载。

3. 元朝治理西藏的举措加强了中央与西藏地方的关系。八思巴之弟恰那多吉经忽必烈任命，掌管西藏地方事务，受封为“白兰王”，后来八思巴家族的锁南藏卜等人也被授为“白兰王”。恰那多吉去世后，元朝设萨迦本钦一职掌管乌思藏三路军民万户，为西藏地方最高行政长官。宣慰使司都元帅、元帅、万户长等高级官员都须经宣政院或帝师荐举，由皇帝任命。中央政府还向西藏各教派的一些上层僧人授以宁国公、文国公、国师、三藏国师、灌顶国师、大元国师、大司徒等名号。对西藏地方高级官员的处罚也由中央政府直接掌握，有时还采取非常措施。如，第二任萨迦本钦贡噶桑布违抗八思巴（西藏萨迦派首领萨迦班智达·贡噶坚赞的侄子），忽必烈派宰相桑哥带兵入藏，攻占了贡噶桑布所据的城堡，并处死了他。必里公（今墨竹工卡县直贡乡）万户起兵反抗萨迦，元朝派皇孙率军援助萨迦本钦阿迦仑，焚毁了直贡主寺，平息了直贡叛乱。

4. 元朝时期藏族参与到统一国家的事务管理中。忽必烈于 1264 年在中央设总制院机构，负责境内佛教事务和西藏地方的政教事务，由国师八思巴掌管。八思巴之后由元朝宰相桑哥（藏族人）担任总制院使。1288 年，宰相桑哥为了加强对整个藏族地区的统一管理，向忽必烈建议把总制院改为宣政院，使宣政院和中书省、御史台、枢密院成为平行的中央四大机构。我们看到，结束西藏地方割据，将西藏正式交由元朝直接管理的萨迦政权人物，不仅在中央政府官居要职，并且首次从形式上正式肯定了西藏的“政教合一”制度。对于元世祖和八思巴之间的君臣关系，以及元中央和西藏地方政府的关系，五世达赖喇嘛在《西藏王统记》中有着很清楚的、带有骄傲的记载。

（四）明朝时期，西藏地方顺利纳入明朝的行政管理之下，保持中央与地方的隶属关系。当时的西藏地方政教势力处在相对分裂的状态，帕木竹巴、萨迦和噶玛等较大的政教势力，都希望获得中央的任命和认可。元明更替之际，西藏各个地方政权纷纷上缴元朝封号印信，接受明朝任命，中央政府通过划分行政区划、因其故俗而任命僧俗官员、封授“法王”和“王”来掌控西藏地方，并通过恢复驿站，利用茶马贸易等方式来行使管理职能。

1. 明朝对西藏的管理是积极有效的。明朝取代元朝之后，萨迦政权在西藏的统治也随之垮台，噶举派的帕木竹巴政权取而代之。但西藏地方与中央的隶属关系并没有因此而改变。有明一代，西藏的政、教、军、驿、商（茶马互市）的各级首领、官吏，都一律由朝廷任免。西藏地方作为一个行政区域，在长达300年之久的明朝时期，始终处于中央有效的统一管理之下。

2. 明中央对元代的官职名称、品秩，大都保留原状，并在今西藏中部和东部分别设立“乌思藏行都指挥使司”与“朵甘思行都指挥使司”，受西安行都指挥使司统辖。各级机构和官员，如指挥使、指挥副使、指挥同知、元帅、指挥佥事、万户、千户等，均由中央直接任定。

3. 明朝扶持西藏宗教人物执政，推进了政教合一制度。帕木竹巴噶举派第二代法王甲央释迦坚赞于明洪武五年（1372）派代表去南京，觐见了明太祖朱元璋，一方面为明朝的建立上表祝贺，一方面请求明朝皇帝批准噶举法王统治西藏地方。明太祖封噶举派法王为“大司徒”“勤国公”，并“赐统御西藏三部十三万户之敕诏”。元中央主要信任萨迦派，而明朝则对各教派一视同仁，实行多封众建。明中央先后加赐西藏各教派首领为法王和王的称号，又敕封其他一些寺庙首领为“西天佛子”“大国师”“禅师”等各种名号，并由朝廷颁授印信、封文。如噶举派黑帽系第五世活佛得银协巴被封为“大宝法王”，萨迦首领贡噶扎西被封为“大乘法王”，格鲁派创造人宗喀巴的弟子释迦也失被封为“大慈法王”，直贡噶举派首领仁钦白桑坚赞被封为“阐教王”，帕木竹巴五代首领扎巴坚赞被封为“阐化王”等。1578 年，三世达赖喇嘛索南嘉措主动上书给明朝大臣张居正，表示“我为皇上和大臣昼夜念经，祝赞天下太平”。1587 年明朝敕封索南嘉措为“朵尔只唱”，即“金刚持”之意。到这时，达赖喇嘛系统才从中央政府取得一个较高的宗教地位。正是由于西藏格鲁派人物得到中央的扶持，该派才得以在西藏崛起，并最终在西藏取得了政教合一的统治权。

（五）清朝在西藏建立行政管理体制，以及所推行的各项法规和制度，更说明西藏是中国不可分割的一部分。

1. 清朝时期，中央和西藏地方的关系得到进一步的发展。1644 年，清朝取代了明朝，由于明朝的崩溃，与明朝中央政府关系最密切的西藏噶举派法王在西藏的统治也发生动摇。清军占领北京后，格鲁派审时度势，抢在其他教派其他政治势力之前，在清朝尚未完善全国政权时率先归顺。1652年，五世达赖喇嘛亲自去北京朝贺，顺治帝于1653年封其为“西天大善自在佛所领天下释教普通瓦赤拉呾喇达赖喇嘛”，赐金册、金印，确立钦封达赖喇嘛名号与政治宗教地位的制度。1713年，康熙帝又正式册封五世班禅“班禅额尔德尼”的封号。正因为清中央正式确定了达赖喇嘛和班禅额尔德尼的封号，以及他们在西藏的政治和教派地位，中央与西藏地方的关系进一步加强，西藏政教合一制度也得到了延续和巩固。

2. 清中央通过各种措施进一步完善对西藏的治理。1727年，清朝设立驻藏大臣，监督西藏地方事务。1751年，乾隆皇帝敕命七世达赖喇嘛建立噶厦，任命4名噶伦。1793年，清朝在驱逐廓尔喀入侵之后，颁布《钦定藏内善后章程》二十九条，改革西藏地方的行政体制与制度。驻藏大臣掌管西藏军事、外交和财政等重大事宜，其办理西藏事务地位与达赖喇嘛、班禅额尔德尼平等，噶伦以下官员都是其属员。要特别指出的是，噶厦是由清朝皇帝敕命七世达赖喇嘛建立的，达赖喇嘛的行政权力来自皇帝的封赐；达赖喇嘛、班禅额尔德尼等大活佛的寻访认定都要朝廷批准，并按照朝廷规定的程序办理；达赖喇嘛亲政坐床，以及使用前代达赖喇嘛法器用品，均须皇帝恩准；接受册封，接到圣旨，还须向朝廷和皇帝所在方向磕头谢恩；朝觐皇帝要行大礼；达赖喇嘛无权直接向皇帝奏事，须经过驻藏大臣转奏；达赖喇嘛年幼时期代办达赖喇嘛事务的摄政是由朝廷任命的，如此等等，充分表明西藏地方是中国不可分割的一部分。特别要指出的是，清中央订立善后章程二十九条和建立金瓶掣签制度对于管理西藏的意义。1793年，经乾隆帝审订，清政府颁布的《钦定藏内善后章程》二十九条，确立了政治、经济、对外关系等方面的一系列规定。章程中设立的金瓶掣签制度，规定了达赖喇嘛、班禅以及其他大活佛转世的程序。自此，达赖喇嘛、班禅的转世必须经中央批准并由中央要员主持坐床典礼才能确定，达赖喇嘛和班禅只有在中央的领导下才能确定自己的身份与在宗教、政治上的地位。二十九条章程的颁行，大大加强了中央对西藏地方的管理。

3. 为安定祖国的西南边疆，清朝对西藏有过两次重要的用兵活动。

1719 年，清廷派军队进入西藏，驱逐盘踞拉萨三年之久的准噶尔部，恢复了西藏地方的安定秩序。1791 年，尼泊尔的廓尔喀人侵入日喀则，杀人放火，抢劫财物牲畜，班禅驻锡的扎什伦布寺也遭到洗劫，而西藏地方军队因无力对抗而战败。达赖喇嘛、班禅向清廷紧急求援，清中央派福康安统率大军进藏击败侵略者，稳定了西藏局势。这两次进军，特别是反击廓尔喀侵略的进军，驱逐外国侵略者，巩固西南边疆，使西藏人民亲身体验到祖国强大的好处。对于保护西藏地方，安定西藏社会，促进民族团结和巩固祖国统一等都起了很大的作用。

4. 清末，面对帝国主义者的入侵，中央政府力图整治西藏边陲的诸多问题，尽了很大的努力，而当时西藏上层虽然在国家风雨飘摇的形势下，也不愿脱离祖国。尽管晚清时期由于国家羸弱和清廷治藏方略的失误，造成了中央政府与西藏地方政治关系的相对松弛状态，并给民国时期的中央政府与西藏地方的关系带来较长时间的不良影响，但西藏始终没有脱离祖国大家庭的怀抱。

（六）民国时期，中国内外交困、积贫积弱，帝国主义列强疯狂瓜分中国领土，中国军阀割据，内战不止，又出现了“西藏独立”的逆流，但没有改变西藏是中国一部分的事实。

1. 中华民国成立之后，临时大总统孙中山在就职宣言书中宣布：“国家之本，在于人民，合汉、满、蒙、回、藏诸地为一国，则合汉、满、蒙、回、藏诸族为一人，是曰民族之统一。”《中华民国临时约法》明确规定，西藏是中华民国领土的一部分。1927 年，国民党在南京成立国民政府，重申西藏地方为中国领土，中央政府下设蒙藏事务局，主管西藏地方事务。1928 年，国民政府在行政院之下设立蒙藏委员会，管理藏族、蒙古族等少数民族地区事务。

2. 十三世达赖喇嘛派人到南京，向国民政府陈述了西藏地方的形势，表达了拥护中央的诚意。1931 年，十三世达赖喇嘛在南京设立西藏驻京办事处。国民政府采取各种措施加强与西藏地方的联系，先后数次派员赴藏。1930 年，十三世达赖喇嘛在会见国民政府特派员刘曼卿时表示，“吾所最希求者即中国之真正和平统一”“英国人对吾确有诱惑之念，但吾知主权不可失”。[①] 自辛亥革命以来，九世班禅喇嘛一直站在拥护中央的立场上，1929年开始与国民政府联系并在南京建立了办事处，1931年应邀参加了国民会议，国民政府授予其“护国宣化广慧大师”称号，1932年又被任命为“西陲宣化使”。国民政府蒙藏委员会驻拉萨办事处，一直工作到1949年7月。

3. 十三世达赖喇嘛和九世班禅喇嘛圆寂后，国民政府都派员致祭，批准其转世灵童继位，并派中央代表主持十四世达赖和十世班禅大师的坐床典礼。众所周知，1933年12月，十三世达赖喇嘛圆寂，国民政府派专使入藏致祭，并批准热振活佛为摄政，代行达赖喇嘛职权。1940年，国民政府特派蒙藏委员会委员长吴忠信到拉萨察看后，由国民政府主席正式颁布命令，批准拉木登珠为十四世达赖喇嘛，吴忠信与热振活佛共同主持了坐床事宜。

4. 民国时期，英美帝国主义加紧从事分裂西藏的活动，遭到中央政府的强烈反对，其阴谋诡计从未得逞。如1913年10月至1914年7月在印度北部西姆拉城召开的“中英藏会议”上，英方与西藏地方当局代表密谋，抛出了图谋西藏独立的所谓“西姆拉条约”。中方代表不仅拒绝签字，而且声明当时及尔后英国同西藏地方当局签订的任何条约性质的文件，中国政府一概不予承认。英印外长麦克马洪还背着中国政府，与西藏代表以秘密换文形式，私自划了一条“麦克马洪线”，把我国西藏约9万平方公里的地区划归当时英国统治的印度。对根本无效、完全非法的“西姆拉条约”和“麦克马洪线”，中国政府历来从未予以承认。

最后，简单说一说1949年新中国成立后的情况。中央人民政府根据西藏的历史和现实，决定采取和平解放的方针。1951年5月23日，中央人民政府和西藏地方政府的代表就西藏和平解放的一系列问题达成协议，签订了《中央人民政府和西藏地方政府关于和平解放西藏办法的协议》。和平解放西藏的协议受到西藏各民族人民的赞成和拥护。同年10月26日，人民解放军在西藏人民支持下，顺利进驻拉萨。1959年3月发生反

① 喜饶尼玛：《论民国时期十三世达赖喇嘛的心理嬗变》，《中国藏学》1998年第3期。

动上层旨在分裂祖国的武装叛乱，被中央下令平息，西藏百万农奴翻身得解放。1965 年 9 月西藏自治区成立，开始了一个伟大的新时代。

综上所述，我们可以看到，西藏自古是中国一部分，不仅有充分的理论依据，也有坚实的史实基础。达赖集团和西方反华势力在西藏历史问题上，不管采用什么手法，使用什么字眼，都无法改变西藏自古以来就是中国一部分这一历史事实。

三、从唯物史观的范畴看西藏自古以来就是中国的一部分

历史唯物主义认为，国家、民族都是历史的范畴。也就是说，任何国家和民族都是在人类的历史长河中产生、变迁、演化、发展乃至衰亡的，所有国家、民族都在一定的地理、物质、生产力和生产关系等诸多条件的作用下有萌发、壮大直至消亡的过程。这里讲的“产生”“萌发”，有从源头发源的意思，实事求是地探寻历史本源，是我们从唯物史观的范畴看西藏自古以来就是中国一部分的基础。

著名藏族学者多识教授曾指出：“当今研究藏汉历史文化关系的大多数人，纵向只注意元明清三代，最多上溯到唐蕃联姻，似乎这以前藏汉两个民族之间相互没有关系；横向只着眼于西藏或者曾经属于吐蕃的这部分藏族，而忽略了许多族源的语言民俗等广义文化特征方面完全属于藏民族范围的历史上许多部落和民族。这种对于历史缺乏整体观念，人为地分割得支离破碎，只把眼光放在某个历史断层侧面上的思维方式，使人们对藏汉民族关系的认识局限在一个狭小的范围，限于某种偏见，而忽略了这两个民族在整个历史过程中相互连接在一起的千丝万缕的重要关系。如果抛弃种种偏见，开拓视野，充分利用藏汉双方的历史文化资料，把研究的领域放宽到全部历史文化的范畴，就会在更广阔的范围内，更深的层次上认识和了解藏汉民族的历史亲缘关系和‘炎黄子孙’、‘龙的传人’这些话

的真正含义。”①

多识教授的见解代表了一大批支持藏汉同源说学者的观点。其实，这是汉唐以来我国史学的一个传统观点，其基本论点是“藏出自羌，藏汉同源”。诸多的汉文文献，在这里就不说了，因为我们甚至很容易在古藏文历史文献中找到这种观点。例如，藏文文献《汉藏史集》② 载，“最初，在玛卡秀地方的上部有什巴之王子，名叫丁格，生有三子，分为汉、吐蕃、蒙古”③。当代持汉藏同源观点有影响的学者很多，如著名史学家根敦群培、顾颉刚、范文澜、黄奋生、徐中舒、任乃强、冉光荣、恰白·次旦平措、罗广武、李绍明、周锡银、多识、李文实等。虽然各研究者研究的角度不同，具体结论有所差异，但共同的看法是藏汉两个民族在族源上有血缘渊源关系。汉藏同源说的学者们通过考证认为，藏族先民的古羌人和中原华夏民族的祖先有着十分密切的关系，从茹毛饮血的原始时代到人类早期的文明社会，在漫长的过程中，他们在人种和血缘上处于同源分流和异源合流、相互交织的复杂状态，在物质生产和精神文化方面相互联系、相互影响、相互促进、共同进步，双方在语言、意识形态、文化习俗、神话传说、图腾标志等方面有着很多相同相似的地方。正是这些“相同相似”，奠定了部落联盟到缔造上古国家的基础，在这个基础上又朝着近古国家发展，并且经过进一步的演进，形成了当代的国家，即现在的中国。可以说，这个认识是符合历史唯物主义基本原理的。在长达几千年的历史中，藏族先民和藏族聚居的地方一直参与着中国大一统的历史活动，这个十分清楚的历史事实表明，西藏自古以来就是中国的一部分。

从唯物史观看中国包括藏族在内的各民族历史，看西藏自古以来就是中国一部分的命题，就有一个民族、国家产生、变迁、演化、发展的过程，从中可以看到“自古论”“共创论”历史逻辑与事实逻辑的完全重

① 多识：《藏汉民族亲缘关系探源（一）》，《西北民族大学学报（哲学社会科学版）》，1993 年第 2 期。

② 达仓宗巴·班觉桑布：《贤者喜乐瞻部洲明鉴》，写作于藏历第七饶迥之木虎年，即公元 1434 年。

③ 达仓巴·班觉贡布著，陈庆英译：《汉藏史集》，西藏人民出版社，1986 年；金鹏飞：《〈汉藏史集〉长期未引起足够重视的认识和分析》，《学理论》2014 年第 9 期。

合。从唯物史观看，西藏参与和认同中国“大一统”，有一个持续发展、不断增强的过程。前面所讲到的汉藏以及羌族等民族的先民血缘同源，曾经在长期的历史中同源分流，同时又分流聚合，但是一直在一个基本不变的疆域中活动，这里所说的“一个基本不变的疆域”就是我们各民族共同的祖国——中国。到秦汉时期，中国加速了国家大一统的步伐，中原华夏各个部族开始汇聚成最早的汉族，而西部华夏的另外几支如“六氏族”开始汇聚于西藏。隋末唐初时，唐旄、羊同、苏毗、附国等由羌族或其他部族组成的部落，以及分散居住的一百多个原始羌族部落和西域一些非羌族部落等合并到一起，由吐蕃统一，终于形成了藏族。吐蕃和唐朝密切交往时期，西藏地方的“舅甥关系”说，并且接受唐朝皇帝的封号，奠定了藏族对同一个国家认同的基础。在思想意识领域，西藏参与中国“大一统”的意识，在唐朝时期已经完全萌发；而元代在西藏地方出现的“蒙藏同源说”和“蒙藏汉同源”说，是西藏地方认同元朝中央政权、认同近古中国的一个具体例证，标志着西藏对中国“大一统”认同过程的基本完成。

我们说西藏自古以来就是中国的一部分，以唯物史观来看，除了天然的血缘和地缘的因素外，更多的还有广义文化以及狭义文化的连接，这种连接既是地方王朝与中央皇朝统属的内在依据，也是边疆与中原广泛而不间断经济交流的亲和体现，同时，还对汉藏等56个民族的共同体的形成提供了佐证。2005年5月，在中央民族工作会议上对民族概念进行了新的阐释，赋予了新的内涵，“民族是在一定的历史发展阶段形成的稳定的人们共同体。一般来说，民族在历史渊源、生产方式、语言、文化、风俗习惯以及心理认同等方面具有共同的特征”①。这个阐释帮助我们看到了历史渊源对于人们共同体形成乃至促进国家统一的作用。

需要指出的是，中国哲人关于古代民族与国家观念的认识是相当深刻的。在春秋时期就出现了西方近现代才提出的以血缘、地域、心理认同、

① 吴建颖：《盘点历次中央民族工作会：共见证同前行》，《人民网》财政，http：//polics. peple. con. cn/n/2014/0927/c1001－25746644. html.

文化归属来对族类进行划分的论述。更可贵的是除了这种一般性质的民族划分论述之外，还特地把文化因素提出来，作为最关键的决定民族归属的核心因素进行讨论，而且这种文化决定民族、国家的观点，在两千多年来一直被当成主流的观点来接受。秦汉之前的孔子、孟子就有这方面的论述，孔子作《春秋》的时候，已经是用文化而非血统地域来作为华夷之辨的关键因素。这对后世有很大影响。唐代程晏说："慕中华之仁义忠信，虽身出异域，能驰心于华，吾不谓之夷矣。中国之民长有倔强王化，忘弃仁义忠信，虽身出于华，反窜心于夷，吾不谓之华矣。四夷内向，乐我仁义忠信，愿为人伦齿者，岂不为四夷之华乎？"① 这已经明确地用文化和心理认同来决定华夷归属了。就是说凡是愿意接受中华文化道德的，即使在边疆地区也可以是中华之族；相反，如果是身在中国却心生外向的，那么就算出身华族，也不能算中国人。这一观点已经把决定民族归属的关键核心说得清晰透彻无比。这种国家、民族观点，已经完全摆脱了把民族归属捆绑在血缘、地域上的初级阶段。因此，我们已经明白了为什么到唐代我们中国就能够形成中原吐蕃"社稷一家"的缘由。这是那些西方人，也包括我们一些学者始终说不清楚民族与国家在形成过程中什么是核心问题的盲点！因为存在着这个盲点，他们长期搞不清楚为什么中国文化上千年不管是哪个民族执掌中央政权都能连绵不断的根源，也说不明白为什么各个民族在中国疆域内几千年一直内向凝聚的关键，他们更是不懂西藏自古以来就是中国一部分的道理所在。如果外国人因为他们自己历史实践与历史理论而有局限性，还可以理解的话，我国自己的一些专门从事研究工作的人员长期讲不清楚这个道理，对事关国家战略大局则是不利的。江泽民同志于 1994 年、1997 年强调过西藏自古以来就是中国的一部分，这其实是中央在这个问题上的认识和态度。遗憾的是，江泽民同志的这个简明论断一直没有引起史学界、民族理论界和有关研究机构足够的重视与阐释，在具体的外事、理论、宣传工作中，"元代归入"的"版图

① 董浩等纂修：《全唐文》，程晏：《内夷檄》（卷八百二十一），上海古籍出版社，1990 年。

说”一直没有得到彻底改变,[①] 这不仅令人遗憾，也令人痛心。

需要指出的是，我国疆域的法理确认，是到近代才完成的。清代的“嘉庆志”与“嘉庆图”标志着清朝已具备近代意义上的民族国家的基本要素；清朝已存在着近代意义上的疆域、边界与边境制度；清朝对其疆域、边界具备有意识的自我认定、法理确定以及国家的疆域、边界已取得了国际法意义上的国家承认。关于近代邻国对中国疆域的法理承认，以及列强对中国领土主权实际上的承认等，我们有更多的资料可以说明，不再赘述。至于一些人用西藏曾经有噶厦（政权）、藏军、地方印钞厂等来说它已经具备了独立国家的要素，这是根本不懂历史尤其是不懂近代史的表现。在中国历史上，地方政权组建军队、设立监狱、铸造发行钱币等情况很多，到清末，类似这种情况在中国各个地方更比比皆是。如果这个说法能够成立，四川、云南、广东、广西等省区都可以说是独立国家，岂不是非常可笑？达赖集团早先鼓吹“西藏自古就是独立国家”，而后又说要实行“种族的大藏区”，不仅是很无知，更是很无耻的言行。

在这里要澄清的一个重要问题是，西方很多学者受自己种族主义知识和民族主义知识的影响，不理解中国曾经有过的非常独特的民族关系传统，也不能理解由于这种关系而形成的国家内部的区域关系，特别是我们今天的民族区域自治制度。今天，国内一些海归学者，将西方一些不正确的民族、国家的学说带进来研究中国问题，否认西藏自古以来就是中国的一部分，反倒认为“大藏区”与民族区域自治制度是吻合的，国内一些人私下里也这样认为，岂不知达赖集团的“大藏区”方案，用的是西方民族国家理论的逻辑。西方民族与国家理论中的这一逻辑，被美国智囊机构与议会大加赞扬，但是美国自己由很多民族构成，不会实行单一民族单一国家的做法，却采取双重标准用于美国单边主义的实践，四处插手国际事务，大大激化了很多国家的狭隘的民族主义和民族冲突，导致国家分裂。美国搞双重标准，支持达赖集团从事“西藏独立”活动，在意识形

① 此段话所说的情况到2008年时还是存在的，2009年《人民日报》发表作者采访文章之后，大有好转，但是至今仍然有部分研究人员在用“版图论”。

态领域不断向我们渗透，诸多民族或种族的观念谬论误导，值得我们高度警惕。

中国民族区域自治制度强调的是“民族聚居区”，尊重各民族混杂居住的历史和现实。西方偏激的民族理论则把“共同地域”作为民族形成的基本特征，大讲民族国家要和领土结合在一起。按照西方这一逻辑，有自己文化特征的每个民族都搞单一的民族国家，进而要求领土完整，必然导向民族冲突和战争，前南斯拉夫的不断拆分和流血冲突就是这种理论诱导的例子。1991 年 6 月 25 和 26 日，南斯拉夫经济最发达的斯洛文尼亚和克罗地亚两共和国自行宣布独立，标志着南斯拉夫解体的开端。随后，“波黑共和国”也宣告独立。接着波黑境内的克族和塞族又进一步自行成立独立的“波黑克族共和国”和“波黑塞族共和国”，宗教激进主义者则要求成立独立的“波黑穆斯林共和国”，三方不断交火，各方都出现了严重的非人道暴行和对他方的种族清洗（强迫家庭解散和人口转移），近来科索沃又在血的冲突中分离，民族友好相处的和平景象不再。这种理论导致的这一幕幕活生生的悲剧，触目惊心，令人扼腕痛惜。我们绝不能任这种理论在我国泛滥，任由人民重蹈这种灾难！

我们从以上三个方面探讨了怎样认识西藏自古以来就是中国一部分的重要命题，归根结底，藏族同汉族以及其他兄弟民族一样，都是中国历史的创造者。坚持“西藏自古以来就是中国的一部分”这个论断，对于维护祖国统一、增强民族团结、做好事关国家大局的各项工作，具有十分重要的现实意义和深远的历史意义。

治边稳藏战略思想底蕴的国家治理视角

——“治边稳藏”的实证性分析*

孙勇　边巴拉姆　郑丽梅**

习近平主席提出的“治国必治边，治边先稳藏”战略思想，是一段时间之内最高决策者对治国治边这个命题最为精当的研判。在全球化迅猛发展的态势下，国家有关决策层已经认识到国家利益边疆理念和边疆战略的问题，并做出了一系列的抉择和理论阐释，治边稳藏即是这些认识升华的体现。根据时代的变化，对边疆乃至西藏的治理，做系统的分层次研究和分析，对于理解和贯彻最高决策层的方略有着极强的现实意义。

---

* 此篇论文刊发于《西藏大学学报（人文科学）》2018 年第 2 期，是国家社科基金 2008 年重大项目“维护西藏地区社会稳定对策研究”（08&ZD051）的阶段性成果之一。孙勇：《维护西藏地区社会稳定对策研究》，西藏人民出版社，2015 年。

** 边巴拉姆，女，藏族，（1975— ），西藏日喀则人，博士，中国民族法学会理事，西藏法学会常务理事，西藏社科院当代西藏研究所副所长，副研究员，主要研究方向为法学。

郑丽梅（1978—），女，西藏社科院当代研究所副所长，副研究员，复旦大学国际关系与公共事务学院国际关系专业访问学者，主要研究方向为西藏现实问题研究和尼泊尔政局研究。

一、在全球化背景下的治边稳藏问题研究简述

1. 西藏自治区概貌与中央治藏方略

西藏自治区位于中国的西南边疆、青藏高原的西南部，地处北纬 26°50′至 36°53′，东经 78°25′至 90°06′之间，土地面积为 122 万多平方公里，约占全国总面积的 12.8%。北与新疆维吾尔自治区和青海省毗邻，东与四川省相望，东南与云南省相连；西部与南部地区分别同尼泊尔、不丹、印度、缅甸四国和克什米尔地区接壤，陆地国界线长约 4000 公里，既是我国通往南亚的门户，又是重要的边防前哨和西南屏障，战略地位十分重要。西藏平均海拔在 4000 米以上，有“世界屋脊”“地球第三极”之称。全区为喜马拉雅山脉、昆仑山脉和唐古拉山脉所环抱，地形地貌复杂多样，可分为四个地带：一是藏北高原，位于昆仑山脉、唐古拉山脉和冈底斯—念青唐古拉山脉之间，其间夹着许多盆地，低处长年积水成湖，是西藏主要的牧业区；二是藏南谷地，在雅鲁藏布江及其支流流经的地方，形成许多宽窄不一的河谷平地，地形平坦，土质肥沃，是西藏主要的农业区；三是藏东高山峡谷，即藏东南横断山脉、三江流域地区，为一系列由东西走向转为南北走向的高山深谷；四是喜马拉雅山地，分布与上述印度等国接壤的地区，由几条大致东西走向的山脉构成，山区内西部海拔较高，气候干燥寒冷，东部气候温和，雨量充沛，森林茂密。

西藏自治区内资源丰富，蕴藏着巨大的经济发展潜力，其天然牧草地面积居全国之首，是我国五大草原牧区之一；天然水能蕴藏量为 2 亿多万千瓦，约占全国的 30%，其中恒河、印度河、湄公河的上源都在西藏，境内流域面积大于 1 万平方公里的河流有 20 多条，大小湖泊 1500 多个，总面积 24183 平方公里，约占我国湖泊总面积的三分之一；森林和野生动植物资源在全国名列前茅，森林面积达 1267 万公顷，居全国第四位，木材蓄积量达 20.84 亿立方米，居全国首位，野生动物有藏羚羊、野牦牛、白唇鹿、黑颈鹤等珍稀动物，鸟类已发现的有 473 个品种，鱼类已发现的

有 64 种；已发现的矿产资源有 90 多种，矿产地 2000 余处，其中铬铁矿储量居全国之冠，铜的远景储量居全国第二位，锂、硼等 11 种矿产储量居全国前五位，并已探明蕴藏丰富的油气田，有望成为我国重要的能源基地。中央第五次西藏工作座谈会决定，西藏将成为重要的国家战略资源储备地。这一战略定位决定了西藏在国家战略中具有的极端重要性，西藏潜在的资源优势对未来国家的发展具有十分深远的意义。

中央第六次西藏工作座谈会指出：必须坚持中国共产党领导，坚持社会主义制度，坚持民族区域自治制度；必须坚持治国必治边、治边先稳藏的战略思想，坚持依法治藏、富民兴藏、长期建藏、凝聚人心、夯实基础的重要原则；必须牢牢把握西藏社会的主要矛盾和特殊矛盾，把改善民生、凝聚人心作为经济社会发展的出发点和落脚点，坚持对达赖集团斗争的方针政策不动摇；必须全面正确贯彻党的民族政策和宗教政策，加强民族团结，不断增进各族群众对伟大祖国、中华民族、中华文化、中国共产党、中国特色社会主义的认同；必须把中央关心、全国支援同西藏各族干部群众艰苦奋斗紧密结合起来，在统筹国内国际两个大局中做好西藏工作；必须加强各级党组织和干部人才队伍建设，巩固党在西藏的执政基础。并且重申了治藏方略，即坚持“四个全面”战略布局，坚持党的治藏方略，把维护祖国统一、加强民族团结作为工作的着眼点和着力点，坚定不移开展反分裂斗争，坚定不移促进经济社会发展，坚定不移保障和改善民生，坚定不移促进各民族交往交流交融，确保国家安全和长治久安，确保经济社会持续健康发展，确保各族人民物质文化生活水平不断提高，确保生态环境良好。

2. 西藏重要的战略地位及其在大国博弈中的重要性

近代以来，西方学者相继提出了“地理中心说”“大陆腹地说”“边缘说”“海权论”等政治地理的思想。英国麦金德（Mackinder，Sir Halford）的“大陆腹地”主张以欧洲为中心看世界，扩大了大国强国的视野。20 世纪初，列强发现世界上作为腹地中心的地带即战略要地有四块。第一是欧洲的包括德国、奥地利、前南斯拉夫在内至阿尔卑斯山脉的地带（至今也是世界重要战略要地）；第二是亚洲的喜马拉雅山涵盖青藏高原、帕米尔高原延伸到克什米尔一带的地域，这块要地的主要部分在中国的西藏自治区；第三是非洲乞力马扎罗山延伸山脉地带，在非洲具有战略制高点意义；第四是南美洲的安第斯山高原地带。从20世纪到21世纪，就陆地来看，有两个腹地中心最具有战略价值，一个是位于欧洲的战略地带，另一个是中国与印度接壤的地方。因美国马汉（Alfred Theyer Mahan）的海权论盛极一时，当时的美国人并没有把眼光盯在亚洲，而是放在欧洲。美国战略扩张在欧洲得手之后，欧亚大陆板块的腹心地战略制高点必然纳入其战略思维中。在这点上，英国并不比美国认识的晚，但英国的眼光没有美国高。英国在19世纪末侵略中国西藏是为策应在中国东部的活动，包括老牌帝国主义对中国分而治之的战略眼光和战略层次在内也是如此。而美国作为后起的大国乃至世界强国，在英国的基础上发现了西藏极具战略价值的地方。这就是在第二次世界大战之前英国大扩张留下的亚洲战略博弈带之中，西藏是亚洲中部大山脉中段可以通过分割、肢解而脱离中国，并有希望纳入西方政治集团的附属地带，也是扼住南亚进入中国西南的一处大通道。

在此问题上，中国第一个能对美国战略眼光分析并洞悉这种变化的人就是毛泽东。和平解放西藏前夕，进藏官兵想过安逸生活而对进藏产生畏难情绪，毛泽东就告诫他们，你们不想要西藏，帝国主义想要西藏咧。当初和平解放西藏就是毛泽东把西藏作为中华民族实现伟大复兴、中国走向繁荣强大而不能缺失的战略制高点做出的决策。①

多年前，美国许多战略家就对美未来战略制高点作了较细的阐述，足见一旦时机成熟后美国必然伸手到亚洲的战略地带。② 第二次世界大战结束后，美国派到西藏的观察家写了一份秘密报告，提出在此建立火箭导弹基地，直接威胁苏联，把西藏作为欧亚大陆战略制高点的重点予以高度关

---

① 1950年1月2日，毛泽东从莫斯科致电中央及彭德怀、邓小平、刘伯承和贺龙，对进军西藏问题进行了新的部署。毛泽东在电报中指出："西藏人口虽不多，但国际地位极重要，我们必须占领，并改造为人民民主的西藏。"《毛泽东文集》第六卷，人民出版社，1999年，第36页。

② 陶文钊主编：《美国对华政策文件集1949—1972》（第1卷上），世界知识出版社，2003年，第315页。

注。在欧洲战略任务因南斯拉夫解体、北约东扩、欧盟受阻（英国半信半疑地加入欧盟）之后，就在前期谋划的基础上，积极插手控制西藏这个战略要地。美国思想库多年来持续不断提供“国策级”的智力支撑，形成了美国国家涵盖地理边疆、政治边疆、文化边疆、利益边疆等有形、无形边疆的战略思想，西藏必然是大国博弈的重要地区，西藏特殊的战略地位越来越显现出来。

3. 西藏在亚洲板块的大国博弈之中的战略价值

在亚洲板块上存在着三个大国，即中国、印度和日本，印度和日本都是中国的邻邦。西藏地处中国与印度接壤的边疆地带。在历史上，中印两国长期处于精细化农耕文化阶段，在工业化时代之前，两国都不具有向外扩张的战略指向。从整体上看，两国有相同的地理环境，较为广阔的平原宜于耕种，两国的四周也形成逐步抬起的地形地貌，这对于农耕时代的人们来说，构成了一个以高原为屏障的守住平原核心区的地理政治认识，因而中印在上千年的交往中都没有发生大规模的军事冲突。① 经过仔细研究，可以看出在一段相当长的时段里，中印文化的互补性很强，这样也就形成了东亚与南亚两个大国都不可能出现大规模冲突的局面。由地形、物产和文化三因素影响而形成的思维方式决定，农耕文明时代的中印两国总体上是和平友好的。到了近代，随着资本主义的诞生，列强国家在全世界范围内为争夺市场、原料而不断扩张，作为近代资本主义重要载体的工业化在世界广泛推开后，中印关系必然发生本质性的改变。② 20 世纪资本主义最强的国家——英国在向欧亚板块扩张时首先征服了印度，使印度比中国更早地受到工业化的影响，先于中国崛起。③ 近代印度实际上不仅是英国的殖民地，也是英国的政治和军事盟国。特别是印度成为英联邦成员后，与英国的一体化进程步伐加快，成为英帝国主义扩张的马前卒。印度对中国的政治、军事以及经济方面的关系发生了质的改变。在西方“文

① 杨培芝：《简明印度史》，《南亚研究》1993 年第 1 期。

② 尹锡南：《中印关系发展：文化层面的反思与展望》，《东南亚研究》2009 年第 1 期。

③ 爱德华·卢斯：《不顾诸神：现代印度的奇怪崛起》，中信出版社，2007 年。

明”的影响下，地区战略思想和意图成为印度国家政治取向的一部分，①不管它是否脱离英联邦而独立，“北上东进”的陆路扩张行为都会产生。而东进的第一道障碍就是青藏高原，也就意味着印度早先以地形为屏障的战略思维要转换到以地形为前进营地的战略思维。这样的历史逻辑决定即使没有西方国家的插手，印度在资本的驱使下，迟早要与中国在青藏高原产生全方位的碰撞。而西藏在整个高原壁垒中，日喀则年楚河流域、拉萨雅鲁藏布江流域和拉萨河流域地带则是较为理想的东进通道，② 这条通道其实就是西藏特殊战略地位的价值所在。而中国千余年来积淀在文化中很多传统，包括“孙子兵法”将地形作为第一战略要义的兵家思想，受其影响，无论哪个民族或者政治集团主政中央，也都会选择将西藏作为中国的西南战略屏障。

在帝国主义的地理扩张阶段中，南亚次大陆形成了一个列强博弈地带，这一博弈地带包括斯里兰卡、缅甸、孟加拉国、印度、不丹、锡金、尼泊尔、克什米尔、阿富汗、巴基斯坦以及土耳其南部，最远端深入到吉尔吉斯斯坦、哈萨克斯坦，而西藏恰好处在这个博弈地带上。历史上出现的许多现象便成为所有试图进入世界霸权的国家想接手的一笔遗产，就是在苏美相争的时候，苏联也是要极力插手这一地带的国家。冷战以苏联的失败而告终，苏联解体，消除了美国接受这笔政治遗产最大的障碍。而英国早在 20 世纪 40 年代末从这一地带撤退时，顺手把既得的所有利益作为礼物让给了美国。③ 美国凭借此遗产觊觎中国的西藏，因为将欧亚大陆两个战略制高点控制在手里也是其霸权主义的预谋。

---

① 1950 年 4 月 1 日中国与印度两国正式建交，但印度十分注重把保持在中国西藏的利益作为其重要目标，在 1950 年 8 月 12、22 日，10 月 21、28 日和 11 月 1 日，印度曾几次递交照会或备忘录给中国政府，以撤销其在联合国的支持来威胁中国不要进军西藏，其言行十分明显地与美国、英国等老牌帝国主义沆瀣一气。

② 中国经济学家提出了建设中国往南的南亚贸易陆路大通道的设想，多年来不断地向最高决策层呼吁和建议，我国西部省区对此设想也兴趣浓厚。但经济学家和省区的决策层一直没有想明白的是，印度高层为何不回应来自中国的良好建议，其根源在于印度非常担心这个通道的双向军事作用，担心在其没有胜算的前提下，会有利于中国而不利于印度。

③ 曾健敏：《试论二战后的英美特殊关系》，“中国优秀硕士学位论文全文数据库”2004 年 9 月 27 日。(湘潭大学 2004 年硕士学位论文，中国知网)

4. 西藏是中华民族实现伟大复兴的一个战略高地

中华民族在当今世界要实现伟大复兴的平台就是要有完整的国家领土，要有包括丰饶水资源在内的诸多宝贵资源的战略储备基地，要有保证能够起到中国能源接续建设的后备区域——西藏作为中华民族和中国走向强盛的一个不可或缺的战略高地，在全球范围内的战略价值愈加凸显。西藏社会稳定的战略意义，在于它既影响与西藏相邻省区以及整个中国，也影响南亚、中亚地区国家，决不只是一个区域局部的社会稳定问题。因此，西藏是我国及周边国家和地区稳定、协调发展的重要平衡因素。

从20世纪80年代至今，自治区首府拉萨市多次发生严重的骚乱事件，达赖集团破坏西藏社会稳定的分裂活动愈演愈烈。这些严重的骚乱事件不仅给西藏人民的生命财产造成了极大损失，破坏了社会局势的稳定，干扰了人民群众正常的生活秩序，而且对中国边疆局势的稳定、经济的快速平稳发展也造成了严重的影响。值得注意的是，在旧的分裂势力随着岁月的流逝逐渐消亡之际，新的分裂势力又逐渐“兴起”。在这些分裂势力中，既有出走国外的旧贵族、农奴主的后裔，又有与旧的特权阶层毫无瓜葛的“狭隘民族主义者”，既有新的反华人士，又有激进的偏见分子，既有懂西藏历史而刻意歪曲者，也有对西藏历史毫无所知的盲目鼓噪者，既有信仰藏传佛教的信徒，也有不信教的普通人，既有藏族人，也有肤色各异的外国人“洋藏独”，他们打着解决“西藏问题”的旗号大肆鼓噪，借机生事，虽手法各有不同，但分裂中国、干扰破坏中国的和平稳定、阻挠中国发展的图谋却是“惊人的一致”。在“3・14”事件发生的同时，甘肃、青海、四川等省涉藏地区也相继发生骚乱事件。在事隔一年之后，新疆乌鲁木齐发生“7・5”事件。西藏邻省区发生的骚乱事件与西藏发生骚乱事件密切相关。从民主改革后，西藏社会进入平稳的发展时期，相邻省区也是平稳发展，尽管西藏地区与邻省区发展存在差异，但社会稳定发展则是相同的。西藏稳定发展，则与之相邻省区稳定发展，中国西部边疆稳定发展，中国稳定发展，否则，则边疆不稳，中国政局不稳，经济与社会发展受阻，中国的两个“一百年”目标任务将受到干扰，实现中华民族伟大复兴的宏伟目标也将受到严重影响。

中国的地理边疆事实上存在着一个环边疆带，即所有的边疆地区连接起来成为护卫内地的带状区域。① 因西藏在我国的环边疆带上所处的特殊地理位置，使得西藏的发展与稳定对邻省区及整个国家以及周边国家具有平衡作用。西藏是以藏族为主体的省级民族自治地方，除藏族外，还有汉族、蒙古族以及门巴、珞巴、纳西、回、怒、独龙等几十个少数民族和未确认为民族的僜人和夏尔巴人，并建有门巴、珞巴、纳西族等民族自治乡。根据第六次人口普查统计结果，西藏的总人口约为300万人，其中藏族人口占90.2%，汉族人口占8%左右，其他民族约占1%。② 由于特殊的地理环境和历史原因，经济上还属于欠发达地区，社会发展相对滞后，是全国最不发达的区域；在政治局势上，存在着一些影响社会稳定的因素。由于西藏是藏传佛教历史最久、影响最深的地区，全区寺庙多、教派多、僧尼多、信教群众多，在消除宗教影响、引导藏族民众走社会主义道路的问题上遇到一些困扰，形成一定的阻碍，但对西藏乃至全国的政局影响最大的还是流窜在境外的以十四世达赖为首的分裂集团，他们利用西藏社会藏族民众普遍信奉藏传佛教、佛教文化影响根深蒂固这一特点，大打“宗教牌”，披着宗教的外衣大搞分裂祖国、破坏民族团结的各种活动，给西藏的稳定、发展与繁荣造成了较大的隐患，进而对整个中国政局的稳定、经济的发展也造成了一定的负面影响。

二、现代国家新视角下的西藏治理方略

随着历史的发展，中国传统的“中心—外围”地缘政治观被打破，“边疆”的内涵也逐渐拓展，不再是过去所理解的“相对于国家核心区的外围性区域”③，对包括西藏在内的边疆治理方略也应相应做出调整。

---

① 笔者在2008年国家社科基金重大课题中，提出了中国地理边疆具有环边疆带的概念，并分析地理边疆带由主边疆带、次边疆带和前出边疆带构成。

② 崔静、吕秋平：《白玛赤林：西藏90%人口是藏族 发展成果由西藏人民共享》，“光明网”2011年5月19日。

③ 笔者在相关文章中对此问题进行了充分的论证。参阅《华西边疆评论》第一辑，2014年。

（一）现代国家区域治理理念

区域治理是全世界构建现代国家的一种方向。现代国家是衡量现代性的最重要维度，也是迄今为止人类创造的最有效的政治组织单位①，其发展第一要义即消除人类不平等，促进社会公平正义，以公民政治的形式进行治理。世界现代化进程告诉我们，任何一个国家要想立于不败之地，就必须构建现代国家。构建现代国家尤其是现代民族国家的过程，是一个公共权力不断寻求国家与社会、国家的整体与部分、中央与地方之间在良善关系②中共同建设和发展的过程。

1. 我国历史上的边疆治理方略

边疆和边疆治理是历史的产物，属于一定的历史范畴。“中心—外围”地缘政治观在中国延续了数千年。《礼记·王制篇》中将五方视为天下，以中原统治核心地带的京畿为中心，其外的东南西北四方为外围，东方为夷，南方为蛮，西方为戎，北方为狄，在“中心—外围”这样一种地理概念下对国家进行治理。周朝从其统治核心地带的京畿，自内而外依次划分为“甸服”“侯服”“宾服”（汉书作“绥服”）“要服”“荒服”，形成以京畿为中心的“五服”天下观。③ 五服，在很长的时间里简言之就是“相对于国家核心区的外围性区域”。在现代国家版图理论确立之前，那些封建制度的国家或民族国家，将远离王朝统治中心与他国交界的边远区域，同时也是发展程度不高并有待开发的区域视为边疆。它们自然也属国家外围性区域，被纳于“五服”范畴中。“服”原意为亲缘关系的远近，也有服从天子之意。从中也可看出“五服天下观”，抑或人们固化了

---

① 据贺东航：《中国现代国家的构建、成长与目前情势——来自地方的尝试性解答》，《东南学术》2006 年第 4 期。

② 良善关系即在构建现代国家的过程之中各个区域很少或基本上不再发生大的博弈行为。

③ 据《国语·周语》中记载，周穆王时祭公谋父曾阐发“五服说”，“先王之制，邦内甸服，邦外侯服，侯卫宾服，蛮夷要服，戎狄荒服”。另《尚书·禹贡》中言，“五百里甸服：百里赋纳总，二百里纳铚，三百里纳秸，服四百里粟，五百里米。五百里侯服：百里采，二百里男邦，三百里诸侯。五百里绥服：三百里揆文数，二百里奋武卫。五百里要服：三百里夷，二百里蔡。五百里荒服：三百里蛮，二百里流”。体现了当时的治国思想。

的地理“中心—外围”地缘政治观，不仅从地缘上对疆土进行划分，同时也是从地缘角度对国家进行治理的理念。相当长的时间以来，“中心—外围”的治国理念在我们国家边疆治理中一直占据着主导地位，且也被包括少数民族入主中原的历代以正统自居的王朝普遍接受。这个历史现象的机理是，尽管中国的各民族在长期历史进程中有迁徙和征战，但现存的民族在数千年中大体都生活在固定疆域中，除蒙古族外，很少有长距离的迁徙和征战，一些民族即便有迁徙但也是较缓慢的过程。因此，在中国历朝历代统治者的眼光中就存在一个“中心和外围”疆域观，国家地理中心始终在某一块区域上，并相应产生出经济、政治、文化中心。

秦国作为一个少数民族（西戎）占主导的政权，统一了上古中国境内各国，建立了中央王朝，当初它所建立的经济、政治、文化中心至今还处于经济、政治、文化的中心地带。汉朝以华、夏两族结成联盟而取得中央政权，后改华夏为汉，并以“汉”朝为族名，① 其活动中心地带继承了秦的中心地带这一遗产，经过两千多年至今未变。② 后来的唐朝总体是以鲜卑族为主体，同时聚合了其他各民族建立起来的中央政权，其政治、文化、经济中心一直在黄河、长江流域，沿袭至今。③ 即便到了五代十国，长达数百年的大内乱，西藏地方政权也处于割据时期，但总体上都无事实上的大分裂，在整个大疆域内各地方间的政权是相通的，如当时的西藏政权与西夏政权前身相通，因此有了后弘期的下路弘传。④ 由此可见，即便在群雄争霸时期，中国的经济、政治、文化中心仍然在黄河流域。到了后来的宋、元、明、清，“中心—外围”的地缘政治格局也始终未曾改变。统治中国中央的政治集团无论出自哪个民族，都认为黄河—长江流域是中

① 吕思勉：《先秦史》，上海古籍出版社，1983 年，第 22 页。（其中他认为汉族之名，起于刘邦称帝之后。）吕振羽：《中国民族简史》，三联书店，1950 年，第 19 页。（其中他持有类似的观点，认为华族自前汉的武帝宣帝以后，便开始叫汉族。）

② 白寿彝：《中国通史》，上海人民出版社，2002 年。

③ 周山：《从黄河文化到长江文化——关于中国文化重心及其当代转移的思考》，浙江在线新闻网站，www. zjol. com. cn 2007 年 11 月 19 日。

④ 石硕：《从〈拔协〉的记载看藏传佛教后弘期上、下两路弘传的不同特点及历史作用》，《西藏研究》2008 年第 2 期。

心，以外的疆域为外围。因此，中国的经济、政治、文化中心没有像欧洲国家那样的均质化分布。

“中心—外围”地缘政治观体现在对边疆的统治上，则是以处理族际关系为内容的治理方式。中国传统“天下—外围”地缘政治观中的外围，尤其是边疆地区，同时也是少数民族聚居区。新中国成立之前的历代统治者在治理边疆地区时都采用族际治理的方式。“边疆问题的主要内容和实质就是中原王朝与周边其他民族的关系问题。这种关系处理好了，生活于边疆的其他民族就会愿意臣服于中原王朝。”① 其关键在于通过某些或刚或柔的特殊手段处理好中原王朝与生活于边疆的各民族之间的关系，“顺者以德服，逆者以兵临”②，甚至采用“以夷制夷”的方式。

20 世纪国民政府初期，在边疆治理上本打算采取区域治理方式③，在一个行政体内用区域理念进行治理。但蒋介石时期再次回到族际治理方式上来，因此，这段时期边疆治理的“羁縻”色彩很浓，仍存有民族压迫。

族际治理重在处理好中央王朝与边疆民族的关系，达到镇守边疆，保持朝贡关系，从而起到拱卫中心区域的作用，使国家腹心地带的政治、经济、文化发展不受影响，实现中央政权的巩固。中央对边疆大多时候是采取间接统治的方式，而没有对这些区域进行政治、经济、文化等方面的直接治理，使边疆地区的发展滞后于中心地带。因此“中心—外围”地缘政治观下的族际治理，反映出边疆地区不单是地理位置上的边疆，同时也是政治、经济、文化层面上的边疆，整个国家呈现出的是区域间的不均衡发展，以至于出现族群间的不平等和民族压迫。这样的边疆治理必须依赖于一个强有力的中央政权，而在中央政权的更迭时期，一旦发生社会或政局动荡，边疆地区就会出现不稳甚至分裂分离，直接危及中央政权。

---

① 周平：《中国的边疆治理：族际主义还是区域主义?》，《思想战线》2008 年第 3 期。

② 《清太祖武皇帝实录》第一卷，华文书局（台北），1964 年。

③ “行政区划是国家行政管理的空间安排，是国家区域治理的基本手段……国民政府统治时期，边疆区域的规划既有遗承清朝的传统，但也具有明显的特色，主要体现在：甘肃分省（甘肃、宁夏、青海）的实施，西康设省，蒙古盟旗制度与行省制的双重混合。”见郭飞平、段金生：《制衡与牵制：南京国民政府治理边疆的政治策略——以边疆行政区域的新规划为中心》，《云南行政学院学报》2011 年第 1 期。

新中国成立前夕，执政党召集部分国民政府留下的专家学者讨论，他们提出的边疆治理方案仍有族际治理的痕迹。后来毛泽东主席发现族际治理并非新中国的治理方向，再次将思路调整到区域治理上来。① 中华人民共和国是坚持以马克思主义为指导，实行人民民主专政的共和国。《中华人民共和国宪法》中明确规定的“民族区域自治”，体现了以阶级划分和民族平等为基础的治国理念，因此新中国成立后，前 30 年各民族地区能够保持社会稳定，在一些问题发生后决策层即能审时度势，迅速做出正确决策。也就是说，那段时间在如何正确对待边疆、民族的问题上按区域治理处理，实际上也是依据宪法进行处理的。

随着苏联解体和东欧剧变，中国出现了国家理念和国家战略的过渡，其中对少数民族分离意识及民族主义兴起的原因，部分学者认识不够清晰，将处理民族问题的政策与边疆治理混为一谈，甚至取代了后者。20 世纪 80 年代末，拉萨发生了长达 3 年的“藏独”分裂势力组织煽动的骚乱活动，对整个西部边疆地区影响很大，出现社会不稳和动乱。对如何治藏的问题，我国部分研究人员试图回到元明清的边疆治理思路上，提出按照民族治理方式来解决西藏的发展、稳定和安全等问题，并以此制定对包括西藏在内的边疆治理方略。这种思路有害无益，对中华民族的整体性提升有着极为不利的影响，同时也不符合现代国家构建的基本取向。

2. 构建现代国家区域治理的趋势

中国传统的地缘政治观念与欧洲各国及美国存在着截然不同之处，即欧洲包括美国的地缘政治观念中，很少有“中心—外围”观念。这是因为欧洲文明史在 2000 多年历史进程中的常态是各民族的不断征战和迁徙，并在征战和迁徙过程中建立联盟和国家，因此，欧洲国家民族理念的核心是“一个民族、一个国家”。②

---

① 1949 年人民政协筹备期间，毛泽东就是否实行联邦制的问题征求了李维汉的意见，后者在深入研究后，认为中国与苏联国情不同，不宜实行联邦制，单一制国家结构形式更符合中国实际情况，在统一国家内实行民族区域自治，更有利于民族平等的原则。

② 自由主义宪法学家布隆启立（Johann Caspar Bluntschli）曾这样写道：每个民族都被要求因此也有权利组成一个国家。人分为无数的民族，因此，世界也应当由如此多的国家组成，每个民族都是一个国家，每个国家也是一个民族。引自 H. Schulze，1994 年，第 225 页。

“一个民族，一个国家”这样的历史逻辑是欧洲人在自己2000多年历史中逐渐得出来的。欧洲由于地理位置的关系可以很便利地进入中亚和北非，因此在欧洲各国看来，北非和中亚与其有着亲缘关系。由于这种亲缘关系的存在，大多数民族在2000多年的历史中没有长时间固定的活动疆域①，他们所体现出的活动疆域是不断变化的。所以欧洲各国发展的顺利与否，在很大程度上取决于它们是否顺利地完成了自身民族国家的构建。由于欧洲区域内政治经济发展的不平衡性，可以这样认为，在一个很长的历史阶段内，欧洲各国都是一种适合欧洲发展的制度安排。因此，欲在现代化的过程中不落人后，就必须尽快地建立自己的民族国家。欧洲历史上出现的大国、强国，是根据其国家实力强弱来扩展和收缩的，② 这些国家的中心和外围相似性极强，我们将这种特征称为“均质化”。欧洲很多国家不会出现那种“中心—边界”差异很大的现象。欧洲多数国家的文化中心不一定建立在经济最发达的地方，政治中心不一定建立在地理战略的要害地方，而它的边境地区不一定是经济最落后的地方，因此欧洲国家和美国的地缘政治观与中国的极不相似，他们没有“中心—外围”的理念。像德国、意大利等欧洲国家，即便在边境地带都会建立大学，在国与国接壤的地带都有重工业基地，各种功能的城市布局趋于分散。③ 英国、西班牙的情况与德国大体类似。再看美国地图上的城市（工业区）分布，与德国也十分近似，除了环湖工业区比较密集外，所有沿边地带都有工业区分布，伴随着工业区的分布，各个城市以及大学也相应以散点状出现。这种情况在中国几乎是不可能的，包括到近代的民国时期，以及中华人民共和国建国多年之后，也都没有实现多核的城市经济与大工业区均衡布局。④ 由于这种状况持续已久，我国研究与决策部门的许多人都固化了国家应该存在“中心—外围”的观念，即“中心”是国家的政治、文

① 欧洲国家的征战迁徙必须保持民族的单一性，以防止国家内部出现民族反叛，因此很多国家2000—3000年历史长河中没有固定疆域。

② 陈晓律：《欧洲民族国家演进的历史趋势》，《江海学刊》2006年第2期。

③ 朱正圻：《联邦德国城市布局的分散化》，《国际展望》1984年第23期。

④ 鲁勇：《行政区域经济》，人民出版社，2002年。

化、经济中心，“外围”是政治、文化、经济落后的地带。

清朝末年，帝国主义列强入侵，中国沦为半殖民地半封建社会。在面对外敌威胁和压迫的情况下，“中华民族”概念开始出现。辛亥革命以后，中国以“中华民国”命名，开始了从传统意义上的国家转向构建民族国家的进程。“民族国家是国家演进过程中的一种类型，是建立在民族认同基础上的主权国家。它通过完整的制度安排保障了民族对国家的认同，从而实现了民族与国家的统一。”① 尽管1912年3月颁布的具有宪法性质的《中华民国临时约法》对中华民国领土“为二十二行省、内外蒙古、西藏、青海”；人民“一律平等，无种族、阶级、宗教之区别”；参议院的参议员“每行省、内蒙古、外蒙古、西藏各选派五人，青海一人”② 等做出明确规定，体现了以区域治理为内容的边疆治理方式，但终因当时的中国仍处于帝国主义列强的半殖民统治下，民国政府未能解决中华民族的最终解放问题，主权没有完全独立，民族压迫继续存在，国家尚处于传统国家向民族国家构建进程中，因此无法以现代国家的理念对边疆进行区域治理。

新中国成立后，中央人民政府依据中国人民政治协商会议通过的共同纲领，宣布中华人民共和国境内各民族一律平等，实行团结互助，反对帝国主义和各民族的人民公敌，使中华人民共和国成为各民族友爱合作的大家庭，并宣布将实行民族区域自治。随着全国的解放，中国实现了国家领土的统一和中华民族最终解放，逐渐完成了民族国家的构建过程，朝着构建现代国家方向迈进。

世界现代化进程告诉我们，任何一个国家要想立于不败地位，就必须构建现代国家。现代国家，其发展第一要义即以宪政消除人类不平等，促进社会公平，实行公民政治。因此，现代国家对包括边疆地区在内的治理当是基于实现人的全面发展的现代社会治理，对边疆地区的治理模式当从古代以统治形式实现等级秩序的社会治理模式即族际治理的方式向区域治

---

① 周平：《论我国边疆治理的转型与重构》，《云南师范大学学报（哲学社会科学版）》2010年第3期。

② 《中华民国临时约法》，《东方杂志》第八卷第10号。

理转变，即现代化国家的边疆治理应着眼于区域治理，也就是说，在一个现代国家走向成熟的时候，只有以行政区域划分的管理，而没有一个民族对另一个民族的管理和限制。同时，随着市场经济的建立和日趋发展，我国沿海地区由原来的蛮荒之地借助海运的优势把经济首先发展起来，经济的发展促进了沿海周边的文化发展，沿袭数千年的“中心—外围”地缘政治观正在发生变化。如今，中国的经济重心已不再仅限于长江、黄河流域，由于经济资源的偏在性①，西部后发的经济优势将在未来逐渐显现。

“实现中华民族的伟大复兴”的提出，意味着中国将走向现代国家，决策层已将边疆的发展、稳定和安全提升到国家战略层面。由于历史的原因，中国以农耕民族思维发展起来的防守型战略，致使在“中心—外围”的地理态势下，围着疆域的边沿通常都会形成一个主边疆带以抵御外敌，再在其后有一个次边疆带以拱卫内地。② 当国家意志特强的时候，以有限反击为前提，中国在有的历史时期还会有一个前出边疆带，即超越本国自身的地理主边疆带前出到敌国控制或欲控制的地带。③ 中华人民共和国成立以来，主边疆带与次边疆带一直存在，前 30 年还存在过前出边疆带。④我们指称的主边疆带，是我国与周边国家地区接壤的地理区域，如西藏、新疆、内蒙古、广西、云南等；次边疆带则相对主边疆带而言，是在地理位置上离国家腹心地带稍近一点的区域，如青海、四川等地。在新时期，

---

① 此处资源偏在性是指因地质、气候、海拔等特殊环境使得某些区域拥有大量别的地方没有或极为稀缺的资源。

② 宋朝在边疆治理上就有“极边、外边、内边、次边、沿边”等说法，见杜芝明、黎小龙：《“极边”“次边”与宋朝边疆思想探析》，《中国边疆史地研究》2010 年第 2 期。

③ 汉朝时期经过几十年的准备，汉武帝指挥军队对匈奴的多次军事活动已经不局限于长城以内和长城的边沿地区，决定性胜利的几次战役均在大漠和草原，即在汉朝的前出边疆带展开对匈奴的战争，最终将匈奴驱逐出北亚。

④ 中华人民共和国成立之后，毛泽东主席以世界战略的视野和大无畏的英雄气概，用极小的代价在第三世界国家构建了中国的前出边疆带，与美国进行战略抗衡，取得了西方世界战略家大为惊奇乃至惊恐的战果。例如 1972 年尼克松、基辛格访华，中国取得的战略成果被归纳为五大项，即美国给予中国贸易最惠国待遇、美军不得与蒋军在台湾海峡协同行动、中国恢复在联合国席位美国不再阻挠、中国收复香港时美国不支持英国的对抗言行、在世界对抗性的大活动中两国要有沟通。对此，有西方战略分析家评论，这是一个即使是在世界大战中取得胜利的国家也难以一揽子得到的成果；另有分析家称，其他的国家即使是花费数千亿美元也取得不到这样的战果。

中国主边疆带、次边疆带的政治、经济、文化等方面的发展将得到与其他地区相同的机遇，中国在现代国家过程中必然出现均质化的趋势，以区域治理为内容的边疆治理模式在构建现代国家进程中已成必然。

3. 现代国家理念下的边疆治理方略

在新形势下，面对中华民族复兴的战略目标，反映到边疆治理方面，我国需要重新对边疆问题进行定位，最终要有一个战略选择上的确定。在现代国家的构建中，国家理念怎样，决定着最后战略的成熟与否。因此，国家理念本身就是软实力的核心，① 必须能够从根本上凝聚人心，达到上下同欲，从决策层到广大群众都会为了国家理念不懈奋斗。

中国构建现代国家的意义在于使中国走向世界强国。在构建现代国家进程中，“实现中华民族的伟大复兴”，是包括汉族和藏族在内的56个民族整体的复兴，显示出的国家意义在于：中国56个民族的整体发展聚合为中华民族的伟大复兴，使中国在未来真正进入世界大国、强国的行列。这一理念决定了国家在制定未来发展战略时，应从国家战略制高点出发，一定要考虑“中心—外围”地缘政治观念的陈旧性、过时性，以及今后国家发展战略的经济平衡性、文化均质性等特点，开启新的边疆战略思维，树立大边疆战略，在新的高度和广度上把握我国治理边疆地区的关键问题。因而决策层应更加重视对包括西藏在内的边疆地区治理，同时要讲究方略和策略，用新的地缘政治眼光来看待这个问题，使新的地缘政治研究有一个未来发展方向，即中国在现代国家过程中必然出现均质化的趋势。

---

① 20世纪80年代末，美国国际政治学大师小约瑟夫·奈（Joseph S. Nye，Jr.）提出了具有战略含义的软实力（soft power）概念，他强调在今天的全球化时代，软实力更为重要，由此形成巧实力（smart power）以及软权力（soft co-optive power）。“软实力、软权力”论自提出后在学术界引起很大反响，并得到国内学界很多人的认同。较早涉及这一问题的国内学者如政治学家王沪宁和河北师范大学张骥教授等人，一般将软实力、软权力的概念阐述为文化。近几年，学者们尽管也把文化归属为一种软权力，但赋予了更多的内容。吉林大学刘德斌教授不再将软实力、软权力简单概括为文化，而认为是价值观念、生活方式和社会制度的吸引力和感召力，是建立在此基础上的同化力与规制力。国内很多学者也相继参加到研究和再创作之中，重新进行表述，认为主要包括：文化、意识形态（或者价值观念）、国际机制与制度。有些学者进一步认为软实力、软权力除了包括上述三个构成要素外，经济和文化构成了软权力的主要来源。

我国边疆地区尤其是西部民族地区紧邻他国或地区，战略地位显要。按照行政区域划分，采用以处理区域性问题的边疆治理模式，“加快边疆民族地区经济、文化发展的步伐，缩小各地区的差别，实现共同富裕”①，在较长时间内实现国家的政治、经济、文化的一体化，这对于加强民族团结，维护祖国统一和社会稳定具有十分重要的意义。

（二）以信息化为特征的全球化条件下的西藏社会稳定与国家安全

现代世界正处在走向以信息化为特征的全球化趋势中，但其本质还是发端于帝国主义大扩张时代的资本滥觞，是资本催生技术，技术加速发展，发展增强国家博弈能力，为大国、强国牟利的全球化。② 一国的社会稳定和国家安全不再局限于地理边疆受到敌国的攻击，还在于来自以各种网络信息的攻击而导致的社会不稳定，以至于使国家安全受到威胁。我国的边疆地区社会稳定不同于内陆地区，不是常态或非常态中的社会稳定，而是长治久安，亦即更多的是长期保持国家安全的体现。

1. 西藏社会稳定不仅仅局限于地理边疆安全

“欲在国际博弈中把握战略先机的现代国家，其利益边疆既可以与传统地理边疆叠合，也可以打破传统地理边疆的限制，借助政治、经济、文化等方式拓展本国的利益。”③ 国家的安全不再局限于地理边疆不受外来攻击和侵犯，还包括经济安全、文化安全、社会安全和心理安全等。近30多年的世界全球化进程，促使国家利益日益呈现网络化趋势，即国家政治利益、经济利益、文化利益等。在维护国家主权上，体现出国家边疆利益，一是维护领土边疆，二是维护国家的“利益边疆”或“战略边疆”。

西藏社会稳定问题，是各种形式的利益边疆问题的反映，其中各种形式的利益包括有国家利益、西藏人民利益、国际敌对势力的利益和达赖集团分裂主义势力的利益。这些不同形式的利益在西藏地区的反映，宏观上

---

① 续文辉：《“慎重稳进”与“跨越式发展”——中国共产党在认识和处理西藏发展问题上的特点》，《西藏研究》2008年第6期。

② 曹文振：《经济全球化时代全球垄断资本主义的新趋势》，《理论参考》2002年第12期。

③ 孙勇：《边疆研究需要新视野》，《中国社会科学报》第140期，2010年11月。

体现为地缘政治的关系,[①] 从中微观上看，这些利益的交锋造成西藏以及邻省涉藏地区社会的不稳定。涉藏思想库、研究和决策部门应在新形势下从新视角认识地缘政治的博弈意义。“利益边疆”是一个博弈理论问题，也是一个重大的实践问题。在“利益边疆”中首先涉及的是经济边疆和政治边疆，还包括国家经济安全边疆、国家政治安全边疆、国家意识形态安全边疆。这些在理论上所认识到的边疆首先仍然反映为地理边疆，也就是说在包括西藏自治区及邻省涉藏地区在内的所有涉藏地区都有可能出现经济安全、政治安全和意识形态安全的问题。[②] 一段时间以来，这三大问题都已存在，且由隐性逐渐发展为显性状态。

“西藏问题”之所以错综复杂，是与以美国为首的国际敌对势力插手干预分不开的。[③] N·C·霍尔在《美国、西藏与中国》一书中写道：“美国在冷战中有计划地利用西藏民族主义，以武装反抗来袭扰中国，瓦解中国。”[④] 在全球战略关系中，美国将我国视为其对手的迹象早在50多年前就已经显现,[⑤] 冷战结束之后越来越明显地要西化、分化中国；在地区战略关系中，日本也将我国视为对其地区主导地位构成现实威胁的主要竞争

---

① 地缘政治有广义和狭义之分，大体上可以分为三个层次：一是指一个国家与周边国家的地缘关系，这是运用最广的一个界定；二是中等层次的，主要指比一个国家的周边范围更广泛的地区，是区域主义或地区主义的地缘政治；三是大的地缘政治，是世界范围内的地缘政治，把世界当作一个不可分割的整体进行研究，运用这一层次的地缘政治概念的多是大国研究，尤其是那些具有世界战略意图的国家经常使用的一个概念。这里的地缘政治在不同的语境中采用相应的概念，有时候可涵盖三个层次。

② 在构建现代国家中，利益边疆和地理边疆是并行不悖的，“我们对于国家的安全的认识应该从单纯的地理概念认识中脱离出来，既要看到国土边疆，也要关注国家利益边疆。前者是一种生存意义上的国家安全观念，后者则是着一种发展意义上的国家安全观念，而这恰恰是全球化时代给国家安全带来的新内涵”，见杨成：《利益边疆：国家主权的发展性内涵》，《现代国际关系》2003年第11期。

③ 程早霞、戴道昆：《美国插手中国西藏问题的历史与现实》，《思想理论教育导刊》2010年第7期。

④ 中国人权研究会：《美国支持达赖集团分裂活动剖析》，新华社北京2001年5月25日电。

⑤ 郭学堂：《美国对华核威胁政策和中国的反应——50年代两次台海危机的历史考察》，《美国问题研究》2004年。

者；在次地区战略关系中，印度也一直有把我国作为主要假想敌的倾向，[①] 东盟对我国的崛起也普遍存有疑虑和防范意识。[②] 中国越来越处在矛盾焦点的位置上，处在国际斗争的前沿和中心，我们的回旋余地和战略主动性都由于成为世界主角而受到了很大的限制。[③]

达赖集团的外逃和所谓的“西藏问题”，实际上是冷战背景下历史的产物。早在新中国成立前，英美等国为实现霸权战略，谋求政治、经济、军事等方面的利益，不断插手干预中国西藏地区事务，企图以此来分化中国，遏制中国的崛起，将肢解中国的领土和颠覆中国的制度作为整体来通盘考虑。尤其是冷战结束前后，美国明示达赖集团在暴力活动上要采用巴勒斯坦模式，在非暴力行动上要仿效甘地模式，指使达赖集团采用颜色革命、茉莉花革命等文化符号传播对抗中国政府，实现分裂[④]。

随着网络成为最便捷的信息传播工具，全球迅速进入信息化时代，国际政治领域已从地缘空间、外层空间扩展到网络空间，从现实空间扩展到虚拟空间。近年来，境外“藏独”势力利用互联网、手机、短信等传播手段，加强了向国际社会宣扬其伪善的和平理念，以及对境内进行民族分离主义的渗透，网络民族分离主义现象愈发明显。[⑤]

2. 西藏社会稳定是国家安全的集中表现

维护西藏地区社会稳定，是国家边疆治理的重要内容之一，也是国家安全的一个重要命题。我们对边疆问题的研究和思考以及对策，从利益边疆、文化边疆上升到了战略边疆层面，因而在研究西藏社会稳定问题的时候必然要用更宽广的视角去进行分析。研究利益边疆首先要分析经济、政治、国家意识形态。

---

① 刘振宏、张倩：《印度——中国强有力的挑战者》，《安徽商贸职业技术学院学报》2004 年第 3 期。

② 周洪波、宁培：《大国因素下的南中国海问题与我国的安全环境》，《菏泽学院学报》2007 年 6 期。

③ 江凌飞：《关于国家安全战略选择的若干问题》，《世界经济与政治》2002 年第 11 期。

④ 殷翔宇：《试析冷战后美国对中国西藏事务的干涉》，2006 年外交学院学位论文。

⑤ 边巴拉姆、郑丽梅、孙昭亮承担的 2010 年国家民委招标课题“‘3·14’事件以来我国藏区分离主义倾向及对策研究”。

地处中国西南边陲的西藏，紧邻缅甸、印度、不丹、尼泊尔等国家和克什米尔地区，边境线长达4000多公里，占全国陆地边境线的六分之一以上，其经济、政治、文化、生态、安全等方面都有别于其他地区，是重要的国家安全屏障，具有十分显要的战略地位。西藏作为国家重要的安全屏障，不仅体现在地理边疆安全方面，同时也是拱卫国家政治、经济、意识形态等利益的边疆。

由于多方面因素的综合作用，当前国内社会矛盾正进入激化期和多发期。西藏及邻省涉藏地区少数民族人口比例高，具有历史久远的丰富传统文化，藏传佛教对这些地区信众有着较深影响，民族、宗教问题在西藏等地具有长期性、重要性、阶段性、复杂性、敏感性等特点。① 近年来，境内外“藏独”民族分离主义势力频频被国际敌对势力所利用，以宗教、民族、文化作为对西藏及邻省涉藏地区政治和意识形态渗透的重要手段，不断对西藏及邻省涉藏地区施加影响，大肆鼓吹民族分离主义思想，借藏传佛教、藏民族传统文化保护不断制造事端，进一步强化民族、宗教意识，并挑起民族间的不信任，妄图削弱藏民族对中华民族的认同感，破坏中华民族整体的凝聚力，给国家政治安全和意识形态安全造成危害。

国家经济资源安全在某种条件下靠地理战略的位置来维护。② 全国经过30年改革开放，逐步建立起社会主义市场经济体制，西藏作为国家疆域的一部分，在利益边疆上应保证国家的经济与资源安全。西藏处于南亚经济大通道的重要部位，具有丰富的森林资源、水资源和偏在性矿产资源，是国家重要的战略资源储备基地，在未来中国经济发展中具有不小的潜力；同时，西藏的地理位置还具有策应新疆、云南对外联通资源输入的作用。因此，西藏的社会稳定不仅有利于保证当地和国家经济的可持续发展，在国家经济安全中也发挥着重要的作用。

---

① 边巴拉姆、郑丽梅、孙昭亮承担的2010年国家民委招标课题“‘3·14’事件以来我国藏区分离主义倾向及对策研究”。

② 王礼茂：《世界主要大国的资源安全战略》，《资源科学》2002年第3期。

（三）区域治理下的公民社会与西藏的社会稳定

依据边疆治理方略的新思维、新视角，现代国家构建中的区域治理、国家公民和公民政治的概念应成为治国思想主流。有别于以往的族际治理，在对西藏进行以区域治理为内容的边疆管理模式中，应在更多对公民主体性的考虑中淡化西藏各民族的个体性和特殊性，把公民权利和义务的实现放到更加广阔的视野中加以考察。区域治理下的公民社会保障了公民的根本权利①，有助于消除人群中因族际、身份差异带来的矛盾和分歧，从而更好地维护西藏的社会稳定。

1. 社会结构、民族结构决定应实施区域治理而非族际治理

西藏是以藏族为主体的少数民族自治区，除藏族以外，还有世居在此的汉族、门巴族、珞巴族、蒙古族、回族、纳西族、怒族、独龙族等40多个民族，以及僜人、夏尔巴人。②

西藏和平解放实现了藏民族与全国各民族的平等，民主改革使西藏人民摆脱了人身依附关系，在政治、经济和精神上得到了解放，实现了做人的权利和享有宪法和法律规定的公民权利。1965年9月西藏自治区成立，标志着社会主义制度在西藏建立，在此后的社会主义改造中，建立和健全了执政党的基层组织、政权组织和群众组织，改变了过去的生产关系，进一步解放和发展了生产力。

改革开放30年，伴随着我国社会主义市场经济体制的建立，西藏的社会结构和全国其他地区一样发生着深刻变化，社会利益主体日渐多元化。尤其青藏铁路通车和几大航线的开通，扩大了西藏同区内外的经济交流与合作，西藏成为我国内地省区进入南亚，连接内地市场与南亚市场的经济通道，经济、文化、医疗、卫生等条件得到快速发展，全区各族人民生活水平日益提高，社会人员的流动性打破了过去以往固有的民族结构。

在走向社会主义现代化建设的过程中，针对解决民族关系的族际治理

---

① 姚尚建：《从市场保护到权利发展——转型社会中的区域治理》，《甘肃社会科学》2011年第3期。

② 《西藏自治区概况》编写组：《西藏自治区概况》，民族出版社，2009年，第22页。

模式不能解决西藏社会结构变化后的区域发展问题、区域发展安全问题，而应实施区域治理，使西藏的政治、经济、文化等方面与全国实现均质化发展，向政治、经济、文化一体化更高程度发展。

2. 在行政区域管理中体现公民意识

中国在构建现代国家过程中，公民社会在国家政治、经济、社会、文化、生活中扮演着越来越重要的作用，是现代国家构建的方向，而公民则是现代国家的政治基石。培养公民对自己在国家中的自我意识，强化公民身份，使之自觉地以宪法和法律规定的权利和义务为核心内容，以自己在地区和国家政治生活、经济生活和社会生活中的主体地位为思想来源，有助于增强公民作为国家主人的责任感、使命感和权利义务观，调动公民参与国家政治、经济、文化生活的主动性、积极性，并增强对国家的高度认同。因此，中国在构建现代国家进程中，按照行政区域划分对西藏实行的区域治理，应淡化各民族的族际差别、职业差别和行业差别，更多地体现公民意识、国民意识，从而在享有平等权利和应尽义务的基础上，实现人的生存和发展，也更利于各地区公民在满足政治诉求、经济利益的获取以及接受文化教育等方面的均质化。

3. 在走向区域治理中确立国族意识

拥有国家身份并以国家为其外观的民族（nation）如中华民族，“作为人类社会发展到一定阶段的必然产物，具有自然属性、社会属性、生物属性，它是分阶段，有层次的，尤其是在走向现代国家的进程中，国族性体现了现代的社会属性”①。

现代国家的发展依赖于国家全体公民生活水平、素质等方面的整体提升，并最终实现公民个体的相互认同和对国家的认同。因此在走向区域治理中要确立公民的国族意识。在一个现代国家中，全体公民应作为一个国家整体民族即国族自居或自豪，而不应过多强调“民族”（ethnic group）的个体性、特殊性以及“民族”之间的差异性。

① 边巴拉姆、郑丽梅、孙昭亮承担的2010年国家民委招标课题“‘3·14’事件以来我国藏区分离主义倾向及对策研究”。

美国作为一个成熟的现代移民国家，尽管其国民来自全世界不同的洲和国家，有欧裔、亚裔、非裔以及印第安人等公民，但却一律统称为美国公民，这有利于美国在国家实行区域治理中打破族界，增强美利坚国族凝聚力和对国家的高度认同感。①

中国是一个多“民族”国家，“民族”成分杂多，西藏是一个以藏族为主体，包含有汉、藏、珞巴、门巴、蒙古、回族等40多个“民族”成分的行政区域。长期以来，达赖集团以“一族一国论”为理论依据，对西藏及邻省涉藏地区民众鼓吹民族分离主义思想，以营造“民族”认同感氛围，连带动摇了一部分缺乏判断力的民众的国家认同感，从而强化了民族分离主义情绪。因此，中国在走向现代国家区域治理模式中，应淡化单个民族意识，确立公民的国族意识，即中华民族意识，从而增强国族性和对国家的归属感、认同感。

4. 以区域治理的均质化保证西藏长治久安

在构建现代国家进程中，通过中国56个民族的整体复兴，使中国在未来真正进入世界大国、强国的行列，未来必然要朝着国家政治、经济、文化一体化的更高程度发展，这就需要在国家发展战略中更多地考虑经济平衡性、文化均质性等特点，在新的高度和广度上把握我国治理边疆地区的关键问题。也就是说，在对西藏进行区域治理中，应消除边疆在国家经济、文化乃至理念上的非均质化问题，加快西藏的各方面建设并努力加强人才培养，以区域治理的均质化实现西藏的经济、文化等方面的跨越式发展和长治久安。

（四）西藏社会稳定问题的实证与影响国家安全的因素

西藏和平解放后，帝国主义不甘心在西藏地区图谋的失败，与西藏地方分裂主义势力相互勾结，反复与我国执政党及和党站在一边的干部和广大群众进行斗争。其中又掺杂着来自旧势力、复辟势力、宗族势力等方面的极其复杂的因素。

---

① 白尚祯：《美国公民意识的历史演变和特点》，《北京青年政治学院学报》2010年第2期。

1. 民族分裂主义倾向对西藏社会稳定的影响

2008年拉萨“3·14”事件以后，境外“藏独”势力改变策略，以更加隐蔽和带欺骗性的民族分裂手段，拉拢和勾结其他民族分离主义势力，向国际社会宣扬其伪善的和平理念，向境内进行民族分离主义的渗透。在境外“藏独”势力的挑唆和指使下，民族分离主义事件在西藏及邻省涉藏地区持续发生。有专题研究人员以西藏本地为主，先后深入云南、四川、青海等省的涉藏州县，就西藏及邻省涉藏地区2008年以来的民族分离主义事件进行调研并分析，认为从达赖集团的分裂手段和轨迹看，“暴力”与“非暴力”是其交替使用的策略。他们往往在较长时间内发起“非暴力不合作运动”，而暴力则是“非暴力不合作”在时机成熟时的突然爆发，如1987—1989年的拉萨骚乱、2008年的“3·14”事件，然后又很快沉寂，再次加紧实施“非暴力不合作运动”，其目的在于通过“颜色革命”推翻执政党。①

2. 新形势下国家治藏方略的指向

依据边疆治理方略的新思维、新视角，现代国家构建中的区域治理、公民社会应成为治国思想主流。边疆治理应按照这样的新视角重新考虑西藏社会稳定问题的方略和策略问题。

第一，战略思想：在国家大博弈的命题下维护西藏社会稳定，实现边疆稳定、边疆发展、边疆安全的立体战略，实现中华民族的伟大复兴。

研究西藏地区社会稳定，一定要依据时代变化背景的老问题与新的审视，从变化中看到那些还没有变化的因素，进行系统的层次分析，提出西藏治理的有效对策。西藏的治理，更具有战略边疆治理的特点，因为它的后续性所体现出来的政治、经济、文化等效果，必将对数千年中国的“中心—外围”地缘政治观念造成强烈冲击，甚至在长时间发生事实上的改变。因此，应根据国家大博弈命题和国家战略思维，在时代变化中制定治藏战略。

---

① 边巴拉姆、郑丽梅、孙昭亮承担的2010年国家民委招标课题“‘3·14’事件以来我国藏区分离主义倾向及对策研究”。

有一部分专家学者把眼光放到了新中国成立以来执政党在此方面的思考与实践（如毛泽东思想、中国共产党治藏方略），[①] 也提出了一些带有倾向性的观点。自中央第三次西藏工作座谈会至今，中央的第三、四、五次西藏工作座谈会中都提出西藏的发展进步、尽快开创社会主义建设新局面对全国社会主义建设具有重要意义。[②] 因此，在治藏方略上，应朝着区域治理方向前进，实现边疆稳定、边疆发展、边疆安全的立体战略，实现中华民族的伟大复兴。

第二，策略思路："谋长久之策"的完整方略，以三个安全保证一体化。

按照现代国家建构要求，一个国家要在经济、政治和文化方面走向一体化，需要逐渐消除地区间差别、民族间差别、社会阶层间差别等，实现平衡发展。我国正在由一个传统民族国家走向现代国家，地区间、民族间、社会阶层间的差别还很突出，构建现代国家的任务十分繁重。实现我国政治、经济和文化等方面的均质化发展，是我国建构现代国家的最终目标。在建构这一目标过程中，必须要有经济边疆的安全、意识形态边疆的安全和国家战略边疆的安全作保证。有了这些保证，边疆经济、政治和文化才能顺利发展，均质化目的才能实现。因此，现代国家视角下治理西藏要建立安全的经济边疆、意识形态边疆和国家战略边疆，这三个"边疆战略"相互联系、相互推进，形成一个整体边疆战略。决策层将之付诸实践应用，用若干年使边疆与内陆一体化，从经济、政治、文化等方面真正形成谁也离不开谁的局面。只有这样，包括西藏在内的边疆地区才能实现长治久安。

三、西藏是国家经济安全边疆的重点之一

20 世纪的两次世界大战是"争夺生存空间、夺取资源"的血腥历史，

---

① 张成治：《中国共产党治藏方略的巨大成功》，《西藏日报》2001 年 7 月 7 日。

② 续文辉：《"七条基本经验"与党的治藏方略的新发展》，《西藏日报》2010 年 7 月 31 日。

而战后世界局部战争和武装冲突，往往是因为资源争夺与领土争端以及民族、宗教、经济问题交织在一起发生的，其中不乏有一些是发展中民族主义国家失去自控力酿成的资源战争和武装冲突。① 西藏作为中国的一部分，在利益边疆上保证国家的经济安全，重要体现在资源禀赋和地理战略位置上。

（一）偏在性资源的富集地在国家经济安全边疆中的显著地位

西藏具有得天独厚的资源禀赋，主要包括矿山、水能、森林、草场等，是国家持续性发展的后备性资源，是国家偏在性资源的富集地。中央第五次西藏工作座谈会中提到，要把西藏建为国家战略资源后备基地。②

1. 西藏资源禀赋在国家未来经济发展中的后发优势

西藏矿产资源丰富、潜力巨大，具有国家紧缺矿产和大型矿床的地质条件，拥有铬、铜、硼、铅、锌、富铁、金、锂、锑等国家级、省区级优势矿产，以及银、钼、稀有金属（铷、铯、锶）、钾盐等具有潜在优势的矿产资源。“至 2006 年，全区累计发现矿产地（矿床、矿点、矿化点）2000 余处，初步查明的大型矿床达 50 余处；勘探矿区 131 个，其中大型 3 个、中型 33 个、小型 68 个。”③ 其中，铬、高温地热、工艺水晶、刚玉的资源储量在全国排第一位，铜、陶瓷土、火山灰排第二位，菱镁矿排第三位，硼、自然硫、云母排在第四位，另有 17 种矿产居于前十位。

西藏是我国森林植物最丰富的地区之一。在西藏东南部和喜马拉雅山脉、横断山脉和念青唐古拉山脉的湿润坡地和山谷中，森林树种和森林类型十分丰富，初步统计高等植物有 6400 多种，其中含大量稀有植物甚至西藏独有的植物，森林面积达 1462.65 万顷，④ 且目前不少森林覆盖区仍处于原始状态，在今后全国经济发展中具有潜在优势。一方面，西藏的森

---

① 20 世纪 80 年代打了 8 年的两伊（伊拉克和伊朗）战争，本质是为了石油资源，两伊战争是因资源问题失去自控力而爆发的国家间战争的典型实例之一。

② 新华网 2010 年 1 月 22 日，中共中央国务院召开第五次西藏工作座谈会。

③ 《西藏自治区概况》编写组、《西藏自治区概况》修订本编写组：《西藏自治区概况》，民族出版社，2009 年，第 20 页。

④ 据第 7 次全国森林资源清查结果——中国 2008 年已完成 7 次全国森林资源清查。

林树种具有重要的经济价值，如许多针叶树种是重要的建筑、枕木、电杆、矿柱、家具用材和优良的造纸原料，另有胡桃、光核桃、高山栎等具有很大经济价值的树木，以及柴桂、木通、小蘖等提供重要药材的树木。

“西藏既有煤、石油、油页岩、泥炭、天然气、薪炭等传统能源，也有锂、天然气水合物等新能源，其中石油、锂、天然气水合物等能源矿产具有良好的开发前景。水能、地热能、太阳能、风能等清洁资源也非常丰富。”① 水能资源在西藏能源中最为丰富，理论蕴藏量为2.01亿千瓦，居全国首位，以藏东南地区最为集中，约占全区的70%，可开发资源量为1.15亿千瓦，占全国的20.3%。在西藏有大量可建水电站的河段和地点，“另据设想，如果在雅鲁藏布江下游‘U’型大拐弯处（即德阳和希让之间）开凿一条40千米的隧洞，将雅鲁藏布江的水直接引到墨脱，即可获得2230米的落差，可建起装机容量为4000万千瓦的电站，将成为中国和世界上最大的水电站。”②

在国家未来经济发展中，资源起着重要的支撑作用。在未来二三十年，由于石油、铜矿、木材以及水资源的需求，将会使西部从地缘边缘化的状态逐步变为自然资源供给的中心地带，因此拥有丰富矿产资源、森林资源、水资源及其他能源的西藏，在国家未来经济发展中具有资源性的后发优势。

2. 西藏战略资源储备地对国家经济安全的影响

中央第五次西藏工作座谈会上提出，要使西藏成为重要的战略资源储备基地。西藏丰富的矿藏在未来经济发展的过程中将起到战略性的支撑作用，这种支撑作用必然影响到国家的经济安全，因为西藏矿产资源中有一部分属于偏在性资源，如铬、铜、硼等。随着江西、云南铜矿资源的迅速萎缩，未来经济发展对铜资源的需求，如果不考虑到进口，唯有西藏能够提供一个带有经济安全性质的资源贡献。西藏自治区调整了发展第二产业

---

① 《西藏自治区概况》编写组、《西藏自治区概况》修订本编写组：《西藏自治区概况》，民族出版社，2009年，第21页。

② 《西藏自治区概况》编写组、《西藏自治区概况》修订本编写组：《西藏自治区概况》，民族出版社，2009年，第21页。

的战略之后，确定了引进国有大型矿业集团的原则。而近年来境内涉藏地区发生的分裂主义事件中涉及矿业的事件不在少数，且较前些年更为频繁。有些人多以“保护生态和神山”为由，煽动民众围攻矿点、阻拦矿山工人作业，对国家大型企业集团的工作造成干扰。如果任其这样发展下去，势必影响国家的经济安全。

水资源对一国的安全来说至关重要，可以用生命线做比喻。① 人类文明发展至今，水起着母亲的作用，否则这个文明就会中断。西藏地区处于中国长江、黄河两条母亲河的上游段，长江、黄河孕育了悠久辉煌的中华文明。西藏自治区江河水量位居全国第一，水力资源理论蕴藏量位居第二，仅次于四川省。② 西藏的水资源可以为国家未来经济发展提供后备性资源与能源支撑，也成为大国在能源争夺战中觊觎的对象。因而水电站等基础设施的建设在近年来也成为“藏独”势力用以激化矛盾的机会，以此阻挡国家水资源的开发。

维护西藏社会稳定，对保护国家经济安全有着重要意义。若西藏处于政治、社会动乱，则不仅西藏经济会遭受重大损失，国家经济安全也将受到影响。

（二）南亚经济通道扼国家经济安全边疆的咽喉

一个国家经济安全环境从根本上来讲要依靠国家整体实力的强大。南亚经济通道（又称南亚陆路贸易大通道），是深入实施西部大开发战略的必然选择，对促进西部地区经济社会进一步发展、维护周边国家的进一步发展稳定起着积极作用。

---

① 斯琴高娃：《浅谈保护水资源的重要性和紧迫性》，《内蒙古科技与经济》1999 年第 4 期。

② 调查表明，西藏自治区水量达 4482 亿立方米，占全国总水量的 30%，人均占有量和亩均占有量都居全国首位。“水资讯网”载：西藏水力资源理论蕴藏量达 2 亿千瓦，理论年发电量约 18000.15 亿千瓦/小时，技术可开发量 116000 兆瓦，其中蕴藏量在 10 兆瓦以上的河流就达 340 多条。在众多河流中，以雅鲁藏布江、怒江、澜沧江、金沙江水力资源最为丰富，其技术可开发量占到西藏全区的 85.6%，可开发梯级电站规模多在 1000 兆瓦以上，个别甚至可以建设 10000 兆瓦级的巨型电站，是全国乃至世界少有的水力资源“富矿”。

1. 西藏居于南亚经济通道的重要部位

西藏自治区在地理位置上，外与缅甸、印度、不丹、尼泊尔、克什米尔等国家和地区接壤，边境线长达4000多千米，对外山口、通道有284条，与邻国接壤的共18个边境县和27个边贸市场，内与云南、四川、青海、新疆等省区相邻，具有与南亚国家开展边贸和参与国际经济合作的得天独厚的地缘优势和区位优势。

同时，西藏也是我国其他省市通往南亚次大陆的重要门户，是连接内地省市与南亚国家商品贸易的通道，以及加强内地与南亚次大陆跨境经济合作的桥梁，具有重要的战略地位。西藏对外通商主要通过樟木与尼泊尔之间进行。青藏铁路通车，使中尼间边贸交易额大幅上涨，西藏经济在跨境边贸中已经形成明显的后发优势，① 对促进南亚经济通道的形成发挥着极其重要的作用，并将在南亚经济通道建成后发挥更大的地缘优势作用和区位作用。

南亚经济大通道的建成以及建成后在国家经济发展与安全中所发挥的作用大小，不仅依赖于西藏的特殊战略地位，同时还受西藏社会稳定与否的制约。

2. 南亚经济大通道对国家经济安全的作用

一个稳定的西藏对维护国家能源、资源供应和运输通道的安全有着重大意义，能够确保南亚陆路大通道最终成为现实。如果没有西藏的稳定，便无法保证国家在通往南亚贸易和战略资源通道的安全，南亚陆路大通道会成为一个空想，从而无法在中国西南边疆实现与南亚次大陆的区域经济合作乃至从内陆通往马六甲海峡的战略构想。

西藏南与缅甸接壤，根据中缅两国政府签署的《关于建设中缅原油和天然气管道的政府协议》②，将分别耗资15亿美元和10亿美元在缅甸建成通往马六甲海峡的中缅输油管道和天然气管道。正在缅甸修建中的中缅输油管道紧靠印度，这将是中国穿越马六甲海峡、通往中亚的能源走

① 《西藏自治区概况》编写组：《西藏自治区概况》，民族出版社，2009年，第378页。

② 《中国与缅甸签署建设原油和天然气管道协议》，载新华网2009年3月26日。

廊。如果西藏社会不稳定，敌对势力的分裂图谋得逞，则中国经济命脉的一条血管随时处于可能被剪断的危险之中。

西藏北邻克什米尔、阿富汗，再远一点是巴基斯坦，境内北邻新疆。“新疆是中国面积最大、边界线最长、交界国最多的一个省区，与 8 个国家接壤，有 5600 千米的边界线，同时是中国通向中亚、西亚以及南亚的主要陆路通道。”① 新疆具有丰富的天然气石油资源，油气储备量在我国陆地高居首位，且向周边国家开放了数个口岸。如果西藏不能实现长治久安或者被敌对势力攻击造成大动荡甚至被分裂，则克什米尔、阿富汗、巴基斯坦和国内的新疆都会整体丧失经济安全外部条件，不仅是我国新疆，包括哈萨克斯坦在内的中西亚的石油通道都会面临被切断的危险，而新疆自身拥有的大量石油、天然气资源也将会随时面对被抢夺的危险。

（三）环中国边疆经济带形成中的重要区域

随着边疆地区与周边国家、地区的跨境区域经济合作的开放程度不断加深，过去传统经济中心只局限于长江、黄河流域一带的局面将被打破，边疆地区以其天然的地理条件，在中国地方参与周边国际合作方面会发挥越来越大的作用，成为次区域经济合作的重要参与者、相关者。党的第十七次全国代表大会报告提出“深化沿海开放、提升沿边开放、扩大内地开放”②，沿海、沿边、内地省份兼顾和并重的开放战略，使逐渐形成的环中国边疆经济带对国家经济安全产生不可限量的拱卫作用。

1. 传统的“中心—外围”地缘政治排序被经济区打破

改革开放后，最早开放的城市全部集中在沿海省份，国务院批准建设的经济特区大半集中在沿海省份。由于市场经济的建立，沿海借助海运的优势首先把经济发展起来，经济的发展又促进了沿海周边的文化发展，沿袭数千年的“中心—外围”地缘政治正在发生变化。

1992 年 3 月，国务院决定开放北部 4 个边境城市：黑龙江的黑河、

① 《新疆打造国际能源枢纽》，载《中国工业报》，2008 年 5 月 29 日。

② 胡锦涛在中国共产党第十七次全国代表大会上的报告《高举中国特色社会主义伟大旗帜为夺取全面建设小康社会新胜利而奋斗》第五部分第八节。

绥芬河、吉林的珲春市和内蒙古自治区的满洲里。随后又决定开放云南、广西、西藏、新疆、内蒙古、黑龙江、吉林等省区的沿边地区。随着经济全球化和区域经济一体化的发展，中国根据区域现实在几乎所有的沿边地区都建立了次区域经济合作区。次区域经济合作区在广东为泛珠江三角洲区域经济合作区，在广西为大湄公河次区域经济合作区，在福建为海西两岸经济合作区，在上海为长三角经济合作区，在东北为东北亚区域经济合作区，在新疆出现霍尔果斯经济合作区。在西藏，首先是开放樟木口岸，在国内经济界提出了建立南亚陆路贸易大通道后，西藏有人提出建立中印、中尼边境经济合作区等设想。① 有的已经实施，有的还在设想中。由于印度方面的阻挠，西藏至今没能建立次区域经济合作区，但这却是一种趋势。随着次区域经济合作在各边境省区市的纷纷建立，中国的经济重心已不在长江、黄河流域。同时由于经济资源的偏在性以及在跨境区域经济合作中的地缘优势和区位优势，西部地区如西藏等地的后发经济优势将在未来逐渐显现。

2. 环中国边疆经济带形成趋势与西藏在次区域经济合作区的位置

次区域经济发展的意义不仅在于打破过去“中心—外围”地缘政治下政治中心就是经济中心的局面，更是对国家经济整体发展的配合、补充以及对国家经济安全的有力支撑。我国边疆在次区域经济发展进程之中，正逐步成为一个环中国边疆经济带。该边疆带有以下三个特征：

一是它不再是一个单纯的行政区域划分的边疆，而是会带动边疆区域以内省份参与到边疆经济活动中，在主边疆带以内的邻近区域形成可起拱卫作用的次边疆带，推动地区整体的区域化发展。如大湄公河区域经济合作区，除了广西外，还带动了云南、湖南、江西等省份；上海作为东部沿海的边疆建立的长三角经济合作区，除上海本身外，还带动了江苏、浙江甚至安徽的一部分。而西藏在未来次区域经济合作中，将会同样带动周边省市区，如南亚陆路经济贸易大通道的实现，将会带动青海、甘肃、四

① 孙勇：《中印经济文化交流新观察——兼论青藏铁路建成通车在对外开放中的重要意义》，《西藏研究》2007 年第 1 期。

川、云南、重庆等省市，因此，边疆经济地带的形成，将使地理意义上的边疆在环中国经济边疆带中成为次区域经济合作以及地区经济整体区域化的重心或中心。

在环中国边疆地带形成过程中，经济发展与社会稳定密不可分。改革开放后国内的经济学界及高层部门一直设想，西藏作为环中国边疆经济发展带内的一部分，在推动周边经济形成区域经济方面能够起到非常重要的作用，而通过西藏及周边经济发展，有利于解决区域社会稳定问题。西藏的稳定成为事关中国西部发展和全国稳定发展的大事。①

三是在正逐渐形成的环中国边疆经济带的沿边地区虽有共同之处，但部分地区因受到国际安全环境和民族问题的影响而有差异。西藏就与东北、广西、福建、上海、新疆、内蒙古等边疆经济带极不相同，表现为：

第一，由于中国与印度在领土上存有争议，印度担心西藏经济发达而影响其对藏东南印占区的控制，一直对中国西藏地区的边贸合作和区域经济合作开放持消极态度，使亚东口岸边贸年交易量不及中尼边境樟木口岸边贸年交易量的零头。加之二战后两国间因地缘产生的矛盾与冲突，印度认为一个强大的中国将会对其产生威胁，从而影响印度对包括中国西藏在内的喜马拉雅地区的掌控，“在改善与发展对华关系的同时，印度依然对中国抱有怀疑和敌视的态度”②。因此西藏地区并未因为边境打开开放通道而获得外经贸的高速发展。

第二，行政区域的划分被打破，向内会延伸出社会政治不稳定的局面。如广西开发的湄公河经济开发区和次区域经济合作区向内延伸，湖

---

① 在2001年6月中央第四次西藏工作座谈会上，江泽民强调，西藏的发展、稳定和安全，事关西部大开发战略的实施，事关民族团结和社会稳定，事关祖国统一和安全，也事关我们的国家形象和国际斗争。全党必须着眼于党和国家的工作全局，增强政治意识、忧患意识、大局意识、责任意识，深刻认识做好西藏工作的极端重要性。2010年1月中央第五次西藏工作座谈会上，胡锦涛再次强调，全党同志一定要站在党和国家工作全局的战略高度，进一步认识做好西藏工作的重要性和紧迫性，认真落实中央关于西藏工作的一系列方针政策，不断开创西藏工作新局面。我们通过互联网检索“西藏的稳定事关国家稳定”词条，数量已经超过79万，是在中国文件和讲话中，针对一个地区稳定专题的词条中使用频率最高的。

② 周义飞：《评冷战后印度的对华政策》，《黄河科技大学学报》2009年第1期。

南、江西、云南都受益，但由于广西没有发生民族分裂主义等政治事件，所以云南、湖南、江西等地方不存在当地壮族群众被影响而响应分裂的事件。而西藏面临境内“藏独”分裂主义势力带来的邻省地方层面的社会不稳定，以及冲击到国家层面的安全压力，都是妨碍其开展区域经济合作的消极因素。以美国为首的国际敌对势力不愿看到一个崛起的中国，策划指使达赖集团进行分裂活动，而印度也因边界问题和中印间的博弈，以及利用美国提升自己国际地位等因素，顺从于美国的主张①，阻碍西藏经济发展，遏制中国崛起。西藏的问题不仅仅局限于西藏自治区，还延伸到邻省涉藏地区的社会政治稳定问题，给西藏及邻省涉藏地区甚至新疆的社会稳定和经济发展造成压力。

在环中国边疆经济带逐渐形成过程中，地方已成为次区域合作的重要参与者、相关者。西藏因其在资源上的天然禀赋和特殊地理位置，以及在国家发展和安全中的重要地位，已不仅是地理边疆，同时也是战略边疆。西藏作为环中国边疆带的重要区域之一，在维护国家安全和提升国家国际竞争力方面有着巨大的潜力，在构建次区域经济合作区中将发挥举足轻重的作用。

（四）西藏经济发展战略内涵与策略的选择

从维护利益边疆的国家经济安全角度考虑，我国主边疆带和次边疆带在次区域经济合作中乘势而上，在某种意义上所发挥的作用甚至超过了曾经的经济腹心地区。在现代国家构建进程中，决策层从国家发展战略和安全战略出发，以新视角、新视野制定顶层连贯的发展战略，② 在中央政府与西藏地方政府的上下政治互动中，保证并推动西藏经济实现超常规、持

---

① 关于美印关系发展对中国西部经济发展的影响，文富德在其《南亚在中国西部大开发战略中的地位和作用》一文中早有提及，美印发展密切关系乃至形成结盟关系，将不仅关系到中国西部大开发战略能否顺利实施，而且也关系到中国现代化第三步战略目标能否顺利实现，见《当代亚太》2002 年第 3 期。

② 2011 年 4 月中国国家发展与安全战略理事会成立，是由中国社会经济文化交流协会国际文化交流委员会成立的一个全国性、学术性、研究性的国家思想库，国情问题专家吴子敬担任理事会秘书长。

续性发展，[①] 以此带动西藏及周边省市经济发展，其最终目标就是在西藏经济区域化进程中实现与全国的均质化。邓小平在20世纪80年代曾经明确地说过，西藏要走进全国现代化的前列。[②] 如果西藏在未来30年内真的走进全国现代化的前列或即使是现代化行列的中位，也意味着国家政治、经济、文化发展均质化的实现。

1. 经济发展重心向边疆区移动

在世界经济全球化和区域经济一体化的趋势下，国家经济发展在国际博弈中打破政治中心就是经济中心的传统布局已成必然，西藏地区的重要性不仅体现在"地理边疆"，还因世情、国情、区情的变化，成为国家经济安全边疆的重点之一。

"中国是处在上升和复兴进程中的国家，中国惟有进取和冲破压力才能不断进步。"[③] 我国中西部地区的一些学者，曾针对国家经济发展的非均质化，提出对东中西梯度开发战略的反对意见，主张中西部超常规发展，力图缩小地区发展差距。[④] 决策层应适时地根据国家发展战略区域现实，将西藏及周边省市区域化进程纳入国家经济战略议程，打破边疆仅是地理边疆的传统观念，及时地将经济发展中心向西藏地区移动，提升以西藏为中心的西南边疆地区经济区域的地位，甚至在未来20年内成为国家主经济区，将有助于国家整体经济实力的提升，在次区域经济博弈中捍卫国家的经济边疆。

因此，如果在国家经济发展重心向西藏地区移动中，从中央到地方完善现有的援藏政策，以资金输入为主、技术人才输入为辅，转变为资金和人才输入并重，在相关援藏省市的支持下，按区域治理模式开发西藏经济、开拓西藏市场，引进先进的技术与管理，发挥西藏当地的后续资源优势和战略资源优势，大力发展国有企业和集体经济，形成产业规模经济，

① 新华网北京1月8日电：《中共中央政治局今天召开会议，研究新形势下推进西藏跨越式发展和长治久安工作》。

② 郑言：《邓小平"两个怎样"的思想是做好西藏工作的根本标准》，《西藏日报》2004年8月19日。

③ 江凌飞：《关于国家安全战略选择的若干问题》，《世界经济与政治》2002年第11期。

④ 王珏、曹立：《反梯度推进理论与西部产业结构调整》，《山东社会科学》2002年第3期。

疏通市场经济发展渠道，逐步缩小地区差距，在条件具备时实现西藏经济的超常规发展，提高西藏在次经济区域的竞争力，为国家经济发展和安全提供强有力保障，最终将有助于实现中华民族伟大复兴的战略构想。

2. 建立生态工业基地，提高就业率，实现国家发展战略的经济均质化

最高决策层在提出西藏发展战略目标任务时，应充分考虑西藏生态对全国乃至世界生态环境的影响，① 在发展西藏经济，将西藏打造成名副其实的国家经济安全边疆重点之一的同时，注重生态环境的保护，避免走过去内地省市在加快经济发展步伐中忽略生态保护与建设的老路子，为国家经济可持续发展提供源源不断的后续支撑。

在推动西藏经济超常规发展过程中，协调好经济发展与生态保护关系尤为重要。西藏的矿产、森林、水能以及风能、太阳能等资源为西藏经济发展重点提供了思路，建立工业基地对资源进行有规模开发和精加工将加快西藏经济发展步伐，同时需要在建立工业基地之前就对生态可能产生的不良影响等问题进行反复、详细的论证，力争将西藏的工业基地建成生态的工业基地。一是注重生态环境的保护，二是工业发展与生态建设并重，既要保证产值的提高又要实现绿色 GDP 的增长。在西藏建立生态工业基地，在加快西藏经济增长的同时还可提高就业率，解决当地民众的就业问题，有利于提高西藏地区人均收入，全面提升人民生活水平，最终实现国家发展战略的经济均质化。

四、西藏是国家政治安全边疆的重点之一

全球化条件下的边疆观理念，促使人们从传统的地理疆界思想向维护本国利益整体化的思想发展。边疆的安全不仅限定在地理疆域不被外来势

① 2010 年召开的中央第五次西藏工作座谈会，提出了将西藏建设成为国家生态安全屏障的目标任务。

力攻击和侵略，它还包括利益边疆安全①，即在经济、文化、政治等方面不被渗透所威胁。国家的稳定，首先需要确保政治的稳定。② 政治的稳定，是依靠于维护其政治主体在政治意识、政治内容、政治活动等方面免于内外因素侵略和威胁而没有危险的客观状态，即政治安全。国家政治安全边疆是利益边疆的前提和保障。中国作为单一制的社会主义国家，国家安全构成的核心要素是国体和政体不能改变。

西藏在国家安全和国防战略方面的特殊地位，使其在地缘政治角度中，具有影响国家西部整体战略地位的重要性。美国等西方国家借助“藏独”分裂主义势力火中取栗，试图以攫取西藏的地缘优势来为他们各自国家的国际战略利益服务，这是威胁当代西藏政治安全稳定的主要原因之一。西藏的不稳定因素的核心即敌对势力企图分裂国家的完整，直指中国国体和政体的要害。如果针对国体、政体的改变首发于边疆，西藏社会政治的不稳必然会造成连锁反应。如果敌对势力使西藏分裂分离的图谋得逞，则必然会波及新疆、内蒙古等民族边疆地区，对国体、政体造成难以愈合的伤痕。在这个意义上说，政治边疆是国家整体政治安全的边疆。

（一）位于中国环边疆带中的主边疆带（与外国接壤）的重要一段

中国既是幅员辽阔的陆地国家，也是拥有广袤海域的海洋国家，位于亚洲东部、太平洋的西岸。中国的环边疆带包括陆地边疆带和海边疆带两部分。中国陆上疆界长达两万多公里，东邻朝鲜，北面是俄罗斯、蒙古，西北和西南面同哈萨克斯坦、吉尔吉斯斯坦、阿富汗、克什米尔、印度、尼泊尔、不丹接界。南接老挝、缅甸、越南。中国大陆海岸线长达18000

---

① 根据胡锦涛2005年《在纪念中国人民抗日战争暨世界反法西斯战争胜利60周年大会上的讲话》，及2005年12月22日国务院新闻办公室发表的《中国的和平发展道路》白皮书，对当代中国国家的基本目标定位为：保证中华民族整体的生存和发展权利不受侵害，保证中国国内的经济建设、社会发展、政治现代化过程不受他国的干扰，并保证中国国家的领土完整、国家主权不受外部势力的侵犯。由此延伸出边疆安全的范围，即从边疆的地理疆域不受外来势力侵犯，扩展到边疆的经济、政治、文化等领域也需抵御外来势力的渗透和侵害。

② 特别是对于发展中国家，没有政治稳定，政治发展无从谈起。中国现处于从一个民族国家向构建现代国家的过渡阶段。在这特殊转型期，国家政治制度和国家政治权力主体的相对稳定是应对各种社会矛盾和冲突的根本要求。

多公里。中国的近海是西太平洋边缘海的一部分，包括渤海、黄海、东海、南海和台湾以东太平洋的一部分。同我国隔海相望的邻国有韩国、日本、菲律宾、马来西亚、文莱和印度尼西亚6个国家。中国是世界上陆地边界线最长和邻国最多的国家，也是边界情况最复杂的国家之一。由于历史等方面的原因，中国边界界定存在许多争端。新中国建立后，陆地边界就存在与俄国、朝鲜、印度、越南、蒙古、哈萨克斯坦、吉尔吉斯斯坦、老挝等国家边界划分上的争议，至2010年，我国陆地边界14个邻国中，除印度、不丹外，与其他12个国家全部划定了边界，为边界地区长治久安奠定了法律基础。① 但领海岛屿所涉及的争端很多而复杂，海疆至今未能划定。

从地理环境讲，西藏自治区地处中国西南边陲，全区面积为120多万平方公里。南面和西面与印度、尼泊尔、不丹、缅甸等国和克什米尔地区接壤，国境线长约4000公里，占全国陆地边境线六分之一以上，是中国西南边疆的重要门户和屏障，战略位置十分重要。② 中印边界争端是中国边界争端的一块硬骨头。中印边界长约2000公里，从未正式划定，双方争议地区约12.5万平方公里。③ 中印边界的争端源于英帝国主义的扩张。16世纪英国的印度殖民地，被视为英国皇冠上的明珠。印度也成为英国在东方扩张的前进基地。④

1911年，英国殖民主义者为实现殖民扩张，策划非法的“西姆拉会议”，炮制中国对西藏的宗主权理论，并且通过培植亲帝分子搞“西藏独立”。实用主义至上的美国后来将这一殖民理论视为制定西藏政策的历史根据。新中国成立后，出于冷战和反华战略的需要，美国插手西藏事务，⑤ 后又支持十四世达赖及其民族分裂势力的“藏独”活动，试图利用

① 福建国防教育网，2010年1月29日。http://mil.fjsen.com/2010-01/29/content_2712027_2.htm.

② 《西藏自治区概况》编写组：《西藏自治区概况》，民族出版社，2009年，第1页。

③ 《外交部条约司司长刘振民接受媒体专访时的讲话》，中国新闻网2005年8月31日。

④ 张植荣：《中国边疆与民族问题——当代中国的挑战及其历史由来》，北京大学出版社，2005年，第86页。

⑤ 殷翔宇：《试析冷战后美国对中国西藏事务的干涉》，外交学院硕士论文，2006年。

“西藏问题”遏制中国，进而实现其争霸全球的战略目的。“西藏问题”之所以错综复杂，与以美国为首的国际敌对势力插手干预分不开。达赖集团的叛逃和所谓的“西藏问题”，实际上是冷战背景下历史的产物。1944年，还在中美结盟抗日时，美国总统罗斯福的高级顾问、著名战略家尼古拉斯·斯皮克曼（Nicholas John Spykman）① 出版了《民主与和平的地理学》一书，指出：“美国战后在东亚主要的课题是明确的：在美国的安全形势上，最重要的一件事情是关注由谁控制欧亚边缘区的问题。必须警惕未来一个强大统一集权的中国，警惕它获得能力把它的势力影响扩张到西太平洋沿岸。但只要中国的统一还未完成，中国就难以构成这种威胁，所以在日本战败以后，美国在远东最需要注意的就是必须防范中国成为这个地区最大的国家。”在中国环边疆带，少数民族聚居区域占了很大一部分。20世纪末冷战终结、雅尔塔体系解体，② 但是其影响仍在，以民族自决论原则及“一国一族论”或者“一族一国论”为理论依据的民族分离主义思潮在世界各地迅速泛滥。中国环边疆带的少数民族地区成了美国瓦解中国、分化中国的战略实施对象，民族分离主义便是他们渗透的理论基础。近些年，“没有冷战的冷战”逐渐形成，成为各国政治家思考的一个重要命题。

冷战结束后，以美国为首的西方大国，为谋求政治经济利益，在全球范围内推行西方价值观，要求他国实行西式的民主议会制度。为实现其“和平演变”的战略目标，他们不遗余力推行在搞垮苏联、东欧国家时掀起的“政治多元化”和“民主化”以及“民族自决”风潮，对这些国家

---

① 尼古拉斯·斯皮克曼（Nicholas John Spykman，1893—1943年），荷兰裔美国人，地缘战略学家，国际关系学者，被称为“围堵政策之教父”。他是美国外交政策古典现实主义的发起者之一，将东欧政治思想带入美国。曾在耶鲁大学国际研究所任职。斯皮克曼出过两本谈外交政策的书。一是1942年美国即将加入二次大战时的《世界政治中的美国战略：美国与权力平衡》。他从关切权力平衡的角度说明美国企图以海洋阻隔敌人的孤立主义政策必败。他希望避免美国像一次大战一样企图置身事外。第二本书《和平地理学》在他死后一年出版，其中阐述了他的地缘策略，认为欧亚权力平衡会直接影响美国。

② 程早霞：《凡华体系与雅尔塔体系解体原因比较分析》，《学术交流》2005年第11期。

的民族分离主义势力极尽诱导、怂恿之能事，甚至直接出面干涉他国的内政。[①] 民族分离主义的思潮在西方敌对势力的介入下也蔓延到我国环边疆带，甚至波及内地。由此影响下的“台独”“藏独”“东突独”等民族分离主义势力始终威胁着我国的政治安全边疆，并且随着国际“三股势力”的勾联和猖獗活动，已经有向内地发展的趋势。美国一向把中国的民族分离势力当作牵制和遏制中国的重要力量，而中国的民族分离势力则寻求从外部获得资金、装备、训练和道义等方面的支持，利用外部势力达到分裂的企图也更加昭彰。[②]

西藏的民族分离主义思潮是美国等西方反华势力实现“西藏独立”的政治前提。遏制中国的崛起，就要肢解中国的领土、颠覆中国的制度，这是一个整体的战略部署。西藏就成为这一战略布局中的重要部位。20世纪80年代中后期，民族分离主义以“民族自决”为理论基础，以“人权”“民主”为理念和标准，境外“藏独”组织在美国等国际反华势力的支持和怂恿下，也开始本末倒置、偷换概念，利用“人权”“民族自决”等要素，在国际上混淆视听、歪曲事实，从而赚取更多的同情者和支持者；在境内，持续蛊惑和煽动，阻碍西藏及其邻省涉藏地区的发展。

在境外“藏独”势力的蛊惑和煽动下，西藏和邻省涉藏州县的民族分裂主义者里应外合，制造事端、散布谣言。1987年9月21日，达赖在美国国会提出“五点和平计划”，这一计划立即得到美国反华议员的支持。24日，十四世达赖又在印第安纳大学举行记者招待会，公然声称“西藏不是中国的一部分，西藏是一个独立国家”[③]。9月27日，西藏拉萨就发生了骚乱。在西藏和邻省涉藏地区所发生的民族分裂主义事件都与境外“藏独”势力有着直接的联系。达赖集团作为国际敌对势力的忠实工具，其在宗教外衣掩盖下的思想精神渗透也在不断变换策略和手段，在继续沿用“政教合一”的基础上，进一步糅合西方的一些政治概念如

---

① 余建华：《世纪之交世界民族分离主义运动的背景及其理论探析》，《世界民族》1999年第2期。

② 杨勉、张聪：《西方纵容袒护中国民族分离主义的原因》，《阴山学刊》2010年4月第2期。

③ 张植荣、魏云鹏：《阴谋与阳谋》，中国藏学出版社，2002年，第116页。

“民主”“人权”“三权分立”等，以此来迎合西方并攻击我国执政党和政府在西藏的治藏方针，同时对境内的渗透也更加紧密，并不断制造麻烦，策划实施了一系列的暴力活动。随着国际三股势力的出现，“藏独”势力与台独、东突分子、民运分子、法轮功组织“五毒勾联”，从20世纪80年代开始其民族分裂主义活动的规模和力量趋于增强，暴力倾向也越来越明显，已经严重影响西藏政治安全边疆，并通过西藏及邻省涉藏地区向其他边疆少数民族地区蔓延，威胁整个中国环边疆带的局势稳定。国家边疆安全的问题产生并存在于边疆，但其所产生的影响却不限于边疆，往往波及整个国家。

（二）大博弈下的西藏社会稳定与国家政治安全

20世纪中叶以前，世界战略焦点地区集中在欧洲，本质上是各大国争夺国际工业霸权，争夺世界市场控制权，争夺帝国主义大国的话语主导权;① 60至80年代的20年间，世界战略重心转向中东，本质是美苏两个超级大国及其附属势力国家，为了两极国家的全球霸权而争夺世界战略要地和石油资源;② 90年代中后期，世界战略斗争焦点开始转向亚太地区，中国渐成焦点中心。③ 进入新世纪，中国的崛起引起美国等西方国家的担忧。特别是美国，针对中国走向强大的趋势，认为其潜在的对手已经升级，美国面临的战略布局便是遏制中国的崛起。美国的战略是全球性的，就是要保持对全球的支配能力，以及防范任何一个潜在的对手强大起来。60多年前，美国第32任总统富兰克林·德拉诺·罗斯福总结了美国的战略政策即全球均势。这一政策就是美国主要的对外政策，是符合美国利益的一条对外路线。美国实现全球霸权地位的战略是保持世界其他地区的均势，不让某个地区出现强国。美国边疆战略因时间、对手的不同而在变化，但其保持全球均势的政策始终贯穿如一。

中国环边疆带是世界所有大国中周边安全环境最恶劣的边疆带。除了

---

① 列宁:《帝国主义是资本主义的最高阶段》,《列宁选集》第二卷。

② 罗爱玲:《当前世界石油格局与美国对中东石油战略》,《西亚非洲》2006年第7期。

③ 戴旭:《中国已被“C”字形战略包围 软战争已经开始》,《环球时报》2009年8月18日。

缅甸、尼泊尔之外，几乎所有的邻国都与中国有领土（领海）需要谈判的问题；世界上公认的7个有核国家，5个在中国四周。争端持续升级的中国南海问题，表面上是南海沿周诸国的挑斗，但实质上是美国现阶段战略目标之一，是遏制中国的又一个工具。为此，20世纪90年代中期美国对南海问题的政策倾向明朗。通过外交介入和军事介入的方式表达美国对南海问题的关注。[①] 中国陆地边疆带危机四伏。美国在中国陆地环边疆带周边国家的军事、外交战略部署，使美国战略边疆的前沿推进到中国周边，构成了美国在亚太地区事实上的前出边疆带。意味着一旦美国和中国这两个大国矛盾升级，发生摩擦，美国具有在极短时间内发动攻击的军事战略条件。美国遏制中国的战略部署中，对于西藏这一中国西南边疆带的重要一环觊觎已久。

由于近代帝国主义殖民侵略及渗透，存在民族分离主义的思潮。美国政府根据变化了的国际局势及时调整对华政策和涉藏政策。[②] 支持西藏的民族分离主义势力从事“西藏独立”的活动，企图将西藏从中祖国分离出去，实现其遏制中国的目的。[③] 对此，毛泽东早在1949年初与苏联特使米高扬会谈时，就提及解决西藏问题的基本想法。[④] 因为西藏局势的复杂性、敏感性，毛泽东未雨绸缪，妙算在握，提出了和平解放西藏的重大决策。西藏历经和平解放、民主改革、成立自治区、步入社会主义社会……逐渐加深了与祖国政治、经济、文化一体化的程度。

美国基于全球均势化战略思想，为保持其全球霸权地位，遏制中国的崛起，对西藏的政策奉行实用主义原则和双重标准，既承认中国对西藏的

① 胡素萍：《冷战以来美国对南海政策的演变（1950—2004）》，《新东方》2010年总第176期。

② 李晔：《美国中央情报局在中国西藏的准军事行动新探（1949～1969）》，《当代中国史研究》2006年第5期。

③ 李晔：《20世纪美国西藏政策述论》，《西藏研究》2003年第2期。

④ 师哲：《在历史巨人身边》，中央文献出版社，1991年，第380页。1949年2月4日，毛泽东在河北省平山县西柏坡村与来访的苏联共产党中央政治局委员米高扬谈话时就指出：“西藏问题也并不难解决，只是不能太快，不能过于鲁莽，因为：（一）交通困难，大军不便行动，给养供应麻烦也较多；（二）民族问题，尤其是受宗教控制的地区，解决它更需要时间，须要稳步前进，不应操之过急”。《毛泽东西藏工作文选》，中央文献出版社、中国藏学出版社，1991年。

主权，又支持达赖分裂势力的“藏独活动”。为使用好“西藏问题”这张遏制中国的牌，美国一方面承认西藏是中国的一部分，同时又持续地支持达赖集团。从1987年起，西藏事务开始正式进入美国国会立法程序。自此，美国国会不断通过“涉藏立法”活动干涉中国西藏事务，主要内容包括：要求美国政府将对华政策与“西藏问题”挂钩；以“西藏人权”为借口干涉西藏事务；恢复为“藏独”势力提供各种援助等。① 进入新世纪后，随着中国综合实力的增强和国际地位的提高，美国政府的西藏政策及其国会“涉藏立法”的趋势发生了一些新变化，但在“西藏问题”上对中国“以压促变”的企图却没有停止。正如2001年3月7日，美国众议院国际关系委员会主席亨利·海德表示，“美国虽然认识到西藏为中国的一部分，但必须让北京正确明白，不能将这些（西藏）问题置于我们与中国关系的边缘，而是永远要占据中心地位”②。美国对中国的遏制战略，就是通过对疆界带民族地区进行民族分离主义渗透，支持民族分离主义分子的分裂活动，分化中国的领土完整，从而颠覆中国的国体和政体，实现遏制中国、称霸全球的战略目的。

西藏作为中国西南边疆带的一环，是中国辽阔疆域的重要战略屏障。维护西藏地区社会稳定，是确保中国利益边疆、地理边疆安全的根本保障。西藏自治区在中国是一个具有特殊性的区域，在经济、政治、文化、生态、安全等方面都具有与其他地区不同的特点。西藏问题的特殊性决定了维护西藏社会稳定的艰巨性。中国作为现代世界战略的焦点中心，随着国家综合实力的逐步提高，被美国等西方大国在实现世界霸权地位争夺中愈发敌视。遏制中国的发展，便成为当下美国等西方大国在全球战略实施过程中最为关键的政策。遏制中国的发展，就需要削弱中国的力量；削弱中国的力量，就需要分化、肢解中国的领土。实现分化、肢解中国领土的战略切入点就在中国环边疆带中的少数民族居住区域。因历史、社会、民族、宗教、经济等诸多因素，少数民族居住区域的边疆带社会稳定面临着

① 郭永虎：《美国国会“涉藏立法”的历史》，《当代中国史研究》2008年第1期。

② 郭永虎：《美国国会“涉藏立法”的历史》，《当代中国史研究》2008年第1期。

巨大的挑战，各种矛盾一触即发。西藏、新疆、内蒙古等边疆带区域是大博弈中双方都会倾注很大精力的区域。

从地缘政治的视角看，西藏在中亚具有战略制高点的重要性。帝国主义时期，列强在中亚的战略部署中，西藏是一个必争之地。一段时间以来，由于“西藏问题”的国际化，利用“西藏问题”遏制中国又成为西方敌对势力的策略。西藏的政治稳定、社会发展是他们所不愿意看到的，有利于西藏经济、社会发展的治藏政策都会成为他们攻击的对象。经济全球化时期，各国在利益争夺的大博弈中，国家力量起着决定的作用。中国要防止被美国等全球霸权国家牵制，复兴是必然的发展道路。西藏的社会稳定在整个中华民族的复兴中具有不可忽略的战略地位，西藏的全球范围的战略价值愈加凸显。因此，只有维护国家统一，保证西藏不被分裂分割，巩固西藏地理边疆、领土疆界，实现国家政治均质化，才能确保中国利益边疆的安全。

五、西藏是国家意识形态安全边疆的重点之一

意识形态作为一个国家社会控制和整合的重要手段，是关系到执政党存亡和国家兴衰的灵魂工程，始终是影响和决定政治发展的重要因素。意识形态安全是整个国家安全体系的一个重要部分，一个国家如果失去了意识形态领域内统一的指导思想，社会就会陷入一盘散沙的境地，国家自身的安全也就无法保障。①

（一）不同价值观斗争的重要地带

在国际大博弈的战场中，推翻一个政权或者建设一个政权，都会先制造舆论，为其目的在意识形态方面找到足够的理由。为此，以美国为首的西方国家十分注重对意识形态的掌控。美国的“和平演变”战略，在不

① 《意识形态关乎国家安全》，《党课》2010 年（上）。

用任何军事武器的前提下，通过意识形态的渗透，实现了苏联解体、东欧剧变的战略目标。“和平演变”这个词汇来自美国思想库，[①] 通过美国国会的咨讯报告，形成了美国文化边疆的时间指向和战略指向。这一个战略的布局被小约瑟夫·奈（Joseph S. Nye）挖掘出来后就成为美国软实力的核心，美国全球战略指向便越加清晰。

在经济全球化的今天，中国成为美国等西方国家在强权政治战略中的聚焦点，遏制中国的强大，瓦解中国，是他们现阶段的重要任务。对此，他们坚信并不断加大对中国意识形态领域的渗透，向中国传播以“普世价值”为形式的资产阶级价值观，对我国进行“西化”“分化”。[②] 美国决策者推崇的不留血的“高尚战略”，正是通过意识形态的渗透，从国家结构的内部实现分裂。美国中央情报局于 1951 年专为对付中国制订的《十条诫令》（又称“十条训令”），[③] 经过不断修订，越来越形成一个系统的和平演变中国的战略性武器。

十条诫令全文摘抄：1. 尽量用物质来引诱和败坏他们的青年，鼓励他们藐视、鄙视、进一步公开反对他们原来所受的思想教育，特别是共产主义教条。替他们制造对色情奔放的兴趣和机会，进而鼓励他们进行性的滥交。让他们不以肤浅、虚荣为羞耻。一定要毁掉他们强调过的刻苦耐劳精神。2. 一定要尽一切可能，做好宣传工作，包括电影、书籍、电视、无线电波……和新式的宗教传布。只要他们向往我们的衣、食、住、行、娱乐和教育的方式，就是成功的一半。3. 一定要把他们青年的注意力，从他们以政府为中心的传统引开来。让他们的头脑集中于：体育表演、色情书籍、享乐、游戏、犯罪性的电影，以及宗教迷信。4. 时常制造一些无风三尺浪的无事之事，让他们的人民公开讨论。这样就在他们的潜意识中种下了分裂的种子。特别要在他们的少数民族里找好机会，分裂他们的地区，分裂他们的民族，分裂他们的感情，在他们之间制造新仇旧恨，这是完全不能忽视的策略。5. 要不断制造“新闻”，丑化他们的领导。我们

① 许华：《美国的苏联学研究》，《俄罗斯中亚东欧研究》2004 年第 6 期。

② 韩源：《全球化背景下维护我国文化安全的战略思考》，《毛泽东邓小平理论研究》2004 年。

③ 辛灿：《西方政界要人谈和平演变》，新华出版社，1989 年。

的记者应该找机会采访他们，然后组织他们自己的言辞来攻击他们自己。6. 在任何情况下都要传扬“民主”。一有机会，不管是大型小型，有形无形，就要抓紧发动“民主运动”。无论在什么场合，什么情况下，我们都要不断对他们（政府）要求民主和人权。只要我们每一个人都不断地说同样的话，他们的人民就一定会相信我们说的是真理。我们抓住一个人是一个人，我们占住一个地盘是一个地盘，一定要不择手段。7. 要尽量鼓励他们（政府）花费，鼓励他们向我们借贷。这样我们就有十足的把握来摧毁他们的信用，使他们的货币贬值，通货膨胀。只要他们对物价失去了控制，他们在人民心目中就会完全垮台。8. 要以我们的经济和技术优势，有形无形地打击他们的工业。只要他们的工业在不知不觉中瘫痪下去，我们就可以鼓励社会动乱。不过我们必须表面上非常慈善地去帮助和援助他们，这样他们（政府）就显得疲软。一个疲软的政府，就会带来更大的动乱。9. 要利用所有的资源，甚至举手投足，一言一笑，都足以破坏他们的传统价值。我们要利用一切来毁灭他们的道德人心。摧毁他们的自尊自信的钥匙：就是尽量打击他们刻苦耐劳的精神。10. 暗地运送各种武器，装备他们一切的敌人，和可能成为他们敌人的人们。①

可以说，“十条诫令”意在全面动摇和偷换作为中国人民、中国共产党和政府精神支柱的马克思主义和共产主义道德理性的内容。② 通过所谓“普世价值观”的渗透，消解马克思主义意识形态在中国的灵魂和统领作用。从“十条诫令”在中国网站以汉文形式公开登载已20多年来看，美国对我国进行意识形态领域的渗透策略算是一种“阳谋”。而恰恰这“十条诫令”的所有内容，在近年几乎没有阻挡地一一得到实现。即利用思想壁垒崩溃之后的放纵环境，使中国国民沉醉于灯红酒绿、萎靡不振的物质享乐中；夸大人民内部的矛盾，并使其激化；丑化和诋毁领导人，进而削弱不少国民对国家的认同感；在经济领域培植了一批代理人，利用两头

---

① 笔者所能查阅到的“十条诫令”在国内网站出现的版本略有不同，内容基本一致。这些版本出现的时间不晚于1989年，亦即即便是从那时候公布到网络上，至2011年也已经有23年了。

② 贺新元：《关于我国意识形态领域存在的突出问题与加强党的执政能力建设》，西藏自治区社会科学院院网，2010年1月31日。www. xzass. org/html/news657. html.

在外的循环规则狙击证券和金融市场，制造中国经济的通货膨胀；利用经济和技术优势压制中国的工业，使其依赖性生存；在文化领域大肆渗透，以美国的文化浸润来全方位摧毁中华民族的自尊心；在对中国实行武器禁运的同时，提供武器装备等支持中国的分裂势力。美国利用其“软实力”中文化、意识形态的渗透，以非强制手段吸引中国国民特别是青年按他们的意愿行事。所有这些情势在西藏几乎都可以对应地显现出来，即意识形态安全遭受到了严重的挑战。

经济全球化背景下，意识形态安全成为国家安全的重要内容，维护中国意识形态安全，才能确保国家利益边疆安全。西藏作为整个中国的战略安全屏障，反意识形态渗透的斗争非常艰巨。从中国的意识形态安全的结构分析，西藏的意识形态安全面临的挑战极其复杂严峻。首先要应对“五毒”在意识形态方面的渗透。其次，美国不断对中国带有政治倾向的人群进行渗透，使自由化不仅表现在内地，而且反作用于西藏。例如一些接受了美国价值观念的“创业人员”到西藏开办企业，将对西方对美国的景仰带到西藏，对周围的人群不经意地灌输，但所起到的作用是确切的；这种情况在学术界同样存在，一些研究人员在刊物或学校接受了教师课堂上宣扬的欧美国家学术价值观，到西藏工作后在研究中不承认马克思主义的一元化指导。同时，达赖集团对我进行民族、宗教、意识形态的渗透，甚至利用法学等施加影响。如果不对其进行清理，则这些意识形态的渗透将会从量变到质变，最终将导致国家马克思主义意识形态一元化解体，并发生一系列的连锁反应，波及宪法规定的主导性的纲领发生变化。因此，对西藏社会稳定的思考及对策研究，应在国家意识形态安全领域运用新视角进行深层次的分析。

（二）关乎中国国体、政体稳定的重要区域

意识形态由上层建筑的政治形态、经济发展方略和文化样式三部分结构，其中核心层是政治形态建设，涉及国体和政体及其指导思想的选择，直接决定一国意识形态的发展方向。从宪政角度将我国意识形态建设界定，就是工人阶级领导的、以工农联盟为基础的人民民主专政的国家性

质，人民代表大会制度的国家政治体制是中国政治形态建设的核心，这一核心是以马克思主义思想为指导的。美国等西方敌对势力，不断向中国进行意识形态领域的渗透，其攻击的重要目标就是要摧垮中国的上层政治形态的核心——国体、政体，进而摧垮整个崛起的中华民族。西藏作为中亚战略的制高点，曾被帝国主义以武力威胁，试图将其分裂出去。现在，在经济全球化的国际大背景下，以“和平演变”中国为策略的美国等西方大国，宣扬打一场无硝烟的世界大战，通过意识形态领域的渗透，使社会主义各国放弃社会主义道路，最终纳入国际垄断资本的统治，纳入资本主义的轨道。① 一个国家的政体、国体的瓦解摧毁，必将导致整个国家的分裂。美国对华意识形态渗透的战略目的，就是诱导中国通过走资本主义发展道路的方式，使其分裂解体，最终以垂直依法性关系，纳入从属于美国全球利益的世界资本主义经济政治体系。

“西藏问题”的国际化，表现在美国等西方国家公开策动西藏的民族分离主义运动，在意识形态领域对我国进行民族分裂主义思潮的渗透，伺机准备插手支持区域性的独立运动。在美国国会的支持和资助下，“美国之音”和“自由亚洲广播电台”于1991年3月26日和1996年11月18日相继设立藏语广播电台和藏语节目专栏，充当支持达赖集团分裂活动的喉舌；先后拍摄了《贡顿》《西藏七年》和《风马》等大肆渲染所谓的“西藏问题”的影片，歪曲事实，颠倒是非，为达赖集团分裂活动造势；据统计，美国各地“支持西藏组织”的固定出版物已占世界各地“支持西藏组织”固定出版物的20%。同时，美国的“援藏组织”还利用国际互联网大肆支持达赖集团的分裂活动，其设立的网点已占全世界“援藏组织”网点的33%。② 可以看出，美国对华涉藏意识形态的渗透是基于联手同盟、遏制敌人的战略部署。达赖集团在这一战略中被美国利用。美国想通过支持西藏民族分离主义运动，实现其“分化”“西化”中国、遏制中国崛起的战略目的。因此，在与达赖集团联盟时，充分激化其分裂祖国

① 《邓小平文选》第二卷，人民出版社，1994年，第311页。

② 边巴拉姆、郑丽梅、孙昭亮承担的2010年国家民委招标课题“‘3·14’事件以来我国藏区分离主义倾向及对策研究”。

的分离主义情绪，以“救世主”的态势，怜悯“西藏的人权状况”，谴责中国政府在西藏及邻省涉藏地区实施的政策。利用离间计，向中国境内外的藏族和关注“西藏问题”的中国公民灌输资本主义的“普世价值观”，歪曲丑化中国政府和执政党，攻击以马克思主义思想为指导的中华民族意识形态。

进入21世纪，达赖集团在美国对华政策的指导下改变策略，在公开场合不直接提出“西藏独立”的政治诉求，而要求改变中国现有的行政区域，建立以西藏及邻省涉藏地区为范围的“大藏区”，在此区域内实施“完全自治”。这一策略是美国“和平演变”中国战略部署中重要一环。“完全自治”的“大藏区”首先把西藏和邻省涉藏地区与祖国紧密相连的关系予以松化，再将其区域分裂出去。西藏及邻省涉藏地区所面临的意识形态渗透，就是要削弱中国共产党的执政领导地位；攻击民族区域自治制度，最终将导致国家马克思主义意识形态一元化解体，使中国政府执政主导的国体和政体发生变化。因此，西藏意识形态安全边疆面临的挑战是关乎中国国体、政体稳定的重要环节。①

（三）中国民族宗教问题链中最易被击破的一环

民族宗教问题已经成为全球化中最普遍、最突出的问题。② 尽管世界民族宗教问题产生的原因各不相同，但与问题所在国家或者区域的政治、经济、文化甚至主权、领土等问题紧密结合，推动谋求独立为主要目标的民族分离运动，成为谋求政治地位甚至取得政权的手段。因此，民族、宗教问题，特别是民族与宗教交织在一起的问题，成为美国等西方国家为了自己全球政治、经济利益及实现全球霸权国家战略的重要工具。③ 他们在以民族宗教问题突发的国家或地区，以“国际裁判”的身份出现，而裁

---

① 我们认为，国际敌对势力否定中国共产党领导的一个策略，就是对国体、政体的攻击，这种攻击往往貌似于对其他问题的反映，例如用“大藏区”来混淆“民族区域自治”。

② 高学民：《当今世界民族宗教问题特点及其对国际关系的影响》，《实事求是》2009年第1期。

③ 管银凤：《亚太地区冲突中的民族宗教因素》，《长春师范学院学报》2005年第4期。

决争执的标准是以利于本国战略利益而制定，当民族主义势力的图谋与自己国家战略利益相符时，甚至可以同时充当“裁判”和“外援”两种身份，支持民族主义势力，实现分化、瓦解敌对国的目的。作为矛盾冲突一方的民族主义势力，在力量较量中非常主动并积极地与美国等西方霸权主义联手。因为他们所要达到的目的是分裂、独立，建立某一教权为至高的新的政教合一政权，而美国等西方国家所要实现的是分化、瓦解霸权战略对手，遏制实现全球均质化过程中崛起的国家。两者所要达到的目标和利益倾向一致时，合作就会非常顺利。

西藏民族地区的民族成分较为集中，2005 年的人口调查约有 40 个民族成分，但其他民族的人口比例很低，藏族占全区总人口的 92.8% 。[①] 在藏族形成与发展过程中，积累的许多历史问题与现实问题及交织起来的问题，使民族问题复杂化。特别是 20 世纪初帝国主义策划、煽动民族分离主义活动，使西藏的民族问题留下了很深的历史政治烙印。和平解放的时候，藏族是一个几乎全民信教的民族，藏传佛教作为其主流精神支柱，对民族的思想、生活、政治、伦理等方面产生了深远的影响。经过 60 年时间，至今信仰问题有些变化但不占主流。[②] 旧西藏政教合一的社会制度，不仅滞后了整个西藏社会的发展，而且遗留下许多消极、敏感的问题，西藏民族问题与宗教问题相互交织。

利用宗教渗透，是达赖集团在境内进行分裂活动的主要手段。“西藏流亡政府”在 20 世纪 90 年代制定对境内渗透计划时，明确提出：“占领或夺取一个寺庙，就等于占领或夺取共产党控制的一个地区。”[③] 达赖集团的头目桑东曾讲过，宗教是他们在区内唯一可依靠的力量，寺庙是唯一可利用的基地。进入 21 世纪时，西藏宗教管理部门登记在册的各类宗教活动场所有 1700 多处，住寺僧尼约 4.6 万人。由于历史传统原因，各寺

---

① 《西藏自治区概况》编写组：《西藏自治区概况》，民族出版社，2009 年，第 22 页。

② 《西藏日报》2010 年 11 月 10 日：截至 2009 年底，全区共有党员 19.36 万多名，占全区总人口的 6.75%，比全国高出 1.1 个百分点。全区共有基层党组织 12000 多个，比 2005 年增加 75 个。这说明，信仰宗教的群众占西藏人口的大部分。

③ 沈开运：《透视达赖》十三章第一节，西藏人民出版社，2006 年。

僧尼都非常崇信本寺主要活佛、堪布，而多数境内寺庙的活佛、高僧现都在国外。至今国内寺院周围的藏族群众不少仍把寺院作为精神依托的场所。群众生产、生活中的许多问题，都要到寺院求教活佛、高僧，问卜，打卦。达赖集团就是利用藏族群众的这种宗教信仰，提出“要以佛心征服民心”。他们制定了以寺庙为载体，以大寺庙为重点，进行宗教渗透的方针，设法在国内藏族群众中不断掀起宗教狂热，并发展地下组织，以宗教形式煽动群众与政府对抗，妄图“以宗教的力量实现西藏独立”。从2008年“3·14”事件及其后发生的民族分离主义事件可以看出，僧尼是事件的主力，虽然每起活动参与的人数不多，声势不大，但接二连三地滋事，势必对当地的群众造成影响，干扰人们正常的生产生活秩序，同时起到煽动人心、混淆视听的作用。对于这样的每一起“抗议示威”，我公安武警都会依法予以制止。在制止过程中，示威者身着袈裟以弱势者自居，从境内外的调研资料内容看，这种蛊惑不明真相的群众，激起他们的同情心，进而恶化民族感情，为破坏民族团结埋下祸根。所以，“抗议示威”活动后造成的影响远远大于达赖集团在境外活动产生的影响，这也是“藏独”分子铤而走险所追求的结果。

西藏的民族宗教问题所具有的复杂性、敏感性，使西藏意识形态安全边疆面临较大挑战。美国等西方敌对势力，利用中国的这一“软肋”，[①]与境外“藏独”势力联手，不断借民族宗教问题向国内进行意识形态领域渗透，破坏西藏社会稳定、民族团结，为“分化”“西化”中国奠定基础。

（四）马克思主义传播不可缺失的地带

中国共产党在西藏执政60年以来，使西藏经济社会发生了前所未有的变化。以社会主义核心价值体系构成的中国意识形态逐步取代西藏封建农奴社会主要价值体系的意识形态。1959年西藏胜利完成民主改革，社会制度从封建农奴制社会转型到社会主义社会，是人类历史实现跨越式发

① 王力雄：《西藏：二十一世纪中国的软肋》，《战略与管理》1999年第2期。

展的典范。但在这一过程中，由于文明进步的理念传播时间较晚、传播范围较窄、影响力弱，传播方式又拘泥于形式，不够通俗化。而西藏地区的有神论尤其是藏传佛教的传播时间历经上千年，影响力深、范围广，民众宗教意识强烈，从而形成了西藏意识形态的多元化。[①] 多元化意识形态的存在，对西藏其实是二元结构的社会意识形态，宗教的意识形态占据着民间，而国家意识形态大体局限在体制内，这将危及国家统治政权控制和管理社会的领导地位，一旦非执政派所提倡的意识形态占据上风时，国家政权就会被推翻，国家就会被瓦解。

西藏民主改革之后，执政党在意识形态领域不懈地进行马克思主义思想的传播，在广大藏族群众心中树立了热爱共产党、拥护社会主义社会的信念。通过新旧社会的对比，广大藏族人民从心底赞扬中国共产党，虽然朴实的群众对马克思主义的理解不够全面和科学，但对它的信仰超过了曾统领世代藏族人民心灵的藏传佛教，对毛泽东的信仰和爱戴达到了极致。在这阶段，美国处于与苏联对峙的冷战期，需要中国的合作，所以对达赖集团的支持微乎其微，达赖集团在西藏意识形态领域的斗争中占据下风。20 世纪 80 年代，分裂主义势力直接利用“文革”之后我们“纠偏、纠左”过程当中他们认为有利的形势，在争夺意识形态领域的战略中，有规律性地利用民族文化心理场，顺利地完成了藏民族偶像崇拜的转换，使藏民族从崇拜毛泽东转向崇拜达赖。从民族心理学解读，一个长期有信仰的民族普遍有一个心理场（psychological filed）或心理生活空间（mental life space），[②] 文化心理场一般会有一个偶像崇拜。当这个偶像从心灵抽掉以后，又会重新找一个偶像进行崇拜。库尔特·勒温（Kurt Lewin）指出“文化心理场”是在某一时刻影响行为的各种事实的总体，包含了人及其环境，即行为随人及其环境的变化而变化，行为随生活空间的变化而

① 在此我们用“多元”而非“多种”，是对西藏意识形态领域里的两种主导思想共存的诠释。

② 心理场（psychological filed）或心理生活空间（mental life space）是心理学家勒温提出的拓扑心理学中的一个重要概念。心理场主要是由个体需要和他的心理环境相互作用的关系所构成。它包括有可能影响个人的过去、现在和将来的一切事件，这三方面的每一方面都能决定任何一个情景下的人的行为。

变化。这个变化有三类事实，即准物理事实、准社会事实、准概念事实。“准”表示程度上虽然不够，但可以作为某种事物看待。相对于客观事实，被个体觉察到的那些事实可能与事实并不一致，因此只能被称为“准事实”。同时，生活空间可以分成若干区域，各区域之间都有边界阻隔。个体的发展总是在一定的心理生活空间中随着目标有方向地从一个区域向另一个区域移动。① 20 世纪 80 年代后，西藏民众既转换了偶像崇拜又对汉族整体产生了负面看法，从而严重影响了民族关系，② 使得 1951 年之后多年来执政党在意识形态中建造的堡垒瓦解。维护西藏社会稳定，欲“谋长久之策”，涉藏思想库和决策层对此问题不能不进行深入研究。因为其事关中华民族认同的心理机制。③ 欧美国家涉藏思想库在这个方面的研究，已经远远走到了我们的前面。④

冷战结束后，美国转移全球战略的指向，中国成为现阶段其全球霸权战略的主要对手。意识形态领域斗争的胜负在现代国家博弈中占有决定性的作用。美国深知对中国意识形态领域的渗透，宗教是有利的工具，特别在边疆少数民族地区。达赖集团又得到了美国的青睐，对其提供了全方位的支持。美国利用达赖集团遏制中国的战略布局中有两大主要策略：第一，美国大力支持达赖集团的民族分裂运动，通过达赖集团向西藏乃至内地进行分离主义渗透，突破意识形态领域安全边疆的防线；第二，推崇达赖集团在国际上的地位，制造国际舆论向达赖集团倾斜的趋势，遏制中国。根据美国对华战略的时间指向和策略指向，20 世纪 90 年代后，美国加大了对达赖集团的支持力度。据《纽约时报》1999 年 8 月的一篇报道，从 1979 年开始到 2001 年，达赖应邀访美 23 次。1979 年至 1994 年的 15

---

① 张粹然：《库尔特·勒温的场心理学》，《成都大学学报》（社会科学版）1981 年第 2 期。

② 有的专题课题组大部分成员长期在西藏生活，对民族文化心理有着很深的感受。通过对民族文化心理场的研究，从理论上对民族心理活动有了进一步的认识。

③ 佐斌、秦向荣：《中华民族认同的心理成分和形成机制》，《上海师范大学学报（哲学社会科学版）》2011 年第 4 期。

④ 美国对文化心理场问题研究的运用方位十分广泛，涉及政治、军事、新闻传播、职业教育、社会管理、企业经营、产品广告营销等领域。很多成果可直接提交到国策研究的层次，以对敌方国情、民情的心理场进行分析，制定心理战谋略。

年间，基本上是2—3 年往访一次，从 1994 年开始则每年往访一次，而 1997 年往访两次，1999 年则 3 次访美。其中，1997 年 8 月 3 日，美国国务院指示美国驻印度大使理查德·F·塞莱斯特亲赴达兰萨拉会见达赖及伪“流亡政府”主要官员。同年 10 月，又不顾国际法与国际关系准则和中国政府的严正抗议，宣布任命所谓“西藏事务特别协调员”，明目张胆地干涉中国内政。1999 年，美国务院任命助理国务卿朱丽娅·塔夫脱为美国新的“西藏事务特别协调员”。此次达赖访美期间，美国国务院任命副国务卿杜布里安斯基兼任“西藏事务特别协调员”，对达赖集团的支持不断升级。美方在允许达赖访美的时机上也费尽心机，如 1994 年将达赖访美安排在美国政府决定是否延长对华最惠国待遇之前，1997 年安排在美国及其他一些西方国家在日内瓦联合国人权会议上攻击中国的提案再次受挫之时，1998 年则安排在美国总统克林顿访华前夕。美国的一位国会议员说，“在美国领导人看来，达赖是在我们需要时随时可以出现的宗教领袖”。达赖则更是将美国总统、副总统的接见视为对其分裂活动的最有力的国际支持。1995 年达赖访美时，要美国领导人不应低估他在当今世界上的作用，并说“集权主义的中国对我们大家都是一个威胁”①。美国在推动“西藏问题”国际化过程中，让达赖扮演一个国际事务活动家，并按照西方国家的外交礼仪，按照软实力构造的舆情引导“议题设置”，使达赖身上的光环愈加耀眼。而且利用舆情引导整体设计，使世界舆论偏向达赖。由此而形成的蝴蝶效应，波及国内。

马克思主义正式在西藏传播以后，马克思主义在西藏意识形态领域中占指导地位。但是，由于藏族民众长期对藏传佛教的普遍信仰，以及马克思主义在西藏传播的时间短、普及性差、普及范围窄等特点，加上达赖集团利用达赖宗教“上师”的影响力，攻击马克思主义在西藏意识形态中的主导地位。因此，在西藏意识形态安全边疆的反分裂、反渗透斗争中，西藏是马克思主义传播不可缺失的地带。

① 郭永虎：《美国国会与中美关系中的“西藏问题”研究（1987—2007）》，2007 年学位论文，东北师范大学世界史。

(五)涉藏舆情影响国家战略形象的重要地区

美国等西方敌对国家,凭借先进的科学技术和敏锐的洞察力,把握涉藏舆情的引导方向,对我国进行牵制。19 世纪,西方国家策划“西藏独立”,为其预谋在国际上得到公认,利用西方社会对西藏的猎奇心理,以西藏的神秘主义为主线,通过“探险记”“游记”等题材的书籍,向大众进行“西藏独立”的信息传播。这就是西方国家利用软实力进行舆情塑造,利用大众对西藏认识的条件局限,出于国家战略的目的,对客观现实进行加工、篡改,塑造有利于自己的虚拟信息。这一关于西藏的虚拟信息,给西方社会留下了很深的印象。随着冷战结束,美国等西方国家持续对中国政府进行诋毁,利用西方国家价值观中的“人权”等元素,制造“西藏人权”状况“恶劣”的不实信息,并以大面积、多角度、持续在国际舆论平台上传播,致使“西藏问题”国际化,严重损害了中国的国家形象。①

从美国利用软实力攻击中国政府、遏制中国发展的战略态势可以看出,占领涉藏舆情的指导权是他们的重要策略,为此倾注了大量的精力和财力。在美国等西方国家的支持下,达赖集团主办网站有 100 多个,有影响的网站有十多家。其中,由达赖集团主管的“西藏之页”“西藏信息网”“西藏在线”等网络容量大,传播速度快,使用英语、藏语,甚至是汉语,形成了不可低估的影响。② 这些网站竭力宣传伪“西藏流亡政府”的政治主张,对境内进行渗透同时迎合国际反华势力,混淆视听。与此相呼应的是,境内藏族地区的分离主义者通过建立网站、写博客、发论坛等方式,利用互联网大力宣传激进的分离主义思想。③ 这种境内外“藏独”势力利用互联网进行民族分离主义思潮传播的对象,已经从单纯的西藏和

① 李博、唐德根:《从中美文化差异分析美国民众对西藏问题的误读》,《合肥学院学报(社会科学版)》2011 年第 1 期。

② 张莉莉、王嵩楠:《“藏独”网络恐怖活动应对措施初探》,《四川警察学院学报》2009 年 10 月,第二十一卷第 6 期。

③ 《受美国和达赖“赞助”,“藏独”设网络陷阱搞策反》,《环球时报》2009 年 3 月 29 日。

邻省涉藏地区，扩散到内地。达赖集团通过近几十年的分裂行径，总结出“藏汉团结”的经验，他们变化手段，建立网站，特别是中文网站进行宣传和渗透，以迷惑国内外知识分子和学生，争取他们的同情和支持。据伪“西藏流亡政府”官方消息，中国内地已有十几万人赞成“藏独”，在海外华人中发展了14万的“汉藏友好协会”“联谊会”会员。美国在涉藏舆情平台上，重推达赖集团，使用“谎言说一百遍后成真理的”策略，大力度、多层面进行传播。同时，巧妙组合“藏独”“台独”“海外民运分子”“东突独”“法轮功”等组织，向我国发起舆论攻击。

“五毒”之所以能勾连到一起，与他们的共同思想基础有关，即旨在推翻中国共产党的领导地位，推翻现行的社会主义制度，建立联邦或邦联的国家结构，从而为实现他们各自的政治图谋寻求相互的支持和帮助。2008年“3·14”事件发生后，谢长廷于次日在报上大刊广告，称“1959年中国血腥镇压西藏”，声援西藏自决。同时，德国“东突”分子举着蓝月旗，与“藏独”分子一起参加抗议中国活动。热比娅也在美国媒体上发表文章，声援“3·14”事件。2009年新疆“7·5”事件后，达赖和“世界维吾尔大会”主席热比娅于9月10日在捷克首都布拉格碰头，并共同参加在当地举行的“亚洲和平、民主与人权”会议。在9月10日举行的记者招待会上，达赖说：“热比娅完全赞同我们的立场，包括非暴力活动。我的理解是，她也喜欢有意义的自治，而不是搞分裂。”而热比娅则在又一次推脱对“7·5”事件所负责任之后，非常“识相”地提及达赖的心愿：“希望中国政府坐下来与达赖会谈。”2010年民运分子刘晓波获“诺贝尔和平奖”后，伪“西藏流亡政府”为之造势，达赖本人在2010年11月6日，窜访日本时放言支持刘晓波，敦促中央政府无条件释放刘晓波和他的妻子。同时，民运分子方面也对“藏独”分离主义造势。2010年11月10日，在伪“西藏流亡政府外交部”的谋划下，4位所谓的汉族知识分子访问达兰萨拉。其中声援“西藏问题”的项小吉发表了演讲，影响很大。与藏传佛教教义背道而驰的“法轮功”因怀有“分离国家”、颠覆中国政权的政治目的，达赖集团便可以视教义不同而不顾，相互勾结、相互利用。“法轮会”组织的各种集会都邀请“藏独”分子参加，而“藏独”势力积极配合，发表声明，给予声援。自北京申奥成功以来，法轮功组织提出“人权圣火”，企图破坏北京奥运会，而北京奥运会在国际奥委会以及各国政府的大力支持下，筹备工作有条不紊地进行。2008 年 3 月 14 日在拉萨发生的打砸抢烧严重暴力事件，无异于给当时正为抵制失败而垂头丧气的法轮功一剂“兴奋剂”，又成为他们的一根希望“稻草”。“法轮功组织”连续多日对“藏独”分裂势力宣传炒作和不遗余力地进行“支持”和“声援”。美国等西方国家在涉藏舆情上的有效战略部署，使国际舆论的天平已明显朝着他们倾斜。

由此可以看出，以美国为首的西方敌对势力在遏制中国的战略上已突破了各种界限，联手出击，给中国政府制造麻烦。特别是在国际涉藏舆情阵地上，利用藏民族的民族认同感，在西藏及邻省涉藏地区进行“西藏独立”的渗透，以民族宗教事端向政府施压。一些专题课题组在四川、青海、云南等省涉藏州县进行调研时发现，“3・14”事件以来，四川、青海等省涉藏州县民族分离主义事件接连不断，并有上升的趋势。特别是四川涉藏州县，“3・14”事件发生以后，以僧尼为主要参与者的“非暴力不合作运动”频频发生，并通过寺院僧人波及当地群众，引发了罢耕、攻击矿点以及僧人自残、自焚等事件。由此现象可以看出，在四川等省的涉藏州县，由于民族宗教政策在执行过程中的偏差，出现了管理上的漏洞和空隙，给境外各“藏独”势力提供了民族分离主义渗透的空间，产生的影响从四川涉藏州县波及西藏及其他涉藏州县。因此，治藏必先安康是维护利益边疆安全的重要环节，在战略部署上应引起高度重视。中央第五次西藏工作座谈会对推进西藏实现跨越式发展和长治久安所做的战略部署中，就已经将四川、云南、甘肃、青海省涉藏州县纳入全面部署中，表明最高决策层在利益边疆安全的战略中对西藏及邻省涉藏地区开始作为一盘棋考虑。

在美国等西方国家的干涉支持下，境内外西藏民族分离主义势力已相互串通、联手行动，利用四川、青海等涉藏地区反分裂、分渗透斗争政策中的疏漏，制造事端，严重破坏中国国际形象，并将民族分离主义思潮传播到其他涉藏地区。于此情况下，我们除了在各区省制定相应的政策、采取适当的措施外，在中央相关部门组织下，由西藏和邻省涉藏地区共同建立并加强反分裂联动机制，以应对境内外各种分离主义势力联手分裂中国的阴谋和手段。①

在国际涉藏舆情博弈平台上处于劣势的中国，于2008年北京奥运会期间，通过团结海内外中华民族，发起舆情大反击，集中目标、加强火力攻击，扳回了国际舆论上对中国不利的局面。但是，我们面对的对手是善于使用“软实力”这一武器的美国等西方国家。他们在进行国家战略谋划与布局时，根据信息技术的发展变化，对涉藏舆情策略进行调整，获取信息后通过筛检，将有利于自身利益的部分组合成巧实力，攻击中国，影响国家战略形象，威胁西藏的意识形态安全边疆。

美国与中国在国体机构设置上最大的区别在于，美国没有设立文化部、宣传部、高等教育部，但它通过国家咨询委员会、文化基金会的咨讯意见，以及中央情报局的实际操控，将教育、文化以及意识形态紧密结合起来，从而达到对意识形态整体的一种操控。近几十年来，由于我们缺乏一个总体的战略，与美国相比，在这个方面我国的进攻在战略态势上呈现出此消彼长。邓小平同志在1989年风波之后特别指出：这几年我们最大的失误在教育。邓小平在这个地方所说的教育失误，显然是一种意识形态领域防线的崩溃，主阵地的萎缩。

西藏作为中国意识形态安全边疆的重要阵地，需有效地构建以马克思主义为指导地位的意识形态阵地，统领意识形态多元格局。结合社会教育、文化等各方面的力量，加强马克思主义思想的传播，根据西藏当地的人文特点，以通俗易懂的方式深入基层、深入群众。保障意识形态领域安全的关键在于文化教育。加强西藏边疆地区公共文化设施、教育文化中心的建设，使西藏地区的文化讯息与内地同步、教育水平与内地持衡，从而进一步实现文化重心由内地向边疆转移。同时，加强和改善涉藏舆情宣传的力度和方式，从过去呆板、被动转换成灵活、主动；从过去以政府宣传

---

① 2011年8月，由西藏社科院牵头召开西部五省区社科院院长暨五省区联合反分裂反渗透机制研讨会，初步沟通了五省区社科院在这个方面的横向联系。

为主改变成政府与民间相结合；从过去自说自话、攻击目标模糊，转变成知己知彼、攻克薄弱环节。总之，从全球战略布局的高度，认识西藏意识形态领域所面临的挑战，以国家“硬实力”与“软实力”相结合形成“巧实力”，应对美国等西方反华势力在意识形态领域的渗透。

六、结语

西藏是国家经济安全边疆、政治安全边疆和意识形态安全边疆（文化安全边疆）的重点地区之一，在国家居于重要的地位。治国治边与治边稳藏的命题，是涉藏问题研究之中具有导向性的一个范畴。习近平主席作出的“治国必治边，治边先稳藏”的战略性研判，蕴含了极为丰富的思想内容。在构建现代国家的发展趋势中，对该地区应当实施新的治理方略，即实现经济均质化的发展，加速政治、文化一体化进程，建设公民社会，实行区域治理方式以代替危害极大的族际治理方式，最终在全体国民中（包括国家领导者和普通公民）确立国族（中华民族）意识，在全球化条件下达到各民族意识与中华民族意识、中华民族意识与国家意识的趋同目的。

建设法治边疆与依法治藏刍议*

孙勇　孙昭亮

从政治学的角度看，国家政权是调控社会运行的决定性力量，在此之中起着关键作用和长远作用的是法治。中共十八届四中全会确定了全面推进依法治国，加快建设社会主义法治国家的总目标。建设法治国家，必然包含建设法治边疆。西藏地方政治活动的核心是国家政权及其影响下的活动方式，国家政治具有主导作用，地方社会政治的稳定或者政治局势稳定在整个大局稳定中占有特殊重要的地位，既是社会稳定的重要内容，也是整个大局稳定的必要条件。① 习近平在中央第六次西藏工作座谈会上强调："依法治藏、富民兴藏、长期建藏、凝聚人心、夯实基础，是党的十八大以后党中央提出的西藏工作重要原则。依法治藏，就是要维护宪法法律权威，坚持法律面前人人平等。"② 从战略决策的高度，对"依法治藏"予以了原则性的规定。

---

* 本文刊发于《西藏大学学报（人文科学版）》2017 年第 3 期。

① 中央历次西藏工作座谈会反复强调：西藏的稳定，涉及国家的稳定；西藏的发展，涉及国家的发展；西藏的安全，涉及国家的安全。西藏的发展、稳定和安全，事关西部大开发战略的实施，事关民族团结和社会稳定，事关祖国统一和国防安全，也事关我们的国家形象和国际斗争。重视西藏的工作，实际上就是重视全局的工作；支持西藏的工作，就是支持全局的工作。

② 新华网，2015 年 8 月 26 日，《习近平在中央第六次西藏工作座谈会上强调依法治藏富民兴藏长期建藏》，http：//news. xinhuanet. com/mrdx/2015 －08/26/c_ 134556316. htm.

西藏和平解放之后尤其是历经民主改革、自治区成立、社会主义改造、改革开放到现在，西藏地区的“政治稳定只是整个社会稳定的必要条件而非充分条件，政治稳定并不能保证社会其他领域也必然稳定，社会其他领域有其特有的活动方式和运作规律。要保持这些领域中的稳定，除了政治稳定的大前提外，还必须有与这些领域的特有活动方式和运作规律相适应的规范。”① 亦即基层社会结构要与国家发展目标相适应。否则即使政治稳定，也难以保持其他领域的稳定。法治和法治下的社会治理，在事关西藏社会稳定的大局之中，是西藏实现长治久安基础的基础。

一、法治建设与边疆地区的稳定

现代法治是一国维护社会稳定的基本保障，建设法治边疆是我国建设社会主义法治国家的组成部分。将依法治藏与依法维护祖国统一、反对分裂紧密结合起来，高举维护人民利益的旗帜，维护法律尊严的旗帜，建设法治边疆，是维护好西藏社会稳定的题中应有之义，是“依法治藏”的根本要求。中国包括西藏在内的所有边疆地区的稳定，不是某一个地理行政区域的问题。建设法治边疆是在国家长治久安的战略要求下，为中华民族实现伟大复兴的战略目标“谋长久之策”，以此为基础“行固本之举”。

笔者认为：将“法治”与“法制”混为一谈是不正确的，在规范的研究之中，法治（rule of law）指的是一个国家或行政区处于依法治理的一种状态②，而法制（rule by law）主要是指一个国家的法及其法律制

① 孙勇：《西藏与邻省藏区稳定研究视域与思路》，《四川大学学报（哲学社会科学版）》，2015年第1期。

② 法之所以能“治”，在于三大基本原则：(1)基本法至上，必须要有依(宪)法立法原则，在社会运行之中不得违宪；(2)司法和公务员执法体系独立，确立政府内部分权制衡原则，在社会运行之中不得破坏制衡；(3)司法、执法主体的考评制度，执法人员以绩效进行选拔，体现公正廉明原则。

度[①]。法治在社会的实际状态是相对于人治而言的，即社会的每一个活动主体，包括政府与公民都要遵守法律，依法行事，不得凌驾于法律之上。在现有法律体系之下，法治的依据是法律和法规，法治的整个过程其实是权力与规则制衡。权力与规则可以制衡，社会的稳定就可以趋于良性循环，长治久安的目标基本上就有了法治的保障；若权力与规则不可制衡，社会的稳定则处于对冲拉锯的状态，长治久安的目标大体上要靠人治以求接近。要辩证地看西藏社会稳定问题，致力于搞好法治建设，才是“行固本之举”的大方向，这是边疆治理的一种规范约定，符合依法治国的原则。但在极端情况发生时，并不排除特殊情况下实行“人治状态”即法制的可行性。法治是我国建设现代国家的基本规则，是维护边疆地区稳定的长远保障。

中华人民共和国国务院新闻办公室在2008年2月发表的《中国的法治建设》，开宗明义即对法治做出阐释：“法治是政治文明发展到一定历史阶段的标志，凝结着人类智慧，为各国人民所向往和追求。”[②] 并明确地指出“一国的法治，总是由一国的国情和社会制度决定并与其相适应。依法治国，建设社会主义法治国家，是中国人民的主张、理念，也是中国人民的实践。”[③] 1997年召开的中共十五大正式确立“依法治国，建设社会主义法治国家”为治国基本方略，并将其写进党在社会主义初级阶段的基本纲领。1999年3月召开的第九届全国人大第二次会议又以宪法修正案的形式，将这一治国基本方略规定在宪法中。作为中国不可分割一部分的西藏，其法治是与国家法治相联系的，这是“依法治藏”的根本依据。

法治与维护稳定的关系，一般理解为手段与目的。法治是维护稳定的重要保障，但是不能忽视具体社会环境（如边疆）稳定的差别性和法治

---

① 所有的国家在任何一个时期，都有自己的法律制度，但不一定是实行法治。所以，在这一对概念中，法制概念的建立，是作为另一个对法律存在目的的认识和信念的对立而成的，即法治。法制，被认为是奉行法律工具主义，即把法律当作政府某些社会主体进行统治的工具，而法治与之不同，意味着政府与所有社会主体本身也要受到法律的制约。

② 2008年2月28日《中国的法治建设白皮书》。

③ 中华人民共和国国务院新闻办公室：《中国的法治建设》，《人民日报》2008年2月28日。

建设的重点与阶段划分。我们有必要从法学的角度，结合法学实践，首先寻求法治建设与边疆稳定的共同语境，然后探讨法治对维护稳定，特别是边疆地区维护稳定的价值和功能，从而有效地反思法治建设的实践，探索充分发挥法治效能的途径，为边疆稳定发展提供理论与实践的新思路。

二、法治建设与边疆稳定的共同语境

政治经济文化发展不平衡，是中国的基本国情，也是西藏地方的区情。尽管由于不平衡带来地区与地区的各种差异，但是在这之中，法治建设与边疆稳定有一个共同的语境①。一是稳定（stabilization）是一种状态，指一种事物的内外结构包括所处的环境，在一定量的时间之内不会轻易变化。以此加上定语，可以扩展为具体事物的稳定状态，如边疆稳定或社会稳定等词组，其基本含义都源于此。这在法治边疆在语义的规定上，存在着一种可以分析的共同语境。二是从各学术探讨角度考察形成的同命题语境。归纳我国理论界一段时间对社会稳定课题的研究成果，有代表性的观点，分别从社会控制、社会关系、社会规范、社会结构、社会心理的角度对社会稳定的概念作了阐述②。这些研究的理论成果及其阐述，所揭示的“话语或文句的意义所反映的外部世界的特征”状态，也是当下对中国边疆社会稳定的共同语境。三是从国家主权角度看对边疆地区治理的语境。中华人民共和国是一个主权国家，中国的所有边疆地区必须是中国自己治理的地区，在这些地区，中国的国家利益必须要得到体现而且能够得到体现。因此，西藏社会稳定的法治命题，本身就在这些共同语境之中。

由共同语境得出的社会稳定，可以有几种状态。一个社会的稳定并非

---

① 语境这一概念最早由英国人类学家曼林诺斯基（B. Malinowski）在1923年提出，指话语或文句的意义所反映的外部世界的特征。其区分两类语境，一是“情景语境”，一是“文化语境”。20世纪80年代后，中国理论界借用语境概念，引申出很多对事物背景的诠释。

② 吴春生、李小晖：《我国社会稳定研究综述》，《安康师专学报》2006年第2期。

是绝对的，即从字面上所理解的保持平静的状态不变。李景鹏认为：社会稳定就是指社会秩序正常运行的状态。而所谓的正常运行在一般人看来就是维持不变，因此，在许多人看来维护社会稳定就是使各方面的社会秩序保持不变。而社会秩序是不可能不变的……社会稳定归根到底是国家对社会的控制问题。① 这是研究西藏社会稳定的一个前提。在法治的视野中，社会稳定有几种状态。一是社会稳定在相对的时段上是一种动态的稳定，唯物史观认为，生产力与生产关系、上层建筑与经济基础的矛盾构成社会最基本的矛盾。它们彼此之间有由适应到不适应，再到重新适应的过程，与此同时，社会运行的状态便出现相应的平安、稳定或者动荡、冲突。二是社会稳定在结构上是一种整体上的稳定。社会是一个完整的体系，由经济、政治、文化、思想等要素共同构建，其中每一个要素虽有自己不可取代的地位和功效，却不能孤立地去发挥作用，需要有机构成以形成“整体大于部分之和”的功效。在维护社会稳定的实践中，应该注意研究社会各要素及要素间的相互作用与相互影响。那种认为要素性能好，整体性能一定就好，以局部来保整体的思路和观点往往适得其反。社会的构成要素之间又具有等级结构性。经济是基础，决定上层建筑；政治是上层建筑的核心，也是社会稳定的核心力量，社会稳定是一项重要的政治价值；法律、思想、道德等受政治引导、为政治服务，从而对社会稳定起到精神、心理、制度等层次的维护和保障作用。各层次既相互区别又相互作用，共同对社会稳定发挥有效的功能。建设法治边疆，依法治藏，应当基于这样的深度分析。

稳定是一个因变量，处于动态之中，稳定不是一个自变量。稳定不会凭空而出，任何一个内因无论有多少变化的依据，没有一个适当的外因条件，是不会产生变化的。稳定之中的对立面不稳定因素，在受到外环境控制因素的影响下，多数难以自己生长起来。在这个角度上讲，政府首先要构建社会稳定的内部力量，如制定基本国策、灵活的政策，从经济、文

① 李景鹏：《社会阶层的利益协调与社会稳定》，《维护首都稳定研讨会论文集》，北京市政治学行政学学会编，2002 年。

化、科技等各个环节培养内部稳定力，而在社会稳定出现内部趋于失控之前，要担当主要的外部调控力量的角色。特别是不稳定因素在产生前后，要通过法治予以消除，以维护社会稳定。

政府对社会不稳定进行的操控外力，主要是法治和法治建设，最直接的依据是依法行政。法治有利的一面是，政府可以依法行政，以其国家强制力，防止社会局面的失控，防止国家的解体，防止社会不稳定的冲击蔓延，法治手段是别的社会操控因素无法替代的。需要注意的是，法治在中国的进程整体不快，在出现社会管理危机的时候，各地决策层都有将常态管理转换成政治乃至准军事管制高压态势的大概率，但这种高压态势造成的稳定并不可靠，也不会持久，因为它与“法治政府”和“依法行政”的内在要求是不吻合的，① 法治，就是要保证国家各项工作都依法进行。选择高压态势作为维护社会稳定的手段，甚至在较长时间里不通过已有法律程序发布活动规制，对于实现社会“长治久安”可以是一种针对性的选择，但不可以作为长期的政策。因而，在西藏如何加强法治，是一个难度较高的对策。习近平主席提出“依法治藏”的要求，其内涵在于“长治久安”，有着很深刻的法治依据。

三、边疆稳定是实现法治的基本条件

胡锦涛在2009年3月对西藏社会稳定的要求是：谋长久之策、行固本之举，筑牢反对分裂、维护祖国统一的坚固长城，推进西藏从基本稳定

① 2004年3月，国务院发布的《全面推进依法行政实施纲要》明确提出，全面推进依法行政，经过10年左右坚持不懈的努力，基本实现建设法治政府的目标。从法治角度来看，建设法治政府，是推行依法治国、依法行政的必然要求，同时也是推进中国法治现代化和建设社会主义政治文明的内在需要。在中国“依法行政”的基本含义是指行政机关管理社会公共事务的行政权力必须经法律授权，行政机关的一切行政活动必须依据法律规定并在宪法和法律范围内活动；从依法行政所蕴含的“行政法治”的含义来看，“依法行政”与“法治政府”这两个概念有着密切的联系。一方面，行政机关严格依法行政是建设“法治政府”的必然要求和基本条件；另一方面，“法治政府”则是行政机关依法行政所追求的目标。

走向长治久安。[①] 谋长久之策关键在于谋得深刻、宽广，只有这样才能达于久远。因此，需要各有关部门做广泛而深入的基础研究。没有或者缺乏基础研究，只是在一般工作层面做做对策方案，“谋长久之策”是难以落到实处的。

近30年来，中央的治藏方略都是将西藏的工作置于党和国家的全部工作中的重要位置。在这一条主要的脉络外，还大致体现出：一是统筹兼顾，对西部省区非均衡协调区域经济发展，对西藏实行特殊倾斜；二是“进行六个建设，即经济建设、政治建设、文化建设、社会建设、精神文明和生态建设”，在建设中集中抓事关方针路线和经济发展的问题；三是不断完善社会保障体系，先于全国减免税收和提供城乡保障；四是探索建立利益协调维护机制，对基层利益主体有损害时，从政策上得到的修护非常之快；五是加强社会稳定对策研究与实践反馈，中央的历次西藏工作座谈会即体现了国家高层对加强西藏稳定的意图。这五点，其实已经将学界尚在争论的稳定概念做了实践示范。需要注意的是，经济发展与社会稳定之间存在很复杂的关联和多重组合效果。一个区域社会从低收入向中等收入过渡时，通常是社会最为动荡的时期。即使是西欧国家，在19世纪末到20世纪中期也曾出现过严重的动荡和危机。关注南美、中东等发展中国家的实例，更多的事实告诉人们，发展与稳定之间的关系在具体过程之中，因时而异，因人而异，因对策内涵而异，并不必然导致正常社会秩序的稳固，也并不必然导致“长治久安”，如果没有法治，不搞好法治建设，任何临时性的对策时效都是很短的。

在与国家建设和谐社会的共同语境中，作为法律和法治价值的稳定，首要的应是通过立法确认符合生产力和生产关系发展趋势的各种社会关系和社会秩序。而西藏社会不稳定因素较多，使稳定成为法治价值能否实现的焦点之一，也成为长治久安的基础之一。法治的实现，是同国家社会性质即社会主义制度联系的，社会主义制度，本质上要求把与先进生产力发

① 2009年3月9日，时任中共中央总书记、国家主席、中央军委主席的胡锦涛参加十一届全国人大二次会议西藏代表团的审议时，专门提出了西藏稳定要谋长久之策的问题。

展方向相适应的生产关系，及建立在其上的各种上层建筑领域的社会关系和社会秩序，包括生产资料的所有制形式、分配制度和国体、政体、国家机构、结构等确定下来，并且通过法律实施和法律监督使这种社会关系和社会秩序能够稳固安定。这在西藏一直受到来自传统守旧势力的抵制，各种自行其是的要求，连同非法的言行经常出现在社会的一些角落。自1959年西藏实行民主改革以来，西藏社会的二元结构成为法治的难点，不解决社会机制的二元结构问题①，由法制到法治的历程将十分漫长。西藏社会的稳定有可能会长期处于拉锯状态，数年至数十年的“长治久安”仍将是一个重大的命题。

宪法是国家的根本大法，依法治国就是依宪治国。公民规则意识是公民意识中最基本或核心的要素，是法治秩序建构的客观要求和前提条件。② 由此，一是必须确立源于宪法的公民意识，为边疆各族人民的法律角色准确定位。宪法第三十三条规定：“凡具有中华人民共和国国籍的人都是中华人民共和国公民。”“公民必须履行宪法和法律规定的义务。”作为一国公民，有义务“维护国家统一和全国各民族团结”；有义务“维护祖国的安全、荣誉和利益”“不得有危害祖国的安全、荣誉和利益的行为”。西藏社会稳定的最基础性的任务，就是全面贯彻公民意识，增强人们的国家意识、法律意识、主人公意识，使人们对国内外的分裂活动和分裂思想有一个清醒的认识，并自觉维护祖国统一，反对分裂，从思想上、情感上、行动上坚决与一切分裂祖国的意识和行为划清界限，自觉维护祖国的荣誉和利益。二是必须确立源于宪法的国家主权意识，有助于边疆人民对民族分裂行为保持高度警惕。任何一个独立的国家都会主张国家主权神圣不可侵犯。宪政的国家性更加强调国家的尊严。我国宪法序言明确宣告，中国坚持独立自主的对外政策，坚持五项原则，其中就包括“国家

① 孙勇：《西藏：非典型二元结构下的发展改革》，中国藏学出版社，1991年，第34—35页。

② 参见蒋传：《公民的规则意识与法治秩序的构建》，《社会科学研究》2008年第1期。关于公民意识概念的描述中，有一个共同的缺陷，就是没有把公民的规则意识作为公民意识内涵的一个重要方面加以强调。公民规则意识是公民意识中最基本或核心的要素，是法治秩序建构的客观要求和前提条件。

主权和领土完整”“互不干涉内政”等内容。捍卫国家主权和领土完整，是中国政府和人民不容置疑的政治态度，中外一切妄图分裂中国、侵犯主权和领土的活动必将受到坚决的打击，任何分裂行为都是违法的。需要特别指出的是：以宪法为核心，完善民族区域自治法的建设，包括西藏在内的各边疆地区，需要加紧制定符合国家利益和边疆各族人民利益的自治条例和单行条例。西藏在过去的基础上，更应以经济发展和社会稳定为目标，根据《中华人民共和国立法法》，提高立法质量，推动法治建设。

四、经济发展与社会稳定要以法治做保障

多年的实践证明，要保持边疆的稳定，就必须加快发展边疆地区的经济建设，而在建设的过程中，稳定的环境是必不可少的。经济发展迅速，不仅人民生活水平可以明显提高，而且也增强了各族人民的凝聚力。因此，西藏在发展过程中，必须处理好发展、改革与稳定的关系。

发展与稳定之间的社会取向不同，传统社会价值取向偏向于秩序的建立和秩序不被破坏，因而提出稳定高于一切，稳定成为发展的一个目的，对稳定过于重视；现代社会价值取向偏向于公平、公正和效益，发展成了稳定指向的一个目标，重视处理发展与稳定的关系。在稳定和发展两者的侧重关系上，现代社会更加倾向鼓励发展的理念。稳定是与经济发展连在一起的，没有稳定就没有经济的发展；反之，没有经济的发展也就很难保持长久的稳定。普通民众需要的，就是和平的环境及实实在在的生活条件。边疆民族地区的政治、经济、社会、文化、生态等方面的发展，是维护西藏和其他边疆民族地区社会稳定的重要基础；边疆民族地区的经济社会继续改革，实现科学发展的重要前提是社会稳定，有了稳定这个前提，各个方面的发展才有保障。这两者的关系是相辅相成的。

市场经济应当是法治经济，这是边疆法治的题中应有之义。从根本上改变边疆地区生产力的落后状况，必须用法律予以规范、引导，通过法治来制约和保障市场主体的规范和调整。市场经济是一种具有很高效率和活

力的经济，是人类创造的一种文明成果；但它又具有其自身不能克服的弊端和缺陷，它不能预先防止和纠正经济运行过程中产生的偏差和失衡，带有明显的滞后性和被动性。由于市场主体众多和复杂，他们往往受自身利益支配，忽视全局利益和整体利益，其行为不能不带有自发性和盲目性等弊端。这些缺陷和弊端依靠市场自身是无法解决的，尤其是，我们建立的是社会主义市场经济，它同社会主义基本制度结合在一起，更加需要社会主义法治来规范和保障。依法治国，依法治藏，自然包含了依法管理西藏经济。

正确的政策和法律都能够促进经济社会稳定发展，但是政策具有阶段的不确定性，会因为某个阶段的任务发生变化，最有效的始终是法律和法治。① 决策层的职责是要促进经济发展与社会稳定，也要促进法制与法治的发展。经济社会发展过程中衍生的诸多复杂的不平衡问题，包括社会稳定问题，大多需要法律的回应性调整来解决，也需通过法治过程实现社会发展。西藏地方的法规，特别是针对社会稳定的法规，必须具备促进经济与社会稳定发展的特定功能，并应系统地和规范地建构出一个法规体系。“经济增长已经成为和平时期各国凝聚国民精神的一种信仰。对增长率的追求已成为社会成员奋斗的动力、政治团结的基础和动员全社会为一个共同目标齐心协力的依据。”② 一个区域的经济社会能否稳定发展和快速发展，取决于是否有合理的法律制度让不同的利益群体表达不同的权益诉求，是否有适当的机制供不同的利益群体就差异进行协调、消减矛盾和冲突，也取决于使用法律的武器遏制反社会的力量和打击敌对势力的破坏活动。所有这些的落脚点，就是建立法治社会。在中国边疆地区，面对需要加快发展的任务，法治边疆的建设应该摆上重要的议事日程。

---

① 何珊：《促进稳定发展的法律类型之比较研究》，《现代法学》2009 年第 2 期，第 19—28 页。

② 何帆：《为市场经济立宪》，今日中国出版社，1998 年，第 70—71 页。

五、重视和加强西藏法治软实力的建设

加强西藏“软实力”建设，已经成为当务之急。法治的高度发展是一个区域社会的一种软实力，也是其社会稳定和经济发展的强大动力，同时也是对国家整体软实力的贡献。在对法治边疆和依法治藏的研究中，这个命题实际上是很重要的。胡锦涛在中共十七大报告中明确提出，将我国的软实力建设作为一项重大国策。之后，学术界和部分政策部门对我国软实力研究与组织实施问题，进行了不断的探索和研究，有的省市将软实力的议题提上了议事日程。因此，西藏也应该提出法治与软实力相互作用于社会稳定的问题。

笔者认为，法治是“国内软实力”的重要组成部分。小约瑟夫·奈（Joseph S. Nye，Jr.）① 的“软实力”是作为处理国际关系、维护和巩固国际地位的一种外交战略而提出来的。他提出的“软实力”从本质上讲就是一国对他国的吸引力、感召力、感染力以及亲和力。如果将“软实力”概念浓缩地理解为在国际舞台上国与国之间的“吸引力”“影响力”“号召力”，那么，“国内软实力”则是一国执政党对于本国公民的吸引力、影响力和号召力。为西藏社会稳定构建软实力下的法治体系，也是这个道理。其目的就是要形成执政党在西藏的吸引力、影响力和号召力，以保证能够长期执政，以实现时日悠远的长治久安。“国内软实力”的建设应该是国内各个地方安定与和谐的前提和基础，而在“国内软实力”建设之中，法治建设是不可或缺的重要组成部分。西藏作为中国的一个省级行政区域，应当为中国整体软实力的增强做出自己的贡献。国内的专家学

---

① 小约瑟夫·奈（Joseph S. Nye，Jr.，1937— ），美国著名国际政治学家，新功能主义和相互依存理论的重要代表。相继受教于普林斯顿、牛津和哈佛大学，先后任哈佛大学政治学和国际关系教授、哈佛大学国际事务中心主任、国防部负责国际安全事务的助理部长、哈佛大学肯尼迪学院院长。约瑟夫·奈的研究领域较为广泛，但以地区一体化和国际相互依存最为突出。在与罗伯特·基欧汉合著的《权力与相互依存》(Power and Interdependence：World Politics in Transition) 一书中，约瑟夫·奈结合现实主义和自由主义的方法，将权力概念导入对相互依存的分析之中，提出了复合相互依存理论。

者在这个问题上有着一定的认识，蒋建湘较早提出了“要培育法治软实力”①。国内已经有将法治与软实力结合起来进行决策的例子，2011 年湖南省提出了“良好的法治环境是软实力”②；2012 年河南省提出了“‘法治’是软实力，也是硬实力。良好的法治环境是经济发展的基础和经济可持续发展的保障”③。

软实力具有保障社会稳定的功能。有无能力首先保证本国的内部政治和社会的稳定，是一国中央能否得到本国民众拥护的一个重要前提。同时，在稳定的基础上，能够促进经济的发展，保持民众的团结，维护国家的安定，保障社会的有序，才能得到本国公民的信赖和支持。所有这些一旦成功，长治久安便有了深厚的基础，就会产生一个非常重要的“软实力”放大效果，即只有在得到本国公民的赞同信任以后，才能在一定条件下放大到国际社会中去，得到多数国家的理解、尊重，甚至在关键时刻附和赞同其主张。在确保社会稳定的基础上，发展经济，通过法治实现这个放大效果，是很多受到争议的国家和地区执政力量梦寐以求的，有的得到了实现，有的则愈加混乱，将国家整体拖入疲于应付的国际环境之中。在世界上，加拿大、以色列、苏格兰等国家和地区政府曾都经历过民众与国际社会的争议，但经过软实力的组织作用，逐步有效化解了矛盾，并且实现了放大效果。

加强“国内软实力”离不开法治作支撑。这是一个事关稳定制度化的前提，也是化解中国社会冲突和矛盾的必由之路。规范的法治，可以坚定人民对党和国家的信心。对于西藏社会稳定的法治思路和手段，一是事前预防，即事先预防并减少社会矛盾冲突；二是事后解决，即事后化解并消除社会矛盾纠纷；三是特殊案例的探索，即在法治的前提下，解决好宗教与社会主义社会相适应的问题。

“事前预防”有赖于制度建设的水平。制度在一定的时期意味着“一刀切”，而不能是“具体情况具体分析”，这有助于实质正义能够得以最

① 蒋建湘：《培育法治软实力》，《湖南日报》2011 年 12 月 5 日。

② 《良好法治环境是软实力》，《法制日报》2011 年 10 月 13 日。

③ 《河南善用法治软实力和硬实力》，《法制日报》2012 年 5 月 25 日。

大限度的保障。因为，制度为人们的行为提供了一种预期，可以使得人们理智地根据制度去安排自己的生活和行为，从而使得人们懂得遵守法律法规，减少纠纷发生的可能性；制度还意味着同类案件同样处理，因此当事人可以从其他案件的处理结果中有效地预测当前诉讼的结果，自然也就更容易达成和解，而无须通过成本高昂的诉讼程序，因而诉讼数量以及整个社会诉讼资源的支出也会大大降低；法律和法的制度还具有阻止法官自由裁量权的泛滥，徇私舞弊和恣意裁判行为，制度也会在现代传媒之中受到公众监督。① 法治而不是人治，是当代中国的法学界、司法界的共识。有制度可循的法治，可以避免人们因无法可依而激化的社会矛盾，避免产生个人之间的报复与惩罚，导致整个社会秩序的崩溃。

“事后解决”有赖于执法者的执法水平。法治的关键是保证已被确立的法律制度能够得到切实有效的执行，在司法过程中必须确保法律能够成为社会稳定规制。依法裁判是法治的需要，在实践中得到认可后，很容易再次执行，在一定程度上增加了法治的社会生存空间和作用场域。司法权的中立性、被动性以及相对于立法权和行政权意义上的独立性是相对的，但通过依法裁判，确立和维护法治的权威和确定性，才能使得社会成员的行为得到法律指引，对自身的行为有恰当的预期和判断，进入再一轮的预防，以减少社会冲突，满足各族群体和个体对法治的期待，增强党和国家对西藏民众的吸引力和亲和力，实现西藏对国家整体软实力增强的贡献。

“特殊案例”的软实力构成比较。小约瑟夫·奈对软实力的观点阐释，将文化形态作为主要组成部分，法治也包含其中。在一些发达国家，法律和法治对宗教事务的法理念是中立的，国法既规定实行政教分离，宗教不得干预行政、司法、教育等国家事务，也明文规定政府（包括公务人员）不能以任何方式为宗教机构从事其宗教活动提供资助，也不向宗

① 杨圣坤、王艳：《中国“国内软实力”建设的法治之途》，《北京工业大学学报（社会科学版）》2010 年第 4 期，第 49—54 页。

教机构征收赋税。[①] 美国宪法中“宗教自由保证”条例的两个组成部分是并存的，即“信教自由条款”和“不得确立国教条款”并行不悖。在多年司法实践中，美国法官以其“公平的理念”树立案例,[②] 其中“任何政府机构不得以任何理由和形式为宗教团体提供资助”成为一条法律，并已通过并入美国宪法第十四条修正案保证自由的正当法律程序条款而用于各州。[③] 这个在中国人看来为“特殊案例法”的结果，似乎与美国主流社会奉行基督教新教的印象不相符合，但事实就是如此，因为美国高层思想库的国策级大师们，对构建一个法治国家的法原理和法理念在很多年前就研究得很透彻了。这对于我国今后构建法治国家所遇到的宗教事务问题或许是一个启示；对涉及西藏长治久安的“藏传佛教与社会主义社会相适应”这个重大命题，更具有法治原理与实际案例的启示。

简言之，作为法治价值的稳定，就是通过立法、司法实践、法治监督以确定、维护对国家（统治集团）有利的社会关系和社会秩序的稳固安定。法治对于包括西藏在内的边疆社会稳定和经济发展的意义十分重大。

---

① 例如，美国宪法虽然也规定宗教信仰自由，但有不得确立国教的条款，并对不得确立国教条款予以具体解释，即普遍地禁止“援助一种宗教，援助所有宗教，或偏护某一宗教而歧视另一宗教”的法律。

② 英美法是由法官创造和建立起来的，法官承担着传承和创造法律的责任，在长期的司法实践中，基于其知识背景、训练方法、法律思维方式的一致，英美法系的法官凝聚并形成一个“解释的共同体”，在实行判例法的英美法系国家，法官决定着法律的效力，即已通过的法律只有经法官运用时，才成为法律，判例法为其正式法律渊源。

③ 在美国法学人士眼中，中国是一个无神论国家，也规定宗教信仰自由，但是通过政府机构用文物保护的名义对宗教团体提供资助，是在国家层面上不可思议且不合法理的事情。

西藏庄园经济形态与封建农奴制以及地方法治*

孙勇　孙昭亮

西藏百年变迁的经济政治关键，在于封建农奴制下庄园经济的嬗变。理解百年时代的西藏经济社会形态，必须理解在百年中西藏庄园制经济乃至庄园制社会如何在不可调和的矛盾之中逐步走向崩溃的。

西藏的封建农奴制度在很长的时间里得以保留，与其经济社会结构的延伸过程有着密切的关系。我国以及外国的学术界对西藏封建农奴制下庄园经济的研究，都联系到了其前一发展阶段的历史，即西藏农奴（奴隶）制的历史。① 众多研究者对所掌握的藏汉文史料进行解析，多数人认为吐蕃时代的西藏社会是奴隶制社会，其后由于多种原因演变为封建农奴制社会，在上千年的漫长岁月中，庄园经济就是这种社会制度的一个重要依托，并且在地方法治的平台上历经各朝各代几乎没有根本性的改变。这种状况在人类文明进步的历史之中，是不多见的。

人类文明历史始终贯穿着一条主线，即任何区域社会都是由人与人形成一定的关系而组织起来的，任何地区的经济社会在最初由血缘关系聚合之后，都发展成了经济关系、政治关系以及文化关系的组织形态。世界文

* 本文是国家社科基金西南项目重大课题“西藏百年史研究”的附属成果之一。

① 牙含章：《试论西藏封建农奴制度》，《中国藏学》1988 年第 1 期。

明进步史的要义，其核心也就是这三种关系的演变，西藏地区也不例外，整个的社会结构也是如此的三种关系。人类历史研究表明，在世界各地曾广泛地存在过封建农奴制，这是这三种关系在特定历史条件下的一种运行方式。西藏的封建农奴制因受其内在诸多因素的影响，形成了一种超常稳定状态，延续千年，到晚清乃至20世纪中叶，几乎也没有实质性的变化。

与此对应的是，在世界文明进步史之中，其他地区的封建农奴制都较快地消亡或演变了，西藏却成为这种制度存在最为长久的地区之一，也是世界近代东方保存农奴制面积最大的地区。① 在西藏百年史的研究中，很多的研究者于每个时段上都要面对这个西藏历史最直观的表层问题。遵循历史唯物主义的路标，结合史料解析这个历史表象后面的内在原因，人们才能理解西藏社会最终汇入到世界文明进步潮流的深层次依据。

一、依托于封建农奴制的庄园经济制度

“庄园”一词的表面字意有村落与土地的含义，乃是人类社会进入农耕时代后的一种人文景观。藏语的“谿卡”即庄园，有“产业根基”之意。② 狭义上，谿卡是西藏地区领主的家传祖业或被政府授予的财产，包括其拥有的土地、房屋、园林、农具、牲畜以及隶属于领主的农奴。广义上，谿卡泛指所有以庄园形式经营的土地和附着于这块土地上的一切资源。同时，谿卡也因为其管理的特点被视作一种经济管理或运作形式。西藏的谿卡这一社会性土地与生产的管理形式，最早见于11世纪前期，古格地方政权的首领拉德曾将乍布让（今札达县）附近的谢尔等3处封地施与大译师仁钦桑布，成为他私有的3处“谿卡”（庄园），这是迄今所见到的封建领主庄园最早的记载。③ 谿卡，从其运行的实质看，是由封建

---

① 孙勇：《西藏百万农奴解放与世界文明进步的意义》，《西藏日报》2009年3月4日。

② 在藏学研究中，从藏语音译的汉文“溪卡”与“谿卡”，包括早年的“谿卡”等词的内涵没有歧义，都是指“庄园”。广义的谿卡还包括附着在土地上的一切资源，包括人口。

③ 《西藏自治区概况》，民族出版社，2009年，第109—110页。

领主控制的从事生产和经济活动的一个社会组织，其主要职能是，用经济手段和对农奴人身部分占有或全部占有的政治特权，并且控制农奴的人口再生产，迫使农奴在其所有的土地上从事物质生产，榨取农奴的剩余劳动和剩余产品，以延续庄园经济——巩固封建农奴制社会。

（一）西藏封建农奴制与庄园史略述

由于奴隶的造反①加上吐蕃王朝内部因佛苯之争引起内乱，吐蕃在公元8世纪末崩溃，其后从9世纪晚期到13世纪，因为社会的演变，西藏在形成了一段王族控制真空时期后，出现了领主庄园制的农奴社会。这一时期西藏的社会关系是发展的，即奴隶制解体了，出现了一个宽松环境。在那些地方势力割据不严的地带，自由民较多，土地和财富在民间有了可以交换的自由。尽管这段时间不太长，但对于推动农奴制的形成具有一定的作用。农奴制的出现，较之于吐蕃时期的奴隶制来说是进步的，农奴制是表明当时社会生产发展的一种新的生产关系。封建领主占有制，是领主对领地的占有和对农奴人身的不完全占有。这与吐蕃时代的土地为藏王所有、奴隶的人身被奴隶主完全占有相比，是时代的进步。

1. 吐蕃社会嬗变是奴隶制转换的起点

牙含章先生认为：要谈西藏的封建农奴制，必然要联系它的前一发展阶段的历史，即西藏奴隶制的历史。② 他认为：根据现在的藏文史料记载，大约在公元869年到877年（即唐彝宗咸通十年至唐僖宗乾符四年），西藏地区发生了历史上空前未有的奴隶大起义，前后持续了9个年头。这

① 公元869年，手工匠人首领韦·阔竭勒登从康区率领起义军向卫藏挺进，席卷拉萨一带，取得巨大胜利。随后卫如的韦·洛波洛琼趁乱揭竿而起。约如（今山南、工布一带）的大奴隶主尚·解赛耐赞强派奴隶百姓在山顶修筑水渠，工程浩大而艰巨，奴隶不堪其苦役折磨与残暴压迫，提出："砍山头不如砍人头容易"的起义口号，以钦普和工布地区的六人为领袖，发动了暴动，给了奴隶主以沉重打击。公元877年，起义军首领许布达泽等四人率军攻下山南琼结，将吐蕃王朝历代赞普的陵墓掘毁多处，取出的殉葬财物由几个首领瓜分。这是吐蕃历史上范围最广、规模最大的农民和奴隶大暴动，沉重地打击了吐蕃奴隶制社会。（黄奋生《藏族史略》记：起义者公元895年在娘若香波堡杀死统治该地的俄松的儿子贝科尔赞。王辅仁的《西藏佛教史略》认为欧松的儿子贝考赞于公元923年被起义军杀死。）

② 牙含章：《试论西藏封建农奴制度》，《中国藏学》1988年第1期

次奴隶大起义导致吐蕃王朝的崩溃，以致后来经历了4个世纪，始终未能建立一个统一的西藏地方政权。虽然赞普朗达玛①的子孙在西藏阿里地区建立了古格王朝，② 但一直未能恢复吐蕃王朝的大片土地。到13世纪中叶，元太宗窝阔台之子阔端派遣大将多达那波进军西藏以后，才结束了西藏的分裂局面，并在元世祖忽必烈扶植之下，在西藏地方建立了统一的萨迦政权。③

从9世纪到13世纪，是西藏奴隶制逐渐崩溃、封建农奴制逐渐产生的过渡时期。牙含章先生的理由为：一是奴隶大起义虽然有力量推翻强大的吐蕃赞普所建立的奴隶主政权，但奴隶阶级却不能建立一个代表新的生产力与生产关系的新政权。奴隶起义领袖建立的政权，也只是奴隶制的政权。二是1959年西藏民主改革以前，西藏许多贵族家庭中有一种人叫作“朗生”④，实际上就是奴隶。他们没有任何生产资料，完全无偿地为农奴主干活，待遇一般都是只能维持生活而已（当然极少数也有充当农奴主代理人的）。据估计，这种“朗生”约占西藏全区人口的5%。“朗生”大都是祖祖辈辈留传下来的，一般认为这是西藏旧的奴隶制的残余。三是从民主改革前许多贵族家庭中蓄养“朗生”一事，可以推测，后来新兴的封建农奴主大部分可能就是由旧的奴隶主转化的。当然，也不排除还有别的途径产生新兴的封建农奴主的可能。⑤

在研究西藏奴隶制为何发生封建农奴制转化这个问题上，不少学者认

① 朗达玛（？—842年），原名达玛，“朗达玛”系佛教徒修书时将“朗，即牛，有牛魔之意”予以冠名，《新唐书》作“达磨”，吐蕃末代赞普（838年至842年在位）。其在位期间，对佛教采取禁绝措施，史称“朗达玛灭佛”。公元842年，达玛被佛教僧人拉隆·贝吉多杰刺杀。其死后，俄松、云丹（乞离胡）二子相互争位，吐蕃分裂。

② 10世纪中叶至17世纪初，古格雄踞西藏西部，弘扬佛教，抵御外侮，在西藏吐蕃王朝以后的历史舞台上扮演了重要的角色。它位于青藏高原的最西端，札达象泉河（藏语为朗钦藏布）流域为其统治中心，北抵日土，最北界可达今克什米尔境内的斯诺乌山，南界印度，西邻拉达克（今印占克什米尔），最东面其势力范围一度达到冈底斯山麓。其都城札不让位于现札达县城西18公里的象泉河南岸。

③ 牙含章：《试论西藏封建农奴制度》，《中国藏学》1988年第1期。

④ 藏语“朗生”一词也译作“囊生”，原意为家养的奴隶。

⑤ 牙含章：《试论西藏封建农奴制度》，《中国藏学》1988年第1期。

为与朗日松赞①时期的奴隶造反有关，东噶·洛桑赤列先生也持有这样的观点。② 这个社会的变革过程，是从公元842年达玛赞普被佛僧所弑后，吐蕃奴隶制政权内部分裂至灭亡后的一两百年间完成的。这一时期，王田包括氏族的地权下移，财富分散，私有制不断向前发展，同时一部分奴隶主贵族，在奴隶和属民大起义的形势下，在所属的庄园和村落之内，被形势所迫，实行了带有让步性质的变革，使奴隶制逐步演变为封建农奴主对弱势的自由农户的剥削关系，随着时间的推进，农奴主又把那些自由农户变为农奴。在西藏地区私有制不断发展的过程中，贫富分化日趋激烈，一些富人、私有者变成巨贾大富，有的甚至成为割据一方的头领，他们聚敛财富、购置土地，成为新兴的大土地所有者，在将村民变为属民的基础上建立起许多庄园，被变为属民的那些村民则逐渐沦落为农奴。

从10世纪始，由西部的阿里地区，沿雅鲁藏布江到以日喀则、拉萨、山南为中心的地区，在经历了奴隶平民大起义之后，王室土崩瓦解，社会失去了王朝的控制，王田被重新划分，新地被不断开垦，原来吐蕃时期保留下来的居民点也不断地扩大，另外在一些宜于农耕的河谷地区，又出现了一些新的居民点。这个时候西藏的农业生产有了新的发展，交换关系有了扩大，由于整个地区没有一个统一的强势政权，各方小股势力还在建立政权之中，人们的生产生活环境相对宽松，人口和土地所有权的流动在这个时候比较自由。

这一时期，由吐蕃王朝以来统治阶级所支持的宗教势力不断发展。例如公元10世纪前半期，达玛赞普后代的一支，即永丹③的第六世孙意希坚赞在山南地区的桑耶一带形成一个地方势力，自成一方的领主（即农奴

① 朗日松赞又译为囊日松赞，吐蕃王朝第31代赞普，为松赞干布之父，是吐蕃建立统一政权的奠基人。《敦煌古藏文历史文书》作赤伦赞或伦赞隆南木。“赤”是王者的敬词。《新唐书》作“论赞索”。“朗日松赞”是他在灭苏毗后属下给他上的尊号。（苏毗是藏族历史上一个文明程度较高的地方割据政权，在今西藏日喀则南木林县一带。《新唐书》说苏毗是“西羌种”，原属羌系民族。）

② 东噶·洛桑赤列著、郭冠中等译：《论西藏政教合一制度》，人民出版社，2008年，第10页。

③ 永丹又译为云丹，达玛赞普子，《旧唐书》记作乞离胡。达玛赞普死后，其子云丹、俄松为争夺王位而发起战争，最终导致了吐蕃“支离破碎”，此后爆发了属民奴隶起义。

主），并兼著名的桑耶寺主。意希坚赞也就成为西藏佛教复兴活动（亦即藏传佛教后弘期）① 中的代表人物之一。到 10 世纪后半期，佛教僧人仁钦桑布于 996 年在阿里的布让地方建成托林寺。② 这期间，达磨赞普后代的另一支奥松的第五世孙名叫拉德的做了阿里古格的小王，即把他辖区布让一带的协尔东等三地作为“谿卡”（即庄园），封给托林寺主仁钦桑布做“却谿”（即寺庙庄园）。这是藏族历史上谿卡一词的最早出现，从此，谿卡一词广泛地在西藏社会上使用。③ 谿卡作为高原地带的一种初始经济社会组织，为吐蕃崩溃后地方势力重组政权提供了基础。山南桑耶的地方势力和阿里古格的地方势力虽各据一方，相隔很远，但却有共同之处，即逐步形成封建统治。④ 特别是他们把封建统治和宗教势力结合在一起，利用宗教思想和仪轨以及各种宗教形式统治劳动人民，可以说是西藏进入封建农奴制社会以后一个普遍的特点。

2. 西藏地区奴隶制向农奴制转换的要素

在吐蕃崩溃之后一二百年里的一段时期，西藏有一些比较富裕的自耕农，在社会的贫富分化中逐渐上升为封建农奴主。如公元 11 世纪时，藏传佛教噶举派的创始人玛尔巴。⑤ 原是山南地区的一个自耕农，家有耕地

---

① 达玛灭佛后，西藏长期处于内乱分裂状态。公元 978 年以后，西藏进入封建经济发展时期，新兴的封建主再度兴佛。这个时期的兴佛活动比较分散，因而形成许多教派：宁玛派、噶当派、萨迦派、噶举派、希解派、觉宇派、觉囊派以及元末才产生的格鲁派。公元 1270 年，萨迦法王八思巴·罗卓坚赞被元朝忽必烈尊为“帝师”，统辖西藏政教，确立了西藏地方政教合一制度。

② 托林寺坐落于西藏自治区阿里地区札达县城西北的象泉河畔，托林，藏语意为飞翔空中永不坠落。始建于北宋时期，是古格王国（公元 10—17 世纪）在阿里地区建造的第一座佛寺。托林寺始建于公元 996 年，由古格王益西沃和佛经翻译大师仁青桑布仿照前藏的桑耶寺设计建造。由于古格王朝的大力兴佛，托林寺便逐渐成为当时的佛教中心。

③ 吴从众：《西藏封建农奴制研究概述》，《西藏研究》1991 年第 3 期。

④ 笔者认为，“封建”一词是马克思主义史家基于法律的论点，主要强调划分土地所有权。在封建社会中，形成的自然经济是以土地为基础，农业与手工业结合，以家庭为生产单位，具有自我封闭性、独立性，以满足自身需要为主的经济结构。这种经济结构中的关键生产资料大部分都掌握在地主（或封建领主）手中，故而能够形成“地主（封建领主）剥削农民”的阶级关系。

⑤ 玛尔巴（1012—1097），藏传佛教噶举派塔布噶举支派奠基人，原名却吉洛追。西藏洛扎人。15 岁时到牛古垅寺学梵语，后欲学道果法，因需奉献多金而作罢。不久，变卖家产，先后多次赴印度、尼泊尔，学密教“喜金刚”法（亦译“双喜金刚”法）、“密集”“大印”等密法和经典。返藏后，授徒译经，兼营农、商业。一生未出家，有译师称号。

和牧场，经商兼营农牧业生产，又经常外出到尼泊尔、印度等地做买卖。玛尔巴同时又是一个宗教职业者，佛教经典的译师。他要求来向他学法的人要献上自己的全部财产，还要替他服各种劳役。① 以传教为由，令他人提供劳役，其实就是超经济剥削，② 这种剥削在当时和以后通过西藏的宗教对一般民众形成了定规。通过有文字的记载，后人了解到当时包括玛尔巴在内的很多富有的宗教传承者，把所有信徒都当成他们的农奴供其驱使，这种做法后来演化成为西藏的一种社会制度，即后人熟悉的封建农奴制。同时，也形成了依托于封建农奴制的西藏庄园经济形态，在形成这个形态的过程中，宗教起了重要作用。

土地能否自由流转，是一个社会处于什么阶段的标志，虽然土地自由流转不是必然地会推动社会制度进步，但是它将为其后的社会制度和经济形态变化提供内在的依据。在生产力低下的时代，土地作为一种生产要素，需要通过生产关系来组合；生产关系如果允许土地自由流转，意味着另一种生产要素即人具有某种程度上的解放。吐蕃时期，土地大多数都是王田，还有一些氏族田，私人没有土地所有权，土地由王室分配和委托管理，不能买卖，即使在藏传佛教前弘期七户供养僧人的时候，土地也不属于私人，不能自由流转。③ 吐蕃崩溃后大约自 10 世纪始，随着人口的流动，西藏地区的土地开始可以流转了。④ 到 13 世纪初叶，在西藏封建农奴制度确立以后，土地成了封建农奴主的领地，自由买卖土地又在实际中行不通了。只有在 10 世纪到 12 世纪末的这一段时间，由于自由民阶层的出现以及可以自由买卖土地，成为西藏在奴隶制崩溃后向着封建农奴制过

---

① 查同结布著，张天锁、申新泰等译：《玛尔巴译师传》，西藏人民出版社，1989 年。该书尽管用大量篇幅炫耀玛尔巴学习、传法和翻译的功德，但仍然叙述了许多其通过经商和在传法中发财的事例。

② 超经济剥削也叫经济外强制，即采取经济以外的强制形式例如暴力搜刮、宗教规定、个人或家族的非制度号令等形式无偿地占有别人的劳动或产品。

③ 吐蕃时期土地是“王有制”，赞普可以“依法”收回或者没收土地并规定其“占”和“限”，当时的土地分割转让到“户”并不意味土地的私有权；“七户供养一僧人”的“户”只是一种在王田基础上的土地使用权而不是土地所有权。

④ 才旦扎西、珠佩：《初论吐蕃王朝时期的土地所有制》，《西藏研究》1993 年第 3 期。

渡的一个特定历史时期。

这一时期的个体自由民，有权将自己的土地转让和赠送别人。如藏传佛教噶举派第二代祖师米拉日巴[①]的母亲为了筹集米拉日巴去学咒术的费用，就将娘家送给的一块名叫“支见丹琼”的土地卖出了一半，用这笔钱买回松耳石、白马、染草、皮革等贵重物品给米拉日巴做学费之用。[②]该书还有多处描写土地买卖和支付地租的事例。12 世纪前期，江孜的林热·白马多吉把仅有的一块土地送给一位称为“若曼”的医生，作为他向若曼学医的费用。可见这一时期的自耕农民可以把自己的土地用陪嫁、馈赠、出卖等方式转让给他人。[③] 与此同时，僧侣把持寺庙进行经商已成为普遍现象，[④] 意味着当时的西藏出现了僧俗农奴主相结合的地方实力派。

恰白·次旦平措先生指出：“到公元13 世纪初，佛教在西藏地方后弘以来，兴起和分化出许多不同的大小教派，一些大德和僧人前往各地讲说佛法，招收僧徒，建立寺庙和尼庵，或建立静修地和神殿，使其成为各教派的据点，另一方面，除西部阿里各地是由吐蕃赞普的后裔们分割统治外，各主要的世俗政治势力都处于衰微之中。在这种情形下，一些高僧因其学识功德和声望，受到地方首领和群众的信奉，献给他们土地作修建寺庙之用，并贡献田地、人户、牲畜、财物作为供养，成为寺庙的寺属庄园（亦译香火庄）或为寺庙贡纳布施的部落。这使得一部分教派的主要寺庙逐渐成为占有土地、牲畜、农牧民户等生产资料（和劳动力）的领主，而且随着寺庙的经济基础的发展，担任寺主的高僧们的亲属、为其办事的强佐等变成为未经正式封授的贵族官员，在他们之下，出现了溪涅或称协

① 米拉日巴（1040—1123），藏传佛教著名高僧、密宗修行大师。出生于芒域贡塘地区（今日喀则市吉隆县）。本名米拉日巴·脱巴噶，法名协巴多吉。原属琼波家族，自祖父定居贡塘后，称米拉家族，先祖为宁玛派信徒。

② 桑杰坚赞著，刘立千译：《米拉日巴传》（《显示解脱和成佛道路之瑜伽自在大士米拉日巴尊者传》），民族出版社，2000 年。成书于 15 世纪。

③ 吴从众：《西藏封建农奴制研究概述》，《西藏研究》1991 年第 3 期。

④ 张雪梅、秦伟：《〈米拉日巴传〉中的经济社会与宗教社会》，《西藏大学学报（汉文版）》2004 年第 1 期。

本（引者注：管理庄园属民的管家）、仲译（引者注：即文书）、捏巴（引者注：即管事）等低一级的官吏。在多数情况下，他们还自行建立了法庭、监狱、不脱离生产的地方武装，以适应管理地方政务的需要。总之，这一期间出现了一些将宗教首领和地方官员的职能结合起来的类似于行政机构的组织。在这些教派之间，由于各自占有的土地、草场、水源及属民人户、教派上的差别、财产利益上的错综复杂的矛盾，造成了许多冲突和战乱。”① 在11世纪至13世纪初，西藏地方势力的实力派经过吐蕃崩溃后的不断整合，各个地方的分割政权先后建立起来，② 出现了大规模的土地分封、调整、没收以及差赋的摊派和征调，促进了土地的领地化、村落的庄园化。③ 这种状况导致了基层民众的人身依附，而土地分封造成的领地化与人身依附，则为农奴制创造了最基本的条件。

3. 西藏封建农奴制在中央王朝政策下得到整固

随着元朝统一中国，西藏正式纳入元朝中央的行政管辖之下，从而结束了数百年来的分裂动乱。④ 西藏民众得以休养生息，发展生产，西藏的农奴制也进入到兴盛时期。清查户口，是元中央在新征服地区征收赋税、实施管理所采取的一项重要的主权管辖措施。⑤ 元朝在藏三次清查户口的过程中所进行的“括户”，对封建农奴制以及庄园经济具有很重要的整固作用。“元在藏进行人口普查，即所谓括户，其内涵前后有所不同：蒙古汗国时期的括户，主要是为了对蒙古诸王、公主、驸马、后妃、勋贵进行分封；元世祖忽必烈及以后各代的籍户、括户，主要目的则是为了保证朝

---

① 恰白·次旦平措著，陈庆英、格桑益西、何宗英、许德存译：《西藏通史——松石宝串》，西藏藏文古籍出版社，1996年，第306—307页。

② 到公元13世纪初期，在卫藏地区形成的占有僧俗民户、土地、牧业部落的最大的几支势力是：止贡巴、萨迦巴、帕木竹巴、蔡巴、雅桑巴、达隆巴等。这些势力在康区和安多、洛、门域、西部阿里等地区也建立分支寺庙并与许多部落建立了关系，但由于各个势力处于成长时期且相互争斗，都不具有统一全藏的力量。

③ 吴从众：《西藏封建农奴制研究概述》，《西藏研究》1991年第3期。

④ 在吐蕃王朝崩溃以后，中原唐朝不久也崩溃了，中原进入五代十国的分裂时期，接着是宋、辽、金、西夏几个王朝并列时期，前后有300多年，直到元朝才把统一的国家建立起来。

⑤ 更周吉：《元朝在西藏的括户研究》，中央民族大学2009年硕士论文。

廷的封建税、役的征发。① 公元1253年，蒙哥汗派人在西藏地方括户，推行千户万户制度，即是为裂土分封提供可靠的依据。对此，《新红史》一书提出了最直接的证据。该书称，第一任萨迦本钦（乌思藏本钦）释迦桑布得到皇帝圣旨，受命管理西藏三却喀，② 由此而获得本钦之职位，依照朝廷的法律，为皇帝尽职尽责。为了便于执行命令和征集差税，又进行了人口普查，并设立13万户。③ 忽必烈及其后世子孙统治时期，曾经在1268年、1287年和1335年，多次在西藏地方进行人口普查，以便完善赋税征收和力役摊派制度，为在西藏地方实施有效管理提供了坚实的经济保障。④ 元朝在西藏封十三万户，既是元中央安排西藏地方行政机构的建置，也是对西藏各实力派通过封赐土地进行的安抚，同时通过施政的方式将封建农奴制巩固下来，庄园经济得以发展。

明朝沿袭元制，倚重藏传佛教噶举派首领的地方政权，同时实行对西藏各实力派“多封众建”政策，即对西藏的各主要教派和地方势力首领均予以分封，并通过分封以及世袭、替职和进贡等形式使他们各自均直通于中央，从而与明朝建立直接的政治隶属关系。⑤ 明朝分封西藏地方势力的倾向很明确——几乎囊括了所有的宗教首领。在明成祖分封的三大法王和三大教王中，基本上无一遗漏地囊括了西藏从东部到西部最有实力的几大派系，即后藏的萨迦，前藏的帕竹和止贡，在前藏部分地区和西康大部分地区拥有相当影响的噶玛噶举；以及在帕竹地方政权扶植下异军突起的

① 高树林：《元代赋役制度研究》，河北大学出版社，1997年，第128页。

② 西藏社科院资深专家恰白·次旦平措先生生前告诉笔者说，藏文史籍曾明确记载，十三万户与三却喀长官“是按照皇帝与上师商议决定而任命的”。三却喀分为青海、甘肃的涉藏地区，四川、云南的涉藏地区和卫藏（主要指现在西藏自治区所属地区），分别由元朝中央任命的三却喀长官分而治之。因此西藏地方的萨迦政权也并没有统一管辖过所有的藏族地区。

③ 班钦索南查巴著、黄颢译：《新红史》，西藏人民出版社，1984年，第55—56页。

④ 张云：《元朝在西藏地方征税考》，《中国经济史研究》2002年第4期。

⑤ 明太祖先后对前来归附和请官的大批西藏故元官员授予了新的官职，这些官职大抵有：乌思藏或朵甘思都指挥司同知、指挥佥事、宣慰司使、巡检司巡检、招讨司官、万户、正副千户、百户等等。在大明永乐年以后，西藏来京者主要是入贡或请袭封之事，新请封号的情况已极少，这说明在大明永乐年间，明朝对各教派和地方势力从上到下各级首领的分封已基本完成。

格鲁派。[1] 这种分封，显然有利于巩固西藏的封建农奴制。有明一代，到北京朝拜进献贵重方物的西藏头领和上层僧人几乎没有间断过，而明中央的赏赐则更为丰厚。仅“公元1588年，乌斯藏阐化王差国师锁南坚赞等一千名，进献珊瑚、氆氇等物”，明中央“给赴京并在边番僧各贡（者）赏绢钞”。一般而言，明朝的回赐往往三倍于贡物之值。[2] 明中央的这些举措，符合“因俗而治”的内在要求，并不对西藏旧有的任何社会制度进行改革，反倒利用宗教的作用巩固了封建政权，在对边疆实行“羁縻”政策[3]的同时，客观上进一步发展了西藏农奴制度，也加强了中央对西藏地方的统治。

公元1652年，清朝顺治帝册封五世达赖喇嘛罗桑嘉措为“西天大善自在佛所领天下释教普通瓦赤喇怛喇达赖喇嘛”，即西藏佛教的首领。封固始汗[4]为“遵行文义敏慧顾实汗”，要“作朕屏辅、辑乃封圻”，即领有西藏封地的、有政治权力的汗王，并封固始汗统治西藏，辅助藏传佛教格鲁派的发展。1656年固始汗卒，在清朝的大力扶持下，藏传佛教格鲁派教主五世达赖喇嘛的政治作用日益加大，清查了格鲁派和其他教派的寺庙，规定了寺僧人数，确立了寺庙的组织制度和经济制度，对寺庙属民进行了清查，让每个寺属庄园向格鲁派寺庙集团交纳一定数量的实物地租。同时把西藏的土地和农奴分为三大部分。一是分给寺庙和高级僧侣的庄园称为“却谿”，二是分给世俗贵族占有的庄园称为“格谿”，三是分给西藏地方政府的庄园称为“雄谿”。[5] 从西藏文史实物中有的地契文书开头语“法律的主宰是内地的皇上”一句看，西藏地方完全承认土地的最高所有权在清朝中央，并且认为皇上把土地封给藏政府，藏政府才有权把土

---

① 石硕：《西藏文明东向发展史》，四川人民出版社，1994年，第258页。

② 王森：《西藏佛教发展史略》，中国社会科学出版社，1987年，第238页。

③ 羁縻统治政策，是我国自唐朝以来中央政权对边疆少数民族地区的一种统治方式。羁縻地域不同于藩属国，一般是中央通过委任当地少数民族部落首领对这一地区实施统治，中央政权在羁縻地区通常不设行政机构，也不驻军。

④ 固始汗（1582—1655）又译顾实汗，皆蒙古语“国师”之音译，姓孛儿只斤，名图鲁拜琥。明末清初卫拉特蒙古和硕特部首领。

⑤ 吴从众：《西藏封建农奴制研究概述》，《西藏研究》1991年第3期。

地封给贵族和寺庙，贵族和寺庙才有权把土地分给种地的差巴。① 清朝中央对西藏也曾给予很优厚的政策，有些政策直接对政教合一制度下的庄园经济形成了帮助，亦即对这种经济形态予以了整固。

1794 年（乾隆五十九年）7 月，清中央授松筠为工部尚书兼副都统，充驻藏大臣。乾隆帝对松筠赴藏任职的要求是“务须循照章程，妥协经理，用副委任，不必有意更张，不可日久而懈。”松筠即回答：“卫藏当清理整饬之际，边疆要务，□□感报思奋，尤切寸忱。”② 1795 年（乾隆六十年）乾隆皇帝退位，以太上皇的身份接受出家戒和比丘戒，命画工画了他身着袈裟的藏式唐卡，派专人送到拉萨。这一年，源于乾隆帝对全国减免税赋的通告，松筠倡议和主持了对西藏地方差役赋税方面的改革。

一是减免赋税债务。松筠援引清廷在内地多次豁免钱粮的例子，说服达赖喇嘛实行减免。达赖喇嘛在松筠的启发和劝说下，积极地表示愿意接受松筠有关改革的建议。1795 年（乾隆六十年二月），松筠向乾隆上奏：“□□达赖喇嘛听闻之下恍然觉悟，向奴才等言唐古忒百姓即系大皇帝之百姓，我受大皇帝栽培覆育至优极渥，意欲推广大皇帝普惠百姓之皇仁，将所属唐古忒百姓本年应纳粮石及旧欠各项钱粮概行豁免。”③ 并主动将积存的三万余两布施银交给商上（商务官），④ 让他们查明各处穷苦百姓，按户散给口粮籽种，令其各勤农业；对于房间坍坏者酌给银两修补，使穷苦的老百姓有栖身之处。驻后藏的七世班禅丹白尼玛听到驻藏大臣的倡议和达赖喇嘛拟普免前藏粮赋的消息后，也下令“□□即遣商卓特巴具禀将后藏所属百姓本年应交粮石豁免一半，旧欠粮银概行豁免，间有失业番

---

① 《中国少数民族社会历史调查资料丛刊》之《藏族社会历史调查（六）》，民族出版社，2009 年修订本，第 10 页。在《藏族社会历史调查》（一）至（六）的资料中，有大量反映西藏清末庄园情况的记载，例如《藏族社会历史调查（六）》中关于“拉孜宗杜素庄园调查报告”。

② 《清史稿》卷 129“松筠传”。

③ 中国第一历史档案馆藏：《军机处录副雍正乾隆朝》，03—0578—027。

④ 李凤珍先生认为：清文献中的“商上”二字其中“商”字是商卓特巴的商字的藏语音译；“上”字是藏文“孜”字的汉意的“上”字，两者的合体字。清文献中有时将商上写成“仓上”“仓尚”或“尚”“仓”。

民及坍坏房间亦同达赖喇嘛一体资养修理，□□”①。

清廷对达赖、班禅愿意减免藏民一年钱粮及历年积欠甚为高兴，同意减免之项目、数额，又命赏给前藏银3万两，后藏银1万两，供抚恤各处穷民之用，还赐给达赖、班禅若干珍贵礼物以示嘉奖。松筠随即以驻藏大臣衙门的名义，“兼缮汉字唐古忒字告示数百张，遍行晓谕，使唐古忒百姓咸知达赖喇嘛推广皇仁惠爱番众之意。时届新春，适达赖喇嘛下山于大招庙内恭颂我皇上万寿无量真经，远近各处番民僧众齐集招庙，正遇粘贴告示，番民知悉，无不以手加额，欢声感颂”。通告按达赖喇嘛表示意见提出，“于所属唐古忒百姓，除商上（商务官）必需之草料柴薪及牛羊猪等项照旧交纳外，所有应交各项粮食本色折色普免一年，并将所有百姓，自乾隆五十六年至五十九年之旧欠粮食，及牛羊猪各项钱粮四万余两，概行豁免”。通告提出，后藏班禅地区因地区小、收入少，当年赋税减去一半，但所有积欠，不论始自何年一概豁免。②

二是减免差役。藏地百姓每年除了要交大量的赋税之外，还要负担名目繁多的差役：“□□达赖喇嘛商上（商务官）每年差派杂役繁多，所属百姓内，除边远游牧者尚无从摊派，其余所有种地番民□年交纳各项钱粮外，每户仍摊出银三两至六两不等”，松筠在调查后下令永远免除多项不合理的差役。比如帮帖夫役盘费，此项差役系洒扫布达拉等处寺庙及秋季割草交商上（商务官）应用而派，因循年久，遂为定例。然而松筠调查后发现后藏地区并无此项差派，扎什伦布各寺庙也都由僧众自行洒扫，因此后藏百姓十分穷苦者较前藏少，可见这是一项浮费，而且“苦累番民者莫此为甚”，于是，松筠下令永远禁止此项差徭，并严饬噶布伦各营官认真贯彻执行。至商上日需之革束，原有百姓一年所交折色银一万余两，不但足敷应用尚有盈余，尽可雇募应役，此在达赖喇嘛不过微减浮费，于商上用度无虞缺乏，而众百姓每户一年省银数两，生计自能宽裕，□□”，松筠下令“此项差役永行禁止”。还有磨青稞差，约减去三分之

① 《清史稿》卷129“松筠传”。

② 西藏社科院图书馆藏有此通告的藏文版原件，布告为木版印刷的大幅纸张，全部系藏文书写，盖有驻藏大臣的官印。此件与内地馆藏有藏汉满对照的布告内容基本一致，个别地方稍有不同。

一。这是一项以户为单位支派的杂役。达赖商上所收租粮青稞，就近分给各户无偿地磨成糌粑，每磨四克青稞即交五克糌粑。经松筠了解，贵族世家所属百姓差事稍轻，因而依旧支应此差，而对官府所属差户则应减免。

此外，还有对牧民的特殊减免为数也不少，松筠在通告的十条规定中提出："唐古忒旧例，或十三四年，或二十年，达赖喇嘛差人于每处百姓现有骡马内，十旱抽一，交商上应用。""现在虽已十三四年，未收此项骡马，但众百姓近年生计实属拮据，暂且停止抽收，俟过十数年后，百姓生计从容时节，再行酌量抽收一次，以缓民力。"① 这里所提及的牧区地域甚广，故受益面当不在少数。实际上，如《卫藏通志》所列，有近百处地方的特殊负担，明令减免的不在少数。

三是赈济灾民，扶助逃亡户恢复生产。松筠向达赖喇嘛建议的内容之一，即按照清廷在内地的赈济方式，拨出银两救济农牧民。当松筠把达赖、班禅表示愿意拨银两赈济之事上报清廷后，在实际过程中并没有动用达赖、班禅的储存金，而是由清廷拨出 4 万余两巨款给前后藏用于赈济藏民。乾隆谕示："达赖喇嘛等既能仰体朕意，抚恤唐古忒百姓，竟可毋庸出其己资，著加恩动用该处正项，赏给前藏银三万两，后藏银一万两，交松筠等各须尽心办妥，勿使一夫失所，以副朕一体惠爱番民之意。"②

以上具有中央政策意义的一系列措施，起到了为西藏庄园制经济输血的作用。至清末，在封建农奴制下的西藏谿卡，一直以清朝皇帝为土地最高拥有者，固化在三大领主统治并由三大领主直接或间接管理这样的经济社会形态上，这种情形在国内乃至国外并不多见。随着帝国主义的入侵，西藏社会整体陷入了内外交困的境地，在沦为半殖民地的命运之后，西藏封建农奴制下庄园经济已经越来越呈现出衰败相，不可挽回地要在一个巨大的变革时代来到之后走向革命性的改变。

（二）西藏庄园经济管理运行的典型形态

面对自然经济的束缚和能力低下的科技实况，在生产关系和生产力没

① 《清史稿》卷 129 "松筠传"。

② 中国第一历史档案馆藏：《军机处录副雍正乾隆朝》，03－0608－045。

有根本性改变的情况下，晚清西藏的农牧业是这个区域社会主要的或几乎是决定性的生产部门。谿卡作为卫藏（包括康）地区延续近千年的农牧业生产主要的组织模式，作为区域社会结构中主要的和正规的生产单位，是一个社会政治、经济、意识形态等要素有机组合而成的复杂机体。严酷的自然地理和气候条件，使得西藏文明进化的方向朝着简单生态型农牧业发展——在西藏相对狭小且封闭的地理单元中，庄园制可以保证和满足族群的最低生存要求。在没有强大外力的冲击下，它的存在和固化是西藏社会关系的选择，也是经济社会运行方式的必然反映。庄园制曾流行于中欧和西欧部分地区，也曾在东亚、中国大部分地区存在过，这与社会发育阶段具有对应关系。在一定的条件下，庄园就是一种政府层级管理的形式，也是一种社会运行赖以支撑的平台，或者说是一种维持统治集团所必须的经济制度。领主庄园制，是封建社会中国西南局部的一种经济社会现象，也是近代西藏封建农奴社会的象征。

在经济学和经济史学研究的视野中，庄园一般被看作是自给自足的自然经济实体，庄园经营管理活动的最低目标就是自给自足，即在试图通过市场交换获取生产生活资料遇到困难的情况下，通过庄园内部分工形成的生产经营活动，就能够基本满足领主与农奴的生产生活消费需求。可以说，自营地和农奴劳动是庄园生产的两大经济基石，支撑两大基石的即是徭役制度。[①] 在清初，通过册封五世达赖喇嘛和固始汗确立了中央对西藏地方的统辖权，采取领地分封制来培植社会经济基础，形成了三种领主占有制。西藏地方政府普遍推行类似于县级机构的“宗”与政府庄园的“雄谿”制来执行各项政令，并征收田赋；后又建立了差乌拉的征调制度，确定了由贵族寺庙与直属差民分别按“岗”“墩”[②] 摊派徭役的“永

① 徭役即封建统治者强迫平民提供的无偿劳动，包括力役 、杂役、军役等。在封建制度下凡国家无偿征调各阶层民众所从事的劳务活动，皆称为徭役。由于社会发展阶段的不同，一些地方的上层人群可以转嫁给中下层平民替代其服徭役。

② 岗、墩系西藏过去土地的计量单位，一般可以换算为克（习惯亩），例如 1 岗等于 40 克（习惯亩）地、1 墩等于 80 克（习惯亩）地。

系”制度。[①] 这种形态到晚清一直没有变化。

自营地的生产经营对领主至关重要，领主收入的主要方面就源于自营地的农业产出，它确保领主维持与其身份地位相当的封建特权消费。农奴劳动是自营地经营的另一必要要素。首先，农奴的存在，使得自营地的经营有了劳动力保障；其次，领主凭借领主权有权从农奴份地收获中抽取部分物资；另外，农奴以劳动换取份地的部分收益以维持生计。领主对庄园的经营，需要保有必要充分的劳动力要素、保证领地的正常经营等构成管理活动的内容，这些活动都是庄园稳定经营不可或缺的。如果领主破坏这种必要的要素构成的内容，无论是否出于主观或非主观原因，庄园制经济的基础都会被消解。[②]

从世界历史的范围看，庄园制存在的必要前提是农奴制。在人类社会早期，农奴制和奴隶制往往是衍生或伴生的社会形态，这两种制度其实并没有很大的差别，奴隶制是人类史上依附程度最强的人身依附制度或者最残酷的剥削制度，农奴制则接近于奴隶制，是仅次于奴隶制的一种残酷的社会制度。这种特定的庄园形态，成为最能直接体现20世纪50年代之前西藏社会组织关系的典型，清末则是西藏庄园经济危机越来越重，矛盾越来越激烈，封建农奴制行将崩溃的前期。

1. 晚清西藏豁卡的类型与组织形态

由于西藏社会的停滞状态，以卫藏地区为主的西藏庄园经济与欧洲中世纪封建庄园有许多共同点，都是在领主占有土地的基础上出现的，并将庄园土地划分为自营地和份地。农奴们以劳役方式支付领主的剥削所取，成为庄园经济的来源，而在上千年不变的封建农奴制的统治下，超经济的强制是维护庄园生产和存在的主要手段，领主在不同程度上占有农奴人身。庄园主派人或设置管理庄园的机构，组织生产、对农奴实行监督，并可任意惩罚、审讯，甚至处死农奴。这些共同点可以说明他们是同一类

---

① 在桑结嘉措（1679年桑结嘉措任第五世第巴，管理西藏地方政务）专政时代设立了“永系”，是一种统一的田赋性质负担，以征收实物为主，同时摊派差役。

② 这种学术论述转换为最直白的通俗话语，即20世纪50年代西藏上层开明人士所说的“农奴都死光了，贵族也活不了”。

型，所不同的是西藏庄园经济中的奴隶制残余更重。所有荒地、草场、耕地都为领主所有，不仅不允许任意开荒，连放牧也要遵照庄园土地划分的规定。95%以上的堆穷①完全没有土地，也没有完全的人身自由，还要长年支差，与奴隶一年到头劳动没有多大的区别。

沿袭定制，西藏庄园分为西藏地方政府、寺庙和上层僧侣、世俗贵族三种农奴主所有的庄园。农奴主阶级约占总人口的5%（其中3%是由农奴上升为农奴主代理人的）。一般的谿卡，不论是政府的、寺庙的、贵族的，都有一套完整的管理机构。谿卡一般设“谿堆”（庄园主代理人）一人，下设“捏巴（也译为列本）”（管家）一两人，是“谿堆”的助手，由他们协助“谿堆”管理全谿卡的农奴，分配农奴每日的差役，并监督他们进行无偿劳动。每个谿卡还有朗生（家奴）若干人，承担谿卡内部的家务劳役。“谿堆”和“捏巴”对农奴有权惩罚，轻则鞭笞，重则施以酷刑。这些“谿堆”和“捏巴”每年负有向领主报告庄园内管理情况的责任。现存于西藏社科院图书馆的一幅晚清的藏文原件，展示了报告的部分内容，包括管家对庄园内部生产、管理、赋税等情况的报告，并在末尾保证所报告的内容完全属实。②

用被奴役的生产者不同的名称和属性，可以划分出三种不同类型的庄园：差巴型庄园、堆穷型庄园、朗生（囊生）型庄园。③ 用地域社会不同的属性还可以划分出土司、头人类型庄园。④

第一种类型，设差巴建立自营地的庄园。领主把大批肥沃的土地留作自营地，把部分贫瘠的土地分派给差巴作为份地，从差巴那里收取地租——差税。人身依附于领主的农奴，要用三分之二的时间为领主服无偿劳役，即通常所说的支差（包括外差、内差、马岗差等），其中劳役差高

---

① 堆穷，藏语意为冒烟的小户。

② 西藏社科院“日喀则藏事旧公文整理件”，藏社旧公文NO：23976，《1892年—1893年日喀则地区定结宗所属庄园（吉布龙庄园）农牧业收支报告清单》，2010年。

③ 刘忠：《西藏差巴型庄园初探》，《中国社会科学》1985年第3期；《试论西藏领主庄园的主要形态及其特点》，《中国历史研究》1982年第1期；《试析西藏奴隶制庄园的残余形态》，《民族学研究》，民族出版社，1983年第5辑。

④ 张江华：《试论西藏封建农奴制度的基本类型》，《民族研究》1988年第6期。

达70%。这种类型的庄园在西藏占绝大多数。

第二种类型，不设差巴，依靠无偿劳役耕种的庄园。庄园内不设差巴，不给或只给少量份地。全部农奴都定为劳役户，每户规定一定的人服劳役，不服劳役的家庭成员向农奴主缴纳人役税，在家租种少量份地或外出寻职谋生。庄园内的土地靠无偿劳役者集体耕种。

第三种类型，庄园内没有百姓，依靠雇工耕种的庄园。在庄园内只有“谿堆”（庄头）没有定居的差巴和堆穷。其庄园土地依靠雇长工和短工或者从其他庄园内抽调若干无偿劳役进行耕种。因此，这类庄园在支外差时，除实物和货币差外，没有劳役差。

三种庄园应该形成于不同的历史时期，反映了西藏封建社会发展的阶段性和不平衡性。如朗生型庄国沿袭了奴隶制庄园的外壳和传统剥削形式，其特点是庄园土地没有自营地与份地之分；奴隶的衣食全部或主要由庄园提供；奴隶分为有家和无家两类，没有或几乎没有什么个人经济；剥削形式不是地租形式，而是对奴隶的榨取方式；完全的人身占有是这类庄园剥削的基础。而堆穷型庄园则是在奴隶制解体基础上演变而成的。其特点为庄园土地分为自营地与内差地，采用以常年差为主要形式的纯劳役税，堆穷的个人经济极为微弱、庄园收入一部分作为堆穷的必要劳动部分，堆穷对领主有严格的中世纪式的人身依附关系。这些特点表明，这类庄园虽带有奴隶制剥削形式的若干痕迹和影响，但已成为具有典型意义的一种封建庄园形式。差巴型庄园出现较晚，它在进入领主制高度发展阶段以后才最后形成,① 较多的差巴与领主之间关系通常有一个契约的形式。契约，意味着双方不存在完全的人身占有，差巴与农奴主至少在社会的约定形式上都是一个社会人的身份。这种情况的出现，隐含了完全人身占有的奴隶社会的行事规则逐渐趋于解体。

庄园的经营方式除上述三种类型外，还存在出租零散土地以及出租整个庄园的办法。家居拉萨的一些大、中贵族，多将整个庄园租给亲信，收取定额地租。承租庄园的人近似“二地主”，而租来的庄园经营方式也不

① 刘忠：《西藏差巴型庄园初探》，《中国社会科学》1985年第3期。

外乎上述三种类型。

19 世纪 80 年代，印度学者达斯潜入西藏，曾在帕拉家的庄园住过较长时间。据达斯等人的记载，帕拉家族的世袭庄园在江孜主要有两个，一个是在江孜以外 2 英里地方的班觉伦布庄园，这个庄园于 17 世纪获得；一个是沿年楚河继续向下的重孜庄园，这个庄园包括沿年楚河两岸的许多小村庄。帕拉家族在重孜和江孜各设 1 名强佐，负责管理庄园事务。此外还在强佐之下设有负责各个村庄事务的第巴。在当时，帕拉家族在格隅牧场上拥有 1 万只绵羊和山羊，在强喀拥有牧牛草场。格隅牧场的属民每年每头奶牛要交 2 磅酥油，每只羊要交 2 磅羊毛。由于帕拉家族征收到的毛很多，同时也由于江孜素以制造氆氇工艺精湛而著称，所以帕拉家族在江孜还建起了地毯厂，长期雇佣 90 名妇女在地毯厂从事纺织工作。帕拉家族庄园的这种情况基本上是卫藏地区的普遍现象。①

在许多庄园内普遍存在着少量的“波辛”地和“协辛”地。② 所谓“波辛”地即收取定额地租的土地，租种 1 克③波辛地，一般要交租 2—3 克；所谓“协辛”地，即收取分成租的土地。“协辛”地的承租者要负担土地的全部投资（包括种子在内），秋后租佃双方对半分成。通常租种“波辛”地和“协辛”地者，只交地租不另计差税。

西藏庄园的三种经营方式，第一种类型的庄园是属于典型的领主制经济，劳役地租是其主要的剥削方式。而第二种和第三种类型的庄园，已超出了领主制经济的范围。在第二种类型的庄园内已不设差巴，土地虽然还

---

① 皮德罗·卡拉斯科：《西藏的土地与政体》［*pedro Carrasco*：*Land and Polity in Tibet*］，陈永国译，西藏社会科学院，1985 年，第 104 页。

② 藏语“波辛”意为定额租，“协辛”意为分益或分成租。“波辛”或“协辛”还被视作优惠的租种形式。

③ “克”（又译为剋、勊、尅），为西藏地方以前的一种计量单位，既可以为重量单位，也可以为面积单位。为重量单位时相当于 14 千克（28 市斤，奴隶主放贷时候的 1 克粮食相当于 25 市斤，于是西藏也有人将 1 克粮食记为 25 市斤的），为面积单位时约等于 1.4 亩（习惯上视土地厚薄将 28 市斤的青稞种子播撒完为 1 克地，好地可小于 1.4 亩，不好的地会稍大于 1.4 亩，平均值折合为 1.4 亩，克又称为“习惯亩”）。农奴租种 1 克地，交租子 2—3 克，意味着租种 1.4 亩的耕地，在 28 市斤的种子由自己购买撒播之后还要在秋后交 70 市斤左右的粮食给农奴主。据记载，旧西藏粮食亩产大致为 150—180 市斤，亦即领主对农奴的剥削率超过 50%。

是依靠无偿劳役进行耕种，但是领主已不是在自然形态上占有农奴的劳动时间，而是占有这部分劳动时间的产品。耕种“波辛”地和“协辛”地的人，只需要向领主缴纳地租，而无须再服无偿劳役。虽然这种土地只占庄园土地的很少一部分，但它却代表着一种新型的封建生产方式的出现，即地主制经济的萌发。① 第三种类型的庄园，有了更进一步的发展，庄园内已没有定居的劳役户，土地依靠雇工耕种，出现了雇佣劳动，这说明在清末的西藏已经有了类似于资本剥削的萌芽。劳役地租、实物地租和货币地租形式的依次更替，大体上是与封建生产方式的发展过程相一致的，标志着由生产力发展所决定的封建生产关系的不同发展阶段。

一般说来，劳役地租出现在封建社会初期，在实行农奴制的地方，它成为这种制度的主要剥削形式。实物地租是封建社会已发展到较高阶段的产物，到了实物地租代替劳役地租出现时，农奴制的根基在动摇，有走向解体的趋势。货币地租的形式虽很早就有，但到封建社会末期才成为主要形式，亦即在封建社会的发展中萌发了资本主义生产要素。萌发资本主义生产要素的封建社会，产生了货币地租形式，劳动力的人身依附关系也有所松动，但是否能够产生资本主义生产关系，需要做深入的调查研究。从晚清西藏社会总的结构看，是不可能产生资本主义生产关系的。② 晚清西藏的庄园制经济，可以视为中国地主制经济中留有奴隶残存的亚模式。这时的西藏庄园制经济在运行中尽管仍旧存在人身依附，但已经具有比较完备的契约协议形式，雇佣劳动的形态逐渐增多，又随着逃亡户的增多不可避免地产生了新的人口流动形式，即有一部分人成为经常性的半自由民

---

① 地主制经济即地主占有土地，土地租给农民，实行小农经营，主要收取实物地租；土地可以自由买卖。农民生产的产品，一部分用以满足自己的需要，另一部分以地租形式交给地主，供其享用。地主对农民保持有宗法性的关系，具有超经济的强制力量。农民对封建君主专制国家负有徭役、丁赋等义务。

② 有研究者认为清末民初的西藏社会已经产生了资本主义生产关系，这个观点很值得商榷。历史证明，生产关系不是生产力，在封建社会中萌发资本主义生产关系并不是一种要素所能推动的，其中主要的是科技发展这一重要的因素，同时还要有思想观念的解放，尤其是对传统宗教束缚的突破，西欧资本主义冲破封建主义的统治进行社会革命即是证明。所以，不能用货币地租在西藏的出现和增多来说明西藏在20世纪初已经在内部产生了资本主义生产关系，它不过是萌发了一种要素而已。

（流民）；与此同时，那些来自清中央的一系列减免税赋的政策举措，客观上促进了农奴制的松动，这种来自国家带有制度性供给的政策，对于西藏经济形态的作用不可忽视。①

2. 不同类型庄园内部的组织管理

西藏庄园运行和管理的基本形式是，领主以其所有的资源主要是土地资源，迫使农奴租种“份地”以支付包括粮食、税捐、徭役等超额的回报，形成了剥削与被剥削的经济关系；由于在西藏领主采用的是对农奴人身的部分占有或者全部占有，形成了人身隶属的政治关系。加之在西藏不能由个人选择的宗教信仰，形成了西藏普遍的也是特有的文化意识形态的控制关系，西藏农奴制下的农奴只能被束缚在庄园中与领主形成人身依附关系，领主则利用这种关系，对农奴实行超经济的强制剥削。超经济剥削（extraeconomical exploitation），即某社会集团以对社会公共资源的支配权以及管理权的占有为基础，对其他社会成员的剥削即超经济剥削。超经济剥削也叫经济外强制，即采取经济以外的强制形式例如暴力搜刮、宗教规定、个人或家族的非制度号令等形式无偿地占有别人的劳动或产品。

西藏封建地租的特点，主要表现在农奴主自营地和分派给农奴份地的关系上。农奴主留下大量好地做自营地之后，分派给农奴次一等的份地，就是保证农奴主自营地上的劳动力，保证对农奴进行残酷的剥削，保证农奴制经济存在的条件。② 这种条件也是庄园制经济得以存在和延续的一个重要载体。

---

① 刘忠认为：西藏僧俗上层长期以来力求取得中央王朝的册封和扶持，借以提高和巩固自己的地位，维护领主制经济，而中央王朝的影响，既有维护领主统治一面，也有推动农奴制解体的一面。内地地主经济的某些措施，中央王朝也曾以政令的形式给西藏领主经济以影响，推动了农奴制关系的解体，西藏各地存在大量逃亡户，雇佣关系在庄园和村落内较为普遍就是例证。参见刘忠《西藏领主经济与西欧领主经济之异同》。

② 农奴使用的份地大致可分为两种：由堆穷向农奴主庄园自营地支差的份地，即“内差”份地，是典型的劳役地租。由差巴向地方政府支差的份地，即“外差”或“差岗”份地。外差系以劳役地租为主，兼有实物和货币的混合地租。一户堆穷种10克左右的份地，一年约支内差360天。根据自营地的收获（剩余产品）和份地的收获（必要产品）大致计算内差的剥削率，平均约为70%以上。差巴所支付的外差分为两部分：一部分为“岗卓拉顿”，意为腿跑手缴，即差巴要给地方政府支应运输、建筑、杂役、实物（包括货币）等差。

差巴型的庄园在西藏相当普遍。种差岗份地的农奴叫差巴，译意为支差的人。他们要在农奴主自营地上服内差，按差额的多少，从春耕到秋收都要无偿地为农奴主劳动，同时向封建地方政府支外差。内差和外差即是差巴农奴总的统一的份地地租。农奴种一岗地（引者注，面积约在30—60克之间，折合40克［即习惯亩40亩］地）每年要受的地租剥削在各个庄园虽不尽相同，但一般都在50%—60%，甚至70%上下。

堆穷型的庄园在西藏为数众多。“堆穷”藏语意为冒烟的小户。在西藏的农耕地带，堆穷主要指没有领种差岗份地，只要农奴主及其代理人给予若干克土地耕种令其服劳役租的民众。那些逃亡户、不从事农牧业的其他职业户、租赁农奴主和富裕差巴住房的人，以及手工业者或只靠出卖劳动力营生的人也都叫堆穷。他们所受的剥削在50%—60%，甚至还要多。堆穷的社会地位低于差巴。晚清西藏一些地方的堆穷和差巴，人身不完全为农奴主所占有，但他们中的绝大多数都是悲惨命运相同的农奴。农奴主还强迫一部分未直接为其支差、属于堆穷等级的农奴，缴纳数量不等的人役税（藏语称“米泼”），以表示人身依附关系。缴人役税的农奴，可以出示缴税凭证外出谋生，不被看作逃亡户。有些外逃农奴一经当地官府发现，也要被迫缴纳人役税，建立新的人身依附关系。

类似于奴隶制残余形态的庄园在西藏仍然存留。这种庄园中农奴主占有一部分奴隶，藏语叫“朗生（囊生）”，另有一部分名称不一的佣人，也属于奴隶性质。奴隶的人身完全为农奴主所占有。他们终年甚至终生都在农奴主家里和自营地上劳动。他们食宿条件低劣、生活极端困苦，还有一些未破产，但根本还不了子孙债的堆穷，已经堕入无望的境地。① 成婚的朗生，子孙世代为奴。这部分人，多数是在农奴制条件下堆穷破产为奴的，也有极个别的朗生因为特殊的原因，后来上升了身份，成为管事（捏巴）一类的人，这种个别事例不能看做通例。在西藏以奴隶经营为主

① 西藏民主改革中的资料记载：墨竹工卡农奴次仁贡布，他的祖父曾向色拉寺借了50克粮食，还利息还了18年，他父亲接着又还利息还了40年，他接过父亲的债又还了19年，总共还了3000多克粮食，可是领主说他还欠债粮10万克。从时间上看，次仁贡布家的债务所借时期约发生在晚清的1880年左右。

的庄园虽然不多，但可以看出是吐蕃奴隶制残余的反映，西藏农奴制是脱胎于吐蕃奴隶制的。

由于历史的原因，也因为自然环境以及生产方式与条件的差异，西藏的封建农奴制存在着三种类型。一、卫藏地区的38个宗豁（豁卡），包括拉萨、日喀则等辖区属领主庄园制类型。二、在三江流域的昌都地区，属土司头人制类型。三、在东起昌都西北，经那曲以西至阿里，约占西藏面积60%的广大藏北地区，人们正由逐水草而居的游牧生活向定居的轮放方式过渡，属部落首领制类型。藏北的部落，是一种古老的组织形式，是原始社会游群组织的高度发展，是次生形态在封建农奴制下的继续，是农奴社会在牧区基层社会的细胞。① 20世纪50年代之前，西藏牧区的基层社会带有更多的原始部落经济色彩，但其经济制度非常接近农奴制的形态。例如，牧主对牧奴的统治，也有对其人身不完全占有的形式。经济活动中的“其约结约”，意为有生有死，指租牲畜数不变动。牧主把牲畜租给牧民放牧，繁殖幼畜归牧主，每年牧民按所租养母畜数交纳酥油。一头母牛一年要交酥油2—3克（引者注：酥油重量的克，1克约为2市斤），约占母牛所产酥油的55%。还有一种叫“其美结美”，意为“不生不死”，指所租养的牲畜数不变，牲畜生产的幼畜归租养人，损失了要赔偿。每头母牛年交酥油2克，长期不变。这是一种租畜数固定、牧租定额包干的承租方式。虽然牧民极不情愿承租，但是牧主强行摊派，摊派给谁，谁就必须接受，不能违抗。凡是“接受”了这种牧租的，永远不能退租，即使这批牲畜全死光了，牧奴的子孙后代也要按原来定额向牧主交租。采用“不生不死”制常常使牧民因不可预见的因素而导致血本无归，欠下世代难以还清的大笔债务。②

3. 西藏典型庄园运行的实例考察

“豁卡”除了有“产业之基”的意思外，还有村庄社区的含意。在西藏大多数地方，每一“豁卡”庄园都有一座比较高大的叫做“豁康”的

① 张江华：《试论西藏封建农奴制度的基本类型》，《民族研究》1988年第6期。

② 多杰才旦主编：《西藏封建农奴制社会形态》，中国藏学出版社，1996年，第89—91页。

庄园正宅，这是庄园的主要标志。庄园正宅的建筑大多坐北朝南，中间有天井的藏式木石或土木结构平顶楼房。高楼底层或作牛圈，或作存放粮食、什物和农牧手工业工具的仓库，或作家内仆役住房；二层以上向阳的房间是庄园领主或庄园经管人的卧室和办事房，其余房间分别作经堂、仓库、厨房等。登上庄园正宅楼顶，基本上可看到豁卡的全貌。近处与正宅连成一体的大院内，依院墙搭盖有马厩、耕牛棚、其他牲畜棚圈、炒青稞间、毛线染色间、堆放燃料饲草间等。从事纺织缝纫等手工业劳动的农奴和朗生（家奴或奴隶）在楼上走廊和楼下棚屋内作业。靠宅院墙边的矮屋是朗生的住所，与矮屋相连或较远处自成聚落的差房，即是差巴或者堆穷以及农奴们的家园。在庄园宅院和差房附近，还有属于领主或农奴的林苑、打谷场、水磨房、榨油房等等。① “封建庄园也存在一定数量的家庭副业，如炒青稞、酿青稞酒、制作奶酪、打制酥油、做干奶渣、榨油菜籽等。也正是因为封建庄园的产出可以满足与封建庄园主和农奴基本生活有关的基本物质需求，所以封建庄园里专职从事手工业生产或商业的人数很少。屈指可数的手工业者主要有木匠、铁匠、裁缝以及靴匠等。尽管大部分生活用品在封建庄园中都可以进行生产，但由于技术和资源的限制，有些不可或缺的必需品是封建庄园内无法自行生产的，必须依靠外部的输入，譬如茶叶、酥油和上等布匹等。食用盐是封建庄园从外部输入的最重要的一种物品，因为除了日常的饮食需要外，盐还要大量用于腌制和储存肉类等。所以，自古遗留下来的季节性盐食交换，是近代西藏农牧民之间，或者封建庄园与牧场之间最重要的经济交换活动。西藏人宁愿无茶，也不能没有盐，即使是战争期间，农牧之间的盐食交换也从未中断过。盐的销售保持了西藏最基本的商品贸易形式，也维持了市集和市场最低限度的存在。”②

庄园的耕地，大都分布在庄园宅院和差房附近的山坡或由山洪冲积形成的河谷平坝上，因高原地形的限制耕地形状很不规则，每块地都有一个

---

① 据实地考察，山南的朗赛林豁卡、拉萨的东噶豁卡、日喀则的帕拉庄园等大体上依此布局。

② 美朗宗贞：《论西藏近代商人阶层的形成》，《中国藏学》2009 年第 4 期。

名字，并以土埂和另一块土地分开。远处望去略呈梯形或鱼鳞状，田间有便道和村庄相通。有引水干渠和支渠通向田间耕地中的庄园土地，一般是靠近庄园宅院、土壤较肥沃、水源较充足的农奴主的自营地，而交给农奴耕种的份地，则大部分是水源较缺或比较边远的瘠薄地，但也有一小部分是和自营地互相错落的较肥沃土地。庄园中各人的土地都不连在一起，也不像西欧中世纪的庄园那样，把自营地和份地都划成均等的条形，庄园耕地边沿是荒滩、乱石滩、沼泽地、河流或者高山，山上是牧场或者森林。

《铁虎清册》的一些规定被延续到晚清甚至民国时期，① 在西藏地方政府给各领主颁发的庄园封文中，对各庄园的界限一般都作了规定。在各庄园的“庄园册”中有庄园人口、土地、山、水、林木、草场、水磨等的详细登记，庄园的大小主要以耕地和属民的多少划分。小庄园只有耕地数十克和属民数户，房屋的建筑和生产的内容都比较简单；而大庄园则有耕地千克至数千克，属民百户至数百户，另有供领主享有的别墅、花园和家庙。很多的大庄园在大门两侧挂有象征封建政治特权的法棍，是长约 1 米，直径 15 厘米左右，外表黑白相间的木棍。庄园内设监狱，有多种刑具。农奴主可以根据西藏地方法律或习惯法对农奴司法。② “每一个豁卡既是一个自然村落，也是一个或大或小的独立社区，一个军事组织，一座城堡，甚至是一个小社会。这个社会可以生产豁卡居民所需的基本物质资料，也提供给居民所需的精神寄托场所，因为有些大的豁卡本身就建有寺庙。豁卡主人还有行使行政管理和司法的权力。豁卡的社会结构和等级划分、豁卡居民的相互依赖程度和社会关系网络，通过豁卡的地面设施与建筑分布图可以一目了然。”③ “领主与农民住宅的区别，不仅在于高度、占

---

① 1830 年（藏历铁虎年），清朝对西藏进行了大规模的人口、土地、税赋清查并颁布了清册，该清册被称为《铁虎清册》。

② 在 20 世纪 50 年代较大规模的西藏社会调查中，大量实地考察资料对藏中的豁卡有很详细的记录。详见《中国少数民族社会历史调查资料丛刊》之《藏族社会历史调查》（一）至（六），民族出版社，2009 年修订本。在《藏族社会历史调查》（一）至（六）中有大量反映西藏清末庄园情况的记载，例如，《藏族社会历史调查（六）》中关于“拉孜宗杜素庄园调查报告”里就有清末的记载，最早时间为 1887 年，另外还有 1908 年等年份的记载。

③ 黄维忠、张运珍：《清代西藏的物质生活》，《中国藏学》2010 年第 1 期。

地面积、建筑材料与装饰，外墙颜色也是区别阶层的标志。西藏大部分庄园房屋外墙多粉刷成白色，但白的程度却不同。农民住房外墙的白度不许超过庄园主。”① “差巴的两层楼房中，下层喂牲畜或存放粮食，上层既是灶房也是卧室。除了必要的灶具之外，靠墙角处铺小垫，有一、二个小地桌，向阳处的窗子略大，房顶多天窗。一般上等差巴住房里会有一对藏柜、一个藏桌、铜水缸、数个银碗、几对卡垫、几床藏被。中等差巴的房子一般由土坯建成，也有用不规则的石块砌成，家具有藏桌和藏柜，少量的卡垫和藏被。下等差巴一般居住在 2 柱②的土坯平房里，家具只有一个藏桌，一对卡垫，一床藏被给孩子盖。堆穷则多住在楼房周围的低矮小屋里，有门无窗，很少有楼房，房内仅有必需的灶具和铺在地上的一两张老羊皮，白天穿在身上，夜里作被褥。囊生（朗生）多住在靠宅院墙边的矮屋，甚至是牲口棚里。”③

西藏的庄园长期未有明显变化，可称之“社会组织的活化石”。以 1959 年 7 月 26 日《人民日报》报道的西藏地方政府原堪穷（四品僧官）欧协·土登桑却统治的东噶宗④的谿卡为例，可观察到较为典型的谿卡运行方式：

该谿卡在西藏属于偏小的庄园，离拉萨约 15 公里，有农奴 130 多人，其中差巴 14 户，堆穷 7 户，朗生 14 人。这些农奴中除 3 户堆穷属于其他领主以外，其余都是欧协的农奴。农奴主欧协在谿卡里占有一切，包括全部 595 克 13 升土地，所有房屋，绝大部分牲畜和农具。全谿卡仅有的几台石磨也全部为欧协所占有。

---

① 周晶：《20 世纪前半叶西藏社会生活状态研究（1900—1959）》，兰州大学出版社，2012 年，第 52、53 页。

② 西藏传统民居以房屋里的柱子估算实用面积，称之为“嘎吼”，2 个柱子的居屋大约有 28 平方米。

③ 周晶：《20 世纪前半叶西藏社会生活状态研究（1900—1959）》，兰州大学出版社，2012 年，第 53 页。

④ 公元 13 世纪元朝时期萨迦政权建立十三万户，设宗为推行封建农奴庄园制度的基本行政单位，宗的行政长官藏语称为“宗本”。这一制度也成为西藏最重要的管理制度，延续到 1959 年民主改革为止。

这里的管理机构藏语称为“雄江”，意思是“领地上的政府”。这个管理机构拥有一幢3层楼房和一幢专供欧协避暑的别墅。欧协本人并不常来谿卡，只是夏天来住一两个月。他在这个“政府”中设置了一个“谿涅”（谿卡管理人）、一个“列本”（专管农奴劳动），代他统治所有的农奴和管理谿卡的收入。

在东噶宗的谿卡管理机构高大的楼房附近，有一些低矮而又破烂的平房，这就是谿卡给支差的农奴住的“差房”，许多农奴世世代代就住在这些阴暗的黑屋中。少数差巴家里有少许小牲畜和农具，而绝大多数堆穷没什么财产，他们所有的东西只是破烂的衣物和残缺不全的食具。朗生多数和牲畜睡在一起，自己一无所有。

同西藏其他大多数农奴主庄园一样，这个谿卡的土地主要是由差巴耕种。可是，全谿卡14户差巴没一户有耕牛和犁铧，只有一些小牲畜和锄、耙、镰刀等简单农具。每年春、秋犁地时，他们要以高额租金向谿卡租来用，每架（两头）牛每天付给30两藏银（合银圆2元），还要供给耕牛饲料。一般农户仅这一项支出，每年就约需10克青稞。大部分差巴在给谿卡或欧协家里支畜差时，也必须以每头毛驴7两5钱到10两一天的租金，租用谿卡的毛驴。

在农奴主的账簿上，对每一户农奴的人口都有详细的记载。农奴生了子女，必须到农奴主那里登记；农奴分家或同其他领主的农奴联姻，也必须报告欧协并得到他的批准，不然就会受到惩罚。无论哪一种农奴，除了私自逃亡以外，农奴主都不允许他们离开谿卡去作其他的谋生。农奴主需要时，农奴都得随叫随到，不能迟延或反抗。欧协还可以随便把农奴赠送给其他农奴主甚至卖出，或作其他的处置。这里的差巴和朗生中，有的就是欧协从山南的另一个谿卡调来的，有的朗生以前不属于欧协，而是其他农奴主赠送或换给欧协的。这个谿卡有6个男朗生和8个女朗生，他们不仅世代为奴，连结婚和建立家庭的权利也没有。如朗生噶玛和规桑两姐妹都已经为欧协当了五六十年（引者注：这个年头数字说明在清末西藏朗生现象普遍存在）牛马，而她们从没有享受过家庭的幸福。有的朗生私自结合，有的经过“谿涅”同意后结合，但是他们结合后都不能建立一个单独的家庭。按照农奴制度的规定，凡是这个领主农奴和另一个领主农奴结合生的孩子，男孩随父，女孩随母，各为其领主所属农奴。欧协的这些农奴也要严格地遵守这条法规。

东噶宗的谿卡的农奴和西藏其他地方一样，都被农奴主的三条锁链紧紧地束缚着，人身依附只是其中的一条。差役和高利贷这两条锁链，更使得他们终年辛勤劳动而不得温饱，甚至家破人亡。这个谿卡的全部 595 克 13 升土地中，有三分之二是农奴主的自营地，靠农奴支差役经营。14 户差巴向农奴主支 13 个常年差役，才换得 193 克 14 升份地耕种，仅占全部土地的三分之一。种 19 克份地的差巴，要支一个半常年差役；种 6—9 克份地就要支半个常年差役。支常年差役的农奴必须终年在农奴主的自营地上无偿地劳动，还要担负农奴主其他一切杂役。他们比一般农奴更没有自由，在劳动时有“列本”在旁指挥和监督，让干什么就得干什么，劳动稍一松懈就要挨打受骂。

东噶宗谿卡的农奴们终年为农奴主辛勤劳动，却要自带农具和食物，农奴主连茶水也不供给。凡支一个常年差役的农户，每到春秋两季还要增派一个人为农奴主自营地劳动约两个月，还要租若干头驴为农奴主运送肥料、种子、粮食、草料等等。每年农事最忙的时候，也就是差役最多的时候，这时农奴必须全部首先为农奴主的自营地劳动，然后才能在自己的份地上工作。这个谿卡农奴为西藏地方政府负担的外差虽然不多（因为他们没有自己的牲畜和房屋，牲畜多的外差就支得多，但仅筑堤、修桥和给宗政府修建房屋等几项，就经常影响农奴的生产，碰上这种差，少则需时一个月，多者往往要两三个月甚至半年。农奴为了应付繁重的差役，便不能很好地经营自己的份地。劳动力少的农户，有时甚至错过了播种和收割季节，因而造成庄稼减产或份地荒废。

差巴租种的“波辛”和“协辛”地的实物地租，租额也很高。14 户差巴共租种“波辛”地 23 克 7 升，“协辛”地 11 克，这些土地都是属于其他农奴主的。“波辛”地不管收成如何，一般是每克地每年固定要交租 3 克，只有少数土质较差的地交 1 克或 1 克多。“协辛”地都是在秋后以粮草各半进行平分，农奴所得实际上比领主要少得多，扣除种子和牲畜投资，就所剩无几。无论“波辛”地还是“协辛”地，每年收获扣除种子和农奴的牲畜、人工投资，其实际地租额往往高达70%到80%。在这个谿卡里，有几户农奴并没有份地，而他们每年也都必须缴纳地租。如更登、旺登这两家差巴，都没有一寸土地，但他们每年要向哲蚌寺缴纳2克租粮，还有一种离奇的情况：这个谿卡的农奴主把份地交给农奴耕种，而这块土地又必须向另一领主交租，一块土地同时要向两个领主交租。如差巴采松卓玛有一块3克份地，是以常年差役向农奴主换来的份地，而这3克地每年的收获，还要平分一半给哲蚌寺的一个喇嘛，这块地实际上又成了寺庙的协辛地。（引者注：这个实例说明，西藏封建农奴制下的超经济强制剥削是存在的。）这些一块地向两个领主交租和无地而交租的额外负担，无止境地榨取着农奴的血汗。

农奴的债务世世代代还不清，谿卡里大部分差巴都负有几笔数十年前的旧债。（引者注：即农奴们的很多旧债是在清末就欠下的）这些旧债既不知道祖辈原欠多少，也不知道现在该还多少，以及还要多少年才能还清。农奴借贷，要先送哈达请求，还必须送些礼物。粮债不要抵押，但借钱债就必须有相等或超过所借债款的抵押品。无论借粮债或钱债，都必须有几个人作保，借债人无力偿还而逃跑和死亡时，就由保人和亲属、邻居共同负担。农奴借债的利息一般都很重。这里盛行的高利贷是借五还六、借六还七，很少有借七还八的。借债时间一般是在藏历二、三月间，到九、十月间还债；五、六月间借到九、十月间还，利息也和二、三月间借的一样高。这个谿卡的农奴每年收获的粮食，大部分要用来还债，有的农奴甚至全部收获都偿还了债务。还不清的债务使得农奴不断丧失份地，按照农奴主的规定，农奴借粮债达到一定的数字（一般是60克，也有少一些的）而不能偿还时，就得用土地抵押。

这种“活化石”般的农奴制庄园遍布西藏各地，从这个实例中，可以看出这种延续近千年的经济社会组织内部的运行状况。

（三）超稳定架构所形成的超经济剥削

西藏庄园经济延续千年，具有明显的封建农奴制特点，如果仅仅从超经济剥削的形式看，是中国封建地主经济的一种亚形态。[①] 其很重要的原因是，这个区域社会的统治集团对土地的占有，超过了自然地理所赋予人口人均最低限量的规模，导致土地所有者不能采取一般的雇工形式经营，也不采取一般的出租土地收取地租的经营模式，而是最好采取封建庄园的管理经营模式来管理所拥有的土地。又因为这种中国封建地主经济的一种经济模式的亚形态属于分层似的三角结构，形成了一个超稳定的延续现象，即中国封建社会政治经济形态不大变，则西藏的封建农奴制庄园形态就不会大变。于是，西藏庄园之中超经济的剥削就是一种常态，这种超经济剥削的关键还在于动用了专政机器和无处不在的宗教控制。

1. 西藏庄园制经济分层架构的稳固性

从已知的资料来看，人类社会在农耕时代一个区域社会统治集团对土地超规模的占有，是封建领主制度的一个显著特征，即由中央对土地实行分封并形成制度。其控制机理为，封建国家对某个地区的控制，需要通过各地领主的配合以提供赋税和兵役，包括在遇到战事时兵力的征调。历史地看，如果没有各层封建领主的服从、认同与配合，封建国家不可能直接从基层民众收取税赋和征调兵力。在一定的条件下，封建国家实行分封制，给予领主一定的权利，包括占有土地、收取税赋、支派差役等，同时又必须限制其随意扩大权利、滥用权力，造成对国家经济基础的破坏。以此控制中间领主阶层而实现国家的集权控制，是通常的惯例，尤其是在边远地区是一项有效的政策举措。为此，国家中央对土地、人口、物力等方面的管控极为重要，需要通过法律形式和行政权力来实现。其中的分层管理既体现出中央施政的决定权，又体现出地方各层封建领主的服从、认同与配合。清朝中央对西藏的治理就是如此。

如1831年（道光十一年），驻藏大臣惠显、兴科奏明，已指派噶伦将前后藏各管官所属地土逐一查明，无论喇嘛、世家、番民，照二岗为一屯之例，均匀摊派。并将查明土地、户口及应征赋税各数目，分晰造册，

① 在地主经济的运行方式中，超经济剥削的现象是普遍存在的，在中国以皇权封建制度下所体现的契约性质的税赋，是各封建地方超经济剥削的共性；与中原地区地主超经济剥削不同的是，西藏领主的超经济剥削一般都有宗教因素的介入，绝大多数地区采取庄园经济形式，家奴现象十分普遍。

咨由驻藏大臣衙门盖印备查，并令缮印照，发给各营官遵照征收税赋、摊派差徭。[①] 该清册核定于道光十年（1830 年，藏历铁虎年），故称“铁虎清册”。清朝于 1830 年对西藏进行大规模的清查并颁布《铁虎清册》，所体现的是清中央治藏的一项行政措施，对其治藏方略也起到了相当重要的作用。“在以前西藏地方政府的管辖区域内，除了少数地区后来重新进行过清查重写清册外，其它广大地区土地的占有、差税乌拉的支应、减免和维持原状，都是以《铁虎清册》的等级为根本依据，因此这是最大的一次普遍清查。西藏（1959 年）民主改革前的 129 年间，政府、贵族和寺庙三大领主都以它作为占有土地和农奴、派差收租的基础，因此它是研究旧西藏生产资料占有制度的重要史料文献。这份盖有当时的驻藏大臣印章的铁虎清册原本，至今仼完整地收藏在西藏自治区的档案馆里。”[②]

在 1830 年之前即《铁虎清册》颁布前，清中央的治藏方略即以国家法律的形式产生。1792—1793 年，大将军福康安与孙士毅、惠龄、驻藏大臣和琳等经过长期酝酿，拟订了有关治理西藏各方面的章程，并报经清中央核准颁布实施，其中关于西藏地方政府遵行的部分，即著名的《钦定藏内善后章程二十九条》。《章程》规定：驻藏大臣督办藏内事务，地位与达赖、班禅平等；所有噶伦以下大小头目皆隶属于驻藏大臣；由驻藏大臣主持“金瓶掣签”并监督处理寺庙事务；驻藏军队由驻藏大臣管理，每年春秋两季驻藏大臣要定期出巡前后藏并检阅军队；藏地司法权归于驻藏大臣；驻藏大臣全权处理西藏的涉外事务，对达赖、班禅与外界的信件有检查之权力；由驻藏大臣设置专门机构并派人铸造银币，统一货币成色和折算比价，西藏地方收入开支统由驻藏大臣审核。为了防止僧俗领主滥派乌拉、过分剥削贫民，清廷赋予驻藏大臣发放乌拉印照的权力。《钦定藏内善后章程二十九条》中规定：“嗣后喇嘛番目人等私事往来，一概不得用乌拉，亦不许私发信票。即遇公事差遣有必须乌拉之处，须禀明驻藏

① 中国藏学研究中心：《元以来西藏地方与中央政府关系档案史料汇编》，中国藏学出版社，1994 年，第 2318、2328 页。

② 恰白·次旦平措著，陈庆英、格桑益西、何宗英、许德存译：《西藏通史——松石宝串》，西藏藏文古籍出版社，1996 年，第 816 页。

大臣及达赖喇嘛，发给用印乌拉票，编定号数，沿途始准应用。”①

如前所述的松筠进藏之后减免税赋的诸多举措，与之前清中央已经制定的治藏方略有着非常密切的顺承关系。清中央治藏方略的一个核心即确保西藏作为边疆地区必须稳固。为此，有清一代采取的政治、宗教、军事、经济等手段，实行分层次的管理，其实都围绕“稳固”作为治藏的前提，至晚清虽然涉及调整经济形态，但也未改变这一治藏方略的核心。

清末姚锡光②对中央政府治理、发展西藏等问题持有较深刻的认识与见解，在《筹藏刍议》一书中提出了他的筹藏观。他说：“我朝抚有藏卫垂三百年矣，自国初以来，统驭之意多而充实之力少，官无所劝，民罔知趋，故以乾隆全盛之威，兵戎数起，縻白金数千万两，仅抚定之，延至今日，只巴里两塘，拉萨都会尚略具规模，余则千数百孱弱塘兵窝铺分栖，以外皆悍蕃狡夷之秽区，商上营官之痼习梗焉。”③

蔡汇东④在清末（1909 年）将清统治者治理蒙藏地区的政策归纳为以下几个要点：“一、尊崇喇嘛教以坚其信仰，家有五子者一人相续，余为喇嘛，僧不准娶妻，此人口之所以日少也。二、不奖励教育，人智闭塞，文物制度日就陵夷，至不能语其先祖创霸欧亚之历史，用尽习于偷惰，此竞争力所以全无也。三、不提倡开垦及奖励殖民，人无贮蓄之观念，且互市有禁，因之工商事业无大表现，此经济所以不能独立也……中国坐视无边警者百余年，其收效不可谓不巨也。”⑤ 蔡汇东的这段话嘲讽

---

① 张其勤原稿，吴丰培增辑：《清代藏事辑要》，西藏人民出版社，1983 年，第 338 页。

② 姚锡光（1857—?），字石泉或石荃，江苏丹徒人，其年少时师从丹徒名士周伯义，学习经史天文、地理兵法等，接受儒家传统教育，经世致用思想植根于心。其一生经历丰富，著述颇多，代表作有《东方兵事纪略》《东瀛学校举概》《吏皖存牍》《尘牍从抄》《筹蒙刍议》《筹藏刍议》《筹海军刍录》《蒙古教育条议》《长江炮台刍议》《实边条议》《姚锡光日记》等。是一位对边疆民族问题有颇多独特见解的封建官员，其对中国边疆民族问题始终予以关注，对西藏的稳定问题有着独到见解。

③ 姚锡光：《筹藏刍议》，《近代中国史料丛刊》第 39 辑，第 3 页。

④ 蔡汇东（1881—1938），字达生，蕲春人。清廪生，留日早稻田大学学习法律，同盟会会员。武昌起义，任战时总司令部军法官，晚年任国民政府司法院参事。著有《死法》《新疆西藏之开发》等书。

⑤ 蔡汇东：《筹藏刍言》（原名《西藏改设行省之计划》），第 36 页。

的言辞激切有些太偏，但也指出了清朝统治者在处理西藏问题上偏重于稳固边疆，而对西藏以庄园形态为主的经济结构与形态在改革上缺乏明确的作为。

至晚清，“西藏地区的局势危如累卵，许多爱国人士才发现清前期统治者过分追求西藏的稳定与安宁是对历史时机的浪费”①。其实，作为封建社会的统治集团，几乎不可能超越其历史局限性对其统治的经济基础大行改革。晚清从中央到西藏地方所有不触动政治经济制度的小修小补举措，如侧重于减免税赋等，其目的都在于巩固统治，这种统治方式的最终结局必将是因为固守腐朽而走向败亡。马克思曾经这样评价过在世界性变化趋势中晚清之命运：一个人口几乎占人类三分之一的大帝国，不顾时势，安于现状，人为地隔绝于世并因此竭力以天朝尽善尽美的幻想自欺。这样一个帝国注定最后要在一场殊死的决斗中被打垮：在这场决斗中，陈腐世界的代表是激于道义，而最现代的社会的代表却是为了获得贱买贵卖的特权——这真是一种任何诗人想也不敢想的一种奇异的对联式悲歌。②

2. 西藏农奴制庄园超稳定形态中的变量

很多深入研究西藏经济社会的人，第一观察视角的一个常量就是地理环境。清代魏源对西藏的自然环境曾描述道：“藏地万峰刺天，高辄冰凌，洼辄燠溽，十里殊裘葛，其旷坦数百里，四山环卫如城。”③ 松筠也有类似的描述，而后的诸多清代进藏的外地官员也对此地理的局限多有记载和感慨。其实，地理因素只是一个社会运行的变量，而不是一个恒定的常数。在区域社会生产力的不同发展阶段，地理环境的地位及其作用不尽相同，即使是在社会生产力没有大幅度提高的情况下，因生产关系的一定调整，也或多或少会产生对地理局限的改变。

西藏地区位于青藏高原，属于高寒缺氧地区，气候干燥，降水稀少。但是，在西藏游牧生产与农耕生产效率的长期对比之中，农耕生产方式成

---

① 柳森：《〈由筹藏刍议〉看姚锡光的筹藏观》，《西藏研究》2011 年第 1 期。

② 《马克思恩格斯选集》第 1 卷，人民出版社，第 716 页。

③ 魏源：《圣武记》卷五，中华书局，第 227 页。

为社会的理性选择。① 近代人曾叙述西藏“其为世界最高之地，故气候异常严酷，每届冬令，冰风凛冽，寒冷难堪。居民多以兽粪代柴薪，烧火取暖”;②“西北部地势高峻，复以岗底斯山之隔绝，信风被阻，因而气候干燥，雨水稀少……荒山穷谷，阒无居人，土地荒凉，植物绝鲜。惟满地产盐，日光照之，皑然夺目。东南部雅鲁藏布江流域，天时较易，雨泽亦多。而印度河与雅鲁藏布江之水源，亦皆于季风所施之夏雨也。”③ 西藏地域广阔，但适于耕种的土地并不很多，但在土地后备资源还存在的情况下，开垦荒地是有余地的。清中时期西藏耕地不到120万克（约折160万习惯亩），④ 与西藏1959年之后逐步拓展的耕地面积相比少很多。但从1959年民主改革时期统计的数据看，清末西藏耕地则大有增加。⑤ 可以侧证“在清代雅鲁藏布江中下游干流和支流河谷的所有在当时已有的生产技术条件下可以开垦的土地几乎被开垦悉尽，加之本地区具有悠久的农业生产历史，故而成为清代全西藏垦殖率最高、农业生产最发达的地区”⑥。例如，“江孜附近的河谷比较宽敞，一般有3公里到5公里之宽，山麓有巨大的冲积扇，极适于发展农业生产。据清朝人的记载，江孜河谷的耕地肥沃，约有数千余顷，人民生活尚觉宽裕。正是由于江孜的农业生产的自然条件比较优越，所以这里在清代成了西藏官府领主庄园和贵族领主庄园

---

① 几乎所有记载或研究西藏历史的藏汉文文献，都对吐蕃时期的农耕技术发展予以高度评价。

② 西藏社会科学院西藏学汉文文献编辑室编：《西藏地方志资料集》，中国藏学出版社，1999年。

③ 西藏社会科学院西藏学汉文文献编辑室编：《西藏地方志资料集》，中国藏学出版社，1999年。

④ 在《铁虎清册》中，西藏三大领主的政府、贵族、寺庙三者各自占有土地的大体情况是：政府领有5262墩，约占总数的37%；贵族领有4603墩，约占总数的32%；寺庙领有4377墩，约占总数的30%。按1墩地等于80克推算，大约为113万亩。毛阳海在《简析西藏噶厦时期差乌拉制度》中指出，对《铁虎清册》应税土地面积汇总统计，除扎布伦寺土地之外，共有1188677克，其中，政府差地占44.21%，寺庙差地占23.2%，贵族差地占30.77%，其他占1.82%。周荣在《对清前期耕地面积的综合考察和重新估价》一文中认为，1840年西藏有耕地5384.70万亩，明显有误。

⑤ 据1959年6月的统计，全藏耕地330万克；2001年西藏自治区拥有宜农耕地680.57万亩，约占全区土地总面积的0.42%；净耕地面积523.43万亩，约占全区土地总面积的0.31%；牧草地96934.8万亩，约占全区土地总面积的56.72%。林地10716万亩，约占全区土地总面积的6.27%。根据西藏有关资料整理。

⑥ 西藏的耕地面积绝大部分分布在江河干、支流的河谷阶地、山麓斜坡、冲积扇地和湖泊平原一带，而且大部耕地是由草甸土、亚高山草原土、亚高山草甸土等开垦而来的。

聚集之地”①。

人类社会经济中人口与土地相对应的一般情况是，相对于有限的已开垦的土地，人口增长意味着过剩，劳动力价值相对要下降，土地价值相对上升。这种情况将导致一个区域社会管理者与被管理者之间出现博弈。在晚清的西藏，领主与租种人（差巴、堆穷）的博弈中领主处于有利的地位，领主往往会借此增加对租种人（差巴、堆穷）的剥削。仅从制度视角下的经济主体博弈原理看，② 在很长的一段时间，租种人（差巴、堆穷）可以有三种选择：一是离开庄园所在地，外出开荒求生存；二是忍受领主的剥削；三是进入寺庙不支付差税。第一种选择往往是不确定的，有着很大的风险，尤其是产权问题，对不属于领主而独立开垦的荒地，地方政府不仅不提供产权，反倒是可以依照西藏地方法律予以制裁；第二种选择导致封建领主变本加厉地进行剥削，直至租种人（差巴、堆穷）大量被逼迫逃亡或进入寺庙，导致劳动力减少，领主不得不对租种人（差巴、堆穷）做出一定让步；第三种选择是对第一、第二种选择的补充，成为一种对人口与土地之间数量变化进行调整的砝码。此时，封建领主与留下来的租种人（差巴、堆穷）进行“谈判”，租种人（差巴、堆穷）有可能处于相对有利的地位，并且有可能等待到封建君主对封建领主的管控性调整，如中央政府对西藏一般民众减免差税，使得封建领主不得不做出一定的让步，比如给差巴、堆穷以一定的自由权或者减租降租。当然，封建领主具有很多先期优势，他们得到分封的土地绝大部分在河流的两岸，土地肥沃，离水利灌溉设施近，以此诱惑差巴、堆穷继续租种领主的

① 参见成崇德：《清代西部开发》，山西古籍出版社，2002 年。

② 根据制度经济学的一般原理，制度实质上就是对博弈参与者的行为具有约束功能的博弈规则。在博弈视角下的制度有效性分析中，博弈是指一些个人和组织，面对一定的环境条件，在一定规则下，同时或先后，一次或多次，从各自允许选择的行为或策略中进行选择并加以实施，从中各自取得相应结果的过程。在制度已定的前提下，一个组织的管理活动中，作为被管理者最为关心的是如何使自身利益最大化，而作为管理者关心的是管理目标能否实现。在一定规程下，被管理者依据制度规则考虑各方面的收益和成本来决定是违反制度还是遵守制度，而管理者根据被管理者的行为并综合考虑其自身各方面的利益得失做出是否查处的策略选择，这是一个行为互动和理性决策的过程。因此，可以把西藏庄园经济管理活动看作是在一定制度下，由管理者和被管理者进行的博弈。

份地，免受开荒的不确定性、劳累以及离乡背井之苦之后还极有可能被法律制裁的风险。因此，一些差巴、堆穷选择留在领主的庄园里，但仍然有一部分人选择逃亡。

封建领主自身的繁衍带来家族人口增多，使其封地越来越小，再加上封建贵族的消费规模以及水平随着社会的发展上升，收入减少而支出增多。尽管领主的理性选择应该是不做“杀鸡取卵”的事情，但在经济消费的预期下，领主的有限理性会促使他通过提高地租、增加税赋来加强对民众的剥削以增加收入，这确实导致了有的差巴、堆穷不堪忍受而纷纷逃离庄园。没有了租种人的土地也就体现不出价值，失去了属民的领主也难以保持领主地位，甚至连生存都有困难。原有的庄园规模难以解决人口与耕地之间的矛盾。为了将这个矛盾予以一定程度的缓解，统治集团非得采取新的土地开垦措施不可。在社会制度不改变的前提下，土地这个经济要素的增加，使得庄园制经济进入了新一轮巩固周期。

1899 年（光绪二十五年），十三世达赖喇嘛颁布文告鼓励开垦土地、发展农业生产。文告中写道：“西藏亦如其他土邦，只因不够勤奋，尚有许多荒地未加开垦。即令个别人意欲垦殖，亦因当地首领之侵害并妒忌而受阻。官府人民、贵族、寺庙等于各自占有范围内垦荒、植树，也常为相邻之其他人所诬告阻拦。此类行为，于己于人尽皆无益。故今后凡有劳力之贫困户，均可于山岗谷地中之公共土地，尽力垦荒、植树、种刺柴，不得加以阻拦。”① 十三世达赖喇嘛的这个文告，对扩大西藏耕地面积起到了一定的引导作用，但并不是十分顺利，且后果也对民众并没有多大利益。因为，西藏即使在封建农奴制的统治下，尚有一部分“公共之地”可供“凡有劳力之贫困户”进行开垦，② 但也需要有相应的庄园经济制度作支撑，亦即这些被开垦的土地，绝不可能成为差巴、堆穷的财产，最后

① 西藏自治区历史档案馆编：《藏文史料译文集》，第 202 页。

② 这是研究晚清西藏庄园制演变中一个很重要的视点，土地的变量通常会导致某个经济形态在一个时期的变化，例如出现新的庄户，他们极可能在大环境中成为新的领主或成为亦农亦商的半自由民，前者的产生多数会沿着豁卡管理形式收容逃亡户，后者的出现则意味着部分农奴制庄园有朝着地主经济形态演化的可能性。

都会被纳入三大领主的谿卡之中，地方政府才能征收税赋和支乌拉。其过程和结果，并不能让生活在底层的民众受益多少。

西藏耕地面积在清末有了一定的扩大，农业垦区已由原先分散在气候温凉的雅鲁藏布江中游和藏东三江河谷地区扩展到靠近后藏寒冷的各河流上游和藏南的河滩湖盆地区。如前所述，在 1830 年的《铁虎清册》中，西藏三大领主的政府、贵族、寺庙当时共领有 14242 墩计税耕地，按 1 墩地等于 80 克地推算，大约为 113 万亩。不排除领主为少交税赋，隐瞒一定计税赋耕地的情况，[①] 但即使按 30% 隐瞒，总数也不过 35 万亩左右，也就是说当时西藏耕地总面积不足 200 万亩，而经过后来的开垦土地活动，西藏耕地总面积是上升的。据 1959 年 6 月即民主改革前期的统计，全藏耕地为 330 万克，大约为 456—462 万习惯亩，较之于清初中时期增加了 200 多万习惯亩。这些数字在一百多年间的变化，暗含着清末西藏封建农奴制下的庄园经济又一次得到了输血，亦即封建农奴制庄园的超稳定结构在经济要素上得到了支撑。

随着土地的扩大而人口增长几乎停滞，此时，一些经济出现困难的贵族领主与差巴协商，如果肯出钱买他的份地，可以给差巴一定自由，并可以以货币交租或顶差。[②] 由于地方政府以它特有的优势与贵族领主竞争，差巴从地方政府手中接受荒地进行开垦后，即使是只要十一之税仍是要交税，何况将荒地开垦成熟地，需要若干年才能有稳定的收成，其间是要承担一定风险成本的。而从封建领主手里买地，虽花了一定代价，但不需交税也不需承担过大的风险。因此一些人从领主的手里买地，预期收益大而风险相对较小。这部分人虽然身份还是差巴，但一些人可以游离于庄园经济之外而成为商人。“封建庄园再也关不住所有的人，社会上出现了人口的流动。人口的流动为庄园的发展带来了活力，同时也给庄园带来了压力，就劳动力而言，庄园与庄园之间、新庄园与旧庄园之间，以及庄园与

---

① 周荣：《对清前期耕地面积的综合考察和重新估价》，《中国社会经济史研究》2001 年第 3 期。

② 根据已有的资料，清代西藏农奴所支应的各种差中比例最大的是劳役差，其次是实物差，货币差最少。

新农田基地之间发生了一种竞争的关系。”① 这种“竞争关系”是由于土地与劳动力的原因引起的，它导致晚清的西藏耕地面积有较大的扩展，并随着这个扩展出现了新的庄户，他们极可能在大环境中成为新的领主或成为亦农亦商的半自由民；前者的产生多数会沿袭豀卡管理形式，收容逃亡户使他们仍然为农奴，后者的出现则意味着部分农奴制庄园有朝着地主经济形态演化的可能性，并带动商业的发展。但总体上来看，无论是前者还是后者，并未对西藏庄园制经济造成根本性的改变，反倒是整固了这种经济形态，庄园制的超稳态继续得以延伸。

另一个不可能对庄园制经济产生根本改变的变量是清末新政，尽管查办藏事大臣张荫棠在任期不长的时间内大张旗鼓地推行新政,② 但是不可能对封建农奴制下的庄园经济进行变革。其时，清朝为了抵御列强对西藏的侵略曾经四次调整治藏政策，张荫棠向清廷提出的治藏建设十九条及西藏地方善后问题二十四款即“治藏新政”最为著名。主要内容是优待达赖和班禅，调北洋新军6000人驻藏，架电线，修公路，办学校，开矿山，建工厂，试种茶树，课征盐井税，设银行，办报纸等。同时根据其治藏新政策，令西藏地方政府设立交涉、督练、巡警、盐茶、财政、工商、路矿、学务、农务等九局。张荫棠入藏后命人把《训俗浅言》《藏俗改良》两本小册子译成藏文，散发各地，其中有“喇嘛白昼不必诵经，宜兼做农工商业以生财……”等内容③。在清末西藏新政期间，即使内地的生产技术大多数也是一些传统小生产技术，从西方国家引进的先进技术尚未普及，而西藏地区的生产力水平低下和开发技术落后的状况更是不堪一提，与新政内容的目标差距甚大。新政期间，西藏农牧业是不可能有任何改观

① 美朗宗贞:《论西藏近代商人阶层的形成》,《中国藏学》2009 年第 4 期。

② 1906 年，张荫棠以参赞身份陪同外务部侍郎唐绍仪与英谈判修改《拉萨条约》，后又代替唐绍仪为全权代表，在此期间，张荫棠向清廷提出《请速整顿藏政权收回政权》的建议，随即清廷命其“以五品京堂候补前往西藏查办事件”，并授其副都统衔，令其整顿藏政，实行改革，以加强对西藏的治权。张荫棠入藏后的一系列改革措施触动了西藏地方统治阶级的根本利益，引发抵触情绪，特别是受到驻藏大臣联豫的猜忌，又招致英印政府抗议，被人连连参奏弹劾，腐朽软弱的清廷恐演成事变，1907 年 5 月将他调离。

③ 黄奋生:《藏族史略》，民族出版社，1985 年，第 312 页。

的，何况当时生产力水平低下，也无法使西藏经济克服严酷的自然条件而起步发展，更何况张荫棠的新政有损于西藏地方统治集团的利益，也对英印侵略者的图谋有很大的抗力，因此受到多方面的抵制，加之张荫棠查办藏事的时间不长，人亡政息，由此以农奴制为载体的庄园经济也不可能受到本质性的触动。

3. 西藏庄园经济中宗教介入因素的作用

西藏寺庙经济是藏传佛教的僧人集团由干预地方政治到参与地方乃至国家政治，不断谋求建立政教合一地方政权并维护甚至扩大其存在的物质基础。西藏寺庙的这种具有强烈入世的政治经济行为，可以追溯到吐蕃时期。① 在西藏政教合一制度形成与发展的过程中，寺庙作为宗教活动的场所，既充分发挥了宗教的教化作用，又充分发挥了政治的介入作用，从而产生了寺庙同时具有宗教活动场所、文化教育传承载体、准军事司法机构、社会经济实体、社会政治团体等五大功能。

寺庙一方面通过各种仪式宣扬“六道轮回”“业果报应”的宗教观点，为统治集团的剥削压榨作辩护，另一方面劝诫广大民众要顺从、要忍受剥削压榨，这种明显的维护封建农奴制的教化，在其争取世俗权力和经济利益的过程中，也为寺庙发展提供了有利条件。同时，造成了宗教首领与组织对政治的干预越来越严重，经常性地介入司法。由此，在僧俗统治阶级内部必然产生既相互勾结也相互争夺的格局，在西藏文史记载之中，各个教派之间为了争夺财产和庄园而诉诸武力的事件很多。②

藏传佛教格鲁派在清初即得到清中央的大力扶持，公元1652年（顺治九年），清世祖顺治帝邀请五世达赖喇嘛阿旺罗桑嘉措进京，给予其殊厚礼遇，并为其修建西黄寺以作住所。后顺治帝又封五世达赖喇嘛为

① 藏文史料普遍记载了赤祖德赞以“七户养僧”的规定，使得吐蕃僧人数量增多，吐蕃也设立过僧相官职。当时的僧人除了译经、传法之外，还介入了吐蕃王朝的政治经济生活，以至于引起与旧贵族和苯教徒剧烈的冲突。

② 宋秀芳：《浅析西藏寺院经济产生与发展的动因》，《西藏民族学院学报（哲学社会科学版）》2001年第2期。

“西天大善自在佛所领天下释教普通瓦赤喇怛喇达赖喇嘛”,① 封固始汗为“遵行文义敏慧顾实汗”，确定固始汗为西藏地方行政长官，达赖喇嘛为西藏的佛教领袖。公元1654年，固始汗在拉萨逝世，达赖喇嘛在西藏的政教首领的地位进一步提高。格鲁派取得了较之于其他教派优越的位置,② 清中期又获得中央的直接支持而急剧发展，对于在西藏各教派中占统治地位的格鲁派，清朝在政治上对其首领多加册封，赏其名号，经济上封赐给寺庙大量资金，因而使格鲁派旧有的寺庙得以大力扩充，并不断新建寺庙。在较长的时间内，格鲁派逐步完善了西藏政教合一的统治形式，也为该派的寺庙经济提供了可靠的政权支持。为维护、巩固、发展既得的宗教、政治、经济权益，格鲁派采取了一系列行之有效的措施。“首先对寺庙内部的组织形式作了进一步明确的规定，规定了执事僧人的任免升迁制度、僧人学经程序、考试制度、寺产管理方式、寺内纪律仪节等。在寺庙内采取委任制、任期制的管理制度，避免了个人专断和世俗统治者操纵寺庙事务，使寺庙组织管理制度日趋完善，从而奠定了格鲁派势力和寺庙经济稳定发展的组织基础。其次，在处理格鲁派内部诸多寺庙关系的问题上，确定主属寺关系。以拉萨三大寺以及扎什伦布寺等格鲁派大寺为中心，在全藏建起格鲁派寺庙网，大小寺庙之间，建立隶属关系，形成母子寺（主寺和属寺），规定主寺有权派出僧人担任属寺的堪布等重要职务，由此而形成了一个严密而又强大的主属寺庙网络，进而克服了以往各教派在其教派内部的寺庙之间因互不统属所导致的利益冲突。同时，在首领继承关系问题上，格鲁派成功地采用了噶玛噶举派创造的活佛转世制度。这一制度的实行不仅避免了格鲁派寺庙集团内部因争夺领导权而引起的矛盾，而且解决了寺庙财产继承权问题，使寺庙财产持续不断地增加。”③ 寺庙组织财产继承权的稳定性决定了其财产积累几乎总是呈单向的增加

① 恰白·次旦平措著，陈庆英、格桑益西、何宗英、许德存译：《西藏通史——松石宝串》，西藏藏文古籍出版社，1996年，第610页。

② 马啸：《17世纪至18世纪清朝与格鲁派上层的互动研究》，《青海民族研究》2010年第3期。

③ 宋秀芳：《浅析西藏寺院经济产生与发展的动因》，《西藏民族学院学报（哲学社会科学版）》2001年第2期。

趋势。

寺庙上层僧人还具有大量布施收入的优势，那些大寺庙占有的土地和属民不断增加，除了中央与地方所封赐的外，贵族的布施也是一个来源，寺庙得到的钱财布施收入数目颇为可观。清朝“对于这些寺庙，除拨予土地和农奴外，还命令近宗、豁卡，按期供给黄教寺庙的宗教活动费用。”① 五世达赖喇嘛受到清中政府册封后，不仅本人所得封赏十分丰厚，寺庙获得的布施财物比以往也更多，对寺庙经济的进一步强化产生了强有力的作用。这种强化带来资源配置进一步走向畸形，即寺庙超经济的剥削更加扼杀了堆穷、差巴这些微观经济主体的生产动力，而大量社会资源被用于对生产力无所补益的宗教活动上，社会扩大再生产所需要的积累被消耗殆尽。

整个清代包括晚期，藏传佛教寺庙遍布在西藏的农耕中心地带即卫藏各地，寺庙领主经济扩展的势头较之于贵族领主要明显。晚清时期，寺庙的豁卡大量增加，其中增加明显的当属格鲁派的豁卡。

《黄琉璃史》记载：“从第十二绕迥木狗年（1699 年）至第十二绕迥水牛年（1733 年），仅黄教僧侣人数，就由原来的 134498 人迅速增长为 221742 人，增长了 65% 。”随着寺庙及僧人数量的倍增，寺庙经济的规模也在进一步扩大。1737 年（乾隆二年）清朝政府统计，达赖喇嘛系统所属 3150 所寺庙占有农奴 121438 户，班禅系统所属 27 座寺庙占有农奴 6752 户。拉萨三大寺“每寺占有的土地都在三万克以上，其中号称拥有七千七百喇嘛的哲蚌寺拥有豁卡一百八十五处以上，计耕地有五万一千余克，牧场三百处，牲畜三万头以上，农牧奴两万余人。”从后来的一些数字中也可以看出寺庙经济扩张的结果，例如到 20 世纪 50 年代，西藏共有 330 万克实耕土地，寺庙及上层僧侣占有 121 万余克土地，占西藏土地面积的 36. 8% ，贵族占有 79 万克，占耕地总面积的 24% ，其余为政府占有。寺庙占有的土地远远超过了贵族。② 另有数据说，1917 年寺院土地收

① 王森：《关于西藏佛教史的十篇资料》［油印本］，中国社会科学院民族研究所，第 235 页。
② 《西藏自治区概况》，西藏人民出版社，1984 年。

益为80万英镑，占三大领主土地收益的41.7%，贵族40万英镑，仅占20.8%。晚清西藏经济社会愈加走向没落的态势，与寺庙经济的畸形发展有着一定的关系。这种没落的关键因素在于，寺庙庄园数量在不断扩张中，对农奴实行“杀鸡取卵”的做法，其超经济剥削的程度远大于政府庄园和贵族庄园。

西藏的寺庙领主按照政教合一制度的通例，占有谿卡和属民，并与其他谿卡一样，派发徭役和征收粮油等农畜产品，寺庙的经济收入应该是相当稳定的。但是，贪欲驱使寺庙领主还是尽力进行扩张，由于西藏封建农奴制社会是政教合一体制，农奴主的政治统治、经济剥削与神权代表的说教，集中体现在一个人身上的做法很显著也很普遍。那些掌握神权的僧人如活佛之类的领主，例如受到清中央扶持的达赖喇嘛系统的大小领主们，因有喇嘛（上师）的身份，在某种意义上更具有巧取豪夺的便利。一方面是凭借宗教的名义对农奴进行超经济剥削，在一个全民信教的社会之中更为容易，很多信众对寺庙的剥削几乎是甘心情愿的；一方面寺庙在经营商业和高利贷时，无不利用宗教政治特权，利率远高于世俗领主。延续到20世纪中叶之前的惯例为：西藏地方政府高利贷利率为借十还十一，贵族领主为借七还八，寺庙则为借四还五。寺庙庄园如此之高的剥削率，已经完全丧失了经营田庄产业起码的经济理性，不仅不考虑扩大再生产所需，而且连最基本的再生产要素也被搜刮；而西藏宗教统治集团所从事的带有特殊色彩的那些宗教活动，例如需要人的脏器做法事，① 需要西藏各户定额支僧差等等，② 都是对社会生产力（包括人口再生产）的严重破坏。寺庙庄园对贵族庄园的兼并，是藏传佛教势力覆盖全社会的结果，也是寺庙领主对贵族领主经济利益侵蚀的结果。这个结果导致晚清西藏经济社会的内外交困，社会活力被严重扼杀，远离世界文明进步的潮流。

---

① 现存于西藏档案馆的20世纪50年代初西藏地方政府有关部门致热布典头目的一封信件内称：“为达赖喇嘛念经祝寿，下密院全体人员需要念忿怒十五施食回遮法。为切实完成此次佛事，需于当日抛食，急需湿肠一副、头颅两个、多种血、人皮一整张，望立即送来。”

② 部分农奴为了寻求出路和寄托到寺庙，但他们的地位并没有也不可能有丝毫的改变，他们从事着寺庙里的各种劳役，仍然苦不堪言。西藏地方政府明文规定“家有三男，必有一人去支僧差”，导致西藏社会僧尼成群，按此比例，晚清西藏僧尼占约120万人口之中的10%—12%。

西藏寺庙所受的布施，有相当大的一部分来自庄园农奴和牧民的供奉，农奴们将其劳动收获的大部分付给农奴主、政府之后，还要再将一部分产品贡献给寺庙，所剩下的连维持生存都极为困难，不可能还有用于扩大再生产的物资资金。西藏寺庙的各种收入虽然很多，但各寺庙提供给一般僧人的消费却十分有限。然而各个寺庙尤其是拉萨三大寺的宗教活动开支浩大，入不敷出，不足部分要由清廷和西藏地方政府补足。西藏地方1795年呈报清廷的报告说："布达拉宫每年除收实物外，各项收入折合银两约127000两，但每年支出为143600两，仅正月和二月念经办法事就需7900两，不足部分都由清廷补足。"扎什伦布寺每年收入"实物（本色）折色约合银66900两，计每年用度需74600余两。"政府拿出收入（税收、放债和拥有庄园及牲畜等）的一部分给寺庙，这一现象也存在于基层行政。"一般估计，各宗（相当于县）政府送交寺庙作为宗教费用的实物，要占全宗全年收入的50%—60%。"① 晚清时期，十三世达赖喇嘛新设置基巧级地区，规定首席噶伦和各基巧级地区首席官员必须是僧官，有意将格鲁派寺庙和僧人的权力进一步集中，以便宗教介入日常行政事务。这些举措，使清末西藏地方"政教合一"体制下"三大领主"对广大农奴的压迫和剥削更为强化。②

寺庙庄园高度的超经济剥削，还来自晚清西藏的寺庙再次出现的糜烂之风。由于时局一直处于动荡之中，僧人走出禁欲的殿堂，把兴趣转向世俗事务，参与政治活动的欲望高涨。同时，由于政教合一的政治机制，使得越来越多的僧人走上政治舞台，这就必然引发僧侣内部以及僧俗之间的权利争斗，寺庙本身也变成了争权夺利的场所，佛法教育流于形式，僧才青黄不接，导致藏传佛教特别是格鲁派的衰微。③ "格鲁派教律的废弛，以三大寺及上下密院为最著，僧众喝酒、吸烟、下棋、化装为俗人夜游；贵族家庭出身的僧侣不守法规，在乡间游玩，招伎侑酒，弹唱歌舞，赌博

① 吴云岑：《西藏寺庙经济的历史、现状及对策——关于藏传佛教与社会主义相适应的思考》，《西藏民族学院学报（哲学社会科学版）》2001年第2期。

② 《藏学研究论丛》（第6辑），西藏人民出版社，1994年，第151页。

③ 许得存：《近代以来格鲁派衰微的原因》，《西藏研究》2000年第1期。

吸烟，仗势欺人；农牧奴家庭出身的贫苦僧人为生活所迫，多到乡下念经乞食，或外出做苦工；经堂例会以有无布施决定参加与否；经堂诵经不披披风，不坐夏，等等。”一部分僧人依然保持着独身的美名，却可以尽情享受男女之娱，道德堕落，教规腐化，佛法不兴。权钱交易、金钱交易盛行寺院，用钱买格西学位之事时有发生。① 这种情况致使在1894年，十三世达赖喇嘛训示三大寺上层僧人，要求严格遵守寺院各项教规戒律，提出对违犯者须严加管理，不能再放任自流，若有违犯，不仅要惩罚违犯之人，还要追究寺院的各级僧人，加以严惩。② 追根寻源进行分析，寺庙的糜烂之风造成的大量开销必须得到经济的支撑，在西藏地方相当封闭、交通十分困难、社会整体极不发达且处于半殖民地经济状态的情况下，对寺庙自己的庄园“竭泽而渔”进行超经济剥削，并且巧立名目侵吞贵族庄园，这是一种符合寺庙经济逻辑的选择。

晚清西藏的寺庙沿袭历史定制拥有大量领地，寺庙高层既从自己的领地上征收财物，又从政府和朝香者那里聚敛财物，也在宗教活动中收取有偿费用（例如念经收费）等，成为西藏财富的最大拥有者和最大消费者。从寺庙活动的整体流程功用看，修建大量寺庙使得民间很多的财富沉淀在寺庙建筑中，不能进入流通用于发展生产；寺庙举行的宗教活动又耗费大量在西藏恶劣环境下人们取得的有限财富；西藏寺庙还将政府行政机构最主要的工作也纳入宗教活动之中。寺庙控制社会经济运行的程度之深之广，在中国其他地方是不可能的。西藏社会生产活动很大程度上是为寺庙的消费而进行的，其庄园的管理与经济活动基本上是为寺庙的超经济剥削运作的，寺庙管理下的谿卡，剥削程度远远高于其他谿卡，在宗教因素的介入下，寺庙庄园越是扩张，其人身依附和经济压榨的严酷越是会导致整个社会的衰落。

---

① 许得存：《近代以来格鲁派衰微的原因》，《西藏研究》2000年第1期。

② 在其后若干年十三世达赖喇嘛一直在整顿寺庙，但收效甚微。他于1913又颁布了《关于西藏全体僧俗民众取舍条例》，其中第一、二条是有关寺庙纪律的。其内容有不分教派，所有寺院均应齐心协力，善从传统供祀和寺庙管理；师徒众僧，应潜心修心佛法，恪守寺院清规戒律等。

二、晚清西藏经济社会的严重危机

晚清时期，西方列强大肆侵略中国，至清末掀起了瓜分中国的狂潮。西方列强在侵略和瓜分中国的罪恶活动中，挑拨中央与地方关系，散布分裂主义，推行殖民主义政策，同时策划了一系列的“独立”活动，以图达到其侵吞中国边疆领土和分裂肢解中国的目的。[①] 毛泽东指出：“帝国主义亦到处致力于保持资本主义前期的一切剥削形式（特别是在乡村），并使之永久化，而这些形式则是它的反动的同盟者生存的基础。”[②] 在国外武装入侵与资本的输入与控制下，清末中国的半殖民地化程度不断加深。在这种大环境下，西藏的经济社会危机四起，随着半殖民地经济的侵害，封建农奴制下的庄园经济也受到了一定程度的冲击。

（一）半殖民地经济与封建社会经济的交错

英国对中国西藏的觊觎由来已久，早在18世纪，英国印度的东印度公司在孟加拉国的总督等到西藏，旨在建立商业联系，并了解政治、经济、交通等方面的情况。其间不断派“传教士”和以“通商”为借口向西藏渗透。鸦片战争以来清朝政府因内乱外患，日趋腐败衰弱。驻藏官员也昏庸无能，对西藏的治理日趋瘫散。晚清时期中国西藏遭到了来自英国的两次侵略战争，随之陷入半殖民地状态。但是英国出于其战略目的，没有在西藏建立如它在中国沿海的那种殖民地经济，而只是对西藏进行不对称的掠夺。

1. 英国两次侵藏战争后英印对藏的经济掠夺

1888年（光绪十四年），英国发动第一次侵略中国西藏的战争之后，清廷委任驻藏大臣升泰到印度加尔各答，与英印总督兰斯顿就通商问题进

① 国家民委五种丛书编写组编：《西藏自治区概况》，民族出版社，2008年，第118页。

② 《毛泽东选集（合订本）》，人民出版社，1969年，第592页。

行了谈判。1893 年（光绪十九年）《中英藏印续约》在大吉岭正式签署。① 该条约涉及对外通商的主要内容有：西藏亚东自 1894 年 5 月 1 日（光绪二十年三月二十六日）开为商埠，英国诸色商民可以自由前往亚东经商；印度官府可以随意派员驻寓亚东查看贸易事宜；英国商民可以在亚东租赁住房栈所；自亚东开关之日起，除军火、盐、酒等应禁物品外，其余各货在 5 年内概行免纳进出口税，5 年后由两国酌定税则，照章交纳进出口税；印茶暂不准输往西藏，俟百货免税 5 年限满后方可入藏销售；英、藏商民之间的争辩之事应由中国边界官和哲孟雄办事大员商酌办理，如果双方官员意见不合，则照被告所供按其本国法律办理，等等。②

晚清英国的羊毛比西藏贵 5 倍，皮革贵 12 倍，西藏的黄金、麝香、硼砂等稀有物品质优价廉，为英国资本家所垂涎。因此，英国视中国西藏地区为理想的原料供应产地，要求打开西藏门户的愿望与日俱增。1895 年（光绪二十一年），英国布拉德福商会理事会上书英国官府，"急切地盼望大英帝国官府竭尽全力，或者与中国皇帝缔约，或者与喇嘛直接缔约，抑或采取任何官府认为适当的其他办法，务期打开藏门户"③。1894 年 5 月 1 日，清政府在西藏亚东开关通商。驻藏大臣奎焕和海关监督均发布亚东开关告示，宣布亚东正式开关互市。从此，西藏对国外的大门被打开，亚东成为中国西藏边境的一大商埠，西藏半殖民地经济由此滥觞。英印殖民主义者开始对西藏进行经济掠夺，伴随着这种掠夺还介入到西藏地方的政治生活之中。

在英国第二次侵略中国西藏战争即将结束时，1904 年 9 月 7 日，由甘丹寺僧人与英军签订了非法的《拉萨条约》。其中规定：西藏地方赔偿

---

① 《中英藏印条约》又称为中英会议藏印条款，是清朝政府与英国签订的不平等条约，主要内容是确认哲孟雄（今锡金）为英国的保护国，但涉及西藏。《中英藏印条约》于 1890 年 3 月 17 日在当时是英国殖民地的印度加尔各答签订。而后在 1893 年 12 月 5 日又根据《中英藏印条约》的规定签订《中英续订藏印条约》。

② 成崇德：《清代西藏开发》，北京燕山出版社，1996 年。

③ 黄万纶：《西藏经济概论》，西藏人民出版社，1986 年，第 145 页。

英国侵略军军费 50 万磅，合卢比 750 万元，每年缴 10 万元，75 年缴清。[①] 后来，英国政府担心超过西藏偿付能力的赔款和 50 年的赔款支付期，可能会引起收取赔款的诸多不便，在其正式批准《拉萨条约》时，将原先 750 万卢比的赔款额减少为 250 万卢比，并将赔款支付期从 75 年缩短为 3 年。英国侵略者用武力强加于西藏地方的这笔赔款，后来由清中央在 1906 年的《中英续订藏印条约》正约 6 款作为附件承认支付，这"对西藏地方的财政并没有产生特别重大的影响，但是，由于清政府为支付这笔赔款，使之本来已经艰难竭蹶的财政更加拮据，以至于不能将更多的资金投诸清末新政期间西藏地区的经济等方面的开发事业"[②]。

在武力强迫下签订的《拉萨条约》规定，江孜和噶大克两处增辟为商埠。后来清中央屈服于英国的压力，遂对新开辟的商埠予以承认。其结果是，晚清的西藏逐渐沦为半殖民地，"江孜为英人侵藏大本营，有邮局、有电报、有军队、有医院。邮局纯为英国人商办，既未得藏政府之许可，亦不受藏政府之监督，虽事务员仍多西藏人，而一切大权则操之外人手中，邮票亦直用英国式，与南满之日本邮筒遥遥相对，且一过江孜，即遍设驿站，兼备英国官员之食宿"[③]。

亚东虽设立海关，但有名而无实。1894—1913 年，亚东海关近 20 年里实际上始终没有收过税。亚东海关经费由清政府的总税务司署通过汇丰银行拨给，按季汇拨，每次 3000—5000 海关两（关平银）不等。亚东海关仅对进出口货物进行检验，查禁违禁之物，对货品种类、数量、价值等进行登记、造册，按月季年分别统计，上报总税务司署。亚东海关历任官

① 《拉萨条约》严重损害中国的主权，清政府坚持不予批准，并要求修改条约。1906 年 4 月 27 日，清外务部侍郎唐绍仪与英国驻华公使萨道义签订《中英续订藏印条约》，正约 6 款，主要内容为：双方承认将《拉萨条约》附入本约，作为附约；英国允不占并藏境及不干涉西藏一切政治，中国应允不准其他外国干涉藏境及其一切内治，等等。

② 张世明：《英国侵略对清代西藏经济的影响》，《西藏民族学院学报（社会科学版）》1991 年第 1 期。

③ 刘曼卿：《康藏轺征》，民族出版社，1998 年，第 124 页。

员（税务司）都是由清政府雇佣的英国人。①

亚东海关对1894—1910年间中国西藏与英印之间贸易情况有详细的登记，这些保存完整的资料为我们今天了解当时的经济贸易交往情况提供了珍贵的历史资料。根据统计数据，在17年间亚东关贸易数额进口货物总额14006329卢比，出口货物总额13619531卢比，进出口总值27625853卢比。

下表反映了清末亚东海关贸易的基本情况。

1894—1910年西藏亚东海关贸易情况统计表

单位：卢比

年份	进口	出口	进出口总值
1894	191180	398131	589311
1895	416218	634086	1050304
1896	561395	781269	1342664
1897	674139	820300	1494439
1898	718475	817851	1536326
1899	962637	822760	1785397
1900	730502	710012	1440514
1901	734075	783480	1517555
1902	761837	815338	1577175
1903	686041	687324	1373365
1904	446212	186654	632866
1905	1233310	902595	2135905

① 旦增伦珠：《南亚陆路大通道：中国西藏与印度经济贸易历史研究和展望》，中国藏学网2011年4月18日。

续表

年份	进口	出口	进出口总值
1906	1179740	1140336	2320076
1907	1389616	1461383	2850999
1908	1186370	1063651	2250021
1909	1161555	913311	2074866
1910	973027	681054	1654081
合计	14006329	13619535P	27625853

资料来源：《西藏亚东关档案选编》，中国藏学出版社，1996年。

西藏亚东等地被英国强迫开辟为商埠之后，英印输往西藏的商品数额急剧上升。有统计资料表明，英属印度向西藏输入商品的价值额在1889—1890年间为1314.58卢比，在1890—1891年间为199788卢比，在1891—1892年间为203131卢比，在1892—1893年间为229117卢比，在1893—1894年间为331613卢比，在1894—1895年间为447802卢比。[①]仅从这份资料看，英印在1889—1895年间向西藏输入的商品数额逐年增长，其年平均增长率为22.7%。其中1889—1893年间的增长幅度不大，而1893年后的增长幅度则极为明显，1892—1893年间的增长率为44.74%，而1894—1895年英印向中国西藏输入商品的价值额是1892—1893年的两倍。[②]

西藏地区在1889—1907年间经由亚东出口的商品总值各年分别为：

1889年为131548卢比，1890年为199788卢比，1891年为203131卢比，1892年为229117卢比，1893年为331613卢比，1894年为447802卢比，1895年为634080卢比，1896年为781269卢比，1897年为820300卢比，1898年为817851卢比，1899年为822760卢比，1900年为710012卢

① 陈崇凯：《西藏地方经济史》，甘肃人民出版社，2008年，第440页。
② 成崇德：《清代西部开发》，山西古籍出版社，2002年。

比，1901 年为 783480 卢比，1902 年为 815338 卢比，1903 年为 678324 卢比，1904 年为 186654 卢比，1905 年为 902595 卢比，1906 年为 1140336 卢比，1907 年为 1461383 卢比。①

这组数据表明，西藏地区从亚东关输出原料和其他商品货物的变化，可以分为四个阶段。

第一阶段，1889—1894 年。此时亚东尚未正式开埠，原料产品的外流数额尚不大。在这一阶段，西藏原料的输出逐年增长，年平均增长率为 27.76%。

第二阶段，1895—1903 年。这时亚东关输出商品的价值总额虽有较小幅度的上下波动，但较诸亚东关开埠之前的输出量有了明显增长，这一点是昭然可见的。在这 9 年中，亚东关平均输出商品的价值总额为 772490 卢比，比第一阶段的年平均输出商品价值总额增长 515323 卢比。

第三阶段，1904—1905 年。1904 年，由于受到英军第二次侵藏战争的影响，西藏从亚东关输出商品价值总额猛烈下跌，从 1903 年的 687324 卢比降至 186654 卢比。但尽管如此，该年输出商品的价值总额仍比 1889 年多 55070 卢比。这表明英国对中国西藏经济的侵略已达到了一定深度，即使处于战争状态，也不能停止商人们的活动，半殖民地经济的运行已经显露端倪。

第四阶段，1905 年以后。西藏从亚东关输出商品的价值总额猛然大增。“印藏贸易以羊毛牛皮为大宗，前藏商人贩货由江孜运至帕克里而止，将货售与上下卓木土人，再由卓木脚夫转运往噶伦绷、大吉岭等处。”② 由此可见，羊毛、牛皮等原料是英国掠夺中国西藏地区自然资源的主要对象。

1895 年（光绪二十一年），英国从中国西藏掠夺去的原料价值是羊毛 581944 卢比，麝香 116024 卢比，牛尾 42628 卢比，羊皮 14183 卢比，骡、马等 31823 卢比。需要指出的是，英国在打开西藏门户之前，对西藏的黄

① 陈崇凯：《西藏地方经济史》，甘肃人民出版社，2008 年，第 441 页。

② 何藻翔：《藏语》，第 32 页。

金等矿产资源期望甚厚，但由于西藏地区在清代的矿业比较落后，所以英国侵略者企图掠夺中国西藏地区黄金等矿产资源的愿望未尽其意，其后掠夺的重点主要在羊毛、牦牛尾等畜牧业初级产品上。英印低价收购羊毛等原料，不仅使农牧民的经济利益受到损害，西藏民族手工业也受到冲击，本来就脆弱的西藏民族手工业在英印机器生产的商品冲击下发展更加困难。同时，农奴们还要为运输这些商品无偿支差，庄园中的份地与租地收成降低，而农奴主们根本不会为支差减少缴纳的税赋，导致堆穷、差巴的生活更加贫穷。这些情况交织在一起，对于西藏的庄园经济也带来相当大的冲击。

1908 年（光绪三十四年），中方代表张荫棠和英方代表丰礼敦在加尔各答签订了《中英修订藏印通商章程》15 款。按照该章程，英国商民可以在江孜商埠内租地建筑房栈，英国可以在江孜、亚东的商务代办处派驻名为卫队的武装部队；除印度边界土人向来在藏居住贸易者外，其余英国商民及货物不得从商埠绕入西藏腹地。此后，不断扩大的进出口贸易并未使西藏社会生产和经济积累得到好处，没有拉动西藏社会生产经济发展，而人民生活水平和质量也没有因为扩大对外贸易得到改变。西藏地方在政治上逐渐附庸于英印的状况，又使得英印对西藏经济的控制力度不断增大，西藏地方陷于半殖民地的悲惨境地。

2. 英国侵略对西藏和庄园经济造成的影响

英军的侵略战争使西藏人民在经济上直接蒙受了巨大损失。据江孜地区冲萨溪本及百姓代表的一份呈报记载：“木龙年五月十五日，大队英军侵入江热村扎营。到二十四日，我江热、文秀一带的一百多克庄稼被英国军马连吃带踩，后又被割去喂马。英军还火烧房屋、拉走牲畜、抢劫财物。”① 在英军第二次侵藏战争中，中等贵族扎君巴一家的损失折合藏银 1570. 2 两，中等差巴仲桑康巴一家的损失折合藏银 943. 2 两，孜雪村鲁康·扎西丁一家的损失折合藏银 2009. 79 两。西藏地方官府给予因在第二次英军侵藏战争中禾苗损坏而没有收成的灾民进行救济的青稞达 5600 克

① 西藏自治区政协文史资料研究委员会编：《西藏文史资料选辑》第七辑，第 105 页。

之多，足见英军侵藏战争对西藏社会经济破坏之巨大。①

英印对西藏商品出口的不断扩大，造成了英国商品在西藏市场的充斥。据1900年曾到过西藏的俄国间谍崔比科夫记载，从英国及英属印度输入的呢绒、细棉布、粗白布、搪瓷器皿等廉价的英国商品在西藏极为畅销，有的英国商品甚至被转运到四川出售。英国在西藏大量倾销商品，使西藏成了英国工业产品的销售市场，使西藏的无数钱财滚滚落入英国资本家的腰包。由于商品的倾销，西方风尚的逐渐传入，一些时兴的消费品为西藏封建农奴主，尤其是西藏上层人物所喜用，影响了西藏地区消费水平和社会经济生活内容。西藏农奴主为了满足自己的奢侈生活，势必积极扩大出口贸易，采取某些措施发展经济。与此同时，西藏三大领主也势必加大对劳动人民的剥削强度，从而促使劳动人民日益贫困化，导致西藏社会经济机制的运行陷于一种恶性循环之中而难以自拔。②

随着英国在西藏倾销商品的发展，西藏地区的民族经济受到沉重打压。与西藏的封建领主相比，英国资产阶级具有较高的从事商业活动的素质和极为强烈的冒险精神，具有雄厚的资本和先进的技术。尽管英印与西藏的贸易在开始阶段呈现出入超，但其后在西藏市场的竞争力日益明显，使工具简陋、技术落后的西藏手工业在洋货大量流入的冲击下纷纷破产，不断陷入困境。例如，西藏的氆氇纺织业是西藏手工业的主要部门之一，在尼泊尔、不丹、锡金等国享有较高声誉。然而随着英国毛毯的大量输入，西藏的氆氇纺织手工业因此相形见绌，生产规模渐趋缩小。西藏的氆氇出口额之所以从1898年的8262码减少到1899年的818码，原因即在此。清末，英国向西藏输出的主要是工业产品，西藏向英国输出的主要是原料。由于英国和西藏的产业等级不同，英国机械大工业的劳动生产率大大高于西藏手工操作的劳动生产率，因此，英国与西藏之间进出口商品的比价必然不利于西藏，两者之间存在着严重的剪刀差。这种剪刀差造成了英国与西藏之间越来越明显的马太效应，加速了英国的财富积累，使西藏

① 成崇德：《清代西藏开发》，北京燕山出版社，1996年，第三章　英俄侵略对清代西藏经济的影响，第三节。

② 黄万纶：《谈谈英国在近代对西藏的经济侵略》，《中央民族学院学报》1982年第4期。

经济越来越依附于英国。

西藏社会经济结构在英国经济侵略冲击波的影响下，逐渐开始产生某些变异。西藏亚东自开辟为商埠以后，该地区附近三分之一的人口抛弃了农业生产而从事运输、旅馆、堆栈各业。有资金者自行开业，无资金者充当这些行业的雇工或佣仆。每年用于商业驮运的骡马有两三千匹之多，致使亚东出现了草比粮贵的现象，所需要的粮食必须从国外进口。亚东地区商业经济方面的就业人数急剧增加，标志着英国的经济侵略已经在局部地区触动了西藏由来已久的社会经济结构。西藏民族手工业在英印倾销政策压力下风雨飘摇，一落千丈。

在英国入侵西藏以前，中国西藏地区与内地的经济联系十分密切，西藏与内地的贸易是西藏与外界区域贸易的主体。英国驻成都领事霍集估计，在19世纪末，由我国内地运往西藏货物的总值每年约为白银1053491两。史料记载，当时西藏与内地的商品贸易总额比通过中印边界西藏地区的全部交易额高出4倍以上。但在英国商品大量流入西藏后，西藏与内地的经济联系遭到了严重削弱。在19世纪末，西藏运往内地的羊毛数量急剧减少，以致引起打箭炉（今康定）一带羊毛价格上涨；西藏运往打箭炉的黄金在19世纪90年代由原来的8000盎司减少为4000盎司，即减少了一半。与此同时，西藏从内地输入的商品额也大为减小。根据霍集的估计，1883年西藏从内地输入的茶叶总值为15万—20万英镑，而到1913年降为7.21万英镑。茶叶贸易是维系西藏与内地经济联系的重要纽带之一。其一，“盖藏帅借用番钞，给与印票，赴炉厅领茶，以抵藏饷，是藏饷须借商力接运，不仅茶也，藏帅及兵丁生机实系于此”。其二，“川省栽茶之园户，运茶之商贩，负茶之脚夫多至数十万人，悉赖此为生活”①。随着西藏与内地茶叶贸易的减少，西藏经济的重心明显向西移动，而西藏东部联系内地的商路沿线一带商情星散，经济萧条，出现了动荡不安等社会问题。

西藏的亚东、江孜和噶大克三大商埠先后被开辟后，英印商人租地建

① 《中国海关与缅藏问题》，中华书局，1983年，第167页。

屋，在客观上促进了这些城镇规模的扩大及其附近地区商品经济的发展。1904年以后，英国在西藏边境与江孜之间修建旅舍等房屋11处，在印度边境与西藏三大商埠之间架设了电线，开办了邮件传递业务。此外，英印在侵占春丕谷期间，还在藏哲边境上的干都新修了一条公路，直达春丕。这些开发活动是英印意图控制西藏的行为，带有赤裸裸的侵略性，严重损害了中国的主权。以修筑春丕一带的公路为例，英国曾非法任命柏尔为管理春丕地区的长官，强迫当地西藏人民提供修筑道路的劳动力，当地藏民为此苦不堪言。英国在西藏的商业活动仅仅是其侵略西藏的副产品，其目的并不是为西藏人民谋福利，或帮助西藏人民走上近代化的道路，而是为了服务于其对我国西藏地区的经济和军事侵略。

西藏在清末每年向英印出口羊毛约400万斤，牲畜三四万头，表明畜牧业在其时西藏社会经济中占主体地位。清代西藏地区农业与畜牧业的结合十分紧密，每个庄园的内部种植业与畜牧业是分不开的。从延续至现代的产业结构状况看，西藏有纯牧业而没有纯农业。由于自然条件对农业的限制，而且由于“帝国主义亦到处致力于保持资本主义前期的一切剥削形式（特别是在乡村），并使之永久化，而这些形式则是它的反动的同盟者生存的基础”①。西藏“农业地区的封建农奴主往往是畜牧业地区的封建农奴主，农业地区被剥削而失业的农民以及没有劳动力的老弱，他们可以流向牧区从事牧业和射猎，作为他们生活的尾闾。这样，游牧社会在客观上缓和了农业社会的阶级矛盾。因此，农业区和游牧区的同时并存，巩固了封建领主经济的制度”②。即使是在晚清英国入侵西藏时期，这种情况依然如此。通过两次侵略战争，英印对西藏经济施加影响后，并没有改变这种状况。

晚清时期，政教合一制度成了英印对西藏进行殖民地化可以利用的一大因素，加之英国在南亚的战略目标是将西藏变成英印与中国的缓冲地带，选择巩固和维护西藏政教合一制度的存在，是一种地缘政治的考虑，

---

① 《毛泽东选集（合订本）》，人民出版社，1969年，第592页。

② 黄奋生：《藏族史略》，民族出版社，1985年，第259页。

从而将农奴制包括这种制度下的庄园制经济与半殖民地经济格局长期化。因此，英印只以半殖民地形式掠夺西藏原料而不对庄园制经济进行任何触动，既是一种源于地缘政治的谋略，也是对当时西藏“农业区和游牧区的同时并存，巩固了封建领主经济的制度”这种状况难以改造的无可奈何。晚清西藏地区如同整个中国一样，内忧外患，满目疮痍，在帝国主义、封建主义和官僚资本主义的压迫下，人民困苦不堪，特别是生活在三大领主庄园的农奴们，其生活境地几近绝望。

（二）地区社会人口增长停滞与庄园制经济

大量史料证明：旧西藏的统治十分严酷，民众享受不到任何社会保障，人口增长缓慢。在20世纪50年代以前的200多年间，人口长期徘徊在100万人左右。1953年，西藏地方政府自己统计申报的西藏人口为114万人，基本上是藏族和其他少数民族。晚清西藏的状况也包括在这个时间段。

1. 两百多年间的西藏人口概况

清代雍正、乾隆年间对西藏进行了比较详细的户口清查，据清代《西藏志》记载：“乾隆二年（1737）造送理藩院入一统志，内开达赖喇嘛在布达拉白勒蚌庙内居住，郡王颇罗鼐管辖卫藏达格布、工布、卡林、阿里、西拉果尔等处，共大城池68处，共百姓121438户，寺庙3150座，共喇嘛302560众。班禅额尔德尼在扎什伦布寺内居住，管寺庙327座，共喇嘛13671人，境内大城池13处，共百姓6752户。”如百姓每户按4.5—5.0人计算，则合计百姓人数约为893086—957181人。此外，据《卫藏通志》卷15《部落》记载，还有几部分居民应予计入，即霍尔措地区三十九族（约4889户，17606人）、达木（今当雄）蒙古地区（约538户，按每户1兵和4—5人匡算，兵民为2958人）、上波密地区（百姓约5000户，约合25000人）。

这样，在公元1737年时，西藏地区的百姓人数合计约为622420—686515人，僧人316231人。西藏地区的总人口约为938651—1002746人，而僧人约占当时西藏人口的比例高达31.5%—33.7%。由于当时清廷在西藏“征收租赋……按年立限严催”，并经常推行“查实绝户荒田，随时豁赋”的政策，因此清代户口清查的准确性基本上是可以置信的。[①] 亦即西藏地区人口的统计数约为100万人基本上是可靠的。

清代西藏人口中僧人约占三分之一强，这是西藏政教合一封建农奴制社会的特有产物。它对于西藏以及整个藏族地区社会生产力的发展和人口的增长产生了不可小视的影响。

清代西藏的封建农奴制社会没有什么变化。这个时期西藏人口呈现缓慢增长的趋势。18世纪西藏人口约94.47万人，与13世纪相比增加了30.88万人，增长48.56%，年均增长0.08%。这时西藏僧人至少占总人口的33.48%，即三分之一还要多。据魏源《圣武记·西藏后记》载，乾隆二年（1737）理藩院统计西藏达赖、班禅所辖地区，共有僧人31.62万人以上，百姓有12.80万多户，合计92.90万多人，加上阿里地区和马步兵，西藏（不含今昌都市）共有人口109.30万多人；而据《修正民国元年内务部汇造宣统年间民政部调查户口统计表》载，此时西藏（卫、藏及阿里）总人口只有116.00万人。经过170年的漫长岁月，西藏人口仅增长了9.7万人，年均增长速度几近为零。从18世纪到和平解放前，年均人口增长率仅为0.049%；200多年的时间里，人口仅增加10万多人，增长11.15%，年均增长速度比前一个时期降低了将近一半。此期间没有出现比前一时期严重的社会动荡和自然灾害，但这个时期在西藏人口构成中，格鲁派出家的僧人占西藏人口的三分之一还多，而格鲁派的教规是僧人不得娶妻和从事生产劳动。这一方面加重了西藏劳动人民的经济负担，使人们更加贫困；另一方面直接降低了参与人类自身生产的人数；这就造成了死亡率比前一个时期有所提高，出生率比前一个时期有较大的下降，人口自然增长率几乎降到了零。

2. 导致西藏人口增长停滞的三大因素

到和平解放初的1951年，西藏约有人口105万人，比1737年增加10.53万人，总增11.15%，年均增长0.05%，比13世纪到18世纪的人

---

① 张天路：《西藏人口的变迁》，中国藏学出版社，1989年，第8—9页。

口年均增长速度低0.04个百分点。这个时期人口增长变缓的主要原因是僧人人数过多，其占总人口的三分之一还多，而达赖、班禅所属的格鲁派“善规”之一就是僧人“不得娶妻和从事生产劳动”，这一方面加重了人民的经济负担，使人民更加贫困而不利于人口发展，另一方面减少了参与人口再生产的人数，也必然阻碍人口的发展。

有清以降，西藏的绝大多数农奴因差役繁重，导致份地荒芜，许多人无力负担赋税，逃亡失业与日俱增。如“济龙内瑗堆一村，原有百姓五十余户，今止八户，而每户仍迫以原户差赋。其萨喀属，原有百姓一千余户，今止三百，而亦以原户追索差赋。在在如此，民不堪命久矣”①。这种情况也是导致人口难以繁衍的原因。

清朝有宽免逃亡人口税赋的规定，西藏地方政府也多次下通告，各地农奴主须将投奔其庄园之逃亡农奴归还原处，所需费用由政府发给。由此来招回投入其他庄园的逃亡农奴。前后藏共安插1100余户，由政府给予口粮，按人分给籽种各务农业，3年之内免其交纳钱粮，不派各项差役。②但是，这种规定如同虚设，各个谿卡对逃亡人口不是严加酷刑，就是课以重税。

农奴生存条件的严酷，是西藏人口长期停滞增长的一个重要原因。已知的资料中显示，在高寒地带生活的人们每天摄入的食物热量是维系生存的必要条件，其中所含的维生素与微量元素是繁衍后代的基本需要。

在很长的时间里，藏族主食中糌粑与酥油茶是必不可少的。糌粑多为青稞炒面，也有以豌豆为原料制作的。西藏的糌粑先炒后磨，不除皮，可食用的糌粑每100克热量257.00大卡，并含有多种维生素；可食用的酥油每100克热量860.00大卡，营养价值很高。藏医学家宇妥·云丹贡布在他所著的《四部医典》中就论述了酥油对人体的营养作用，“新鲜酥油凉而能强筋，能生泽力又除赤巴热”，说新鲜酥油润泽气血，使人精力充沛，使皮肤不粗裂，还能治疗黏液及发热性疾病。认为酥油可“益智增

① 《西藏图考·西招图略》，西藏人民出版社，1982年，第4页。

② 李凤珍：《浅析清代西藏封建农奴制的变化》，载《藏族史论文集》，四川人民出版社，1988年。

热力”，“千般效用延年称上品”，“可促进人的体力及延长寿命”，“人们日常饮食靠油类，体内供热内脏可洁净。体质即补气力容颜添，五官坚固长寿到百年”。藏医学认为，在高寒缺氧环境下多喝酥油茶能增强体质，还可使精液增多，滋润肠胃，和脾温中，润泽气色，精力充沛。酥油茶能产生很高的热量，饮后能御寒，是很适合高寒地区的一种食品。酥油茶里的茶汁很浓，有生津止渴、提神醒脑、防止动脉硬化、抗老防衰、抗癌等作用。茶中的芳香物质，还能溶解脂肪，帮助消化，尤其是生活在西藏高原牧区的藏民，缺少新鲜蔬菜和水果，主食牛羊肉。由于缺氧，高寒地区的人排尿量要比平原地区人的排尿量多一倍，因此只有靠饮茶来维持体内水分的平衡和正常的代谢，并且饮茶可以补充缺乏的维生素。牛羊肉属于酸性食物，经人体消化后会产生一定量的氢离子，它会使人体血液偏酸性，出现胃酸过多、便秘、疲劳等症状，大量饮茶后，在人体内可产生一定量的氢氧根离子，这能使人体内的酸碱维持平衡。

占西藏人口 95% 的农奴和奴隶，长期以来的食物摄入量严重短缺，势必影响到人口的繁衍。从晚清时期直至近代的西藏人口与土地之比来看，人均耕地不到 3 克（习惯亩），每克地农作物产出折合 160 市斤的粮食，农奴主对出租耕地的剥削率平均为 65%，即农奴们所得的原粮按正常情况约为人均 310 市斤，大多数堆穷、差巴除去还债的粮食外，所剩余数为多少，虽尚缺准确的资料考证，但依据西藏谿卡还债的借五还六的惯例来看，本息相加的部分还要扣除大约一半的收成，即农奴所得口粮仅仅只有收成的一半。据此推算，占 95% 的人口，正常年景每日口粮不足 1 市斤。从《藏族社会历史调查》所反映的状况看，劳动力支差每天的青稞食用量在 1/7 克，雇工每天支付 1/8 克粮食，① 即当时劳动力处在支差或雇工时候，按习惯上的普通食物摄入量，每日应在 3—4 市斤。维持高寒地区生活热量的酥油摄入量也是必不可少的，从有关资料来看，由于农奴主对农奴的剥削和压榨，农奴们日常生活中很难吃到酥油。在庄园经济

① 西藏社会历史资料丛刊编辑组：《藏族社会历史调查（五）》，民族出版社，2009 年，第 136—137 页。

形态下生活的堆穷、差巴每年都有大量的缺粮户，西藏大量的人口时常处于半饥半饱的状态。这直接影响到西藏人口整体的身体健康，也直接影响到人口的生育和繁衍。

医疗卫生的保障，是一个地区人口增长的必要条件。近代西藏在这方面可以用“奇缺”来形容。高原的特殊气候对人体的各个器官都有重大影响。如缺氧对神经系统、呼吸系统、心血管系统和造血系统的损害，使机体的代偿能力逐渐下降，从而出现一系列临床症状。高寒、缺氧、多山、强紫外线的高原环境对人体健康的特殊影响，表现出西藏地区疾病谱与其他地区不同，疾病治疗效率偏低。至现代，高原病的发病率始终保持全球第一的位置，晚清时期的状况只能比现在更为严重。多山、冰冻和分散居住的交通条件，对急性病的治疗产生巨大障碍。其重要表现在：一、西藏大多地形以高山为主，偶尔还会出现大雪封山，交通条件相对较差。而疾病的突发性和时效性要求的是便捷的交通。二、西藏地广人稀，尤其是大多数游牧民居住分散，医疗机构等基础设施无法得到相应的配置。上述因素的存在对急性病的治疗必将造成重大影响，所以患者因不能得到及时的治疗而导致半途死亡的事件在西藏常有发生。① 近代西藏没有一所现代医疗卫生机构，仅有拉萨“门孜康”（即藏医星算学院）和药王山医学利众院两所传统医院，门诊面积总共才500平方米，从业人员不足50人，主要为贵族、领主和上层喇嘛服务，这可以看做是晚清西藏医疗状况的延续。② 毋庸讳言，西藏人口自1737年之后到晚清乃至20世纪50年代中期，200年来增长几乎停滞的状况，与民众的医疗保障奇缺也是有直接关系的。

西藏在封建农奴制社会中的人口增长停滞的问题，主要由宗教泛滥带来的出家人数比例偏高、大多数人口处于饥寒交迫的状态，以及医疗卫生

---

① 李玉平：《西藏医疗卫生事业发展状况调查与分析》，个人学术论文。

② 西藏自治区藏医院在编写拉萨“门孜康”的资料时，主编人员提供的数据与现代资料有一些出入，如其称从清末到1959年培养了藏医数百人（或精确到370人或说有1000人），并称负责保障96个宗（县）的妇幼保健。经查阅多个县志，这些所称没有事实依据，不能证明在晚清西藏具有覆盖城乡的医疗体系。

保障的奇缺，这三大因素所造成。其根源之一，还在于西藏封建农奴制下的庄园经济形态，生产效率十分低下，不能为社会提供足够的物质供给，严重影响了西藏经济社会的发展。

（三）世界东方最大的封建农奴制地区

1904年到过拉萨的英国随军记者埃德蒙·坎德勒在其著作《拉萨真面目》中感叹道：人民还停留在中世纪的年代，不仅仅是在他们的政体、宗教方面，在他们的严厉惩罚、经受烈火与沸油的折磨方面是如此，而且在他们日常生活的所有方面也都不例外。“我敢说，在世界历史上顽固和黑暗如此突然地暴露在科学面前是没有先例的”。这种从外国人角度评述的晚清西藏社会，无疑是在对比过当时世界文明进步的情况后得出的一个结论。

1. 封建农奴制曾经是世界性的社会形态

马克思曾经指出：“在古代和中世纪，奴隶制或农奴制形成社会生产的广阔基础。”① 史学界一般认为，古罗马帝国初期的隶农制和日耳曼人大迁徙之前的温和的奴隶制被看作是中世纪西欧农奴制的渊源。农奴制的典型，是中世纪欧洲在罗马奴隶制的废墟上建立起来的封建领主在其领地上剥削奴役农奴的经济制度，由于行使剥削权力的主要是领主，故又称封建领主制。在从公元5世纪开始西罗马帝制解体的这段时间，日耳曼人的迁徙灭掉了西罗马奴隶制帝国，陆续建立了一系列新兴封建国家，这一过程一方面造成诸多战乱、沉重的税收与兵役负担、教俗贵族的土地兼并使大量的日耳曼自由农民破产，纷纷沦为封建主的依附农民——农奴；另一方面，国王通过土地的层层分封，构建了一个森严的封建等级制度，各级世俗和僧侣贵族占有大量的土地，拥有封建的领主权，包括司法权、行政权及各类经济隶农权，他们将农奴限制在自己的庄园内进行奴役。大约到了10世纪，西欧农奴制基本形成。②

---

① 《马克思恩格斯全集》第25卷，人民出版社，1975年，第940页。

② 陈文滨、张建林：《天主教会与西欧中世纪社会秩序的重建》，《江西青年职业学院学报》2009年第3期。

中世纪，欧洲很多地区的农奴生活在落后野蛮的压迫剥削中，没有人身自由，生活困苦不堪，备受精神折磨，毫无社会地位，也没有基本的人权。直到 19 世纪，在世界的东西方，俄国、印度、巴西等国仍保持着农奴制，而中国西藏是世界东方农奴制到 20 世纪初最大的一个区域。

中古时期，天主教会是西欧最大的封建主，贵族僧侣占有西欧三分之一的土地，实行庄园农奴制，横征暴敛，同时教会用神权支配人们的思想取向和行为方式，成为广大农奴的精神枷锁。教会领主即僧侣阶层是中世纪封建思想意识的代表，其中大多数僧侣本身就是帝国诸侯，或依附其他诸侯，都拥有大片土地和许多农奴、依附农。僧侣和其他贵族、诸侯一样，榨取自己所统治领域里的人民，甚至比诸侯和贵族有过之而无不及，而且办法更为无耻残酷。

在教会看来，所有社会成员分为三个等级，教士是第一等，负责拯救人的灵魂；贵族次之，负责保卫国家；广大的城乡劳动者是第三等，承担社会劳动生产的义务，任何人都必须安分守己，不得违背。教会的神权支配着整个西欧人的思想取向和行为规范。教会和世俗领主结为一体，以三个等级的学说，用基督教的奴隶禁欲主义来维护封建农奴制。在中世纪，任何人违背了教会的信条、教会的道德、教会的原则，就要受到惩处，一旦被开除教籍，生命和财产都得不到保障。这种制度在中世纪时期拜占庭帝国、沙俄、阿拉伯帝国、印度等国家或地区实行过。当时封建统治阶级利用宗教维护和加强自己的政治统治；而宗教首领为了扩大影响、争夺势力，又与封建统治者联合。掌握神权与掌握政权的两大集团既彼此争夺权势，又相互依赖和利用。欧洲历史上曾出现过宗教控制政权或由封建君主担任教主的局面。近代资产阶级革命以后，多数国家实行政教分离，相继废除政教合一制度。一些国家实行严格的政教分离，如美国、日本、韩国等，各国宪法中直接提到政教分离。实行严格政教分离的国家，一般都规定国家及国家机关不得进行宗教活动，国家不能给任何宗教予特权，国家不得给宗教团体予经费，宗教团体和宗教组织不得与国家分享行政权，国家政权不干涉宗教内部事务等。在近现代，只有中东少数国家仍然实行政教合一的制度。

2. 世界各国相继废除农奴奴隶制下的庄园

中国藏学界研究人员早就将西藏农奴制与俄国农奴制进行过比较。[①]晚清西藏依然是一个封建农奴制的社会，我国史学界一般认为，西藏堪称一个典型的封建初期的农奴社会，与中世纪的西欧农奴制、19 世纪沙皇俄国的农奴制有许多共同之处。[②] 14 世纪，随着莫斯科公国政治和经济实力的增强，外来骚扰减少，俄国的封建经济出现较快的发展。到了 15 世纪，出现小封地占有者阶层，称为地主贵族或小贵族。地主贵族为了从封地上榨取最大收入，必须有足够的劳动人手，因此都竭力把依附农民固着在土地上。其后，沙皇多次制定法令，限制农民的迁徙。1649 年，沙皇阿历克谢·米哈依洛维奇颁布《法典》，规定农民不论逃亡多久，只要被找到，就必须连同其家属和全部财产都归还原主。这部《法典》从法律上确立了俄国的农奴制度，标志着俄国农奴制的形成。[③] 19 世纪中叶，沙皇俄国仍然是一个以农奴制为基础的封建君主专制的国家。直到 1861 年 3 月 3 日，亚历山大二世正式批准了废除农奴制度的“法令”和“宣言”。废除农奴制的法令，由《关于脱离农奴依附关系的农民的一般法令》等 17 个文件组成。法令规定：废除农奴制度，农民有人身自由和一般公民权，地主不能买卖和交换农民，农民有拥有财产、担任公职、进行诉讼和从事工商业的权利。在全部土地归地主所有的前提下，农民可以使用一定数量的份地，但必须向地主交纳赎金（这种赎金大大超过了土地的实际价格）。农民在签订赎买契约之前还要为地主服劳役或缴纳代役租。《地方法令》规定，当农民使用的份地超过“法令”规定的数额时，或者分给农民份地以后，地主剩下的好地不到全部土地的三分之一时，地主有权向农民割地。为管理改革后的农民，设置了地方贵族控制的村社和乡组织，并建立了监督农民的连环保制度。法令规定农民有人身自由，地方不得买卖或交换农奴；农奴在获得人身自由时，在交付大量赎金的条件下可以从地主那里领得一份土地。但这是一次自上而下的改革，很不彻底，仍

---

① 刘忠：《西藏领主经济与西欧领主经济之异同》，《民族研究》1991 年第 5 期。

② 王另先：《西藏农奴制与西欧农奴制》，《西藏民族学院学报（社会科学版）》1992 年第 4 期。

③ 杨慧君：《农奴制在俄国的起源发展》，《新课程（教育学术）》2011 年第 4 期。

维护着地主的利益，保留着农奴制残余，所谓赎金更是对农奴的残酷掠夺。直到20世纪初，随着“十月革命”，农奴制才在俄国彻底灭亡。纵观世界西方，随着历史的发展，特别是资本主义的兴起，各国和地区的封建农奴制陆续消亡。①

1776年7月4日以发表独立宣言为标志，美国建国。美国《独立宣言》开宗明义就讲“人人生而平等”。但美国建国后的最初80多年，绝大多数黑人惨遭奴役；美国内战后，南方黑奴虽然获得解放，但制度化的种族歧视却长期存在。黑人和有正义感的白人，为黑人的自由和解放进行了不懈的努力。1861年，南方一些州宣布建立南部同盟，公开分裂国家。南方军队挑起战争，内战爆发。林肯政府维护了国家统一，废除了奴隶制，于1862年9月22日发表了《解放宣言》，宣布从1863年1月1日起美国400万黑人奴隶获得解放。1865年1月，美国国会通过了《宪法第13条修正案》，规定奴隶制或强迫奴役制，不得在合众国境内和管辖范围内存在。1865年12月18日，《宪法第13条修正案》正式生效，从此，奴隶制在美国被废除。此后，许多农奴制形式的庄园相继灭亡。②

废除奴隶制度也是拉丁美洲人民长期奋斗的成果。与美国历史进程大体相当，拉丁美洲各国在19世纪陆续取得独立后，不同程度地保留了封建残余，盛行大庄园制，土地集中在极少数人手中，而广大农民则贫无立锥之地。这种现象到19世纪末和20世纪初还很普遍。19世纪上半期，不少拉丁美洲国家宣布废除奴隶制。哥伦比亚、厄瓜多尔、秘鲁和委内瑞拉也在19世纪中完成了这一历史使命。1886年，古巴殖民政府宣布在全岛废除奴隶制。③ 拉美最大的国家巴西在1888年废除奴隶制，接着又在1889年宣布推翻君主制，成立共和国。④ 19世纪80年代，随着古巴和巴西最后宣布废除奴隶制，奴隶制度在美洲正式结束。

---

① 吴清修、王玲：《俄国废除农奴制原因的再思考》，《历史教学》2000年第7期。

② 李青：《美国废奴运动的形成及其主要派别》，《杭州师范学院学报（社会科学版）》1990年第2期。

③ 方幼封：《古巴独立战争三十年》，《军事历史研究》1992年第1期。

④ 周世秀：《巴西奴隶制长期延续和最终废除的原因》，《拉丁美洲研究》1984年第6期。

从当时世界性的废奴运动范围之广，涉及的人口之多来看，与世界文明的快速发展有关。当欧洲进入到工业文明时代，为适应资本主义经济社会发展的需要，代表新兴资产阶级要求的启蒙思想家们，坚决举起自由、平等、博爱的理性主义旗帜，向封建专制神性主义发起了进攻。信奉天赋人权的思潮勃然兴起，以人身权利神圣不可侵犯为由，逐渐建立起“人的宗教”,① 这标志着人类自我解放的追求进入到了一个新的历史阶段。从那个时候起，人类文明的内涵上升到一个新的阶段，那就是只有把人的解放上升为社会的解放，才能使个人获得自我解放的社会保障。② 而与此同时，西藏对世界文明进步的潮流一无所知，格格不入。晚清时期西藏的经济社会与世界的发展进步无缘，政教合一的封建制度仍然在延续，在这个制度下的庄园经济依然按照千年的轨道运行。

（四）结语

清代中国边疆民族地区的社会经济形态十分复杂，封建制、农奴制、奴隶制和原始公社制这四种社会形态并存于不同地区、不同民族，社会经济发展水平很不平衡。晚清西藏也存在这样的四种形态，限于篇幅，这里我们只讨论覆盖面最广的农奴制与最主要的政教合一制度，这种制度类似于中世纪欧洲的政教合一制度，是一种主要由僧侣主持管理一切政教事务的地方政权体制。这种体制按照旧西藏法律的精神，三大领主统治农奴是神的旨意，农奴受人统治是命中注定的，不能反抗。西藏社会数百年的法典中，明确地把人按血统贵贱、身份高低，等级森严地划分为三等九级，除了属于农奴主阶级的官家、贵族、寺庙上层僧侣“三大领主”以外，

---

① 法国启蒙运动先驱卢梭（Jean-Jacques Rousseau，1712—1778）在他的现代性批判及社会契约学说中，都谈到了宗教之于人及政治的相对关系。对于自中世纪伊始的传统基督教，卢梭批判其“沦为专制统治者手中嗜血的工具”的罪恶性和反动性。卢梭和一大批先驱者，对当时的西方思想影响巨大。

② 西方文艺复兴之后的资产阶级革命，针对封建社会的统治者实行政教合一的宗教统治，让人类本质的异化力量加重压制人的生活等，发起了从经济到文化等方面的斗争。在封建制内部发展起来的新兴资产阶级，为争取自己的统治地位，使国家从宗教统治下得到解放（实行政教分离），并进一步把国家权力转归到自己，进行了多次政治革命，把人的解放与社会的解放联系在一起。在一定的历史时期，资产阶级革命具有世界性的进步意义。

其他全部是农奴和奴隶。

建立在西藏封建农奴制经济基础之上，并为其服务的封建农奴制上层建筑的核心是政教合一的制度。体现这一制度的西藏地方政府，是上层僧侣和贵族联合压迫、剥削广大农奴的专政工具。在噶厦及其所属机构供职的官员，都来自上层僧侣和贵族，达赖喇嘛是其总代表。晚清西藏上层僧侣和贵族联合专政的政教合一统治，宗教与政权紧密的结合，三大领主既用军队、法庭、监狱等专政工具来压迫广大农奴，又通过教权来压迫广大农奴。旧西藏的寺庙不仅成为三大领主迫使农奴就范的统治工具，而且本身直接压迫和剥削农奴，使农奴受到极其残酷的双重压迫。晚清西藏的政教合一制度把封建农奴制推向极致，各种残酷的法规甚是完备。晚清西藏的法制特点具有野蛮的强制性，其法理是中世纪野蛮法的体现，与现代意义上的法制完全不同。旧西藏制定和实施了比较完备的法律，到20世纪中叶，这种法治情况延续了大约500年。在这漫长的历史中，农奴主运用成文法或习惯法，设立监狱或私牢。地方政府有法庭、监狱，大寺庙也设法庭、监狱，领主还可在自己的庄园私设监狱。刑罚极为野蛮残酷，如剜目、割耳、断手、剁脚、抽筋、投水等。[①] 晚清时期的西藏，此类现象比比皆是。西藏封建农奴制社会残存到现代，是对世界文明进步趋势的逆动。

需要指出的是，中国历代中央封建王朝，对西藏的治理大多采取“因俗而治”的方式，很少对西藏地方政教合一制度予以干涉，有的倒是予以修补完善，因而导致晚清时期在世界东方的中国，保留了面积巨大的政教合一的区域社会，这个区域社会的基础，就是延续千年的谿卡及附着于其上对西藏95%民众实行超经济剥削的制度。

---

① 中华人民共和国国务院新闻办公室：《西藏的主权归属与人权状况》，1992年9月。

边疆治理视野下的西藏强基惠民活动干部驻村工作[①]

孙勇　朱金春

西藏自治区“创先争优强基惠民活动干部驻村工作”（以下简称驻村工作）实施以来，在维护社会稳定与富民增收上都取得了积极的成效，受到广大基层干部和农牧民的欢迎。中央确定的“一带一路”建设愿景与行动，恰与强基惠民的驻村工作在时段上有叠合，西藏若要担当起在“一带一路”建设中的责任与使命，发挥出在“一带一路”建设中的功能与作用，须加快推进治理变革，实现边疆治理的现代化转型，建立更为科学、完善的组织与制度体系，运用现代的、与时俱进的技术、手段与措施，开展边疆治理并实现边疆公共事务的治理目标。因此，西藏的驻村工作与边疆治理有着内在的联系，所取得的成效也蕴含着边疆治理的因素，但是随着驻村工作的深入，实践过程中的一些问题也不断浮现出来，甚至有些人对于驻村工作提出质疑。从实践来看，驻村工作的确取得了积极的成效，但是同时也存在一些问题。深入认识西藏的驻村工作，不仅要将之置于一般国家治理的路径与方式中去看待，也应该将之置于西藏作为边疆的特殊性，从“治边稳藏”和国家边疆治理的高度来理解，这样才能认

① 本文是西藏民族大学2016年重大课题“‘一带一路’背景下的西藏边疆治理”的阶段性成果之一。

识到驻村工作的重要意义以及进一步深化驻村工作的必要性。我们将在考察西藏驻村工作的实践与成效的基础上，阐释驻村工作的边疆治理意义，并就如何深化驻村工作、解决出现的问题提出相关的建议。

一、西藏强基惠民活动干部驻村的实践与问题

开始于2011年9月的“创先争优强基础惠民生活动”，已经历时5年，创下西藏党政机关企事业单位干部直接驻村工作时间最长的纪录，而且还将创下更长的时间纪录。强基惠民活动驻村工作一开始，西藏自治区就制定印发了《全区创先争优强基础惠民生活动驻村（居）工作队管理办法》，有力规范了驻村（居）工作队行为。西藏在2014年底又出台了《关于继续巩固创先争优强基础惠民生活动成果健全干部驻村工作长效机制的指导意见》（以下简称《意见》），提出为深入贯彻落实党的十八大和十八届三中、四中全会精神，进一步深化干部驻村工作，就巩固扩大创先争优强基础惠民生活动成果，推进西藏社会治理体系创新提出了新要求。

《意见》明确地提出：深入开展创先争优强基础惠民生活动是自治区党委、政府贯彻中央精神、立足西藏实际作出的重大决策部署，要认识《意见》的重大意义。同时，要深入贯彻落实党的一系列精神，紧紧围绕“五项任务”，建机制、抓深化，保稳定、促发展，强基础、惠民生，使乡村治理体系和治理能力有新提升、村级组织和党员干部队伍建设有新加强、社会稳定和民族团结有新局面、密切党群干群关系有新气象、农牧区改革发展有新成效、农牧民生活水平有新提高。要坚持“大稳定、小调整”原则。按照驻村工作方向不变、所有村（居）全覆盖不变、工作队直接驻到村（居）不变的要求，区（中）直、地（市）直、县（区）单位原驻村点保持总体上稳定，对个别驻村点做适当微调；各单位要选派优秀干部驻村，不得选派工勤人员驻村。同时，要合理安排驻村人员轮休，调整、驻村时间变动，须请示地（市）、县（区）强基办并征得同意。

《意见》强调，驻村工作队要把学习好、宣传好、贯彻好党的十八届

四中全会和习近平总书记系列重要讲话精神当作一项重大政治任务来抓，深入开展全面推进依法治国主题教育活动，组织干部群众学法懂法、促进全民守法，确保依法治国、依法治藏的指导方针得到全面贯彻落实。同时，要继续抓好建强基层组织、维护社会稳定、寻找致富门路、进行感恩教育、办实事解难事“五项任务”，重点在“七个着力”上下功夫（即着力建强基层组织、着力健全维稳机制、着力强化宣传教育、着力助推农村改革、着力推进精准扶贫、着力发展集体经济、着力联系服务群众）。要把教育实践活动中的成功做法制度化，实现好巩固一个成果的目标。认真梳理驻在村（居）教育实践活动整改情况，进一步细化分解整改任务，对明确的整改事项和对群众作出的承诺，建立台账、跟踪问效，解决一个、销号一个，以实际行动取信于民；坚持把群众期盼与实际需要结合起来，积极巩固和拓展党的群众路线教育实践活动成果，健全村级事务管理制度，建立完善联系服务群众的长效机制。

经过驻村工作队5个批次的轮替，总的来看，各驻村工作队始终把维护社会稳定作为压倒一切的硬任务和第一责任，贯彻好、落实好自治区维稳相关部署要求，有效巩固了农牧区和谐稳定的良好局面；始终把建强基层组织作为首要任务，严格落实全面从严治党要求，切实把村级党组织建设成为服务群众、维护稳定、反对分裂的坚强战斗堡垒；始终把富民兴村、促进农牧区经济发展作为第一要务，坚持把改善民生、凝聚人心作为经济社会发展的出发点和落脚点，以群众增收致富为目标，以解决发展瓶颈为突破口，切实增强了村居“自我造血”能力。可以说，驻村工作开展之后，不久就看到了强基惠民的积极效果。到驻村工作达到高潮的2013年5月底，全区各级工作队共办实事好事56万余件、投入资金14.5亿元，走访慰问五保户、贫困户和困难群众91万余人次，发放慰问金2亿余元。之后，全区各级驻村工作力度不减，一直有条不紊地展开，按照“建强基层组织、做好维稳工作、寻找致富门路、进行感恩教育、办实事解难事”五个方面要求，坚持“依靠群众、服务群众；因地制宜、分类指导；量力而行、尽力而为”的原则，团结群众、依靠群众，发挥广大人民群众的智慧和创造力，扎实开展创先争优强基础惠民生活动。据了解，西藏全区列入驻村工作的5458个村都发生了不同程度的变化，基层干部群众是满意的。为了继续将这项工作做好，2013、2014到2015年，区内有人陆续发文提到和探讨“深化驻村工作”。2016年8月，西藏自治区第九次党代会的报告中，再次明确提出深化驻村工作的要求。同年11月，自治区决策层提出，第六批干部驻村既是前几批驻村工作的延续和深化，又面临着新的形势和任务。对于如何深化驻村工作，做好西藏社会治理体系创新，使乡村治理体系和治理能力有新提升等问题，引发了西藏党政机关和企事业单位的议论，也引发出一些研究人员的思考。到目前，关于如何深化西藏自治区九次党代会之后西藏驻村工作的探讨文章，从官方媒体到网络检索到的信息非常少，对于自治区新一届党委提出的“深化”命题，在少之又少的文章中也基本上是一般性的鼓动说辞，从大道理上诠释继续开展驻村工作的重要性，缺乏具有一定深度的实证分析和理论阐释。对新一届党委提出的深化驻村命题，几乎没有主动的深度讨论，这可能有“旷日持久”引发心理疲劳的问题，应当引起决策层的重视。

基于强基惠民目标的驻村工作，在取得积极成效并极大改变了西藏农牧区的乡村治理的同时，在实施过程中也出现了一些问题，引起了西藏干部民众乃至有些驻村干部的意见，甚至有极端意见认为应该终止驻村工作。在对西藏相关部门、基层民众特别是驻村干部的访谈中，我们发现其中存在的问题与意见主要有以下几个方面：驻村工作是党委和政府的部署，主要的形式是政治动员和硬性安排，各个单位派出的人员参差不齐，驻村工作队很难在一个完整的时间内发挥作用，或者后续性效果不好，有单位领导带队时工作力度较大，没有单位领导带队时的工作力度则逊色；不少驻村工作队为了单位的成绩与政绩，往往动用本单位掌握的资源来展开驻村工作，诸如修路、输电、建房子、实施项目等，从尽快见效的角度看还是不错的，但是这样就改变了区市县原来已经制定好的规划，有的还造成资源的浪费，也引发了村与村的攀比和对不同单位工作队的评价；驻村工作队由于本身所能掌握与动用的资源多于村两委，在村民中树立起了权威，造成村两委与驻村工作队之间的关系变得难以协调，特别是驻村工作第一书记几乎是完全取代了村支书的角色，村两委成员不好发挥自身应有的作用，基层群众也认为村支书和村主任管不了事情，直接找第一书记办事，村两委的积极性难以调动起来，村两委实际上仅仅是一个“维持会”；驻村工作派出大量本单位人员，有些甚至影响到本单位工作业务的正常开展，尤其是一些科研单位，完成不了国家下达的任务，在国家部委造成不良影响；驻村工作被一些人认为是一项指派性的工作，不能顾及干部职工的家庭困难和身体状况，带着问题下乡也并没有能够调动农牧民的主动性积极性等。

从这些意见中，我们可以发现对于驻村工作的争议主要可以归结为三个方面：其一，驻村的效率问题，主要指向驻村的成本与收益问题，主要是认为驻村作为一项政治动员运动，是部门与农民的对接，驻村为农牧民所带来与争取的资源，一方面打破了原来的规划，另一方面也存在为政绩而政绩的情形，这样实际造成了有限资源未能充分配置使用而浪费，并且影响了驻村单位的工作，造成人力资源分配不均和低效使用。其二，对驻村的治理问题，主要指向驻村作为一种政治运动式治理的短板，认为驻村工作队特别是第一书记的设立，在一定程度上取代了村两委的地位与权威，扭曲了基层的政治生态，不利于基层治理的制度化与基层组织的长期建设。其三，驻村工作的一刀切没有考虑或处理好干部职工的实际困难，对在不同环境下工作的工作队与个人的考评激励指标也不完善，使得部分干部职工有意见。

可以说，这些意见并不是全面否定驻村工作的意义和成绩，而是通过对这些问题的反映指出了三类问题在西藏不同程度地存在，并且在一定程度上也影响着驻村工作的有效开展。应该看到，这三类问题在西藏的环境下需要重新评估与考量，并且要区分驻村这一政策的目标与技术细节。关于对驻村工作队效率的批评，实际上是指向这一政策实施中的技术性问题。派驻人员是否专业，资源使用是否存在浪费，是否造成对乡村发展的原有规划的干扰，这些问题实际上是可以在具体的实施过程与操作方式上加以改进的，并不一定能成为要停止驻村工作的理由，也不利于深化驻村工作。对于驻村工作的另一意见，则是指向驻村工作造成的基层治理问题，或者说隐含了主要是从治理理论的角度展开的实例反映。随着社会治理理论被引入中国，在改革领域得到了应用，诸如城市治理、社区治理以及乡村治理，特别是在乡村治理上的讨论尤为深入。社会治理理论在观念与路径上与管理、管控相区别，强调多主体、多中心的协同治理，而且强调治理的常规化与制度化，也就是说，现代治理理论对于运动式治理持有保留意见。

早在党的十六大上，中央提出的社会建设的重要内容就已经有了新的内涵，社会管理和社会管理创新被放在构建社会主义和谐社会的国家战略高度而提出，并被摆到了党和国家的重要议事日程上。随着理论与实践的发展，党的十八届三中全会作出的《中共中央关于全面深化改革若干重大问题的决定》首次使用了社会治理概念。三中全会强调，推进社会治理体系和治理能力现代化是全面深化改革的总目标，创新社会治理体制，以确保人民安居乐业、社会安定有序。习近平总书记指出：“治理和管理一字之差，体现的是系统治理、依法治理、源头治理、综合施策”，中央提出要以最广大人民利益为根本坐标，创新社会治理体制，改进社会治理方式，构建全民共建共享的社会治理格局。从社会管理到社会治理，一字之差，不只是概念的转换，更是一种全新的改革理念的升华。首先，从主体上讲，社会管理强调的是一方主体对对方客体的管理和控制，而社会治理强调一方主体与另一方主体的平等合作；社会治理强调多元主体，上一级组织和基层组织都是一方治理主体，二者要合作对公共事务进行共同治理。其次，从过程上看，社会管理是单向度的，强调上级权力部门对社会单方面的自上而下的管控，而社会治理强调多元主体之间的多向度的协商与合作，从而达成对公共社会事务的有效治理。再次，在内容上分析，社会管理更多强调上级权力对社会公共事务的管理，而社会治理首先强调公民对社会公共事务的自我管理与自治，同时也并不排斥上级对社会公共事务的管理，并强调政府与社会的合作共治。最后，在结果上体现，社会管理体现为刚性的、静态的、被动的管控，是主体与客体之间的管理与被管理状态，而社会治理则体现为柔性的、动态的、主动的治理，是多元平等主体之间的最佳状态。

根据党的十八届三中全会的精神，可以说治理理论所提出的治理路径具有一定的合理性，对于超越科层制的运动治理的批评也颇有道理。但是治理理论的适用要考虑不同的条件。如在乡村治理中推行科层制，就面临着水土不服的情形。这是因为，在乡村基层根本就不存在科层制的环境，村民所有的相关事务都直接找政府，基层政府包括乡村组织承担着几乎所有方面的工作，如果强行进行科层制的分工，一方面会造成行政成本上升与人力资源的浪费，另一方面也不便于农牧民与基层组织之间打交道。在乡村治理的变迁与行政关系的规训上，已经形成了基层行政运行与治理的基本路径，如果仅仅套用治理理论是难以进行的。实际上，西藏驻村工作的开展，总体上是实现乡村治理体系的扁平化，这是因为，驻村干部与驻村工作队基本上表现为“一人多岗、一专多能”，驻村承担了面向乡村的多项功能，农牧民的需求可以得到表达与回应，所遇到的问题也能及时得到解决。就乡村治理自身过程的变迁来看，特别是分税制改革之后，在基层执政力量未得到切实加强之前，乡村治理实际上处在一种继续进行整合的状态。而西藏由于地处边疆的特殊性以及反分裂任务的长期性，在中央“依法治藏”的精神和“治边稳藏”战略的要求下，乡村治理更是需要进行调整与重塑。也就是说，西藏的乡村治理，需要按照十八届三中全会所强调的，推进社会治理体系和治理能力现代化，是全面深化改革的总目标，创新社会治理体制，以确保人民安居乐业、社会安定有序。因此，理解西藏的驻村工作，须置于乡村治理历史发展的逻辑与边疆治理的视野下去审视，将治理体系的建设和治理能力的现代化作为目标之一，只有如此才能理解深化这项工作的重要意义。

二、乡村治理变迁中的驻村工作及其如何深化问题

西藏如何深化驻村工作，有认真执行“治边稳藏”战略的应有之义，有继续贯彻“争取民心”方针的内涵，也关乎“一带一路”建设中的区域社会治理命题，还涉及边疆地区的乡村治理结构的现代化推进，而乡村治理是国家治理的基石，在深化驻村工作中需要与国家边疆治理结合起来

思考。对此，北京的专家认为：传统的、脆弱的边疆治理势必影响“一带一路”建设的进程，阻碍“一带一路”倡议目标的实现。如果边疆治理不能实现转型，那么治理现代化便不能通畅运行。因此，加快边疆治理转型、实现边疆治理现代化，是“一带一路”建设正常运转的基础和保障。一般地看，中国包括西藏在内各个省区市现有的多数乡村治理结构，不是多元的、民主的、共治的结构。也就是说，在乡村，乡镇政府的权威一元化管理体制机制没有变，而基层组织功能不断萎缩和异化，伴随着城乡人口的规模流动，社会自治发展不起来，社会组织化程度很低，政府治理与社会治理就会日渐陷入失范和失序的状态。随着西藏经济社会的发展，市场经济日益发挥出调整资源整合的作用，基层乡村一段时间以来，在驻村工作中形成的党政组织的一元化单中心管理结构和管理方式，还能不能应对乡村社会多元主体存在并时常变化的现实问题，很快就会凸显出来。乡村治理作为一种治理实践，其基本形态实际上取决于以下背景或要素：其一，所有制结构，土地的所有权或者是使用权的归属决定了农村的基层组织形式及其与农民与国家之间的关系；其二，财税关系，财政制度决定了国家与乡村、农民之间经济利益的分配关系，汲取与回馈导向的财税关系决定了国家与农民之间利益分配的方向；其三，农村干部或者精英的类型与来源，作为农村与政府的中间环节，农村干部与乡村精英可以最大程度上利用本土资源推进乡村治理的循序渐进，但是同时也有其自身局限性，特别是不同的来源类型（如本地干部、大学生村官、部队转业回乡人员、本地名人后代）在很大程度上决定了乡村治理的方向。对这个问题，需要有进一步的实地调研和定性定量的分析。

就西藏的具体情形而言，乡村治理在这些条件不同时期的变化情况下发生了十分显著的变迁，同时共同塑造了乡村治理的形态，也为驻村工作的实行准备了条件。

首先，在所有制结构上，从西藏和平解放到今天，西藏的乡村的所有制形式发生了重要的变迁：从农牧制度到民主改革后的个体所有制，再到人民公社政经合一制度，再到“两个长期不变”，这一变迁总体上使得农牧民与国家间的关系呈现出由有组织化到一种去组织化的趋向，农牧民在所有制结构与身份关系上从国家的组织中解脱出来，直接参与到市场之中，在某种程度上成为原子化的个人。虽然国家推行村民自治，但是这一经济基础的变化特别是生产组织的变化，使得村民自治难以真正组织与整合。

其次，西藏财税关系。西藏自治区自 1980 年起对广大农牧民生产经营免征农业税、牧业税、工商税，实施“零赋税”的税收优惠政策，并且通过中央转移支付来提供农村公共产品，这样实际上是一种回馈导向的财税关系。地方政府的收入也是由转移支付而来，这与分税制改革之前的内地形成鲜明的对比，但是对于乡村治理的影响也是基于这种财税关系，突出表现为基层政府在乡村治理上受到自治区乃至国家的影响，这事实上构成了驻村的经济基础。在调研中，区党委调研室的研究人员算了一笔账，粗略地计算，每年每个驻村工作队的费用文件规定约 10 万元，全自治区 5400 多个工作队就是 5 亿多元，再加上 10 亿元的专项经费，共需 15 亿多元用于驻村工作。据统计，2015 年，西藏地方财政收入 124 亿元，驻村工作的开支约占全自治区财政收入的八分之一，如果仅仅依靠自身财力去解决，根本不可能办到，只能依赖中央财政的支持。可以说，中央对西藏的大力支持，特别是在财政上的大力支持，是继续推进驻村工作的重要前提。

其三，农村干部与乡村精英。由于西藏的藏传佛教信仰基础很深很广，农村干部与精英（贵族与头人的后代、寺庙住持）实际上受此影响，而与国家政权有一定的距离。在“宗教与社会主义社会相适应”的问题上，各执一端，各取所需。乡村干部面对驻村工作中的驻寺事务有自己的理解，并不是媒体上所说的对宗教界僧尼“体现公民待遇”，而是按照地方历史传统做好传统性的事务，以此实现今生来世如何办的目的；特别是传统精英人物的地位与作用的延续，使国家的治理本意可能产生一定的分化，也就是表现为极可能是宗教意义上，同时也是国家意志的代表。这样，形成了西藏基层精英人物的基本特征，村两委成员多数也是如此。

在驻村工作中取得最显著成绩的是基层党组织建设，媒体与各级党委对此予以了高度的肯定。可以说，这是中国主导性的政治力量在乡村社会的一种权力存在并发挥作用的重要形式，也是西藏乡村治理的领导核心。

在调研中可以看到，西藏乡镇党的基层委员会和村、社区党组织领导本地区的工作，支持和保证行政组织、经济组织和群众组织行使职权。在乡村的各种组织——两委会、基层群团组织、经济组织等许多组织中，农村基层党组织是领导核心。这种领导核心作用，有利于保证党的路线、方针、政策在农村的贯彻执行，有利于重大问题的及时决策，也有利于协调乡镇、乡村各种组织的关系，协调和处理各方面的利益和矛盾，有利于对农牧区各项工作实行统一领导，保证西藏广大农牧区的社会稳定。研究西藏乡村治理，不能无视基层党组织是治理的领导核心这一现实，因为基层党组织是乡村治理的决策执行载体，是中国基层政治最重要的行动者，西藏也不例外。

不能忽略的是，党的十八大以来，尤其是十八届三中全会所确定的治理体系建设和治理的现代化涉及乡村治理结构的决策，从理论分析的角度看，本质上体现的是国家治理的逻辑，而不是仅仅针对乡村党组织能力提高的逻辑，其中强调的是社会治理体系的建设，同时强调的是提升治理现代化的能力建设；这与“依法治国、依法治藏”有着密切的关系，是国家政治生活秩序化的体现。也就是说，如果要不折不扣贯彻中央精神，在理性认识中需要做出阐释，使得决策和执行两个方面都明白中央“深化治理”的内涵。

党的十八大以来，对国家治理、社会治理、社区治理的理论探讨不断深入，十八届三中全会的决定集中体现了中央对相关理论探讨的肯定，即公共行政的革命性变革，需要完成单一管理主体走向多元治理主体的过程。也就是说，包括西藏在内的各个省区市的驻村工作正处在这一过程之中，乡村治理是国家公共行政管理的基础，这需要我们有明确的理论认识，以及理性认识变革的必然性和总的趋势。

与全国一样的是，西藏乡村有两个权力合法性来源不同的权力主体：一个是依据中国共产党党章组织起来的村党支部，一个是按照《中华人民共和国村民委员会组织法》由村民直接选举产生的村民委员会。这样的“二元混合结构”是乡村治理的支柱，同时又是西藏乡村基层治理结构的基本属性。在深化驻村工作的实践中，今后影响西藏乡村治理的因素主要有以下几个方面：

一是基层政府即乡镇政府自身的权力结构、功能及运行机制，直接作用于乡村基层组织时，是否还存在着完整性？改革开放之后，乡镇政府在制度上实行政社分开后，在功能上仍然是政经合一的体制。在权力行使上，乡镇政府受到县的制度性牵制和分割，而不能成为完整的一级政府权力。但乡镇政权组织有自利性的一面，县对它的约束不力等。二是社会自治不发展的问题，西藏较之于全国更加明显，至今还没有自发性出现区党委、政府文件中提及的“社会自治组织”，甚至连文件所要求成立的“自治组织”也未有普及。一般报告中所说的“合作经济组织也是自治组织”，在西藏也有一定的局限，西藏农牧区的合作经济组织大多数规模小，一般都需要依附于乡村“两委会”，在“两委会”权力让渡于工作队的条件下，不可能通过一系列制度化机制达到社会整合的目的。三是一元化治理结构的问题，一段时间以来，基层的一元化权威治理结构没有松动，甚至在不断地强化，并不断推动乡村社会的结构集中化。一方面通过国家项目制带来了社会福利，一方面在驻村工作的介入下村民的自治行政化，基层干部和村干部非制度化、非正规化的结合体，已经造成一个自外于体制的自利性利益共同体，例如通过非正规渠道、非制度的安排取得建设项目，修桥修路和通电，改善两委会的办公福利等，这个自利性利益共同体游走于体制内外，并挤压基层社会资源支配空间，这样下去极有可能强化的是利益共同体，而使农牧区的基层社会发展逐渐失去活力。

这三个大的方面的因素结合到一起，实际上呈现了西藏乡村治理的困境，可以说这一困境同时也是内地农村所面临的。一方面，所有制形式决定了乡村的组织形式，同时在市场的冲击下出现不同程度的分化，这就是使得凝聚乡村的经济与组织基础缺失，乡村精英与村干部并没有足够的资源与能力来使得乡村重新组织起来；另一方面，农村财税关系变化，在改变了农民与国家之间利益分配关系的同时，也重新界定了地方政府的角色，地方政府介入农村的方式发生了变化，在内地表现为悬浮，在西藏也有着程度不一的表现。

由于一段时间中整体上包括西藏在内的全国乡村治理处于一种涣散的状态，引起了中央的高度重视，各有关的省区市陆续派出驻村工作队，虽然提出的目标任务不同，但整顿基层涣散状态的内容相同。从内地到边疆，近几年越来越多的省区市发现乡村治理问题是个难题，涉及国家治理的基础是否牢固。这个问题被理论界称之为“农村治理危机”，对这个问题的反映曾在国家高层案头上频繁出现。农村治理危机主要指的是：某些基层乡村组织在新时期农村基层治理中的严重错位或失职，国家社会治理的理念没有具体内化到基层干部的基本信念和行为准则当中去，面对国家确定的建立社会治理体系的目标任务，基本上不作为或不能作为，对日常的乡村行政事务推诿拖延，甚至面对涉黑、涉危等情况都没有处置能力等。例如群体性事件频发、土地大量撂荒、对自然灾害发生没有响应、侵占村级资源为个人所有、贫困人口长期不能脱贫、宗族势力把持基层组织、环境被人为破坏、干群关系紧张甚至发生冲突等现象的出现等。在这一形势下，党的十八大以来，在中央越来越重视国家治理乃至乡村治理不断发文做出指示的背景下，各地党委政府派出驻村工作队，就成为一种旨在处理农村治理危机、改变乡村治理结构的普遍做法。从这点上看，派出驻村工作队到村一级长时段驻扎，不仅仅是西藏特有的，之前的河南、河北、辽宁、内蒙古等省区，现在的贵州、湖南、山西、青海、新疆等省区都采用了这一方式，在解决当地某方面突出的危机问题之中，须做好理顺乡村治理的工作。

但是，各省市的目标存在差异。西藏乡村的现状，呈现出两个方面的问题：其一，农牧区的大部分乡村经济发展滞后，虽然国家投入大量资金与项目以发展西藏农村的经济，但是在市场的作用下，很大一部分被市场所消解，农牧区的基础设施等公共产品的供给存在不足，农牧民的增收幅度有限，面对到 2020 年全体贫困人口脱贫的目标任务，西藏的难度要大得多；其二，农牧区的基层组织建设任务依然繁重，一些乡村党组织建设还存在缺口，个别地方的头人后代、宗教神职人员插手行政事务并不鲜见，国家权威受到藏传佛教寺庙中的分裂势力的挑战，特别是在近两年藏东地区的某些“事件”中，人们还看到农牧区基层出现了不稳定的情形，也看到了由于历史原因解决这个问题的难度。

以此来看，国家跨越科层制的治理，通过驻村的工作方式确实是解决乡村治理危机的重要举措，有其合理性。而且，与内地看似相同的乡村治理危机，在西藏作为边疆的特殊环境下有着特殊的含义。乡村治理危机，在一定程度上成为影响基层稳定的诱因与问题。边疆的稳定与发展有着全局性的意义，因此与内地同样的驻村工作队，在西藏则有着特殊的意义。这实际上体现出普遍性与特殊性的辩证法，一方面，西藏农牧乡村实际上在历史的变迁中与内地有着一定的同步性，因此也在一定程度上面临着与内地一样的治理问题与危机，所以在内地实施的驻村在西藏的实践有其合理性并可以有着一定的借鉴意义；另一方面，西藏作为边疆的特殊性，使在西藏的驻村也有特殊的意义，在实践中要有特殊的安排。因此理解西藏的驻村，不仅要将其置于治理的脉络中，而且要将之置于边疆治理的视野下去审视，才能获得对其的准确理解。

三、驻村工作的多重目标与国家边疆治理的意义

与内地一样，西藏的驻村工作来自“乡村治理危机”的出现，所谓的“强基”，就是将驻村工作最明白的内容置于维护社会稳定上。随着驻村工作成绩与成效凸显之后，其“深化”的主要目标之一，应该是重塑乡村治理的结构与形态，从而实现国家在基层的合法性的巩固。新中国成立以来，经过土地改革、人民公社以及村民自治等，乡村治理几经变革，在政治、经济、组织等方面发生了重要的变化。特别是在市场的作用下，乡村治理面临着很多困境。这些困境在内地与边疆地区都是一样的，是乡村治理历史逻辑发展的必然。但是这些困境在西藏却有着特殊的意义。“乡村治理危机”源于传统的乡村治理样式，与现代化相去甚远，深化驻村工作，就是要提升西藏乡村治理的现代水平，进而提升西藏作为边疆地区也是“一带一路”重要通道治理的现代化。复旦大学智库专家认为：现代化的边疆治理至少包含理念、体系、能力三个维度的内容。理念现代

化是指摒弃传统统治、管制理念，确立边疆治理的多元平等、协商共治的理念。体系现代化是指边疆治理的价值取向、组织体系与制度体系所体现的现代属性。能力现代化是指能够运用现代化的技术手段有效地执行制度规范，从而体现出较强的制度执行力。应该深刻认识到，现代化的边疆治理，可以有效地实现中国东部与中西部、内地与边疆以及中国与中亚、欧洲之间治理理念、治理体系与治理能力的有机衔接，从而形成“一带一路”倡议实施的重要支撑。

应当清醒地看到，在全球化的现代社会条件下，传统的管理体制已无法满足我国边疆复杂的多元化的公共治理诉求。一方面，边疆治理任务目标的多元化、复杂化，持续挑战着我们的边疆治理能力。毋庸置疑，维护国家统一与主权依然是边疆治理的重要政治功能，但是跨境流动人口、禁毒防艾、减灾救灾、环境治理、大面积贫困、提供社会福利、施行法律援助等公共问题，在边疆社会转型过程中变得越来越突出，社会治理尤其是基层社会的治理成为当代边疆治理的重要内容。由于传统边疆管理体制过分强调管理的主体如何管控的作用，而忽视公民社会建设与社会自主性的培育，因此，在边疆社会经常性地发生社会协调性不够，缺乏民众主动参与，危机潜伏无法察觉等情况。另一方面，地方党政组织自身能力建设滞后，也使得传统边疆管理体制的功能在一定程度上被弱化。以西藏基层治理为例，仅就地方党组织而言，比较突出的问题包括：理解执行政策和制定规划发展的能力不强，吸纳和整合地方资源仍能力不强，党建工作和其他工作整合不足，党组织队伍建设和管理理念与模式跟不上形势发展等；而就乡村行政组织而言，角色定位、职能转换、结构与规模调整问题依然没有解决，乃至于权力寻租、贪腐现象时有发生，乡村级的干部素质整体偏低、依法行政能力不强、公共危机处理能力不足等问题依然普遍存在。单就这两个方面看，西藏深化驻村工作的命题也是很有深度的。如果长期不能形成治理理念、治理体系与治理能力的有机衔接，对“依法治国”与“治边稳藏”，对“一带一路”倡议构想的愿景和行动，在全环实施的支撑上将出现很大的缺环。

作为中国西南边疆的重要组成部分，西藏面临着反分裂、维护边疆安全与稳定的重要使命。习近平总书记提出“治国必治边、治边先稳藏”的战略研判，是一个很重要的思想，将西藏的稳定与发展置于国家战略的高度上。西藏自身的特殊性以及在国家战略之中的重要地位，决定了西藏方方面面工作的开展，都需要考虑到其处在边疆的地位，以及各个方面的治理都需要考虑到在边疆治理中的意义。西藏的驻村工作与内地比较，在乡村治理历史与逻辑结构上面临着相似的局面，在目标上也有着重合，诸如改造乡村治理的结构，促进农村经济发展，下大力帮助贫困户脱贫等，但是由于西藏作为边疆地区的特殊性，驻村工作本身还有着较之内地更为广泛的多重目标，其中特殊表现为目标的政治导向以及社会稳定的意涵，而这些目标在很大程度上都是边疆治理的需要所规定的。深化驻村一旦将边疆治理现代化作为目标任务，即能够为“一带一路”倡议的实施创造和谐的边疆环境。“一带一路”建设的顺利推进，需要良好的边疆治理为其提供和谐稳定的边疆环境。没有稳定的边疆环境，“一带一路”建设很难顺利实施，取得成果也很有可能得不到保障。毋庸讳言，境外分裂主义、极端主义、恐怖主义三股势力在边疆地区的活动时起时伏，西藏的维稳局势受此影响，尚存在较大的不确定性与风险。西藏自治区第九次党代会报告中指出：西藏“社会大局总体稳定可控，但稳中有变数、稳中有风险、稳中有隐患”。这表明，西藏参与“一带一路”建设，也将有不稳定的风险，需要通过包括深化驻村工作在内的各项工作，消除隐患，提供保障。

从西藏旨在加强基层建设与治理的总体性安排来看，实际上是在强基惠民的安排之下的一项主要任务，而强基惠民又是“治边稳藏”战略的安排与部署。其目标实际上主要是指向边疆的稳定与发展两大主题，具体而言，有维护社会稳定、促进经济发展与农牧民增收，促进民生建设以及加强基层党组织建设，夯实执政根基，以及为“一带一路”的愿景与行动提供支撑等多种目标。

其一是加强基层党组织建设，夯实执政根基。虽然在内地的驻村工作也提出加强基层党组织建设的任务，但是整体上还是以发展经济与提升民生等专项任务为主，实际上并没有将党的基层组织建设置于如此之重要的地位。西藏的驻村工作任务中，强调“培育、历练基层党员，提升基层党员素质和能力，加强村（居）‘两委’班子建设，是做好基层各项工作的关键，也是加强基层组织的根本要求”。这是西藏的特殊区情决定的，作为一个藏传佛教有着重要影响的区域，并面临着境外反分裂势力的干扰，如果没有强有力的党的领导和牢固的组织基础，西藏的稳定与发展就面临着基础性的问题，党在西藏基层的执政根基就不牢固。“3·14 事件”的发生在一定程度上暴露出西藏基层党政组织建设的薄弱之处，因此在强基惠民的总体目标之下，全区各级驻村工作队按照留下“一支永不走的工作队”要求，积极加强基层党政组织建设。驻村工作将加强党政基层组织建设置于一个十分重要的地位，从加强村两委班子、推进制度建设，深化理论学习、加强队伍建设、优化人员结构等方面，加强基层组织建设，夯实执政根基。党的领导作用的发挥，从组织的角度来说，取决于治理体系的组织整合度，而治理体系的组织整合度又关键在于党的组织整合能力强弱。因此，在西藏加强党的组织整合能力建设尤为重要。在中国共产党成立 90 周年大会之后，党建理论所提出的“必须进行党的组织体系重构，党的组织功能开发以及党员和干部的再教育、再组织和再动员，从而全面活跃党员、干部与组织，使其全面面向社会、面向大众、面向发展”的要求，至今仍然是打开党组织建设大门、做好组织整合的一把钥匙。深化驻村工作，应当更加注意党组织建设与社会治理体系的关系，将党组织建设与其他组织建设有机地联系起来。

其二是反对分裂势力，维护社会稳定。做好社会稳定工作，达到长期稳定、持续稳定、全面稳定，是中央的要求，稳定在西藏工作中具有特殊地位，这是特殊区情决定的。长期以来，西藏一直面临十四世达赖集团和国际敌对势力的干扰破坏，维持社会稳定始终是社会治理的头等大事。因此，驻村工作队将维稳作为工作的一个重要的组成部分。驻村工作队举行维稳宣讲大会，开展反分裂教育活动，坚持凝聚人心。通过村村摸底建台账、“网格化”管理、创建“双联户”、完善值班巡逻制度等，调节处理各类社会矛盾，不断强化社会治理，建立维稳机制，筑牢和谐稳定的群众基础。在深化驻村工作之中，维稳也要逐步打破传统的一元的治理结构，广泛动员与吸纳企业、社会团体与社会组织、基层社区、公民参与到边疆治理中来，最终形成一个包括党政组织与社会组织在内的边疆治理多元主体结构。在当前西藏乡村治理的实践中，不能忽视的是社会参与程度整体偏低，社会组织发育程度参差不齐，对于抵御分裂主义的渗透不利。《习近平总书记系列重要讲话读本》（2016 年版）中明确指出，对敌我矛盾，既要旗帜鲜明、敢于斗争，又要讲究谋略、巧于斗争。因此，对于社会组织发展缓慢的西藏边远地区来说，采取有效措施培育与扶持社会组织的发展尤为重要，有利于从组织建设的角度抵御分裂破坏活动；对于社会组织发展较好的中心部分地区，乡村治理则要积极接纳社会组织的参与，赋予其参与公共治理的合法地位，更加筑牢反分裂的战线。

其三是促进经济发展并改善民生。作为强基惠民的主要政策之一，西藏驻村工作的一个重要目标，就是要发展农牧区的经济、提升农牧民的生活水平，改善民生。由于自然条件与实力发展的原因，西藏的经济发展特别是农牧区的经济水平比较落后，而且社会公共产品供给也处于落后的状态，这不仅影响着西藏整体的经济社会发展，而且使得民众的生活水平难以提升。若长此以往，这样的状况不仅使分裂势力有了可乘之机，而且还会影响到民众对党的领导和中国特色社会主义道路的认同。社会治理的重点在基层，关键在做好群众工作、保障和改善民生。因此，深化驻村工作，推动驻在村经济发展是中心任务之一。作为基层治理的要义，既要致力于改善民生，为创新社会治理奠定坚实基础，也要通过持续不断创新社会治理方式，为群众创造更多有效供给，实现两者良性循环。一方面通过挖掘驻村地的资源与潜能，因势利导、因地制宜，探索农牧区的发展与农牧民致富的道路，另一方面则是发挥自身的优势，通过筹集资金、争取项目、精准帮扶等，为农牧区的经济发展提供外来资源。对于困难农牧民，各驻村工作队积极推进“党员干部进村入户、结对认亲交朋友”活动，结成帮扶对子，勤走访、常看望，及时帮助解决实际困难，这个方向与做法是正确的。习近平总书记指出：改善民生是推动发展的根本目的，要在推动经济持续健康发展的基础上，通过各种制度安排保障人民群众各方面权益，保障劳动者参与发展、分享发展成果，促进社会公平正义。

正如驻村工作总结与动员会上指出的那样，“驻村工作强化宣传教育，夯实了思想基础；拓宽致富门路，夯实了物质基础；筑牢维稳防线，夯实了社会基础；真心为民解忧，夯实了群众基础；建强战斗堡垒，夯实了组织基础；锤炼干部作风，夯实了工作基础”，西藏的驻村有着多重的目标。西藏驻村工作实施以来，可以说取得了瞩目的成绩，在加强基层组织建设与发展农村经济上起到了重要的作用。在西藏“总体供给模式”之下，驻村实际上也是由政府提供的一种基于人财物政策等综合性的供给，已达成一系列旨在维护西藏基层稳定与发展的目标。因此理解驻村，不仅要从乡村治理的自身逻辑出发，而且要结合西藏作为边疆的特殊性出发，从治边稳藏的高度，从边疆治理的角度去认识其意义，从“一带一路”背景下西藏边疆建设与边疆治理的角度认识其底蕴。所以，也要在这个总的视野和思路下，深入研究如何深化驻村工作。

边疆作为国家领土的边缘部分，在政治、经济、文化、安全等方面表现出一定的特殊性，国家在治理这些区域时出台了专门的治理政策，即使是实行与内地同样的政策，也会因为是边疆地区而呈现出特殊的意涵，甚至在政策的出发点、目标与实践过程中有着较大的差异。这是因为，边疆的特殊性具有区域的统领性，这些政策因为是在边疆地区实施而呈现出不同的意义与实践。西藏作为中国边疆的重要组成部分，其稳定与发展有着全局性的意义，因此对于西藏的治理就要置于国家战略的高度，在治理的目标、举措与政策实践上，表现出与内地不同的特征。特别是西藏还面临着反分裂的艰巨任务。反分裂、维护社会稳定是一个全局性的任务，应该在政治经济文化社会的各个方面，特别是要在基层做起，形成稳定的根基。这就需要在基层，一方面加强组织建设，强化党在基层的领导；另一方面则是要在人民群众中树立起根基，赢得民心，这就要提升民众的生活水平。这两个方面，就是西藏进行边疆治理特别是基层的边疆治理的应有之义。

四、对西藏驻村工作的改进建议

西藏驻村工作的实践，实际上就是边疆治理、区域治理的具体形式，是“治国必治边、治边先稳藏”战略思想的具体化、具体实践。西藏的驻村工作，在加强基层组织建设、密切干群关系、完善公共服务、拉动经济增长、促进农牧民增收等方面起到了积极的作用，使得干部下沉，深入到基层与人民群众中去，能够尽可能地深入了解农牧区的情况，并随时解决群众遇见的问题。这样一种工作机制，不仅为农牧区的发展提供了外来的资源，而且也最大限度地整合了农牧区的各类资源，使得西藏农牧民的经济发展有了资源上的保障。

虽然西藏的驻村工作取得了积极的成效，但是在实践过程中还是出现了一些问题，引起了关于驻村是否必要的争议，直接影响到对“深化驻村工作”的认识。本文从乡村治理的逻辑与边疆治理的高度阐发了驻村工作的重要意义，认为从当前西藏发展水平与内外局势来看，驻村工作还有进一步推动的必要性。因此，这里就如何更好地开展驻村工作提出相关建议：

第一，在自治区党政干部与驻村工作人员中展开驻村工作意义与重要性的教育，特别是要将之提高到治边稳藏的边疆治理的高度加以认识，使得广大干部认识到驻村工作上的主要矛盾与次要矛盾，客观认识驻村工作中出现的问题。为此，有关部门要对自治区九次党代会报告中提出的“深化驻村”工作命题进行研究，首先在理论上将这个问题搞清楚，其次在宣传上做到有的放矢，再次在具体的动员与工作安排中把道理讲清楚。在研究中，需要把从理论到实践中的问题搞深搞透，知其然也知其所以然，才能对广大干部具有说服力，产生更好的宣传动员效果。

第二，要科学引入和细化考核与评估机制，避免苦乐不均，面对过去对取得不同资源能力的单位、不同环境工作的工作队有较大的评价差异，不能客观地反映工作队所付出的努力和工作量的情况，需要设置科学的考评指标体系，尤其是对那些地处边远的工作队，要给予评估的加权，起到鼓励和激励的作用。在进行考核后，要落实干部驻村考核奖励，对那些多次驻村、表现很好的干部要兑现自治区颁布的有关待遇规定。在常规性的工作检查之中，除了例行的考评外，特别要加入当地民众对驻村工作的评价，充分尊重民众，使得驻村既能体现出科学性，也能尊重民众的意愿与利益。

第三，引入评估与退出机制，实现从运动治理到制度治理的平稳过渡。驻村工作可以在省市层级上动员资源与人力，在一个较短的时间内取得校正“乡村治理危机”的成效，但是无论是从资源配置的优化，还是从国家治理的现代化角度，各个省区市的驻村工作只能是在某个特定时期的举措，不可超长期地实践，对于处在国家治理制度化取向下的西藏也是如此。即使西藏有着很多的特殊情况，对十八大以来国家领导人的治国理政理念，也要有所体现，即国家治理下的乡村治理要制度化。因此，应该引入客观评估机制，对驻村工作予以充分地调研，对于已经取得积极成效、乡村已经得到较快发展、治理结构趋于合理、自我治理能力得到有效提升的乡村，要实行系统的评估，可合并就合并，能退出的就退出，该坚持就继续驻村，分类指导和分类处理，逐步转换到乡镇一级驻扎，完成中央提出的目标任务，直至逐渐退出派驻，最终使得基层治理归于制度化与常态化。

新西藏法制建设进程及特点

——兼议西藏人权事业的进展*

孙昭亮

法制是法的制定、执行、司法、守法和法律监督的总称。旧西藏的法制将人按地位的尊卑分为三级九等实行治理，法治为成文法和习惯法，带有 rule by law 特征，① 三大领主虽人数不足 5%，但在政治、经济等方面享受绝对特权，而 90% 以上的广大农奴及奴隶则处在社会最底层，衣食无着、饱受摧残，这种情况决定了旧西藏绝大多数人是没有任何人权可言的。新西藏的法制基础是中华人民共和国宪法所确立的人民当家作主的基本政治制度。根据宪法规定，我国“人民依照法律规定，通过各种途径和形式，管理国家事务，管理经济和文化事业，管理社会事务”②。新中国成立以后，积极推进民主与法制建设，不断完善人民代表大会制度、中国共产党领导的多党合作和政治协商制度，大力加强基层民主建设，切实保障公民的政治权利，高度重视通过完善立法、公正司法和严格执法来保

* 本文发表于《西藏大学学报》2008 年第 3 期。

① rule by law 意思是用法来统治，实际是人治。rule of law 和 rule by law 都可称为法治，但前者法律是至高无上的，所有的人都在法律之内；而后者在法律之上还有一种力量来用法，或者说有人可以在法律之外和之上。旧西藏的《十三法》《十六法》都有这个特征。

② 《中华人民共和国宪法》第二条。

护人权，人权司法保障工作取得了长足的进展。① 在这个大前提下和大环境中，新西藏的法制进程体现了人权得到充分保障和发展的特点。

一、旧西藏毫无人权的法制概况

在世界当代各国法制建设中，人权的内容是近百年才逐渐明晰的。我国法学界和司法领域的专家学者一般认为：人权是指社会发展到一定阶段，在一定的社会条件下的人身自由权利和民主权利，而其前提则是生存权。人权属于意识形态的范畴，受经济基础的制约，并随之变化而变化。它是随着社会经济条件的改变而不断变化的，同时它也受历史、文化的影响和制约。世界上没有静态不变的、抽象的、统一的人权模式，而只有动态的、具体的、处在不同发展阶段和水平的人权。人权的这一特点，就决定了不同的国家、地区、民族之间人权的具体内容和要求是不同的，只有符合实际要求的人权，才具有实际意义和具体内容。②

1953 年，西藏地方政府提供的西藏人口数字不过 100 万人。③ 20 世纪 50 年代后期的调查数据表明，西藏人口中上层僧侣、官家和贵族及其代理人组成的农奴主占 5%，农奴、奴隶占 95%。农奴主阶级人数虽少，但却统治着广大农奴和奴隶。旧西藏的法制特点，可以通过《十三法》《十六法》的主要内容反映将人分为三级九等的真实情况。

旧西藏地方法典所反映的等级情况如下：

上等上：赞普等最高统治者（无价）；上中：善知识、轨范师、寺院管家、高级官员［有三百以上仆从的头领、政府宗本、寺庙的堪布等（命价三百至四百两）］；上下：中级官员、僧侣［扎仓的喇嘛、比丘、有三百多仆从的政府仲科等官员（命价二百两）］。

中等中上：一般官员，侍寝小吏、官员之办事小吏［属仲科的骑士、

① 国务院新闻办公室：《中国人权事业的进展》，2001 年 4 月。

② http：//news. xinhuanet. com/ziliao/2003 –01/22/content_ 702907. htm.

③ 国务院新闻办公室：《西藏的主权归属与人权状况》白皮书，1992 年 9 月 22 日。

寺院扎仓的执事、掌堂师等（命价一百四十至一百五十两）]；中中：中级公务员［小寺院的扎巴（命价五十至七十两）]；中下：平民［世俗贵族类（命价三十至四十两）]。

下等上：［无主独身者，政府的勤杂人员（命价三十两）]；下中：［定居纳税的铁匠、屠夫、乞丐（命价二十两）]；下下：妇女、流浪汉、乞丐、屠夫、铁匠（命价草绳一根）。①

从这些规定可以看出旧西藏等级社会的法制概貌。这种法制体现的是农奴主的意志，其本质是压迫剥削及奴役广大劳动人民，受治者是广大农奴，治人者是农奴主。旧西藏的法制特点具有野蛮的强制性，其法理是中世纪的野蛮法的体现，与现代意义上的法制完全不同。从旧西藏制定和实施了比较完备的法律年代来看，这种法制情况到 20 世纪中叶，延续了500 来年。② 在这漫长的历史时期，农奴主运用成文法或习惯法，设立监狱或私牢。地方政府有法庭、监狱，大寺庙也设法庭、监狱，领主还可在自己的庄园私设监狱。刑罚极为野蛮残酷，如剜目、割耳、断手、剁脚、抽筋、投水等。西藏最大的寺庙之一甘丹寺里就有许多手铐、脚镣、棍棒和用来剜目、抽筋等的残酷刑具。在北京民族文化宫的“西藏社会历史资料展”中，有当年被农奴主砍下的农奴肢体等许多实物和照片。在漫长的封建农奴制社会里，西藏广大农、牧奴政治上受压迫，经济上受剥削，动辄遭到迫害。农奴中流传着这样的话：“能带走的只是自己的身影，能留下的只有自己的脚印。”可以说，旧西藏是世界上侵犯人权最为

---

① 据《十三法》《十六法》编制。方括号内的内容，摘自《十六法》。见周润年、郭卫平：《西藏古代法典选编》，中央民族大学出版社，1994 年，《十六法》，第 3—79 页；《十三法》，第 83—121 页。

② 公元 1349 年，绛曲坚赞结束萨迦政权，并使各部落相继臣服纳贡。为了适应调整社会关系的需要，整顿法度，他根据佛教《十善法》的精神，在原萨迦政权法律的基础上，制定了简明的《法律十五条》，又称《十五法》。目前的史料尚无《十五法》详细内容的记载，但《续藏史鉴》和《西藏王臣记》等史料记载了其篇目。明朝末年，帕木竹巴政权被推翻，彭措南杰建立了第悉藏巴地方政权，又称噶玛政权。噶玛丹迥旺布下令由地方长官贝色利用藏族传统法律资源、伦理道德资源、宗教禁忌，并直接参照吐蕃王朝法律和《十五法》，制定了《十六法》。在立法体例上，《十六法》直接继承了《十五法》的传统体例，甚至许多律名都是从《十五法》中直接照搬而来。清代卫藏地区（即现在西藏）的《十三法》，是以《十五法》《十六法》为蓝本，有一脉相承的关系。

严重的地区之一。①

西藏和平解放以后，鉴于《中央人民政府和西藏地方政府关于和平解放西藏办法的协议》的有关规定，在相当长的一段时间内，西藏地方的法制基本上仍然沿用旧例，直到1959年至1961年平叛和实行民主改革，才予以废止。而新的法制建设始于西藏自治区1965年9月成立之后，随着社会的不断进步，地方法制逐渐完善。

二、新西藏以人为本的法制建设

从1959年3月开始的民主改革，废除了旧西藏的一切法典。按照中华人民共和国宪法和有关法律的规定，西藏人民和全国各族人民一样，享有作为共和国公民应有的一切权利。经过民主改革和筹备建立西藏自治区，1965年9月西藏自治区第一届人民代表大会第一次会议召开，西藏自治区成立，人民代表大会制度这一我国根本政治制度在西藏得以实行。这一制度的核心内容是一切权力属于人民，人民参与管理国家事务。1984年，根据中华人民共和国宪法，国家颁布实施民族区域自治法，使民族区域自治制度更趋完善，西藏人民充分享有参与管理国家事务和管理本民族内部事务的权利，新西藏法制建设走上了规范化的道路。西藏自治区人大及其常委会，根据宪法和民族区域自治法的有关规定，相继制定了一批符合西藏实际，维护西藏人民利益，具有民族区域自治特色的地方性法规和决议、决定，如《西藏自治区人民代表大会议事规则》《西藏地方性法规制定程序》《西藏自治区学习、使用和发展藏语文的若干规定（试行）》《西藏自治区文物保护条例》《关于实行〈中华人民共和国婚姻法〉的变通条例》等。通过对这些地方法内容的考察，完全可以看到其鲜明的时代特征，就是西藏自治区人民代表大会及西藏自治区人民政府作为自治机关依法行使自治权。依照宪法和民族区域自治法的规定，民族区域自治地

① 中华人民共和国国务院新闻办公室：《西藏的主权归属与人权状况》白皮书，1992年9月22日。

方享有广泛的自治权利，积极制定适合本民族地区特点的法规，西藏人民获得了前所未有的真实而广泛的人权。

以1963年1月《西藏自治区各级人民代表大会选举条例》出台为标志，新西藏正式启动了法制进程。1984年颁布实施《中华人民共和国民族区域自治法》，使西藏这个民族区域自治地方以及各族人民所享有的权利的内涵更加丰富。民族区域自治地方享有自治权，即各少数民族在宪法和有关法律的范围内，自己管理本民族内部的事务，从而最大限度地实现了各少数民族地区人民的人权。人民代表大会制度有着丰富的内容，其中最能直接反映实现人权的是人民参与管理国家事务的权力，而参与管理国家事务的最有效途径是参与立法活动和各级政权机关的换届选举。人民代表大会的选举制度，是我国社会主义民主法制制度的重要组成部分。各级人民代表大会定期进行换届选举，是社会主义民主制度化、法制化的一种重要体现。1963年1月公布的《西藏自治区各级人民代表大会选举条例》，以法规的形式确立了西藏选举制度，为保障全区各族人民依法行使自己的民主权利，提供了法律依据。此后特别是1979年以后，自治区加快了立法步伐，先后制定了一批有关选举和民主政治建设的地方性法规，如《西藏自治区各级人民代表大会选举实施细则》《西藏自治区人民代表大会常务委员会联系代表办法》《西藏自治区信访条例》等。其中《西藏自治区各级人民代表大会选举实施细则》经过三次修正，更加趋于成熟。这些法规的制定，充分保障了人民选举权的行使，加强和完善了选举制度，加强了民主政治建设。

中国人权的特点决定了西藏人权的广泛性、公平性和真实性。广泛性指享受人权的主体是全体公民；公平性指各项公民权利不受任何限制，为全社会的公民平等地享有；真实性指国家为人权的实现，从制度上、法律上、物质上给予了保障，使人们在现实生活中能实实在在地享受到宪法和法律中规定的各种公民权利。

在西藏，年满18周岁的公民，不分民族、种族、性别、职业、家庭出身、宗教信仰、教育程度、财产状况和居住期限，都有选举权和被选举权。他们选举自己的代表，并通过选举产生的各级人民代表大会行使管理国家和地方事务的权力。西藏的门巴、珞巴等少数民族虽然人口极少，在全国人大及西藏各级人大中也均有自己的代表。西藏各阶层和各界人士还通过参与各级政治协商会议，参政议政，行使民主权利。现有多名西藏民族、宗教界人士是全国政协委员、常务委员，阿沛·阿旺晋美担任全国政协副主席。中国人民政治协商会议西藏委员会于1959年成立以来，广泛吸收藏族和其他民族及宗教界人士参加，现有数百名民族、宗教界人士担任委员。自治区成立以来，逐步建立了一支以藏族和其他少数民族为主体的司法队伍。西藏自治区司法部门严格依照宪法和法律，保护西藏自治区各族公民的各项基本权利和自由以及其他各项合法权益，保护公共财产和公民私人所有的合法财产，依法惩处各种危害社会的犯罪分子，维护社会秩序。

在西藏自治区，藏民族使用和发展本民族语言文字的自由得到切实保障，藏语文是西藏的各级各类学校，以及在内地开设的西藏学校或西藏班学生的主课。1995年，西藏成立了藏语文术语统一标准化委员会，开始藏语文统一标准化和社会用语规范化。为发展教育，实行了许多特殊优惠政策，在农村和牧区学校推行寄宿制，对部分藏族中小学学生实行包吃、包穿、包住的政策；在乡镇以上中学和小学逐步实行助学金制度和奖学金制度；各级各类学校在西藏招生实行“以当地民族为主”的原则，对藏族等少数民族的考生实行更加宽松的“适当降低录取分数、择优录取”的招生办法等。经过多年不懈的努力，西藏已初步建成遍布城乡的医疗卫生保健网络，政府对西藏群众的医疗实行特殊的优惠政策，在西藏农牧区实行免费医疗，在城镇实行个人医疗资金账户和公助相结合的医疗费用承担办法。

加快西藏的经济建设，不断提高人民群众的生活水平，使西藏广大群众享有充分的生存权和发展权，是中央政府关于西藏工作的首要目标，也是西藏自治区各级政府的首要任务。中央政府和西藏地方各级政府为此作出了巨大努力，取得了显著成就。西藏人均生产总值由1951年的114元提高到2005年的9114元，提高了9000元，增长了24.4倍。城乡居民储蓄存款由1965年的0.25亿元增长到2005年的123.10亿元，40年增长了

491.4 倍。2005 年，西藏城镇居民人均可支配收入达到 8411 元，农牧民人均纯收入达到 2078 元，城镇居民人均居住面积 19.91 平方米，农村居民人均居住面积 19.55 平方米。①

西藏实行民族区域自治 40 多年来，从一个远远落后于时代的封建农奴制社会跨入了现代的人民民主的社会主义社会，实现了经济的跨越式发展和社会的全面进步，同中国其他地区的差距在不断缩小。

三、新西藏立法工作与法制建设进程

西藏自治区人民代表大会从筹备到成立，新西藏法制建设进入启动阶段。西藏自治区人民代表大会成立之后，法制建设步入正轨，1979 年以后有了很大进展。特别是近 20 年来，为适应社会主义市场经济体制的建立，按照依法治国、依法治藏目标的要求，西藏加快了立法步伐，按照有关法律法规，在地方立法工作上取得了很大成绩，极大地促进了西藏自治区的法制建设。

（一）新西藏立法工作极大地推动了地方法制建设

新西藏地方立法工作始于 1956 年 4 月西藏自治区的筹备。当时的筹备大会根据我国宪法的有关规定，通过了《西藏自治区筹备委员会组织简则》，并于同年 9 月报全国人民代表大会常务委员会批准，从此拉开了新西藏地方立法工作的序幕。其后，于 1963 年 3 月 20 日报全国人民代表大会常务委员会批准了《西藏自治区各级人民代表大会选举条例》。1965 年 9 月 1 日，西藏自治区第一届人民代表大会第一次会议通过了《西藏自治区各级人民代表大会和各级人民委员会组织条例》。1966 年以后的 10 年间，西藏与全国一样，民主法制建设遭到破坏，地方立法工作陷于停顿。1979 年，全国人民代表大会第五届第二次会议，作出了关于县以上

① 参见《西藏日报》2006 年合订本中“西藏经济社会发展公报”等资料。

地方各级人民代表大会设立常务委员会的重大决定，并同时通过了地方组织法。据此设立的西藏自治区人大常委会，积极开展地方立法工作，制定了一批具有民族特色、符合西藏实际的自治法规和地方性法规，如《西藏自治区实施〈中华人民共和国婚姻法〉的变通条例》《西藏自治区关于实施〈中华人民共和国刑事诉讼法〉的若干变通办法》等。1984 年颁布实施的《中华人民共和国民族区域自治法》规定，民族自治地方的人民代表大会有权依照当地民族的政治、经济和文化特点，制定自治条例和单行条例；上级国家机关的决议、决定、命令和指示，如有不适合民族区域自治地方实际情况的，自治机关可以报经该上级国家机关批准，变通执行或者停止执行。我国的民族区域自治法给予自治地方的立法权力，在西藏自治区得以充分体现。例如《西藏自治区学习、使用和发展藏语文的决定》《西藏自治区文物保护管理条例》《西藏自治区环境保护条例》《西藏自治区对外国人来藏登山管理条例》《西藏自治区信访条例》《关于维护祖国统一、加强民族团结、反对分裂活动的决议》《关于严厉打击“赔命金”违法犯罪行为的决定》《西藏自治区各级人民代表大会选举实施细则》等。1990 年至 2005 年，经自治区人民政府同意，报自治区人大常委会审议通过了近百件地方性法规；自治区人民政府制定了《西藏自治区布达拉宫保护管理办法》《西藏自治区虫草采集管理暂行办法》等 100 多件政府规章。同时，还办理了全国人大、国务院、自治区人大、自治区领导交办和区直机关、各地市转来的规范性文件几千件。1990 年至 2005 年，经拉萨市人民政府同意，报拉萨市人大常委会审议通过了《拉萨市制定地方性法规条例》等 23 件地方性法规；拉萨市人民政府制定出台了《拉萨市社会用字管理办法》等 50 余件政府规章。这些地方性法规规章的制定和实施，为维护西藏人民的特殊权益，促进西藏各项事业的发展，提供了重要的法律保障。

中国共产党十四届三中全会制定了建立社会主义市场经济的宏伟蓝图，十五大、十六大确立了党的领导、人民当家作主和依法治国的方略，西藏地方也同步制定了依法治藏的战略目标，对自治区新形势下的立法工作提出了更高的要求。自治区人大及其常委会为适应新形势的需要，加快了立法步伐，特别是加强了经济方面的立法工作，先后制定了一批适应建立社会主义市场经济体制和依法治藏需求的地方性法规，如《西藏自治区实施〈中华人民共和国药品管理法〉办法》《西藏自治区商品交易市场管理条例》《西藏自治区文化市场管理条例》等，西藏自治区法制建设日趋完善。

（二）新西藏地方立法工作的特点

地方性法规一般具有从属性、补充性、试验性、针对性和可操作性的特点。民族自治地方立法又有权依照当地民族的政治、经济和文化特点，制定自治条例和单行条例；上级国家机关的决议、决定、命令和指示，如有不适合民族区域自治地方实际情况的，自治机关可以报经该上级国家机关批准，变通执行或者停止执行。民族区域自治制度决定了民族区域自治地方的立法具有的鲜明特色，即突出民族、自治、地方三个方面的特色。如此，在民族区域自治地方西藏的立法工作有着自己的特点。西藏自治区人大及其常委会在实践中不断探索、总结经验，深入研究立法理论，逐步完善立法程序和机制，制定符合西藏实际的地方性法规。

1. 民族特色。其代表性法规为《西藏自治区实行〈中华人民共和国婚姻法〉的变通条例》①，这一条例在坚持《中华人民共和国婚姻法》基本原则的前提下，结合西藏各少数民族婚姻家庭关系现存的特殊情况和风俗习惯，对婚姻法的某些条款作了适当变通。变通的主要内容：一是关于结婚的年龄。鉴于西藏各少数民族有早婚的习惯，把结婚年龄规定为男20岁，女18岁。二是关于一夫一妻制。西藏各少数民族现存不少一夫多妻或一妻多夫的婚姻关系，虽然这种婚姻关系不符合社会主义婚姻的基本原则，对社会的稳定和发展具有直接的和潜在的不利影响，但基于这种婚姻的存在有其历史、文化、民族的特殊性，《变通条例》规定，在执行婚姻法以前所形成的婚姻关系，只要男女双方不主动提出离婚的，准予维持，但只要男女任何一方提出离婚，均予以支持。三是尊重各少数民族的

① 史金波等编著：《西藏人权研究》，中国社会科学出版社，1999年。

传统婚嫁仪式。婚嫁仪式是民族风俗习惯的组成部分，只要不违背婚姻自由这一基本原则，就予以尊重。如有的地方至今仍有抢婚的习惯，《变通条例》对这一习惯区别对待：男女双方自愿结婚的，其抢婚只是结婚时的一种传统仪式，就予以尊重；有的抢婚完全是一种强制行为，强迫他人结婚，则应予禁止。四是三代以内旁系血亲禁止结婚。西藏个别地方交通极为不便，与外界来往非常困难，当地人口极其稀少，若硬性规定三代以内旁系血亲禁止结婚，在事实上难以办到。根据这种只在极少数地方存在的实际情况，变通条例将对这种情况的变通处理权限授予县人大及其常委会，然后报自治区人大常委会批准后生效。这种从实际出发的《变通条例》极具人文色彩，在实际中顺利贯彻，颇受广大人民拥护。

2. 文化特色。根据宪法和民族区域自治法的有关规定，1987 年西藏自治区人大制定了《西藏自治区学习、使用和发展藏语文的若干规定》。这一法规的制定，使宪法和民族区域自治法中关于“各民族都有使用、发展自己的语言、文字的自由”等规定，在西藏得到了全面贯彻和落实，同时体现了突出民族文化这一特色。制定这一地方条例时充分考虑到西藏是以藏族为主体的少数民族地区，藏族文化有着丰富、深刻的内涵，其优秀传统文化不但是中华民族优秀传统文化的重要组成部分，而且也是世界文化宝库中的一颗璀璨明珠。藏文经过一千多年的发展，逐渐形成了一套完整的体系。藏族人民在长期的历史发展演变过程中，用藏文记述了大量的文化成果，语言是交际、交流的工具，吸收许多新词汇的藏语文，更加丰富了其内容和表达功能。为此，在地方立法中，应当也必须制定学习、使用 、发展藏语文的规定。对科学地继承民族优秀传统文化，发展具有民族特色的社会主义现代文化有着重要的意义和深远的影响。既是当代中国人权思想在法制建设中的体现，也体现了民族区域的地方立法特色。不独如此，在西藏自治区文化市场管理条例等立法上也都体现了这种特色。

3. 地方特色。西藏社会历史悠久，保存在地上、地下的文物十分丰富，历史文化遗产和独特的民族风土人情特色十分鲜明。制定相应的法规，做好文物保护管理工作，把文物保护工作纳入法制化、规范化轨道，对于继承民族文化遗产，向公众进行历史唯物主义教育、爱国主义教育等方面都具有现实意义，同时对西藏传承优秀传统文化，发展科学文化事业等方面也具有十分重要的意义。西藏自治区人大于1990年制定了《西藏自治区文物保护条例》。既有地方特色，也是当代中国人权思想在法制建设中的体现。再看具有地方特色的其他条例：西藏地处中国西南，号称“世界屋脊”，幅员辽阔，气象万千，有着独特的自然环境；西藏地貌独特，山峰林立，境内和边境线上有5座海拔8000米以上的高峰，70余座海拔7000米以上高峰。独特的地理条件，不仅成为全区经济建设中的一项重要旅游资源，而且是观察、利用研究我国乃至南亚气候环境变化的重要基地。自治区人大常委会于1992年制定了《西藏自治区环境保护条例》（2003年修改颁布）。随着改革开放不断扩大，外国人来藏登山探险考察的越来越多。为了保障登山人员的安全和有序地开发利用西藏的山峰旅游资源，制定相关条例非常必要；同时，针对国际反华势力以及达赖分裂集团利用登山活动搞阴谋活动的企图，有必要用法规来规范登山行为。从西藏实际出发，自治区人大常委会于1994年制定了《西藏自治区对外国人来藏登山管理条例》。

新西藏法制建设进程时间不长，但取得了显著成就。在中国共产党领导下的新西藏法制建设，不仅从法律制度上巩固了民主改革的胜利成果，建立了社会主义民主政治制度，实现了最广泛、最真实的人权，保障了西藏人民当家作主、参与管理国家事务和本民族内部事务的主人公地位和权利，而且通过民主法制建设进程的不断向前，有力促进了西藏地方政治、经济、文化等各方面的发展与进步。

四、结语

新西藏法制建设进程的核心是在西藏实行和不断完善民族区域自治，这个根据我国宪法所产生的法律实践，有效保证了西藏人民在祖国大家庭中的平等权利和在西藏的自治权。西藏人民不仅在政治、经济、文化和社会生活各个领域不受任何歧视地享有与全国各族人民完全平等的权利，而且依法享有自主管理本地区、本民族各方面事务的自治权利，依法享有受国家特殊扶持和保护的权利。可以说，西藏实行的民族区域自治不仅全面体现了联合国《在民族或种族、宗教和语言上属于少数群体的人的权利宣言》以及其他有关少数民族权利保护国际文书所规定的平等、非歧视和特殊保护的原则，而且在实践中表明了新中国的人权思想，展示了人权得到充分保障和发展的特点，也充分体现了中国特色社会主义的优越性。

后　记

《边疆学及跨学科西藏研究》是以孙勇、孙昭亮、王春焕为主，附带其他同事近些年来发表的关于边疆理论与边疆学、西藏历史与社会法治等相关内容的论文辑集，共收录了 18 篇论文。马大正先生所作的序言，为本书的点睛之笔，对我们所涉及的论文中心意义予以了高度的揭示。

近年来，在全国学术界兴起边疆研究的热潮中，我们因长期生活在西藏这一西南民族边疆地区，非常关注世界以及全国边疆研究发展趋势，开展了关于边疆问题研究与边疆学原理的探讨，同时就西藏历史与社会法治也进行了一些深度研究。我们编著本书的目的，在于汇集已有的分散的研究成果，将我们和一些同仁近些年在包括历史、社会、发展与法治等方面的研究作简要的梳理，展示我们通过系列的研究在边疆学建构中所做的一些积极探索，以期与同仁共同为构建中国特色的边疆学学科而努力。

在这些论文撰写的过程中，我们曾经一道多次交流，反复研讨，面对大量的资料和问题，为了弄清楚一个个需要解构的命题，必须在前人的基础上提出新的见解，经过对不少观点的打磨，经历了一道道的工序，从基本事实到文献资料，从逻辑起点到整体结构，都不可或缺，有的论文是在很多次内部的商榷中完成的，于是才有了这些饱蘸心血的文字面世。在这些研究探讨的过程中，我们得到了中国社会科学院边疆研究所的马大正、邢广程、李国强、孙宏年等专家学者的关心支持；得到了中央民族大学原副校长喜饶尼玛教授、吴楚克教授的有力帮助；得到了西藏自治区党委党史研究室、西藏社会科学院许多同事的大力支持；也得到了《中央民族大学学报》《西藏研究》《新疆师范大学学报》《西藏大学学报》《云南师范大学学报》等刊物编辑部编辑们细致耐心的帮助，最终得以刊用发表；尤其是本书得到了四川师范大学领导和同事的鼎力支持，得到了中国藏学出版社领导和编校专家的倾情相助才得以出版。在此，我们对所有帮助本书出版的单位、领导和同事表示衷心的感谢！

进行边疆学研究尚处于探索之中，本书编写的过程中也难免存在一些不足之处，敬请业内专家和学者以及同仁们指教。

图书在版编目（CIP）数据

边疆学及跨学科西藏研究/孙勇，孙昭亮，王春焕编著．—北京：
中国藏学出版社，2022.11

ISBN 978－7－5211－0413－4

Ⅰ.①边…　Ⅱ.①孙…　②孙…　③王…　Ⅲ.①边疆地区－行政管理－中国－文集
②西藏问题－文集　Ⅳ.①D63－53②D829.12－53

中国版本图书馆CIP数据核字（2022）第198099号

边疆学及跨学科西藏研究

孙勇　孙昭亮　王春焕 编著

责任编辑　永红
封面设计　李建雄
出版发行　中国藏学出版社
印　　刷　中国电影出版社印刷厂
印　　次　2022年11月第1版第1次印刷
开　　本　787×1092毫米　1/16
印　　张　28
字　　数　444千
书　　号　ISBN 978－7－5211－0413－4
定　　价　98.00元

图书若有印装质量问题，请与本社发行部联系
E-mail：dfhw64892902@126.com　电话：010－64892902